Ich bin wie ich bin

Hochsensible Menschen
erzählen aus ihrem Leben

Cordula Roemer

Schibri-Verlag Berlin · Milow · Strasburg

Bestellungen über
        den Buchhandel
        oder direkt beim Verlag

© 2012 by Schibri-Verlag
Dorfstr. 60
17337 Uckerland/OT Milow
E-Mail: info@schibri.de
http://www.schibri.de

Umschlaggestaltung: Arite Nowak, Strasburg
                     unter Verwendung des Bildes tobi110600294,
                     http://www.123RF.com

ISBN 978-3-86863-090-9

Inhaltsangabe

Intro – Ich bin 5

Einleitung 7
Warum dieses Buch? 7
Die Interviews 8
Die Interviewten 9
Der Begriff „Hochsensibilität" 10

Die Interviews 12
Hanne 12
Maria 39
Klaus 67
Lisa 102
Jule 132
Else 160
Robert 194
Astrid 219
Katrin 241

Hochsensibilität 287
Entdeckung der Hochsensibilität 289
Hochsensibilität erkennen 290
Merkmale 291
HSP/HSS 292
Hochsensibilität und Hochbegabung 293
Hochsensibilität und Psyche 294
Hochsensibilität und Gesellschaft 296

Danksagung 298

Literatur- und Linkliste 299

Quellenverzeichnis 300

Kontaktdaten 300

Ich bin

Ich bin wie ich bin,
hab ein Herz wie die andern,
bin nicht gern allein,
doch ich liebe die Freiheit.
Schau mich an,
du kannst nichts ändern daran.

Bitte nimm mich so wie ich bin,
denn ich kann keine andre für dich sein.
Doch liebst du mich so wie ich bin,
wirst du's niemals bereuen.
…

Vicky Leandros, 1971

Diese Zeilen begleiteten mich in meiner Jugend intensiv über Wochen und Monate. Heimlich und leise, weil in meinen Kreisen alles gehört wurde, nur keine deutschen Schlager!
Dieses Lied sprach mir aber aus der Seele. Mit aller Macht. Die Worte sagten, was ich fühlte und wonach ich mich sehnte, ohne dass ich es je hätte selber so formulieren können. Schon gar nicht denjenigen gegenüber, denen es gegolten hätte.

Dieses Buch widme ich all den scheuen, unerkannten und versteckten Hochsensiblen, die niemals die Sehnsucht aufgeben, aus ihrem Versteck kommen zu wollen und – wann immer die Zeit reif ist – den Mut aufbringen, ihre eigenwillige Schönheit und Stärke mit anderen zu teilen.

Cordula Roemer
August 2011

Liebe Leserin, lieber Leser,

ich freue mich, dass Sie sich für dieses Buch entschieden haben und heiße Sie in der hochsensiblen Welt herzlich willkommen!
„Ja, ist die denn so anders?", fragen Sie sich vielleicht. Die Antwort auf diese Frage werde nicht ich geben, sondern die Protagonisten dieses Buches: Hochsensible, die Ihnen einen Blick in ihre Biografien gewähren. Und die ‚Auswertung' dieser Biografien wird Ihrer mitfühlenden Wahrnehmung und Ihrem intuitiven Verständnis überlassen sein – einer tiefen Form des Erkennens, das jenseits der sachlichen Vermittlung von Wissen liegt.

Warum dieses Buch?

Die Tatsache, dass laut Elaine Aron, amerikanische Psychologin und Namensgeberin des Begriffs *Hochsensitivität* bzw. Hochsensibilität, ca. 15–20 % aller Menschen hochsensibel veranlagt sind, hat mich dazu bewogen, mich im Jahr 2009 in Berlin auf die Suche nach ihnen zu machen. Meine eigene Hochsensibilität habe ich 2007 durch Zufall entdeckt. Diese Entdeckung hat mein Leben grundlegend geändert und mich nach vielen Jahren des Suchens und Veränderns endlich zu mir selbst und meinen Fähigkeiten finden lassen.
Offiziell gab es bis zu diesem Zeitpunkt in Berlin noch keine Angebote, keine Informationen, keine Treffen. So entschied ich mich, selbst solche Angebote zu entwerfen und durchzuführen. Heute, drei Jahre später, zeigt sich, wie notwendig und hilfreich diese Angebote waren und sind. Zu den *Offenen Berliner HSP-Treffen* kommen immer mehr Menschen, viele sind froh und dankbar über spezielle Beratungs- und Seminarangebote und die bundesweit zunehmende Präsenz des Themas in der Öffentlichkeit und den Medien zeigt, wie notwendig Aufklärung und Information über das Thema Hochsensibilität ist – nicht nur für die Betroffenen selbst.

Ich entschied mich auch, Vorträge zu halten, damit Informationen über dieses Thema allen zugänglich werden konnten. Allerdings saß ich oft vor meinen Ausarbeitungen und Texten und überlegte: Wie kann ich ein so komplexes Phänomen, wie es die Hochsensibilität ist, griffig beschreiben? Wie kann ich es so deutlich und eindringlich darlegen, dass auch Nicht-Betroffene nicht nur verstehen, um was es sich dabei handelt, sondern auch (nach-)empfinden können, wie es den Betroffenen damit geht. Letztlich musste ich akzeptieren, dass es keine solche Formulierung geben wird, die dem Verstehen und der Empathie aller Menschen zugleich gerecht wird. Und dennoch gibt es eine Form der Übermittlung, die Menschen direkt und emotional anspricht:

„Oft kann man aus lebensnahen Schilderungen leichter Erkenntnisse gewin-
nen und etwas für sich lernen, als aus allgemein formulierten Grundsätzen,
statistischen Proportionen und abstrakten Erwägungen."[2]

Die Biografie ermöglicht, was die mehr oder minder trockene Darstellung eines theoretischen Sachverhaltes nicht vermag – ich erreiche Kopf und Herz zugleich! Das war
für mich ausschlaggeben, um vorliegendes Buch in der Interview-Form zu schreiben.

Die Interviews

Die Interviews sind der zentrale Teil dieses Buches. Neun hochsensible Menschen
berichten aus ihrem Leben. Sie erzählen von schönen und bewegenden Momenten, sie erzählen von Unsicherheiten und Krisen, sie sprechen über innere Fragen
und Erkenntnisse. Die Interviews sind ein kleiner, aber sehr persönlicher Blick in ihr
Leben, sozusagen ein Blick in die hochsensible Wohnstube.
Genau das ist die Intention dieses Buches: Erkennbar zu machen, wie die Veranlagung der Hochsensibilität das ganz alltägliche Leben prägen kann. Es tauchen Themen und Fragen auf wie z. B.:

- Wie ähnlich sind sich Hochsensible, worin unterscheiden sie sich aber auch?
- Mit welchen Schwierigkeiten haben hochsensible Menschen zu tun? Gibt es
  spezifische Probleme oder Lebensthemen im Leben eines hochsensiblen Menschen?
- Welche Lösungswege entwickeln sie?
- Was hilft ihnen im Umgang mit ihrer eigenen Hochsensibilität?
- und zu guter Letzt: Wie empfinden hochsensible Menschen eigentlich diese Welt,
  in die sie nicht so recht zu passen scheinen?

Inhaltlich bewegen sich die Interviews zwischen Philosophie und Schicksalsschlag.
Jedes Interview ist eine individuelle Momentaufnahme, geschaffen durch die Zu-
sammenkunft von mir als Interviewerin und den Befragten, durch die Verbindung
von Moment, Impuls, Vergangenheit sowie dem persönlichen Filter der Reflektion
der Protagonisten in Bezug auf ihre eigene Historie.

Mein Wunsch ist es, auf möglichst vielfältige Weise ein „hochsensibles Lebensge-
fühl" zu vermitteln, sowie aufzuzeigen, was es bedeuten kann, in unserer heutigen
Welt und unserer westlichen Kultur hochsensibel zu sein. Daher sind die Interviews
recht ausführlich und weitestgehend im Originalton belassen. Alle Namen wurden
zum Schutz der Privatsphäre geändert.

---

2   Zitat Brackmann II, S. 9/10

Die Interviews dauerten zwischen zwei bis dreieinhalb Stunden. Mich hat an den Gesprächen immer wieder die unglaublich schnelle Vertrautheit und hohe Intensität der Gespräche fasziniert, selbst wenn die Interviewpartner und ich uns zuvor noch nie begegnet waren.

Zwar hatte ich als Interviewerin einen Frage-Leitfaden, und viele Gesprächspartner und -partnerinnen haben sich auch eng an meine Merkmalslisten gehalten, aber oft führte ich die Interviews mit einer sehr offenen und intuitiven Fragestruktur, um spontanen emotionalen Momenten im Gespräch gerecht werden zu können.
So haben die Erzählerinnen und Erzähler mit dem, *was* und vor allem auch *wie* sie erzählten, dem Interview eine unverwechselbare Dynamik verliehen. Die verwendeten Merkmalslisten habe ich im Zuge meiner Vorträge aus verschiedenen Büchern zum Thema Hochsensibilität und Hochbegabung zusammengetragen.

Die Interviews sind möglichst wenig geglättet. Daher sind manche Texte in Hochdeutsch, andere in Dialekt, von dem ich mich bemüht habe, ihn möglichst authentisch in die Schriftsprache zu übernehmen. Auch nutze ich, trotz der überwiegend weiblichen Interviewpartner, wegen der vertrauteren Lesbarkeit die männliche Sprachform.

Während der Interviews sind die Protagonisten durch die unterschiedlichsten Gefühle gegangen, schmerzhafte Erinnerungen haben sie zutiefst bewegt, an manchen Stellen haben wir viel gelacht oder es gab Momente des Schweigens und Nachdenkens. Ich habe versucht, diese Momente durch Satzzeichen zu verdeutlichen: So bedeuten drei Punkte … eine Pause, sechs Punkte … … sind eine längere Pause. Auch unvollendete Sätze – etwas, das wir in persönlichen und emotionalen Gesprächen durchaus öfter tun – sind mit drei Punkten … abgeschlossen. Gefühle oder Lachen sind mit Sternchen * versehen.

Manche Interviewten haben sich sehr konkret auf die Merkmalslisten bezogen. Die entsprechenden Merkmale sind im Text in anderer Schrift gekennzeichnet.
Ich habe mich bemüht, möglichst wenige Abkürzungen zu verwenden, aber zwei ließen sich nicht vermeiden: HSP = **H**ighly **S**ensitiv **P**erson/Hochsensible Person; HSS = **H**igh **S**ensation **S**eeker/HochSensations Sucher/Abenteurer.

An den Seitenrändern der Interviews befinden sich Stichworte, um Ihnen die Suche nach bestimmten Themen zu erleichtern. Ansonsten sind die Interviews nicht thematisch sortiert, sondern geben in großen Teilen den ursprünglichen Gesprächsverlauf wieder.

Die Interviewten

Die Interviewten stammen aus Ost- und Westdeutschland und kommen aus den verschiedensten Lebenszusammenhängen: mit Kindern oder ohne, in Anstellung, selbstständig oder ohne Arbeit, in einer Partnerschaft leben oder alleine, ohne Ausbildung oder mit akademischem Grad. Sie stehen in ihrem Leben an unterschiedlichen Punkten:

- manche jung, noch Orientierung und Ziel suchend
- manche alt, reich an Erfahrungen, aber dennoch voller Fragen,
- manche stehen am Beginn ihrer persönlichen Entwicklung,
- andere haben bereits weite innere Reisen durchlebt.

Sie berichten aus ihrem Leben, so wie sie ihr eigenes Leben empfinden und verstehen, erzählen aus ihrer Kindheit, Begebenheiten in Familie und Erfahrungen aus Beruf. Sie schildern, wie sie sich mit ihrer Veranlagung fühlen, was ihnen das Leben schwer und was ihnen das Leben auch wieder leicht gemacht hat.
Durch die oftmals komplexe und tiefgründige Darstellung des eigenen Lebens wird die Intensität hochsensiblen Empfindens deutlich.

Die Interviewten zeigten mit ihrer Teilnahme großen Mut. Warum Mut? Hochsensibel zu sein, bedeutet heute leider allzu oft, sich mit seiner Andersartigkeit zu verstecken, sich zu verbiegen oder sich „über"-anzupassen, um nicht ausgestoßen oder verlacht zu werden – denn wer anders ist, fällt auf! Die meisten Hochsensiblen empfinden es als äußerst unangenehm, im Mittelpunkt zu stehen. Sie bewegen sich lieber in der zweiten Reihe, ohne Gefahr zu laufen, durch zu viel Aufmerksamkeit eine Überreizung zu riskieren.

Die Interviews waren geprägt von teilweise schonungsloser Offenheit und Direktheit – eine typische Herangehensweise für Hochsensible, wenn sie sich wohl fühlen. Es gab kaum längere Anwärmphasen, wir waren gleich im Thema drin, intensiv und konzentriert.

Der Begriff „Hochsensibilität"

Zum Begriff „Hochsensibilität" ist man im deutschsprachigen Raum geteilter Meinung. Ursprünglich wurde das Phänomen von der amerikanischen Psychologin Elaine Aron mit *HighlySenstiv Person* (HSP) bezeichnet, was soviel heißt wie Hoch-*Sensitive* Person. Unterschiedliche inhaltliche Interpretationen von *sensibel* und *sensitiv* haben in unserem Sprachraum dafür gesorgt, dass es zwei Begriffe für das gleiche Phänomen gibt: *Hochsensibilität* und *Hochsensitivität*. Die Diskussion um die Richtigkeit oder Genauigkeit des Begriffs währt schon etliche Jahre. Ich habe mich dazu entschlossen, in diesem Buch ausschließlich den Begriff Hochsensibilität zu verwenden, zum einen, weil er so auch von den Interviewten benutzt wird, zum anderen weil dieser Begriff sich inzwischen in unserer Sprache etabliert hat.

Sie finden im Anschluss an die Interviews einen kurzen theoretischen Abriss zur Hochsensibilität und weiterer damit in Verbindung stehenden Themen. Ich habe diesen Teil des Buches hinten angestellt, um Ihnen die Entscheidung zu überlassen, ob Sie zuerst die Interviews und danach die Theorie lesen möchten oder umgekehrt. Eine „klassische" Aufteilung der Inhalte – erst die Theorie, dann die Beispiele – würde unter Umständen diese Entscheidungsmöglichkeit aufgrund unserer Lesegewohnheiten eingrenzen.

Ich möchte Sie einladen, sich möglichst unvoreingenommen von Fachwissen, Erklärungsmodellen und anderer Leut' Meinung selbst ein Bild von diesem Phänomen zu machen, vor allem ein intuitives Bild. Die neun Interviews verdeutlichen natürlich nicht die ganze Bandbreite hochsensiblen Lebens. Sie geben jedoch durch ihre Komplexität bereits einen guten Einblick in diese Welt.

Cordula Roemer
August 2011

Hanne, 63 Jahre

Das, was mir sonst Schwierigkeiten macht
im normalen Leben, ist in meiner Arbeit mein Kapital.

Du hast den Fragebogen ausgefüllt und hast reingeschrieben,
dass du das mit der Hochsensibilität schon weißt, seit du 56
bist, also seit jetzt ca. 6 Jahren. Wie bist du damals zu diesem
Wissen gekommen?

Eigene
Hochsensibilität
entdecken

Ich habe ein Buch entdeckt über Hochsensibilität …, also ich glaub,
's war eins der ersten, das auf den Markt kam, ich hab das jetzt nicht
parat. Also, ich denke mal, dass ich hochsensibel bin oder wirklich
überhaupt anders, das war mir schon als Kind klar.

Wodurch?

Kindheit

Öhmmmm … … na ich war einfach anders als andere! Ich war
empfindlicher, ne. … … Ja, es war anders. … Vielleicht, das ist …
für die damalige Zeit – ich mein, ich bin 1947 geboren, da spielten
alle Kinder noch hauptsächlich draußen – und ich war ein Stuben-
hocker. Ich ging gar nicht so gerne raus, ich war am liebsten zu
Hause und konnte da auch gut für mich alleine spielen. Ich hatte

Rege
Phantasiewelt

'ne sehr intensive Phantasiewelt und lebte mit meinen Märchen-
gestalten und mit Feen und Osterhasen und Weihnachtsmännern.
… Ich war ein sehr sehr schüchternes Kind und hab sehr sehr früh
angefangen darunter zu leiden, nicht so zu sein wie andere, also
lebhaft und aufgeschlossen. Meine Mutter konnte damit glücklicherweise gut umgehen. Ich denke, dass meine Eltern beide auch
hochsensible Menschen waren und dass meine Mutter dem auch
intuitiv mit einem großen Verständnis begegnet ist. Aber so Oma
usw., … die kamen dann öfter an: „Warum ist das Kind so still?",
so dass ich schon früh das Gefühl bekam, irgendwas stimmt mit
mir nicht. Ich hatte natürlich …, wusste nicht, dass das bei mir was
Besonderes war, aber ich nahm sehr sehr früh eben schon Dinge
wahr, die kein anderer Mensch merkte.

Zum Beispiel?

Wahrnehmung

Öhm, na … wenn jemand behauptete, es geht ihm gut und ich
spürte aber, … dahinter ist was ganz anderes. Oder ich hab sehr
früh in meinem Leben schon ganz großes Mitgefühl für Jungs und
Männer entwickelt, weil ich nahm wahr, dass die immer 'ne Stärke
und Kampfbereitschaft zeigen mussten und ich spürte die Angst
dahinter! Oder manchmal auch die Empfindsamkeit. Also ich …

merkte dann mit der Zeit, ich nahm einfach mehr wahr als die meisten um mich herum.

Kannst du sagen, wann dir das bewusst geworden ist, so wie du es jetzt formulierst?

Ich nehme an, da war ich … … …, ich hab manchmal das Gefühl, das hat schon sehr sehr früh angefangen. Ich bin mit zwei Jahren wegen einer Tuberkuloseerkrankung ins Heim gekommen, und hab das Gefühl, dass eigentlich da schon irgendwas einsetzte, dass ich mich an Träume erinnern konnte oder frühe Bilder aus der Kindheit …, also immer schon irgendwie 'ne Wahrnehmung meiner selbst hatte. Ich kann das jetzt nicht eingrenzen, aber ich denke mal … spätestens ab dem fünften Lebensjahr merkte ich … oder empfand ich die Welt auch als ziemlich gefährlichen und bedrohlichen, anstrengenden Ort.

Es kam auch sicherlich durch die Krankheit, die Arbeitslosigkeit meines Vaters, und … …. *ringt nach Worten* … Also, diese Tuberkuloseerkrankung ging aus von meinem Vater. Ich hatte mich bei ihm angesteckt, Lungentuberkulose. Ich war zwei Jahre alt. Er war Musiker, Posaunist und die halbe Lunge wurde operiert. Die Familie zerbrach quasi existentiell an Not, weil mein Vater dann zehn Jahre lang arbeitslos war. Und als Hochsensibler und als seelisch sehr tief verletzter Mensch auch, das kam dann zusammen. So Anfang der 1950er war's schwierig, Arbeit zu finden, und er hat nicht die Kraft gehabt, nicht die Fähigkeit gehabt, ins Leben zu gehen und sich 'n Job zu verschaffen. Er konnte nichts anderes als Musik machen und er kriegte quasi ärztlich verordnet, dass er sich viel draußen an der frischen Luft bewegen soll. Und dann liefen wir zusammen, also ich an seiner Hand. Und dann auch die Gänge zum Arbeitsamt, Sozialamt usw., und dann diese Schlangen von – da gibt's noch Bilder – wirklich Schlangen von Bedürftigen und Arbeitslosen, das war … ja, also waren keine guten Bilder, um Vertrauen ins Leben zu kriegen, ne! Mein Vater war ein tief depressiver Mensch, und die ersten zehn Jahre – also vom zweiten bis zum zehnten Lebensjahr – haben wir hauptsächlich die Zeit zusammen verbracht. Meine Mutter ging dann arbeiten, um die Familie zu ernähren, als ungelernte Arbeiterin. Und die ja auch mit ihrer Hochsensibilität und dann in der Fabrik, also … öh … das war alles sehr schwierig … ja! …

Krankheit und Familienkrise

Du sagst, deine Eltern sind gut mit deiner Hochsensibilität umgegangen. Was haben sie gemacht?

Hochsensibles
Elternhaus

Öhm, also mein Vater, würde ich sagen, dass der mit umgegangen ist, kann man gar nicht behaupten, weil der so sehr in seiner eigenen Welt war. Solange ich klein war, hat das gut funktioniert. Er war 'n absolut verschlossener Mensch und schwieg. Und ich war 'n verschlossenes Kind und schwieg, und da konnten wir gemeinsam rumlaufen, jeder in seiner eigenen Welt und wir störten unsere Kreise nicht. Als ich älter wurde, war er weiterhin zurückgezogen und das führte dann natürlich auch noch zu entsprechenden … Problemen meinerseits. Aber er ließ mich in Ruhe. Und bei meiner Mutter äußerte sich das so, dass sie mich schon auch verteidigte, wenn jemand sagte: „Was ist mit dem Kind, und warum ist die so still?", also sie stellte sich vor mich. Oder mich kratzten die Wollstrümpfe und die Wollpullover, dann hat sie mir – och Gott, Mensch! … *verliert die Fassung* … …

Kreativität

Also, sie nähte mir aus ihren alten Perlonstrümpfen …, fütterte sie praktisch meinen Pullover, ganz liebevoll. Sie handarbeitete gerne und sowas lag ihr. Oder …, sie war selber 'ne sehr kreative Person, hat mir Märchen vorgelesen, mich sehr sehr früh damit vertraut gemacht, Bilderbücher vorgelesen. Sie kam aus einfachen Verhältnissen, aber hat diese phantasievolle Seite sehr gefördert. Und … ja, da hat sie mich gut lassen können. Auf der anderen Seite war sie ein sehr schwieriger und anstrengender Mensch. Neigte zu Gewalttätigkeit und Prügelexzess. … Sie war teilweise unberechenbar und andererseits aber auch fabelhaft! Und konnte mit meiner Schüchternheit auch gut umgehen, weil sie als Kind genauso gewesen ist. Ich denke auch, dass ich so im kreativen Bereich, … ich fing schon sehr früh an, diese Märchenbücher vorzulesen, noch vor der Schule konnte ich die dann alle auswendig. Ich sah die Bilder und dann praktisch den Text dazu.

Und ich war sehr musikalisch. Ich denke, dass da auch schon in dieser Richtung 'ne Hochbegabung vorlag, die aber durch die Krankheit … Viele meiner Anlagen konnten einfach aus finanziellen Gründen nicht gefördert werden, sonst hätte meine Mutter mich unbedingt gefördert. Und sie war auch sehr stolz auf mich! Das war natürlich auch sehr hilfreich. Ja, diese Schüchternheit und immer so 'n bisschen Außenseiter zu sein, empfindlicher als andere und irgendwie nicht so richtig zu stimmen. Meine Mutter …, ich war ihr Augapfel und das hat es dann sicher wieder ausgeglichen. Mir Selbstbewusstsein auch verschafft.

Wenn du musikalisch warst, hast du dann auch in deiner Kindheit Musik gemacht? Zum Beispiel auch mit deinem Vater?

Nein, der war wie abgeschnitten von allem. Der war völlig in sei-   *Musik*
ner eigenen Welt und sprach auch nicht, also nein. Nein. Er hat
sich wirklich überhaupt nicht drum gekümmert. Ich hab sehr früh
angefangen zu singen, alles was ich hörte, das sang ich nach und
hatte ein unglaublich gutes Gehör. ... Mit zwölf Jahren kam dann
ein Klavier ins Haus. Meine Oma hatte das besorgt und in die Wege geleitet und ich nahm zwei Jahre Klavierunterricht. Da gab es
Ärger mit dem Hauswirt – wir wohnten da im Zweifamilienhaus –
und das störte ihn. Und nach zwei Jahren haben meine Eltern das
Klavier wieder abgeschafft. Also ja, es war 'ne sehr schmerzliche
Erfahrung. Ja. ...

Bist du später noch mal ans Klavier gegangen?
Ja, aber im Grunde ist das immer auf diesem Stand geblieben. Ich
hab später Gesang studiert, und klar auch Klavierunterricht. Ich bin
nie über dieses Stadium hinausgekommen.

**Wenn ich mir so vorstelle, du bist ein sehr schüchternes Kind
gewesen, zurückhaltend, vielleicht verträumt – und dann kommt
die Schulzeit. Wie war das bei dir?**
Ziemlich qualvoll zu Anfang. ... Das war anstrengend, diese vie-   *Schule*
len Eindrücke. Alles, was ein bisschen musischer war, das ging
ganz gut, aber rechnen und all diese anderen Sachen, davor hatte ich dann regelrecht Angst. ... Bis zum zehnten Lebensjahr in
der Volksschule hab ich das als ziemlich dunkle Zeit in Erinnerung. Dann mit dem zehnten Lebensjahr ..., ich kam dann auf die
Mittelschule und das war ohnehin in meinem Leben irgendwie so
Umbruch. Wir zogen da auch in eine andere Wohnung. Und dann
auf diese neue Schule. Irgendwie hatte ich 'nen guten Draht zu
dieser Klassenlehrerin. ... Da ging das auch los, dass etwas in mir
'ne Entscheidung getroffen hat, dass ich nicht so werden möchte
wie mein Vater. Und ich hab wirklich richtig hart daran gearbeitet,
kommunikativer zu werden, also diese Schüchternheit zu überwin-
den. Ich hab richtig trainiert, richtig trainiert.

Was hast du gemacht?
Ach! Ich hatte Angst, einkaufen zu gehen. Ich hatte Angst vor al-   *Selbst-*
lem Möglichen, was normalerweise zum Alltag gehört. Und dann   *entwicklung*
hab ich mich gezwungen, in die Läden zu gehen! Also im Grunde
ganz banale alltägliche Geschichten, Situationen. Meine Mutter
hatte zwar viel Verständnis für meine Art, aber vielleicht hat se
mich auch 'n bisschen zu sehr geschützt. Sie war auch sehr kon-

Verlust der
Phantasiewelt

trollierend … und hat mir von daher vielleicht auch 'n bisschen zu wenig Gelegenheit zum Üben gegeben. … Na ja, und das hab ich dann alles alleine trainiert. … Ja, auch mit Erfolg. Wobei ich schon so mit zwölf Jahren das Gefühl hatte, … also als Bild hatte ich schon damals 'n Gefühl, als ob da in meinem Kopf oder in meinem Gemüt sich 'ne Tür schloss zu etwas, wozu ich vorher 'n unkomplizierten Zugang hatte! … … Bis zum zwölften Lebensjahr hab ich anders gemalt, oder bei Theateraufführung bin ich da viel selbstverständlicher in so Phantasiebereiche gegangen. … Ja, in dem Maß, in dem ich präsenter wurde, hat sich dann diese Tür immer mehr geschlossen. Und das ist heute noch so, dass ich manchmal regelrecht unter Blockaden leide, wenn ich kreativ sein will. Dass da einfach 'n Blackout ist. Und … hab das Gefühl, ich versuche mir das auch so in den letzten Jahren ganz bewusst wieder so zurück zu erobern. Was dann wiederum Auswirkungen hat auf … den Kontakt mit dem Außen. Das ist ganz vermaledeit! *beide lachen*

Das klingt so ein bisschen, als wäre es wie eine Waagschale. Je mehr du ins Außen gehst, umso weniger wird es im Innen und je mehr du nach Innen gehst, umso weniger wird es im Außen!?
Ja. Ja. Ja. *seufzt*

Und Schule – ich weiß nicht ob du im Kindergarten warst – da kommt man ja relativ schlagartig in große Gruppen, hat plötzlich mit ganz vielen Kindern zu tun, mit Regeln, mit Autoritäten. Wie bist du mit diesen Dingen umgegangen, als Kind?

Als hoch-
sensibles Kind
in Gruppen
und Schule

Na ja, also Kindergarten ging einfach nicht mehr, weil ich traumatisiert war durch den Aufenthalt im Sanatorium, ein halbes Jahr weg von zuhause. Meine Mutter war ja berufstätig und hat schon versucht, mich unterzubringen: Kindergarten, Kinderhort und hat dann aber glücklicherweise gemerkt, dass ich nach kurzer Zeit mich völlig veränderte und unglücklich war und hat mich dann wieder rausgenommen und das anders geregelt. Glücklicherweise war se da immer ganz achtsam und hat mir da auch geholfen. …
In der Volksschule …, hab ich in Erinnerung, das war auch 'ne große Klasse, auch mit Jungs drin. Ich bin da irgendwie wie so 'n Fisch gewesen, ohne Reibung. … Ich hab mich am Rand gehalten und war glücklicherweise nie so 'n Opfer, bin nie in 'ne Opferrolle gekommen. Eher, dass da auch … mal 'n Beschützer war, an so 'n Jungen kann ich mich erinnern. Ich wurde beschützt.

… Glücklicherweise hatte ich auch noch viel Fähigkeit zum Kontakt, ich hatte immer so zwei, drei engere Freundinnen. Das hat mich dann wahrscheinlich durchgetragen. Aber es hat sich alles sehr unbehaglich angefühlt und der Wechsel dann, verbunden eben mit meinem – ja, wie soll man das nennen? „Aus mir herauskommen" oder so? – ging dann relativ schnell. Ich wurde, kurz nachdem ich in die Mittelschule kam, zur Klassensprecherin gewählt! … Ja, und dann fing ich an, nach außen ganz offensichtlich ein Selbstbewusstsein zur Schau zu tragen, das meiner inneren Unsicherheit aber nicht entsprach. Ich hab 'ne Freundin aus der Zeit, die mir erzählt, wie ich damals gewirkt habe. Also da bleibt mir der Mund offen stehen vor Staunen. Wobei ich auch noch Erinnerung habe. Und da fing auch an mir das Lernen leicht zu fallen. Englisch! Weil ich über's Gehör, ich war eben gewohnt über's Gehör sehr viel aufzunehmen. Ich lernte das in nullkommanix und …, also alles, was über's Gehör lief, das machte ich dann mit links. Führte dann mit der Zeit auch zu 'nem ziemlichen Größenwahn, dass ich dann der Überzeugung war, ich musste mich überhaupt nicht mehr anstrengen und solche Geschichten. Also … wirklich ein ziemlicher Kontrast zu vorher. Und da kam ich gut aus, …, die Klassen in der Mittelschule waren dann auch nicht mehr so groß, waren nur Mädchen. Ich hatte da zwei sehr sehr gute Jahre, vom zehnten bis zum zwölften Lebensjahr. Und dann kam der totale Bruch. Viele Lehrer wechselten, mit den neuen verstand ich mich nicht mehr. Zuhause, Vater kriegte wieder 'n Job, Klavier weg. … Ich war dann Schlüsselkind und ging, sobald ich wieder aus der Schule raus war, in meine eigene Welt. … Also kein wirkliches Gleichgewicht mehr, keinen wirklichen Boden unter den Füßen. Und ja, einfach auch nicht belastbar. Ich fing damals an mit Schuleschwänzen. Aus der heutigen Sicht … nehme ich an …, zum Einen war das sicherlich auch ein Symptom dafür, dass ich depressiv war und ich hätte wahrscheinlich eine Therapie gebraucht. Das war das eine.

Aber ich denke, dass ich auch wirklich überfordert war und immer wieder mal ausruhen musste! Einfach, dass ich nicht mehr konnte. Das war ja auch wahnsinnig anstrengend, immer diese Rolle …, also immer diesen Part „Ich bin präsent und kommunikativ" … Hab ja auch diesen stillen Teil in mir damit platt gemacht. Ich brauchte wirklich diese Morgende, wo ich bis in den Mittag rein ausschlafen konnte, mich ausruhen konnte. Es war eigentlich immer anstrengend! Und das hat sich so durch mein Leben durchgezogen, dass ich … ja, wenn ich draußen war, wenn ich unter Leuten war, kein Mensch auch nur geahnt hätte, dass in mir was Schüchternes, Stil-

Auditives Lernen

Krise in der Kindheit

Überforderung

les und total Überfordertes steckt. Später hab ich das dann auch
mit Hilfe von sehr viel Alkohol …, also diese Rolle nach außen gespielt. Und dann immer die totalen Abstürze. Oder wenn ich mal
über längere Zeit in dieser Rolle war, brauchte ich doppelt so viel
Zeit, um mich wieder einzusammeln. Also sehr sehr anstrengend!

Wie ging es dann weiter? Hast du Abitur gemacht?

Ausbildung   Ich hab mittlere Reife gemacht. Und dann bin ich anschließend erstmal in die Schneiderlehre gegangen. Ich wollte eigentlich immer
Sängerin werden. … Aber mit meinem Einverständnis …, also nach
vielen Gesprächen mit meiner Mutter … In meiner Pubertät ging
die auch sehr auf mich ein und wir haben viele intensive Gespräche gehabt. Da war sie eine gute Ansprechpartnerin für mich, und
das hat mich sicherlich auch gerettet. Also unterm Strich: Besser
erstmal was Anständiges zu lernen, sozusagen. *lacht*

Die Einfühlsame   Dieser Traum Musik und Sängerin, ach der hat überhaupt keine
wirkliche Basis. Aber es war halt mein Traum. Und drei Jahre Lehre,
das war immerhin was ruhiges, kleine Werkstatt und netter Meister
und so. … Da ging das schon langsam los, dass ich … öfter mal
in die Rolle der Verständnisvollen, der Einfühlsamen und der Beraterin kam. Also so am Wochenende zum Beispiel, wenn ich mit
meinem Meister alleine in der Werkstatt war, hat er mir von seinen
Eheproblemen erzählt. Schon damals … spürte ich irgendwie, dass
das auch 'n Bedürfnis von ihm war, und dass ihm das gefiel, dass
er sich da mal aussprechen konnte. Und aus der heutigen Sicht …
klar! *lacht* Ja.
Oder die Freundinnen. Ich meine, in dieser Zeit hat man ja sowieso
ganz viele Probleme. Und ich kam immer mehr in die Rolle, gefiel
mir auch da drin. … Woher das kam weiß ich nicht, aber ich konnte da ganz offensichtlich auch ganz gute Ratschläge geben. Oder
beruhigen oder tröstend einwirken. Und ich fühlte mich da auch in
meinem Element. Hat sich gut angefühlt.
Na ja, und nach der Lehre … bin ich so rumgedümpelt. Ich denke,

Depression   dass eben auch bei mir … manchmal latent und manchmal auch
doch stärker spürbar 'ne Depression da war. … Eben auch dieses
Vorbild des depressiven Vaters, der ja auch nie wirklich ein Bein an
die Erde kriegte. … Ich sag immer, ich hab nicht nur einen, sondern
mindestens drei gute Schutzengel gehabt. Die mir dann wieder Türen geöffnet haben, dass ich doch noch irgendwie … mein Potential
ins Leben bringen konnte.

Berufsfindung   Mit einundzwanzig, über paar Umwege, hab ich dann in Braunschweig an der städtischen Musikschule ein Gesangsstudium an-

gefangen. Wo aber sehr schnell klar war: Ne, mit diesen ganzen Schwierigkeiten und dieser Introvertiertheit, also die zweite Maria Callas, die war ich eben einfach nicht! Auch mit dem damaligen Gesangslehrer, der konnte mir mit meinen Schwierigkeiten auch nicht helfen. Und nach drei Semestern hab ich's geschmissen, weil ich überzeugt war, meine Stimme reicht nicht aus. Also es war alles ziemlich blockiert. Ich bin dann erstmal ausgewichen an die HDK in Braunschweig und bin da in die Kostümbildnerklasse gegangen, und dann von Braunschweig nach Berlin gewechselt. 'Ne Freundin, die war hier an der HDK, und die hat mich so ein bisschen in die Klasse reingebracht. Da war dann auch wiederum klar, wenn ich ernsthaft versuche, in dem Beruf zu arbeiten, dann werd ich wohl verhungern müssen.

Warum?
Diese Blockade, von der ich vorhin schon gesprochen habe, also auf Knopfdruck fiel mir wirklich absolut nichts mehr ein.

Sozusagen leisten auf Befehl.
Ja ja, ging nicht! Ich zeichnete akribisch und dann rolln mir fast die Augen aus dem Kopf und tränten. Das war's einfach nicht. Na ja, und dann bin ich wieder 'n bisschen rumgedümpelt. Auf den letzten Drücker bin ich dann tatsächlich noch hier in 'ne Gesangsklasse gekommen, hab 'n guten Lehrer gekriegt und hab nach vier Jahren dann ein Engagement hier am Theater des Westens gekriegt. Chor mit Solo, auf wer weiß welchen Umwegen, ne! Also, das, was man sich wirklich aus tiefster Seele wünscht, geht offensichtlich in Erfüllung. Dann war ich am Theater! Und hab gesungen und stand auf der Bühne!

Und wie war das?
Die ersten drei Wochen bin ich auf der Bühne und zu Hause nur getanzt, ja! *kichert* Aber das kippte dann ziemlich schnell um, als ~Routine~ es Alltag wurde und als ich merkte, was da wirklich läuft, und dass das mit Kunst auch nicht wirklich was zu tun hat. Oder mit diesen Träumen, die man hat. Und … wir spielten En-suite, also drei Monate das gleiche Stück. Und Operette – ich wollte ja zur Oper! Operette, Musical …, der ganze Stil der Inszenierung entsprach nicht meinen Ansprüchen, meinen damaligen, und ich hab's auch nie besonders ernst genommen. … Ja, ich hab's nie ernst genommen die ganzen Umstände. Gut, vielleicht hätte ich was anderes gebraucht. Aber wir wurden auch nicht wirklich gefordert in dem

Sinne. Musikalisch schon gar nicht, wenn man drei Monate immer das Gleiche singt und in dieser Zeit auch schon drei Monate für's nächste Stück schon probt. Also ich, mit meiner Fähigkeit alles ganz blitzschnell aufzunehmen, … irgendwann schalteste ab. Und dann ist mir leider leider auch diese Begabung verloren gegangen. Ist regelrecht verschlammt, dieses Schnell-aufnehmen-Können und Schnell-auswendig-Lernen, also auch Texte usw. Ich hörte irgend 'n Lied oder ich konnte ganze Opern auswendig singen. Ich hätte jede Partie singen können. Das ging da verloren, weil es einfach nicht mehr trainiert wurde, es ist regelrecht versandet. Das schmerzt mich auch heute noch.

Begabung durch Routine versandet

Ist es nicht wieder aufgetaucht?

Überreizung/ Unterforderung

Nein. Nein Nein. Und die Erkenntnisse, die es heute gibt so über Gehirnfunktionen, das wusste ja damals vor dreißig Jahren noch kein Mensch. Sonst hätte ich da vielleicht bewusst auch 'n bisschen dagegen gearbeitet. Aber gut, ne. Ich ging morgens zur Probe und abends in die Vorstellung und tanzte rum und sang, so im Kostüm, und ich sah schön aus und ja, alles klasse. Aber ich stand auch oft mitten während der Vorstellung auf der Bühne und dann kam wie so 'n Blitz: „Hanne, was machst du hier eigentlich für 'n Scheiß!?" Und dann eben auch wieder das gleiche Problem, Theater ist ja nun was … mega-kommunikatives, und die Leute quatschen in einem fort. Ich hab immer da gestanden und gedacht „Wie ist das möglich? Jeden Tag!" Es gab auch Möglichkeiten, dass ich raus konnte, aber trotzdem, dieser Anspruch, doch irgendwie immer präsent zu sein … Das hatte dann zur Folge, dass ich viermal im Jahr eine solche Erkältung hatte, dass ich quasi zuquoll! *lacht* Dicht! Komplett dicht machte. Das brauchte ich. Und mich auch abdichtete mit Alkohol. Sonst hätte ich das gar nicht überstanden, diesen ständigen Input, so zehn Jahre lang.

Wann fing das mit dem Alkohol an?

Absturz

Das fing an mit 30. Bis dahin hab ich geraucht wie 'n Schlot, und wie ich aufhörte zu rauchen, fing ich an zu saufen, höhö. *lacht* Es kamen so ein paar Umstände, die haben das begünstigt, aber ich hatte da zum Teil so heftige Alkoholprobleme, dass ich schon anfing zu zittern. Und am Theater wird ohnehin sehr viel Alkohol getrunken. Dann, irgendwann so mit 26, 27, als 'ne Kollegin neben mir, also meine liebste Saufkumpanin, dann so fürchterlich abstürzte, begann ich zu begreifen, dass Trinken weder schöner noch klüger macht. Und dann fing ich an …, mühevoll aber doch

bewusst daran zu arbeiten, das eben unter Kontrolle zu kriegen.
Als ich dann aufhörte am Theater und anfing zu unterrichten, das
ist meine Rettung gewesen.

Ich hatte schon zwei Jahre vorher angefangen mit 'ner Körperthe-   *Ausstieg*
rapie, 'n Training! Also Ausbildung kann man das gar nicht nennen.
Ich bin da irgendwie auch … wie das Kind zur Jungfrau, auf sehr
verschlüsselten Wegen oder der Schutzengel …, in ganz andere
Kreise gekommen. Das war auch der Beginn mit dieser ganzen esoterischen Geschichte, die so anfing sich zu bewegen, für mich. Und
das war dann der Einstieg in eine völlig theaterfremde Welt und der
Weg wirklich endlich mal zu mir. Und … naja, je länger ich dann in
dieser anderen Welt war, desto unmöglicher wurde das mit der Zeit
in der Theaterwelt zu leben und zu arbeiten. Und dann mit vierzig bin
ich dann weggegangen vom Theater. Weil mir meine Seele irgendwie sagte, wenn ich da noch länger bleibe, dann wird mir das sehr
sehr schaden. Ich wusste nicht, was ich daraufhin machen sollte, ich
folgte einfach dieser inneren Stimme. Und nach nicht allzu langer   *Berufung*
Zeit ging das dann auch los, dass die ersten Schüler kamen, auch
ohne dass ich mich groß anstrengen musste. So ein, zwei schick-
ten auch ihren Freundeskreis gleich zu mir, weil sie so angetan waren. Und einige …, die nutzten dann – wie sich das ergab, weiß ich
nicht – auch meine Bereitschaft, zuzuhören und zu beraten, dann
fand ich mich als Körpertherapeutin hier, und die Leute stiegen voll
in ihren Prozess ein.

Ja, so hat sich meine Arbeit entwickelt, dieser Mix zwischen beiden,
also diese Arbeit mit der Stimme, Gesangsunterricht und der Körpertherapie. Aber eigentlich war der Schwerpunkt dann sehr sehr
schnell an Stimmblockaden. Damals funktionierte das mit den Zitty-
und Tip-Inseraten noch sehr gut. Die entsprechenden Menschen
kamen auch zu mir, und aus der heutigen Sicht sehe ich natürlich
sehr klar, dass ein Großteil von denen hochsensible Menschen waren. Ja, … da hab ich dann gemerkt: „Aha, das ist meine wirkliche
Berufung!" Und hab auch so das erste Mal die Erfahrung gemacht,
wie erfüllend Arbeit sein kann. …

**Schön! Da kommt ja beides zusammen: Dieser alte Wunsch
von dir, singen zu wollen, und zum andern die stille Fähigkeit,
dass du gut beraten kannst, die du zufällig entdeckt hast.**
Genau. Ja. Und bloß … seit der Jahrtausendwende, wo 'n ganz   *Für sich selbst*
anderer Umgang mit den Medien usw. kam, wo man auch wirklich   *werben*
anders damit umgehen und sich ganz anders verkaufen muss, …
… also … diese Notwendigkeit an die Öffentlichkeit zu gehen, über

diese Schwelle bin ich nie rüber gekommen und das hat sich dann natürlich auch bemerkbar gemacht, auch finanziell.

So bis dahin war das immer noch relativ einfach, seinen Platz irgendwo zu finden und Leute zu kriegen. Das sind heute ganz andere Gesetzmäßigkeiten. Und … das fällt mir schwer und ich denke, da bin ich nicht die Einzige in der Gemeinschaft der Hochsensiblen. Auch der Umgang mit den Medien und mit dem Internet, ich hab das … erst im letzten Jahr geschafft, mir einen Internetanschluss einrichten zu lassen. Und … ja, überhaupt damit umzugehen und Email-Adresse und so. … Das ist wirklich nicht mein Medium. Und ich hab den Eindruck, das geht vielen Hochsensiblen so.

Du bist jetzt schon seit zwanzig Jahren selbstständig als Gesangslehrerin und Körpertherapeutin. … Was für einen Vorteil gibt dir das, so arbeiten zu können, auch im Hinblick darauf, dass du hochsensibel bist?

Vorteile der Selbstständigkeit

… … … Was für ein Vorteil!? Könntest du die Frage vielleicht noch mal anders stellen?

Ja, zum Beispiel: du arbeitest zeitlich in einer bestimmten Art und Weise, die Intensität ist in einer ganz bestimmen Art und Weise, der Kontakt zu den Menschen, wie du dich selber vorbereitest, was du erarbeitest und all das. Das ist ja anders, als wenn du morgens um acht ganz klassisch ins Büro gehst, ins Geschäft, du hast Kolleginnen und Kollegen, du sitzt irgendwo oder machst irgendwelche Tätigkeiten und gehst nachmittags um vier oder fünf wieder aus dem Büro wieder nach Hause.

Also, zum einen schon mal, dass ich in meinem vertrauten Raum arbeiten kann. Ich hab auch schon in gemieteten Räumen gearbeitet und hatte immer das Gefühl – auch durch das Sich-anpassen-Müssen an eine Umgebung – hat das meiner Arbeit mindestens 20 % der Qualität genommen. … Dann ist es ganz offensichtlich auch … mein Ding mit Einzelpersonen zu arbeiten. Inzwischen würde ich mir zutrauen, mit Gruppen zu arbeiten. 'Ne Zeitlang wär das gar nicht möglich gewesen, weil mich das völlig überflutet hätte, diese ganzen Eindrücke und alles auf einmal. Das wär wirklich nicht gegangen. … Dann halt meine ganz feine Intuition, die Wahrnehmung. Und die jahrelange Erfahrung und das Training. … Ja. Dann, also da sind jetzt doch schon so gewisse Alterserscheinungen, die mich beunruhigen. Die ersten Jahre, als ich gearbeitet habe, da hatte ich ein wirklich total gutes Gedächtnis dafür, was jemand geäußert hat. Und wenn jemand 'ne Weile bei mir war und pausiert hat und kam

vielleicht nach drei Jahren wieder, konnte ich ohne Problem genau wieder da anknüpfen, was da schon gewesen ist. …
Ja, ich denke, es ist einfach meine Feinbestimmtheit, also feines Gehör, Intuition … Ich nehme auch stimmlich ganz feine Unterschiede wahr. Das geht über 'ne bloße Empathie noch hinaus. Dass ich mitschwingen kann und dadurch teilweise selber körperlich spüren kann, was jemand mit dem Atem oder der Stimme, was in dessen Körper vorgeht. Das, was mir sonst Schwierigkeiten macht im normalen Leben, ist hier mein Kapital.

Du hast gerade ein Wort benutzt, von dem ich gerne ein bisschen mehr wissen würde aus deinem Leben: das Wort Anpassung. Was hast du mit Anpassung zu tun oder zu tun gehabt?
Zu tun gehabt, genau! *beide lachen* … Öhh, … ich arbeite mich mal von hinten nach vorne. *kichert* Also eine der größten Katastrophen in meinem Leben war 'ne Beziehung, so vor ca. zwölf Jahren, die dauerte knapp ein Jahr. Da bin ich so total in die Anpassung gegangen, wie ich das vorher nie für möglich gehalten hätte, dass mir das überhaupt möglich ist. Ich denke, das war ein großes Glück, dass die Beziehung dann zerbrach, weil ich sonst sicher schwer krank geworden wäre. Irgendwie … ja, wär die Katastrophe eskaliert.   *Anpassung*

Der Mann war Künstler, der war sehr fordernd, und er hat das tatsächlich geschafft, dass ich … ein Großteil meiner Energie, meiner Zeit, meiner Kräfte … geopfert habe, freiwillig, ohne mich abgrenzen zu können. Ganz viel Unterstützung …, also ich hab den gecoacht und bekocht und gemacht und getan. Also wirklich unvorstellbar! *kichert* Ja. Aber es war ganz offensichtlich auch ein heilsamer Schock, als das vorbei war. Ich hab zwei Jahre gebraucht, um überhaupt erstmal sortieren zu können, wie ich da mit mir umgegangen bin, hab umgehen lassen. Dann wusste ich aber auch, was ich zu tun habe, um mich zu schützen, also generell anders mit Beziehungen und Kontakten und mit mir umzugehen.   *Partnerschaften*

Erzähl mal über Beziehung. Wie war es früher, was hast du daraus gelernt?
Beziehungen warn immer schwierig für mich. Oder, um noch konkreter zu werden, waren meine Beziehungen alle mittelschwere Katastrophen! *lacht* Was ich früher immer auch damit erklärt habe, dass die Beziehung meiner Eltern halt auch nicht gut war. Die Beziehung zu meiner Mutter war sehr symbiotisch. Da hab ich auch schon gewisse Muster übernommen. Ich hatte entwe-

Nonverbale Kommunikation

Fehlende Abgrenzung

Passende Beziehungsform

der Beziehungen, wo der Partner viel stärker war als ich und ich in die Anpassung ging, oder – eine vierjährige Beziehung –, wo ich sagen würde, das war wirklich die große Liebe. Das war eine sehr sehr liebevolle Beziehung. Die war aber auch wieder sehr … so symbiotisch, fast sprachlos, weil der Mann sprach nicht. Der konnte nicht. Der war Tänzer, der kommunizierte anders. Diese Hochsensibilität …, nonverbal wussten wir sehr gut, was in dem anderen vorging und hatten da eine gute Verständigung. Aber Konflikte oder sowas, das war nicht möglich. … Ja, aus meiner heutigen Sicht sehe ich da schon auch, wenn ich nicht so neurotisch gewesen wäre, hätte man damit vielleicht auch noch anders umgehen können. Jedenfalls das war dann wieder konsequent symbiotisch und zusammengebacken. Das wäre auf die Zeit auch nicht gesund gewesen. Die Beziehung zerbrach, da war ich fünfunddreißig, und … … die Versuche, die dann anschließend stattfanden, waren kurzfristig, so Dreimonats-Beziehungen. Ich denke, so aus der heutigen Sicht, dass ich wirklich überhaupt keine Möglichkeit hatte, mich gesund abzugrenzen. Dass das wahrscheinlich der Schutz meiner Seele gewesen ist, dann immer auch zu beenden. Also die Abbrüche gingen hauptsächlich von meiner Seite aus. Klar hab ich dann auch 'ne Sehnsucht gehabt und so. Eigentlich hab ich niemand wirklich an mich ran gelassen. Und aus der heutigen Sicht denke ich, dass das ein Schutzmechanismus gewesen ist. Weil ich Beziehungen gar nicht hätte leben können. Das hat mich überfordert.

Was hat dich da überfordert?
Öhm, ich glaube das ist noch heute so, egal welcher Mensch: Wenn jemand zu oft und zu viel in meiner Nähe und in Kontakt ist, strengt mich das an. Wir leben ja in einer Gesellschaft, da kannste deine Beziehung gestalten wie's dir passt, ne? Also sehe ich da schon noch Möglichkeiten. Aber bis vor 'n paar Jahren hab ich da noch so das gängige Modell im Kopf gehabt.

Das da wäre?
Na ja, dass man halt *zusammen* …, und dann möglichst viel zusammen …

Zusammen wohnen?
Joah …, eben so das Modell, was man auch erlebt, wie wir auch konditioniert sind, denke ich. Das steckt wirklich ganz ganz tief drin, merke ich immer wieder mit Erstaunen.

So wie du dich heute kennst, welches Modell würde denn zu dir passen?

Auf jeden Fall getrennte Wohnungen! … Öhhm … … ja, 'ne gute Verständigung … und 'ne sehr flexible Gestaltung. Also, ich würd mal sagen, … die größtmögliche Nähe bei größtmöglicher Freiheit, irgendwie sowas. Also 'ne ganz ganz schwache Verbindlichkeit. Ich könnte mir auch vorstellen mit jemand liiert zu sein, der in 'ner andern Stadt lebt. Vielleicht wär das sogar die ideale Lösung. Also gut, dann is halt mal auch 'n Herzschmerz oder so. … Es dürfte keine Beziehung sein, die meine Kreise allzu sehr stört, die mich aus dem Rhythmus bringt.

Nähe/Distanz

Aus dem Rhythmus kommst du in dem Moment, in dem Kontakt entsteht?

Ich denke, wenn das diese Art von Kontakt oder Beziehung wäre: ja. Mit Freunden ist das ja gar nicht so das Thema. Weil, da hat ja jeder sein eigenes Leben, seine Strukturen und dann begegnet man sich, und dann wieder 'ne Weile nicht. Das ist ja ganz anders strukturiert. Aber mit 'm Lebensgefährten, da entsteht ja schon noch was anderes. Mehr Intimität und sicher auch andere Bedürfnisse. Kann ich schwer einschätzen, was mir da heut möglich wäre, welche Bedürfnisse dann vielleicht doch nach mehr Nähe … Käme sicherlich auch auf den Partner an. Es gibt mehr oder weniger anstrengende Menschen.

Das heißt, im Moment lebst du nicht in einer Partnerschaft?

Nein, nein.

Und Fernbeziehung hattest du auch keine? Um mal das Konzept auszuprobieren.

Nein. *lacht*

Ich schwenke mal ab: Du hast vorhin schon kurz darüber gesprochen: Spiritualität. Du hast erzählt, wann das in dein Leben getreten ist.

Ich war schon immer spirituell. Also ich hatte immer schon ein gutes Verhältnis zum lieben Gott und zu Jesus. Was meine Mutter gar nicht hatte. Die hat das eher befremdet, hat sie mir dann erzählt. Aber ich hatte schon als Kind das Gefühl, da schützt mich jemand. Also irgendwie … ein guter Zugang zu etwas Höherem. Ich weiß nicht woher's kam. Und Engel usw. das war alles was ganz Selbstverständliches für mich.

Spiritualität

Ohne dass es die Eltern vorgelebt haben?

Ja. Ja. Ja. … Und dann später, als ich erwachsen war, hatte ich

Innere Führung immer das Gefühl, geführt zu werden. Auch beim beruflichen Werdegang! … Heute nennt man das „der inneren Stimme folgen". Damals hab ich wirklich das Gefühl gehabt, ich kriege irgendwie von oben eine gute Eingebung und ich brauche der bloß zu folgen. Ja, das hat mich geschützt und geleitet. Na ja gut, diese Anfänge der Esoterik, heute lächelt man ja so 'n bisschen darüber, aber das war ja zum Teil sensationell, die ganze Literatur, die da so auf den Markt kam. Mit Osho habe ich angefangen, das hat dem noch mal 'ne andere Dimension gegeben. … Inzwischen ist das auch ein großer Bestandteil meiner Arbeit. … Ja, also, das sind jetzt dreißig Jahre … Und die Körpertherapie-Ausbildungen, Fortbildungen usw., die waren ja auch alle sehr getragen von spirituellen Einflüssen und Übungen. Das hat sich immer mehr verfeinert. Heutzutage, so zum jetzigen Zeitpunkt, würd ich sagen, hab ich 'n Patchwork-Glauben. Ja, also ich kann ohne weiteres zum lieben Gott beten, der mit dem weißen Bart und so, 'ne.

Kirche Aber auf der anderen Seite kann ich keine Kirche mehr betreten, weil ich das einfach nicht mehr ertrage. *kichert* Was da geredet wird und was da abläuft. Diese öde Ödnis. … Also Spiritualität in der Kirche erlebe ich nur noch über Musik. Da hab ich noch das Gefühl, da ist Gott anwesend. Aber so in normalen Gottesdiensten nicht mehr. Es sei denn da steht noch irgendein guter Vertreter, jemand, der das transportieren kann. Na ja, jetzt hab ich so mein eigenes gefunden und lebe damit und vermittle das auch.

Hast du das Gefühl, du bist damit alleine?

Mmmhhhhh neeeeiiinn … nein, nein! *lacht* Keineswegs.

Wird das von deinen Schülern oder Klienten angenommen? Suchen die das vielleicht sogar auch?

Sowohl als auch. Also, ich gebe meine Angebote und dann ergibt sich alles Weitere. Ich respektiere, wenn jemand 'ne Grenze zeigt oder Desinteresse oder was auch immer. Oder anders geartete Richtungen präsentiert. Ich gehe mit dem was ist. Ja, versuche immer mein Bestes zu geben!

Das bringt mich zum nächsten Punkt: Perfektionismus! Hast du damit was zu tun in deinem Leben?

Perfektionismus Perfektionismus im negativen Sinne, nein. Überhaupt nicht. Nie. … Allerhöchstens … so 'n lustvoller Perfektionismus. Ich habe auch wieder angefangen, an meiner Stimme zu arbeiten, seit Jahren, und hab sehr viel entwickelt. Das bereitet mir fast noch größere Freude, *für mich* an meiner Stimme zu arbeiten. Oder mir irgend 'ne Arie oder irgend 'n Repertoire zu erarbeiten und da zu feilen. Vom Klang her genau da hinzukommen, was meine Vorstellung ist. ... Das ist für mich eine ganz ganz tiefe Befriedigung.

Fühlst du dich durch dieses Bedürfnis, eine Qualität zu entwickeln und zu leisten, nicht belastet?
Nein, im Gegenteil. Das befriedigt mich. Oder das ist auch wie so'n ... ja, wie so'n gewisser Treibstoff, der das auch am Laufen hält. Ja genau! Ja!

War das früher auch so als Kind? Gab es da schon diesen Motor?
... Eher zu wenig. Ich hatte nie Ehrgeiz oder irgendsowas, kann mich nicht erinnern, dass Konkurrenz zum Beispiel jemals 'ne Rolle gespielt hätte. ...

Kommen wir zurück zu der Ausgangsfrage, dass du schon vor vielen Jahren rausgefunden hast, dass du hochsensibel bist. Als du das entdeckt hast, als das Kind sozusagen einen Namen bekommen hat, was hat das in dir ausgelöst?
Das war wie 'ne Erlösung! Und ganz viele Erklärungen, schwarz auf weiß, für viele Zustände oder Dinge in meinem Leben.

Eigene Hochsensibilität erkennen

Zum Beispiel?
Oh.. mhm, na ja, also zum Teil hab ich darüber schon gesprochen, also diese Überempfindlichkeit, oder ... die Zurückhaltung, das Gefühl von anders-sein. ... Aus meiner Körpertherapieausbildung wusste ich auch schon – auch da gibt es Bereiche, so eine bestimmte Charakterstruktur, die auch so 'n bisschen diese Symptomatik hat – und da hab ich mich dann auch zugeordnet, aber das mit der Hochsensibilität war jetzt noch mal umfassender, ... ja, noch mal aus 'ner anderen Perspektive. ... Es war wie 'ne Offenbarung irgendwie! Ich meine, Vieles wusste man ja auch schon immer, das dann noch mal gut formuliert zu lesen, das ist ja auch eine Bestätigung für ein inneres Wissen.

Auch eine Beruhigung?
Und 'ne Beruhigung, genau. Auch wirklich in dem Sinne „Okay, wir können alle aus unserer Haut heraus, aber wir *müssen* es nicht."

Hat dieses Wissen über deine Hochsensibilität irgendetwas Konkretes in deinem Leben nach sich gezogen? Hast du irgendwelche Dinge verändert oder anders betrachtet oder bewertet?

Konkrete
Veränderung

Schonfrist

Ja. … Das hat erstmal dazu geführt, dass ich mich ein bisschen zu sehr identifiziert habe mit diesem Teil der Hochsensibilität, dass ich mich … in manchen Dingen ein bisschen zu sehr geschont habe, so meiner Einschätzung nach. Also bestimmte Herausforderungen, oder auch so rein beruflich aktiver zu werden, und dass ich mich auch noch schneller als früher ausgebremst habe mit dem Argument „Ach nee, das ist viel zu schwierig für mich und ist nicht mein Ding und das ist nichts für Hochsensible." Wo ich mich damit dann schon beobachtet habe und gemerkt habe, dass ich da Achtsamkeit walten lassen sollte. …

Abgrenzung

Im Positiven hat es ausgelöst, dass ich im Prozess der Abgrenzung, noch sehr viel mehr Selbstverständnis entwickelt habe. Zum Teil auch als Argument, wenn mir jemand zu viel wird. Es gibt ja Menschen die reden wirklich zu viel. Dann sage ich: „Das tut mir leid, aber ich kann jetzt nicht mehr folgen." Und dabei dann nicht mehr so ein Gefühl von Versagen zu haben und „Aber ich müsste doch eigentlich!", sondern: Das ist meine Natur und jetzt ist Schluss. Das ist 'ne große Erleichterung. Da würd ich auch gerne das anbieten in kleinen Gruppen, um da andere hochsensible Möglichkeiten zu zeigen. …

Sozusagen deine Lebenserfahrung mit diesem Thema weiterreichen!?

M-hm! Genau. Ja.

HSP/HSS

Zeitweise
extrovertiert

Es gibt noch einen anderen Wesenszug in mir. Der äußerte sich in der Kindheit schon so, dass ich – auf Familienfeiern, oder Kindergeburtstag, meine Mutter war zum Teil richtig entsetzt –, dass ein stilles schüchternes Kind plötzlich über Tische und Bänke sprang. Da ist ganz offensichtlich irgendwas aus mir herausgebrochen. Der Hauptteil meines Wesens ist eher 'n bisschen introvertiert und still, aber dann gibt es wirklich das genaue Gegenteil, das sich dann teilweise ganz eruptiv äußert und was mich auch immer wieder raustreibt, wenn ich dann mal 'n Rückzug hatte. Regelrecht raustreibt und Kontakt sucht. Also wo ich auch wirklich ganze Gesellschaften unterhalte. Ich mein, ich tret ja auch auf und hab ja überzeugend auf der Bühne gestanden und die Regisseure liebten mich auch. Also die Seite gibt es ganz offensichtlich auch.

Wie ist das, wenn du arbeitest? Magst du es lieber abwechslungsreich, oder magst du es lieber gleichförmig, also du weißt wie die Abläufe sind, worauf du dich einstellen musst usw.?
Och, ich hatte das schon ganz gerne, dass ich weiß worauf ich mich einstellen kann, und dass es nicht zu starke Überraschungen gibt. Und ... ich hab das Gefühl, mit zunehmendem Alter mag ich es auch lieber gerne wieder ruhiger. Zum Teil mache ich das aber schon auch bei der Arbeit, dass ich so richtig den Entertainer spiele, um die Leute so 'n bisschen aus sich herauszulocken. Aber das fängt an, mich eher anzustrengen. ... Ja, also ich denke, dass ich diese Seite am besten leben kann, wenn ich auf irgend 'ner Bühne sitze und vorlese oder Märchen erzähle oder singe. Da bin ich geschützt, die Bühne ist da 'ne Distanz. ... Das ist auch ein bisschen ein Problem gewesen, was dieses Beziehungsthema angeht: In Gesellschaft drehe ich auf, wirke offen, kommunikativ, lebhaft, und dann denken die Leute natürlich, ich bin immer so. Und dann hab ich auch entsprechend Männer angezogen, ja ... und zu Hause ... tote Hose! *lacht ausgelassen*

Klare Strukturen

Das kann ja dann doch hin und wieder zu Schwierigkeiten führen, denke ich mal.
fängt wieder an zu lachen Ja, das kann man wohl sagen!! Hahaha!

Das heißt, so die ganz stille Maus bist du nicht.
Nein. Nein. *lacht wieder*
Deswegen dachte ich, muss ich das noch sagen. *lacht*

Es ist gut, dass du es noch mal gesagt hast. Wird ja deutlich, dass es offensichtlich einen sehr schnellen Wechsel geben kann.
Ja, ja.

Es sind nicht so langgezogene Phasen von „Ich bin jetzt extrovertiert, und dann irgendwann wird die Sache weniger und dann hab ich jetzt meine stille Phase", sondern es macht wirklich *klack* und dann geht gar nichts mehr!?
Ganz genau so isses. Das ist auch eine große Herausforderung für meine Freunde, *lacht* also manchmal fast mitten im Satz. Auch wenn es abends mal ein bisschen später wird – auf einmal 'n Absturz.

Wie gehst du damit um?
Kann nicht mehr. Jetzt ist Schluss.

Du folgst dem Gefühl sofort?
Ja. Ja. M-hm ... und ich kann das auch aushalten, wenn die dann
konsterniert sind oder manchmal auch sauer, aber ... da hilft dann
auch wieder diese Information über die Hochsensibilität.

Kommen wir zu den Merkmalsblättern, ich hatte ja anfangs
Merkmale **schon davon gesprochen. Dort, wo du sagst: „Das Merkmal**
kommt mir bekannt vor, mit dem hab ich was zu tun." machst
du ein Kreuz.

Wutanfälle *„neigt zu Wutanfällen"* – also inzwischen nicht mehr, aber als Kind
... Wie gesagt, meine Mutter dachte, das ist nicht mehr ihr Kind,
ja? So plötzlich ...

Achso! Dieses über Tische und Stühle, was du gerade erzählt
hast, das waren Wutanfälle?
Na ja! Nee, nee, das war verspielt und Freude und laut werden und
so. Und dann, auch zwischendrin, wie ... Rumpelstilzchen bin ich
in die Luft gegangen. ... ...

Waren das spezifische Anlässe, weißt du das noch?
Ich kann mich nur an einen einzigen Anlass erinnern, wo meine
Mutter und ich einen Sonntagsspaziergang im Park gemacht haben. Dann fing es an zu regnen, irgendwie ein heftiger Schauer.
Und wir standen, und direkt daneben stand jemand mit 'm Schirm.
Und ich muss mich fürchterlich darüber geärgert haben, dass die
uns nicht angeboten hat, mit unter den Schirm zu kommen! *lacht*
Bin ich irgendwann ausgerastet! Meine Mutter staunte nur, und das
war ihr natürlich auch peinlich. Das Rumpelstilzchen! *lacht* Und
die arme Frau mit dem Regenschirm! Ich mein, ich hatte sie auch
weder gefragt noch hat die uns abgewiesen. Die wusste ja gar nix
von meinem Problem! *lacht*

Anders sein *„Wirkt irgendwie anders als andere Kinder"* ... na irgendwann ja
nicht mehr. Ich glaube, in meiner Zeit waren brave Kinder, ange-
passte Kinder ja auch beliebt. Und es gab viele von der Sorte.

Du hast ja eingangs schon gesagt, dass du dich auch anders
gefühlt hast!?
Ja. Aber ... fiel aber, glaub ich, nicht auf.

Sozial und *„ist sehr sozial und empathisch"* – ich war empathisch, aber nicht
empathisch eben sozial. *kichert*.

Wie geht denn das?
Öhhm … … Oder? War ich als Kind doch sozial? … … Also nee,
sozial nicht. Ich würde sagen, ich hab … soziale Kompetenz. Das
hab ich mir erst jetzt so in den letzten zehn, zwölf Jahren so richtig
bewusst angeeignet.

Wie kann ich mir das vorstellen?
Ämmmm … ja, zum Teil war ich auch tricky. Also … dadurch, dass
ich ja so früh trainiert hatte, den stillen und ängstlichen Teil nicht
zu zeigen, hab ich mich ja auch mehr mit der andere Rolle identifiziert. Ich hab dann auch gleichzeitig 'ne nicht so feine Art entwickelt, meine Vorteile zu sehen und auch zu nutzen.
Zum Beispiel, dass ich eben in unkollegialer Weise krank gefeiert
habe und … mir damit sozusagen immer wieder meinem unbezahl-
ten Urlaub geholt habe. Oder … zu spät kam, oder … da schon
auch 'ne gewisse Rücksichtslosigkeit entfalten konnte. Ich konnte das auch total ausschalten, diese Empathie. Also wirklich ganz
eigenartig. Und wenn ich betrunken war, dann sowieso. Das war
schon 'ne ziemlich üble Entwicklung.
… Dass ich dann zur Körpertherapie gekommen bin, das hat mir
das Leben gerettet. Ich denke, sonst wär ich entweder schwer krank
oder wahrscheinlich schon tot. … … Aber die Probleme hatten nicht
nur mit der Hochsensibilität zu tun, sondern auch mit Familienge-
schichten und so, … weil's wirklich neurotisch war. …

„*Spricht früh ausgefeilt und komplex*" – das war auch auffallend.   *Frühe Sprache*
Zumal meine Mutter 'nen leichten Sprachfehler hatte. Sie hat als
Kind sehr stark gestottert. Und daher hat ihr sehr daran gelegen,
dass ihr Kind sehr klar und deutlich spricht, und ich hatte ja auch
schon früh eine beeindruckende Art mich zu äußern.

Wodurch weißt du, dass es so war?
Ich hab's gemerkt. Ja, irgendwie Äußerungen meiner Mutter. Hab
auch viel Bestätigung dafür bekommen. Oder in der Schule wurde
das auch gelobt, wenn was vorzulesen war. Oder die damalige Lehrerin – also das war für die damalige Zeit ja noch relativ ungewöhnlich, dass die auch mal so Diskussionsmöglichkeiten gab –, und das
merkt man ja als Kind, wenn man irgendwie Anerkennung bekommt,
und dann auch 'ne Sonderrolle einnimmt.

**Wie ist das mit Auseinandersetzungen. Sind Auseinanderset-
zungen für dich ja eher unangenehm, schwierig?**

Auseinander- | Kommt drauf an, mit wem. … Also mit manchen Leuten ist es grau-
setzungen | envoll. … Ich finde, es gibt wirklich Leute, mit denen *kann* man sich nicht auseinandersetzen. Entspricht glaube ich auch der Realität, oder da müsste ich noch etwas entwickeln, was mir so aber noch nicht gegeben ist. Es gibt ja Menschen, die können gut auch mit ganz schwierigen Gesprächspartnern noch 'n Konsens finden. Och, … ich würd mal sagen, ich bin im grünen Bereich. Keine Meisterin, aber …

Es belastet dich auch nicht, zu wissen, wenn eine Auseinandersetzung droht, zum Beispiel „Ich muss mich irgendwie für meine Rechte einsetzen"?
Wenn's um meine Rechte geht, wirklich überhaupt nicht. Bloß wenn's um diffizilere Geschichten geht, so Beziehungssachen. Wo jemand verletzt ist und Gefühle …

Schwingungen | *kreuzt an:* „Spüre Schwingungen und Strahlungen"
und
Strahlungen | **Computerstrahlung ist furchtbar?**
Ja, als ob ich durchsiebt werde, so ein Gefühl. Oder auch Schwingungen unten im Parterre. Da haben mal Handwerker gelebt, die haben Heizerlüfter über Nacht laufen lassen. Ich bin fast wahnsinnig geworden. Ich hab mein Bett durch's Zimmer geschoben, dass mein Kopf irgendwie 'n freien Platz hatte, wo mein Gehirn nicht ins Beben geriet.

Jetzt ist es ja heutzutage so, dass es fast nirgendwo einen Raum ohne PC gibt. Ob das im Einkaufszentrum ist, oder beim Arzt oder in Privatwohnungen.
Das geht immer erst nach 'ner gewissen Zeit los. Also nach 'n paar Minuten. … Oder vielleicht ist das auch abhängig von der Tagesform. Also so nach zehn bis fünfzehn Minuten, dann merk ich das. Anschließend brauch ich auch erstmal 'ne ganze Weile, bis sich diese Wellen wieder glätten.

Das ist aber ganz schön anstrengend!?
Ja!

Stadt, Natur, Land – ist Natur etwas, was dich reizt, was dir wichtig ist?
Bezug zur Natur | M-hm! Ja.

Und wie sorgst du dafür, dass Natur in dein Leben kommt, oder dass sie darin mitspielt?
Ich geh oft in den Park. Aber ich halt mich ja auch viel hier in meiner Wohnung auf. Und dadurch, dass ich nicht draußen arbeite, bin ich dem ja nicht so ausgesetzt, diesem Stadtwahnsinn. Aber wenn ich viel draußen sein muss, tut mir das nicht gut.

Ist deine Wohnung sozusagen dein Schutzruheraum?
Ja! M-hm, ... ja, es ist ein Geschenk! ... *ein Hund, zwei Stockwerke tiefer, heult jämmerlich*
Der Hund! Wenn er alleine ist!   *Zwischenspiel*

Schrecklich sowas.
Auch wenn hier gesungen wird, dann kommt sein Einsatz. *Hund jammert weiter*

Er ist gut zu hören. Vorhin hatten wir Klaviermusik. War die auch live?
M-hm! *Hund heult herzzerreißend*

Ah! Smalltalk ...
Naaahhh!! Grauenvoll!!   *Smalltalk*

lacht Warum?
... Warum? *lacht*... Äh ... ich weiß es nicht. Anstrengend. Es plätschert so ... Also mein Bedürfnis nach Tiefgang lässt dem keine Chance und mir fällt auch nix ein!! ... Also da muss ich betrunken sein, damit ich da mitreden kann. *lacht* Dann geht's! Dann kann ich da so mitplätschern. Ansonsten ..., also ich versteh's auch nicht. ... Also heute diese Handy-Unart, da ist auch nur noch Smalltalk möglich. ... Ich lass mich doch auf kein Gespräch ein, wo mein Gegenüber bei dem ersten Klingeln sofort mitten im Satz mit jemand redet, der gar nicht da ist. Das interessiert mich einfach nicht! Es ödet mich an!

Es gibt ja, gerade was Smalltalk anbelangt, solche Trainings ...
UACH! Ich hab mein halbes Leben lang trainiert, ich brauche solche Trainings nicht mehr.

Meine Frage geht dahin ...: Glaubst du, ein Training würde bei Hochsensiblen an dieser Stelle funktionieren?

Ich kenn's ja aus eigener Erfahrung. Ich hab kein bezahltes Training sondern Eigentraining gemacht, und bei mir hat's funktioniert. Ich denke, bis zu einem gewissen Grade. Aber ... zur Meisterschaft wird es da keiner bringen. Es wird auch immer ein begleitendes Unbehagen da sein, also immer irgendwie das Gefühl, nicht wirklich dazu zu gehören, ... also so 'n bisschen den Affen zu machen.

Gibt es einen Preis, den du deiner Meinung nach dafür zahlst?
Hund heult

Selbst-
vermarktung

In der heutigen Zeit ist das 'n hoher Preis, weil ich glaube, um Erfolg zu haben, auch beruflichen Erfolg, muss man noch mehr diese Klaviatur beherrschen als früher noch. Kommunikation ist, glaube ich, ein großer Bestandteil, sich und sein Produkt, was auch immer das ist so, materiell oder immateriell, unter die Leute zu bringen. Auch im künstlerischen Bereich! Wenn de mal guckst, der größte Schrott ..., aber die Leute werden hochgejubelt. Aber wenn man die dann mal erlebt, *wie* sie ihre Werke verkaufen und was sie dazu erzählen, äh, ... also nee! Und die Menschen werden ja immer weniger fein für die Wahrheit, für die Wirklichkeit und lassen sich immer mehr vom äußeren Anschein betäuben und beschwatzen und betrügen und blenden.

Wie groß sind da die Chancen für Hochsensible, deiner Meinung nach?
Na, das wird schwierig! Das ist schwierig! Und ich bin auch ziemlich sicher, dass ein hoher Prozentsatz von Hartz IV-Empfängern, die in einer gebildeten Schicht aufgewachsen sind, dass die zu den Hochsensiblen gehören.

Hochsensible
Hartz IVler?

Warum?
Weil sie sich nicht verkaufen können! Weil sie eher zu Selbstzweifel neigen, das eher als eigenes Verschulden ansehen. Oder weil sie mehr Schwierigkeiten haben sich anzubieten, oder überhaupt selbstbewusst aufzutreten. ... Das sind Eigenschaften, die werden heutzutage nicht besonders geschätzt. ... ...

Du hast angekreuzt, dass du komplex denken und handeln kannst. Wie zeigt sich das, woran macht sich das für dich deutlich?

Intro- und Ex-
trovertiertheit

Na ja, das ist dann wieder dieses Thema, diese zwei total entgegengesetzte Anteile in mir, dieses Stille und das Extrovertierte. Ich mach zum Beispiel sehr sehr gutes Coaching, weil ich Zusammenhänge sehr schnell erfasse und auch genau mitten ins Schwarze, sofort weiß, worum's geht, … und ich kann auch manchmal erstaunlich schnell reagieren, auch was mich selbst angeht.

Bloß …, also ich hab nicht das Gefühl, dass es mein wirkliches Naturell ist, sondern 'ne Eigenschaft, die irgendwie funktioniert, aber nicht unbedingt tragfähig ist. Ich krieg die nicht zusammen, die arbeiten nicht wirklich zusammen. Es braucht 'ne bewusste Einstellung. Ich kann zum Beispiel diese ganzen Empfindlichkeiten über einen gewissen Zeitraum total ausblenden! Aber dann bin ich auch abgeschnitten! Dann bin ich zerschnitten. Ich würd mal sagen, dieser andere Teil, also das Extrovertierte, wenn ich mal so auf's Ganze sehe … also das ist dann vielleicht so'n Viertel …, oder eher ein Drittel, und zwei Drittel sind introvertiert und ganz anders. Und die krieg ich nicht zusammen. Die passen einfach nicht zusammen *kichert* Ja, Und das bedeutet bewusst umzugehen. Also es braucht immer so dann ein bewusstes sich einstellen, einlassen. Aber im Lauf' meines Lebens hab ich oft die Erfahrung gemacht, wenn ich auf dieses eine Drittel gegangen bin, dass ich, egal womit ich konfrontiert wurde, innerhalb von kurzer Zeit das auch irgendwie handhaben konnte. Ja. Also von daher hatte ich immer das Gefühl, ein ziemlich großes Potential zu haben.

Bringt mich zum Thema der Hochbegabung. Was ist für dich Hochbegabung?

Also als Beispiel: … So als Kind, also als ich aus der Volkshochschule weg war, hatte ich den Eindruck, … dass ich mich nicht besonders anstrengen muss, um den Lernstoff irgendwie zu lernen und auch wiederzugeben. Mit Ausnahme von Mathematik und Physik, da war ich 'ne Niete. Und … ja, auch im musikalischen Bereich, dass Dinge einfach ohne, dass ich da das Gefühl hatte, ich muss lernen, das flog mir einfach zu. Oder beim Klavierunterricht. Da war mein Selbstvertrauen allerdings schon so erschüttert, dass ich meinte, der Klavierlehrer kommt nur wegen des Geldes. Aber der kam dann tatsächlich zu meinen Eltern nach Haus, unangemeldet, und hat die fast auf Knien gebeten, mich weiter Unterricht nehmen zu lassen. Ich nehme an, ich war eine seiner besten Schülerinnen. Der spielte mir irgendwas vor und ich ging nach Hause und setzte mich ans Klavier und spielte das, ohne dass ich das üben musste. Ich mit meinen kleinen Händen, ja! … So halt.

Hochbegabung

Ist das Thema Hochbegabung denn in irgendeiner Form in deinem Leben mal aufgetreten?

Dadurch, dass ich so früh mir selbst überlassen war, ist es ja auch ein Stück weit verkümmert, oder ich hab das nie wirklich gespiegelt bekommen. Immer nur mal so sporadisch. Ich hab das nicht gewusst. Einerseits – andererseits, also auch was sehr sehr Merkwürdiges, ... so 'ne Neigung zu Größenwahn. ...

Die du in dir trägst?
Ja. Getragen habe. Jetzt inzwischen nicht mehr. Und auch das andere Extrem, überhaupt kein Selbstwertgefühl gehabt oder mir nix zugetraut ...

Hast du das Gefühl, in deinem Leben mit Unterforderung zu tun gehabt zu haben?

Unterforderung Ja, in der Schule eindeutig. Ich hab aufgehört zu lernen bei diesem Lehrerwechsel. Zum größten Teil auch, weil der Unterricht zu stupide war. ... *kichert* Ich hab unter'm Tisch meine Bücher gelesen. *lacht*

Und trotzdem gute Note nach Hause gebracht?
Nö, schlechte Note nach Hause gebracht und immer gerade so auf den letzten Drücker noch die Kurve gekriegt, ... aber dann zu Hause mich doch mal hingesetzt und mich damit beschäftigt. Und dann konnte ich das immer so aus dem Handgelenk schütteln. Ich kriegte eben auch immer ein Feedback von den entsprechenden Lehrern: „Ja, wenn du dich anstrengen würdest, dann wärst du hier die beste Schülerin!" und so, 'ne! ...

Das ist interessant, diesen Satz bekommen viele hochsensible Menschen in der Schulzeit zu hören. Gibt es für dich in deinem Leben vielleicht eine Verbindung zwischen einer möglichen Hochbegabung und dieser Hochsensibilität? Haben die beiden für dein Empfinden irgendwas miteinander zu tun?

Hochsensibilität ... Ich würd schon sagen, dass eins das andere auch bedingt. Jetzt
und auch in diesem Spektrum, in dem ich mich befinde, dieses Musi-
Hochbegabung sche usw., dass das irgendwie zusammen gehört. Aber ich kann mir auch gut vorstellen, dass es hochbegabte Menschen gibt, ohne diese hochsensible Veranlagung.

Abschließende Frage: Welchen Wert oder welchen Sinn hat diese Hochsensibilität?
Na, ich finde, wir sind auf der Welt, um die Menschheit zu retten!
Weltretter *lacht laut und fröhlich*

Okay, ich danke dir für das Interview!
Hahahahaaa!!! *lacht weiter*

Wieso können wir die Welt retten?
Na, weil wir genau all das in uns tragen, was die Menschheit heute besonders braucht, um überleben zu können, um gesund zu bleiben, um ein … lebenswürdiges oder ein menschenwürdiges Leben führen zu können. … Das ist doch der Wahnsinn, was da heute läuft! Und die Menschen spüren sich nicht mehr. Also haben wir die Möglichkeit, den Menschen wieder ein Gefühl für sich selbst zu bringen und für den eigentlichen Sinn des Lebens.

Darf ich das so zitieren?
JAA!!

Wunderbar. Dann danke ich dir von Herzen für dieses schöne Interview!
Gern geschehen. *lacht*

Angaben aus dem Interview-Fragebogen zur Person:

Aufgewachsen:	bei beiden Eltern, Einzelkind
War Bildung zu Hause wichtig?	ja
Ausbildung:	Sängerin
Beruf:	Gesangslehrerin, Lebensberatung; selbständig, kreativ
Familienstand:	geschieden
Einige Merkmale:	**Kind:** neigt zu Wutanfällen; leicht ablenkbar; erreicht schnell die „Belastungsgrenze"; nimmt Stimmungen und Emotionen anderer auf; mag sich nicht von Fremden anfassen lassen; überlegt erst, handelt dann
	Erwachsene: grüble viel; habe oft große Selbstzweifel; Shopping strengt mich sehr an; mag keinen Smalltalk; laute Geräusche und grelles Licht stören mich; bei Stress neige ich zu Burn Out; mag Harmonie; arbeite gern im eigenen Tempo
	Hochbegabte: drücke mich gerne gewählt aus; suche immer den bes-

ten Lösungsweg; verzettle mich auch
schon mal; oft interessiere ich mich
für vieles; denke schnell und komplex;
habe einen starken Freiheitsdrang;
deute Sozialverhalten vielfältig

Maria, 26 Jahre

Ich war in meinen Gedanken hauptsächlich damit
beschäftigt den anderen zu gefallen,
damit die mich nicht mehr ärgern.

Wie hast du davon erfahren, dass du hochsensibel bist?
Ich glaube, so 'ne Ahnung hatte ich schon immer, schon seitdem ich klein bin. Weil mir als Kind auch immer gesagt wurde, dass ich sehr sensibel bin, dass ich in sämtlichen Situationen Dinge zu sensibel aufnehme, oder „kleines Sensibelchen" oder sowas. … Das ist ziemlich oft passiert! … Ja, dass ich für andere Personen zu sensibel reagiert hab, und dass sie dann eben meinten: „Das ist aber ganz schön sensibel. Kleines Sensibelchen, ne?" So, hieß es immer so. „ne? Unser kleines Sensibelchen hier."
In diesem Artikel bin ich darauf aufmerksam geworden und hab mal so in mich reingespürt und ja, das kam mir irgendwie alles vertraut vor. Ich hab mich da schon wieder gesehen. … Ich hab halt nie vorher drüber nachgedacht, dass es eben sensible Menschen geben könnte und andere, die eben weniger sensibel sind. Ich wusste, dass ich ein bisschen anders bin, aber … also diese Sensibilität hat mir viel erklärt, so, warum ich in welchen Situationen so reagiere, oder warum ich Dinge so oder so sehe.

Eigene Hochsensibilität erkennen

Auf was reagierst du denn sensibel?
Ich bin leicht ablenkbar, ganz extrem. Ich hab als Kind ganz schlimme Konzentrationsschwierigkeiten gehabt. Worauf die Lehrer mir dann immer das Gefühl gegeben haben, dass ich dumm bin, dass ich das alles irgendwie nicht so richtig hinkriege. Mir war immer klar, dass das nicht stimmt, sondern dass ich einfach … ja, es interessiert mich irgendwie alles und ich lasse mich einfach leicht ablenken.

Ablenkbarkeit

Was mir auch sehr auffällt ist, dass ich, … so als Kind immer Situationen ganz schnell erfasst habe. Also so … Situationen mit meinen Eltern oder draußen mit Kindern. Ich bin in die Situation reingekommen und hatte gleich so ein Gefühl dafür. Ich konnte das immer gleich so wahrnehmen. Und das ist ein ganz großer Punkt von mir, den ich jetzt absolut positiv sehe …, dass ich sehr empathisch bin, dass ich sehr viel fühle. Ja!

Schnelle Auffassungsgabe

Empathie

Was waren das für Situationen?
Na, mit meinen Eltern, wenn die sich gestritten haben. Das habe ich sofort gemerkt, wenn da irgend 'ne Spannung war. Also die mussten

Außenseiter

nichts sagen, ich hab das sofort gespürt. Oder mit Kindern, wenn die mich nicht mochten oder so. Ich war als Kind auch total unbeliebt. Mich mochte keiner, ich war immer ein totaler Außenseiter. Die haben mich immer beschimpft und gehauen und … all das.

Weswegen wurdest du denn beschimpft?
Ich kann mich gar nicht … also ich hab viel davon verdrängt, wenn ich ehrlich bin. Weil mich das ziemlich fertig gemacht hat als Kind. Aber irgendwie kamen sie mit mir nicht klar und ich mit ihnen nicht. Na ja, das hat sich Gott sei Dank ja später genau ins Gegenteil geändert. Aber als Kind war das ziemlich hart irgendwie.
Als ich auf die Oberschule gekommen bin, also so mit dreizehn, vierzehn, da hat sich das geändert. Da wollten alle mit mir befreundet sein, und alle mochten mich. Da war's dann in Ordnung. Jetzt denke ich mir, vielleicht haben die irgendwie gespürt, dass ich anders bin, auf sie anders reagiere. Vielleicht wussten sie nicht, wie sie damit umgehen sollten. Irgendwie so was. Ich war jetzt nie böse oder so. Vielleicht war ich eher zu lieb, also so „Mit der kann man's ja machen", so nach dem Motto, ne. Joah. …

Phantasiewelt   „Leben in ihrer eigenen Phantasiewelt" – das war eigentlich meine ganze Kindheit lang so. Ich hatte auch eine imaginäre Freundin. Eine kleine Fee in einem Blumentopf. Der stand auf meinem Fensterbrett und der hab ich immer alles erzählt, was in der Schule passiert ist, und wenn's mir nicht gut geht. … Von der hab ich mir immer Träume gewünscht, dass ich gute Träume habe, weil ich eine Zeit lang Albträume hatte. Die hat mir das eigentlich auch immer erfüllt. Ich hab als Kind sehr sehr viel geträumt. Sehr so … ist heute teilweise noch so, dass Leute sagen „Wo bist 'n du schon wieder?" Teilweise driftete ich völlig ab und bin dann so in meiner eigenen kleinen Welt und träume so rum. Also ich träume sehr viel. Aber je älter ich werde, desto mehr verliert sich das, hab ich das Gefühl. Als Kind war das wesentlich stärker ausgeprägt. Weil's, denke ich, auch so 'ne Art Flucht war aus der Realität, dass ich mit der einfach nicht klar kam, dass war zu viel für mich. So würde ich das jetzt selber analysieren. Und dann hab ich irgendwie gemerkt „Okay, ich muss da jetzt ausbrechen", und hab mir meine eigene kleine Welt erträumt, wo es mir besser geht, so dass ich das ertragen kann.

Was war dir denn in der Kindheit zuviel?
Überreizung   Ah … alles irgendwie! *lacht* Also ich bin immer noch so 'n Mensch, der …, mir ist schnell alles zuviel. Ich bin auch schnell gestresst,

so wenn's zum Beispiel um die Arbeit geht oder so. Obwohl ich jetzt eine Arbeit hab, die total relaxed und perfekt für mich ist. Aber ich bin ein Mensch, der sehr schnell gestresst ist und überhaupt nicht damit umgehen kann. Es gibt Situationen, da kann ich damit umgehen, zum Beispiel kellnern, wenn ich vorher weiß: „Okay, ich kellner und das wird ein stressiger Tag", dann kann ich auch komplett abschotten und kann sagen: „Okay, ich bin jetzt hier voll tough und voll gut drauf." Aber wenn es überraschen kommt, so 'n Stress, dann bin ich meistens sehr überfordert.

Was war in der Kindheit so stressig, dass du dich geflüchtet hast?
Na ja, die Situation in der Schule, dass ich kaum Freunde hatte. Also, ich hatte zwei Freunde. Und der Rest mochte mich nicht und hat's mir immer wieder gezeigt.

Kindheit

Und dann die Situation mit meinen Eltern. Die haben sich getrennt, als ich sieben war. Ich bin erst zu meiner Mama und da bin ich ein Jahr geblieben. War aber ziemlich klar, dass das schwierig war, weil's ihr zu der Zeit nicht gut ging. Und sie hat mich das spüren lassen und ich sie auch wieder. In der Schule ging's auch nicht gut mit den Kindern dort. Da fing das im Prinzip an mit den Kindern, dass die mich nicht mochten. Dann hab ich natürlich morgens immer gesagt, ich möchte nicht zur Schule, ich habe Bauchschmerzen. Ich hatte, glaube ich, auch wirklich Bauchschmerzen, weil das so schlimm für mich war. Und sie musste zur Arbeit und war gestresst, und das war ganz schlimm. Dann hab ich gesagt: „Okay, dann geh ich wieder zurück zu Papa." Das war eigentlich … ja, das kleinere Übel, aber auch nicht wirklich gut, weil mein Papa mit mir nicht so richtig …, also weil er ziemlich überfordert war mit mir. Er hat sich zwar gefreut, dass ich zu ihm komme, aber er wusste nicht so richtig, wie er damit umgehen soll.

Und er hat auch sehr gelitten darunter, dass meine Mama sich von ihm getrennt hat. Das hab ich immer gespürt, das hat mir total weh getan, dass ich immer so sehe, wie's ihm schlecht geht. Ja, das hab ich einfach immer gespürt, dass es ihm schlecht geht und dass er unglücklich ist. Und das war ganz ganz schlimm für mich, weil ich dachte, ich muss ihm irgendwie helfen, ich muss für ihn da sein. Als achtjähriges Kind so, ne. Aber das denkste halt so. Das hat mich sehr belastet. Das war also sehr sehr schlimm für mich. Das war so der Abgrund, glaube ich. Deswegen habe ich mir meine eigene kleine Welt vorgestellt, wo ich so 'ne kleine Zuflucht gesucht hab. Ja.

Empathie und Belastung

Konzentration Ich habe manchmal das Gefühl, dass ich mich bei 'ner Sache richtig krass konzentrieren kann. Ich bin dann komplett fokussiert auf eine Sache. ... Zum Beispiel bei den Massagen ist es manchmal so, dass ich so drin aufgehe, es mir soviel Spaß macht, dass ich dann völlig in dem Moment bin und konzentriert bin. Oder früher, wenn ich Klavier gespielt hab, war ich auch immer sehr konzentriert dabei. Ja, das ist ja wieder komisch, dass es bei manchen Sachen richtig gut klappt.

Was sind das für Sachen?
Dinge die mir Spaß machen! *lacht* Also, die mir irgendwie Spaß machen, ja. ... ...

„Zimperlich und nörglerisch" – ja, war ich glaube ich als Kind auch. Mehr als jetzt. Warum sich das geändert hat, keine Ahnung.

Worüber hast du denn genörgelt?
Sensorische Über viel! Also nörgeln vielleicht gar nicht so, aber eher so zimper-
Empfindlich- lich, ... ja, dass mir oft zu kalt ist, ... oder dass – das habe ich auf
keiten jeden Fall auch immer noch sehr stark –, dass ich Gerüche sehr extrem wahrnehme. Also, davon bin ich überzeugt, dass ich das extremer wahrnehme als andere Menschen, weil ich mir das echt nicht vorstellen kann, wie andere das ertragen. Oder auch Licht, vor allem in Einkaufshäusern, ist mir ein absoluter Graus. Ich verstehe nicht, wie man da arbeiten kann. Ich würde nach 'ner Stunde durchdrehen. Und Geräusche auch, ich nehme die teilweise als so extrem wahr, dass die mir richtig weh tun. Das hab ich immer ganz
Überreizung doll. Da hatte ich auch so Situationen in Kaufhäusern, wo ich dann Angstattacken bekommen habe, weil mir das alles einfach zu viel war. Auch so von den Eindrücken. Ich muss da anscheinend mehr wahrnehmen als andere. Also, die Frage habe ich mir vorher noch nie so gestellt, aber das muss so sein, weil ich ..., das ist einfach zu viel! Das ist viel zu viel für mich. Ich kann da nicht mit umgehen. Also manchmal schon, dann kann ich's ein bisschen abschotten. Aber manchmal krieg ich das nicht hin. Da ist es echt zuviel und dann kriege ich Panikattacken und muss raus. ...

Entscheidungs- *„Tut sich schwer mit Entscheidungen"* Das ist immer noch ein *ganz*
schwierigkeiten großes Thema bei mir. Das ist zum Beispiel auch so im Supermarkt, dass ich ewig dastehe und mich nicht entscheiden kann, was ich jetzt nehme. Da denke ich schon „Jetzt kommt der Verkäufer bestimmt, weil ich hier schon 'ne halbe Stunde an einem Regal ste-

he!" Ich denke, dass der denkt „Die hat 'ne totale Macke." Aber ich
kann's einfach nicht! Als würde mein Leben davon abhängen, ob ich
jetzt Kartoffelbrei mit oder ohne Sahne oder was weiß ich nehme.

Was passiert denn da in dir?
Ich komme einfach nicht zum Zug! ... Das ist so: „Was mach ich denn
jetzt? Das ist ja auch gut. Aber das könnte ich auch nehmen!?" ...
Und dann wägt sich das immer so ab. Ich kann mich einfach nicht
entscheiden. Das ist so ein ... ahhh, wie kann ich das beschreiben? ... ja, wahrscheinlich ist es so ein „kein Vertrauen in mich
selbst" oder so! Als ob ich meiner Entscheidung nicht traue. Wenn
ich 'ne Entscheidung getroffen hab, dann denke ich „Ach, war das
jetzt wirklich richtig? Ich weiß nicht." Das habe ich ganz oft, ja, das
ist so ein innerer Konflikt. Ich habe dann keine klare Linie im Kopf,   *Tausend*
sondern es ist irgendwie alles an Möglichkeit da, und es ist ja al-   *Möglichkeiten*
les irgendwie interessant, und das ist ja alles cool, und am liebsten
würde ich alles machen. Aber auf eins festlegen ist schwierig. Für
mich, immer noch. Ich weiß nicht, wie ich als Kind da war. Wahrscheinlich ähnlich. *lacht*

„*Passt sich schnell an*" – das stimmt auch absolut. Das wusste ich   *Anpassung*
auch nicht, dass das was Hochsensibles sein könnte. Ich kann mich
ziemlich schnell an Menschen anpassen, an Situationen. Generell
kann ich das sehr sehr gut. Ich komme auch mit allen Menschen
klar. Also ich hab das ganz ganz selten, dass ich mal denke „Ähh ...
der geht gar nicht". Und trotzdem komme ich mit dem klar, ich kann
mich an denjenigen anpassen. Es gibt halt so Menschen, die sehr
sehr unsensibel sind, mit denen komme ich bis zu 'nem gewissen
Punkt klar, und dann verstehen die mich nicht mehr und ich verstehe sie auch nicht mehr. Wenn ich denen zum Beispiel erzählen
würde, dass, wenn ich in ein Kaufhaus gehe und da reizüberflutet
bin, würden die mich wahrscheinlich angucken und denken „Sa'
mal wat? Du übertreibst aber auch 'n bisschen, wa?" Die verstehen
das einfach nicht. Die denken, man macht sich damit wichtig oder
so in die Richtung. Das Gefühl habe ich oft bei denen, die weniger
sensibel sind. Aber das ist okay.

Was hast du denn in der Schule, z. B. in den Pausen gemacht?
Ich hatte ja zwei Freunde in der Klasse. Mit denen habe ich immer
was gemacht. Und ansonsten habe ich versucht, mich an die anderen so 'n bisschen anzupassen und ... Also, ich habe eigentlich
immer jahrelang versucht, die Rückmeldung zu gewinnen und mich

anzupassen und mich so gut wie möglich da reinzupassen. Aber hat nicht so richtig funktioniert.

Was hast du anders gemacht, um dich anzupassen?
Ich war eben noch netter zu ihnen, oder hab ihnen was geschenkt, oder hab versucht sie so nachzumachen, wie sie es so machen, oder … hab einfach den Kontakt gesucht. Solche Dinge. Ja.

Wie ist das mit der Anpassung heutzutage?
Das funktioniert einfach automatisch, glaube ich. Also ich weiß nicht, das ist so ein Mechanismus bei mir. In bestimmten Situationen auf der Arbeit bin ich halt auch … Ist aber auch, glaube ich, völlig normal, dass man auf der Arbeit anders ist als mit Freunden. Oder dass man mit bestimmten Menschen anders ist als mit anderen. Ich weiß zum Beispiel bei meiner besten Freundin, die ist auch ein sehr sensibler Mensch, mit der kann ich mich einfach sehr gut unterhalten. Und dann bin ich anders, als wenn ich mich jetzt mit meinem Papa unterhalte, der mich teilweise nicht so wirklich versteht. Ist aber auch irgendwie normal, dass man sich immer so anpasst, finde ich. Oder überall einfach immer ein bisschen anders ist.

Strengt dich diese Anpassung an?
Früher ja. In der Pubertät, da wollte ich immer so sein wie die Masse. Früher hat mich das angestrengt, weil ich so sein wollte wie die anderen. …, aber die haben mich nie richtig akzeptiert, so wie ich bin und dass ich eben was empfindsamer bin. Und so … so die große Karriere machen, Stress und eigentlich müsstest du das doch auch durchhalten können, muss doch auch gehen, solche Sachen … Mit der Zeit hab ich's dann aber begriffen, dass das nicht meins ist, dass nicht jeder Mensch gleich ist. Also … heute ist das in Ordnung, ja. Ich find das eigentlich schön, sensibel zu sein. Früher habe ich das als Schwäche gesehen, heute sehe ich das als Stärke. Es ist einfach so, dass man in allem was Gutes und was Schlechtes sehen kann. Das ist alles immer Plus und Minus, es gibt nicht nur Schwarz und Weiß. Ein Vorteil ist eben, dass ich sehr empathisch bin und so Situationen fühle und dadurch auch Menschen oft helfen kann. Also ganz viele Leute kommen mit ihren Problemen zu mir, weil sie einfach wissen, ich kann ihnen da irgendwie 'n guten Rat geben, weil ich mich genau reinfühlen kann. Ich kann das scheinbar sehr gut.

Ich muss mich aber davor auch ein bisschen abschotten, weil es gibt Leute, die das ausnutzen und mich dann stundenlang am Telefon zula-

Anpassung heute

Vorteil und Stärke der Hochsensibilität

Abgrenzung

bern mit ihren Problemen. Was sie nicht böse meinen, aber das ist mir dann irgendwann zuviel. Ich achte immer genau drauf, wie's dem jetzt geht, was der gerade sagt. Ich bin da sehr sehr feinfühlig und höre und gucke, und das strengt natürlich auch ungeheuer an. Aber das mach ich sehr gerne. Deswegen möchte ich vielleicht auch so in die Richtung Coaching, Beratung gehen. Mir macht das auch sehr viel Spaß, weil ich merke, dass ich wirklich den Menschen helfen kann, dass ich verstehe, und die merken, dass ich verstehe. Das ist echt schön. Das war bei mir schon immer so, das habe ich auch schon in der Pubertät so gehabt. Meine Freunde und alle möglichen sind zu mir gekommen und haben mich immer um Rat gefragt. Also das find ich sehr schön, das macht mir Spaß, ja. ...

Du benutzt häufiger das Wort sensibel. Jetzt könnte natürlich jemand sagen: „Na ja, sensibel sind wir doch alle!" Wie verstehst du diesen Begriff?

Ja, sensibel sind wir alle bis zu 'nem gewissen Punkt. Aber ... wir heißen wahrscheinlich *hoch*sensibel, weil's halt nochmal 'ne extremere Form von Sensibilität ist. Ich denke, dass Hochsensible nochmal mehr mitkriegen und spüren ... als sensible Menschen. Ich hab so das Gefühl, es gibt Leute, die sind ... überhaupt nicht sensibel. Dann gibt's manche, die sind sensibler und dann gibt's solche, die sind hochsensibel, so irgendwie. Wahrscheinlich ist es aber auch tagesformabhängig. Also ich bin auch manchmal überhaupt nicht sensibel. Dann bin ich so völlig ..., wenn mir irgendeiner blöd kommt, dann komm ich dem halt auch blöd. Ich bin da nicht so „Ja, nee, und komm, lass uns jetzt ne Friedenskerze anzünden" oder so. *lacht* Da bin ich dann auch überhaupt nicht sensibel. Das heißt für mich nicht, dass ich unsensibel bin.

Ich hab das Gefühl, wenn ich andere beobachte, kann ich mir ein Bild davon machen, dass ich *mehr* mitbekomme, dass ich *mehr* sehe. ... Die anderen sehen's auch, aber *irgendwie*, ich weiß nicht, wie ich das erklären soll, keine Ahnung. Also andere sehen da vielleicht Holz, und ich sehe die einzelnen Sachen und nehme das alles wahr und ..., so irgendwie. So ist mein Gefühl, ich weiß nicht ob das so ist, aber ich kann nur sagen, wie ich das fühle, ja. ... ...

Kannst du sagen, was es für dich, für dein Leben bedeutet, zu wissen, dass du hochsensibel bist?

Einfach, dass ich mit mir selber viel empfindsamer bin. Also dass ich in bestimmten Situationen weiß: Okay, ich kann das jetzt einfach nicht. Und das ist auch völlig in Ordnung, wenn mich das stresst. ...

Begriff
Sensibilität

Wahrnehmung

Nutzen
des Wissens
über eigene
Hochsensibilität

Und dass ich einfach mehr auf mich achte. Früher hätte ich mich
da reingezwungen „Ich muss das aber, die anderen können's doch
auch! Warum kann ich das jetzt nicht? Das kann doch nicht so
schwer sein!", so in die Richtung. Also da hab ich mich echt total
geändert. Seit ich von der Hochsensibilität weiß auch noch mehr,
glaube ich. Weil ich mich jetzt besser verstehen kann. …

Grübelei

„Denke mehr über Ereignisse nach" –, ja, über so Dinge, die passiert
sind, oder die ich zum Beispiel gesagt habe, dann denke „Oh, wieso hab ich das eigentlich so gesagt und nicht anders? Und wenn
ich das anders gesagt hätte, was wäre denn dann passiert? Und
wenn, und äh äh äh!" *lacht* Aber da bin ich auch schon durch's
Meditieren wesentlich ruhiger geworden. Ich hab manchmal 'n Tag
lang gar nichts in meinem Kopf. Das ist so angenehm! Weil ich
früher … boah! Ich hab so viel gedacht! Das war nicht schön, ich
konnte nicht einschlafen. Nur ratter-ratter-ratter, über jeden kleinen Scheiß! Über alles! Ich konnt's nicht abstellen, das war richtig schlimm!

Könnte man es Grübelei nennen?
Ja, ja! Aber das hatte ich als Kind auch schon. Ich war eher ruhig
und hab nicht viel gesagt und so. Also, ich kann mich da nicht mehr
so gut dran erinnern, aber meine Mama meinte, dass ich ziemlich
ruhig war und immer so 'n bisschen für mich.

Tiefgründige Fragen

Ich hab zum Beispiel mit fünf – ich war als Kind irgendwie immer so
'n Fan von der Kirche, weil mir das wahrscheinlich ein Zufluchtsort
war, ich hab da irgendwie irgendwas drin gesehen –, und mit fünf
wollte ich zu dieser Kirchengruppe da gehen. Da war die Pastorin,
die Pfarrersfrau, die wollte ich fragen, wie das ist, wenn man denn
nicht an Gott glaubt, was damit passiert? Weil ja immer gesagt wurde: „Ja, ihr müsst aber an Gott glauben!" und so. Und dann wollte
ich wissen, wie das ist, wenn man nicht dran glaubt. Dann meinte
sie zu mir: „Dann kommst du in die Hölle! Und du wirst verbrannt!"
Und das war für mich so …, also keine Ahnung, da habe ich dann
sofort geheult und fand das …, ich meine, ich war fünf! Ich kann
mich da wirklich noch dran erinnern, weil das so eine Extremsitu-
ation für mich war, mir hat das so 'ne Angst gemacht. Aber irgendwie habe ich auch gleichzeitig gedacht „Das ist doch Blödsinn! Das
geht doch nicht. Warum soll der das machen!?"
Ich hab mich als Kind schon so Sachen gefragt, warum das alles so
ist. Warum das zum Beispiel mit meinem Papa so ist, warum der jetzt
so traurig ist, und warum das so sein muss und so 'ne Sachen halt.

Hast du viele Fragen gestellt?
Nee. Ich habe meinen Papa ziemlich in Ruhe gelassen, mein Papa hat auch mich ziemlich in Ruhe gelassen. Als meine Mama noch da war ja, die hab ich auch immer genervt. Die war Englischlehrerin. Ich hab dann was sauber gemacht oder so und dafür durfte ich ein neues Wort beigebracht kriegen. Mir hat das total Spaß gemacht. Ich wollte Englisch lernen, und ich hab sie immer gelöchert mit allen möglichen Sachen, joah joah. Aber bei Papa dann später nicht mehr. Vielleicht dachte ich, das ist zu viel für ihn. Ja... Ja.

Warst du als Kind ängstlich?
Joah. Bin ich auch immer noch.

Ängstlichkeit
Vorsicht

Wie hat sich das geäußert?
Na ja, Angst in die Schule zu gehen, weil ich halt diese Konfrontation da hatte. Würd's mal als vorsichtig-ängstlich beschreiben. Also so bedachter, so bedacht-ängstlich irgendwie.
Wie ich zum Beispiel mit meinem Papa geredet hab, hab ich da drauf geachtet, dass ich ihn ... ja, ich hab mich halt so 'n bisschen verantwortlich gefühlt für ihn, dass es ihm auch gut geht, komischerw... Also, klingt komisch, ich weiß, aber irgendwie so. Und dass ich halt ... liebevoller mit ihm war.
Soziale Kontakte betreffend war ich ein bisschen ängstlicher als Kind. Vorsichtiger einfach, weil ich diese Erfahrung gemacht hab, dass mich nicht alle mögen. Bestimmte Situationen, schwierig, viele kleine. Kann mich als Kind echt nicht mehr an so viel erinnern, ich glaub, ich hab echt voll viel verdrängt. ... ... Ja.

„Bin übertrieben eifrig" – also eifrig war ich, aber ich könnte kein Kreuz machen, weil ich als Kind immer das Gefühl vermittelt bekommen hab, dass ich dumm bin. So von allen Seiten, von meiner Familie, von meiner Schule, überall. Weil ich mich ja nicht konzentrieren konnte.

Schlechte
Konzentration

Hattest du auch entsprechend schlechte Leistungen?
Ja. Also in der ersten Klasse nicht. Aber nachdem sich meine Eltern dann getrennt hatten, da ging's bergab. Ich glaube, das lag daran, dass ich mich in dem Umfeld überhaupt nicht wohl gefühlt hab. Deswegen war ich immer darauf bedacht, dass mich die Leute, also die Kinder, mögen und hab dann versucht cool zu sein oder so ... Ich war in meinen Gedanken hauptsächlich damit beschäftigt

Anpassung

den anderen zu gefallen, damit die mich nicht mehr ärgern. War deswegen natürlich überhaupt nicht auf den Unterricht konzentriert. Und wenn mich was interessiert hat – also, es war nicht so, dass mich nichts interessiert hat! – aber ich war einfach so mit meinen eigenen Dingen beschäftigt, so dass ich das als nicht so wichtig empfunden habe.

Hast du eine Idee, was dir so als Kind, als Schülerin in der Schule gut getan hätte?

Dass man mir zum Beispiel nicht das Gefühl gibt, dass ich dumm bin. Das ist ziemlich kontraproduktiv für ein Kind. Weil's denkt „Na ja, brauch ich ja eh nicht mitmachen, wenn ich dumm bin. Dann hat das alles kein Sinn, dann kann ich ja nur schlechte Noten bringen", so nach dem Motto. Einfach ein gutes Umfeld indem ich mich wohl fühle, also zumindest halbwegs, wo ich nicht immer Angst habe was zu sagen, und dass die anderen mich dann auslachen, oder „Hähäh, die schon wieder!" Das hätte wohl jedes Kind geprägt und jedes Kind hätte da gesagt: „Okay ich kann mich da gar nicht mehr drauf konzentrieren, weil das …" Das hat jetzt nicht so viel mit Hochsensibilität zu tun, sondern, ich glaub, da würde jedes Kind versuchen sich anzupassen. Ja.

Das bedeutet, dass es dir offensichtlich sehr wichtig war, in die Klassengemeinschaft aufgenommen zu sein!? Wichtiger, als der Schulstoff?

Ja, ja ja. Das war mir sehr wichtig. Natürlich, klar, weil ich zu Hause auch keinen wirklichen Platz hatte. Und … als Kind ist es auch noch mal sehr wichtig, dass du mit Leuten klar kommst. Als Erwachsener kannste ja immer einfach sagen: „Okay, ich geh jetzt einfach. Ich hab da kein Bock mehr drauf. Ich mach jetzt hier die Schule nicht mehr." Aber als Kind musst du die Schule mitmachen. Ja, das war mir total wichtig, ist mir auch immer noch wichtig. Ich glaub, das ist jedem wichtig, dass er irgendwie in der Gemeinschaft klar kommt. Und soziale Kontakte sind einfach das Wichtigste. Also für mich, sehr sehr wichtig. ja. … …

Ist interessant, über all das mal nachzudenken, weil man normalerweise …, also, ich hab schon viel darüber nachgedacht, warum ich jetzt so bin, oder so in Situationen reagiere. Aber nicht so gebündelt, so … Weil du Fragen stellst, die ich mir vielleicht selber nicht alle so stellen würde, dadurch auch auf Sachen komme, bei denen ich vielleicht länger gebraucht hätte, oder keine Ahnung. Ganz interessant. *lacht* Gut. …

Achten und wertschätzen

Dazu gehören wollen

Bereitschaft zur Selbstreflextion

Thema Beruf: Hattest du als Kind Ideen, was du machen möchtest?

Also das erste, was ich jemals machen wollte, war Tänzerin. Ich
wollte Tänzerin werden und dann Schauspielerin. Aber hat beides   *Berufswunsch*
nicht so geklappt, *lacht* was auch ok ist.

Wieso?

Na ja, das sind beides ganz schön taffe Berufe. Da muss man sich
schon ganz schön durchboxen. Was ich auch mal kann, aber ich
glaube auf Dauer ist das ein ganz schöner Druck. Nee ... das ist
schon ok.

Was ist mit Druck?

Ähh ... mag ich nicht so. Ich glaub, mag keiner. *lacht* Ist jetzt nix   *Arbeiten*
Besonderes. Ja, Stress und Druck ..., ... da bin ich schnell über-   *unter Druck*
fordert, fällt mir schwer damit umzugehen. Ich hab zum Beispiel
Tourismusassistentin gelernt und hatte mal ein Praktikum an der
Rezeption in einem Hotel. Und da kamen auf einmal total viele Gäs-
te und ich war einfach überfordert. Da ist bei mir so Kurzschluss,   *Überforderung*
dann kann ich auf einmal gar nix mehr. Ich bin dann einfach so ...
äääh ... ja Kurzschluss. Ich weiß dann nicht mehr was ich machen
soll. Dann muss ich mich erstmal sammeln und dann geht's vielleicht auch wieder. Aber ... da brauch ich halt 'n bisschen. Wo andere Leute so umschalten, und gleich so „Okay, zack, zack, zack."
Das geht auch *mal*, ... aber es kommt sehr oft vor, dass ich dann
einfach überfordert bin. Auch im täglichen Leben ist mir das schon
oft passiert, dass ich schon so einen Termindruck hatte, und dann
ruft mich noch jemand an, und dann ist noch das ..., dann ist bei
mir so Kollaps. Uh! Ist zu viel. Da ist so ... kann ich irgendwie nicht
so richtig mit umgehen.
Ja, Druck, na ja, ist auch nicht so wirklich gut. Wobei ich mich davon   *Was hilft*
mittlerweile abgeschottet hab und mir einfach keinen Druck mehr
machen lasse. Oder meine Arbeit, also ich mache diese Massagen
abends, das ist perfekt für mich, weil ich ja selbstständig bin. Ich
kann selbst entscheiden, wie lange ich arbeiten will. Das ist körper-   *Selbstständig-*
lich anstrengend, du musst ja auch entertainen und alles, aber es   *keit, eigene*
ist einfach sehr entspannt. Du musst auch Ruhe ausstrahlen und   *Zeiteinteilung*
Gelassenheit, so dieses Wellnessgefühl, Massagen und so, das
ist für mich echt perfekt. Ich hab so mein eigenes Tempo, mir sagt
keiner: „Du musst jetzt so und so viel machen und das und das!".
So dieser Druck ist einfach überhaupt nicht da. Ich mach mir vielleicht manchmal selber Druck, dass ich 'ne bestimmte Anzahl ha-

ben muss, weil ich ja so und so viel verdienen will. Aber eigentlich auch nicht so wirklich.

Arbeitest du selbstständig für dich, in eigener Praxis oder so etwas?
Nee, das ist so 'n Unternehmen, und die bieten eben so mobile Massagen an. Ich kann mir das selber einteilen, je nachdem wie viele andere auch wollen. Aber ich finde das ganz angenehm, sehr entspannt. Und so 'n Job werde ich mir wahrscheinlich auch immer suchen, wo ich mir selbst meine Zeit einteilen kann. Wenn jemand sagt: „Du musst so und so!", das kann ich nicht, ist einfach so.

Perfektionismus Also ich brauche wirklich auch länger für Sachen, glaube ich manchmal. Nicht um die zu begreifen, sondern einfach weil ich's gut machen will. Und da brauch ich einfach meine Zeit, da hab ich so mein eigenes Tempo. Das war immer schon so. …

Was heißt „das war immer schon so"?
Na, als Kind ganz oft in der Schule …, wenn so Aufgaben waren, habe ich länger über die Aufgaben nachgedacht. Nicht, weil ich die nicht verstanden hab, sondern einfach weil ich die wirklich gut machen wollte. Also einfach gewissenhaft so. Immer noch mal geguckt, ob das auch wirklich stimmt und könnt's ja auch so machen. Ja, ich brauch einfach 'n bisschen länger. Also früher hab ich das als was Schlechtes angesehen, aber mittlerweile find ich das völlig in Ordnung.

Gab es in der Schule damit Probleme?
Ja klar, das hat natürlich wieder das Bild bestätigt, dass ich irgendwie …, weil, wenn man länger braucht, dann geht man davon aus, man ist eben nicht so klug und kann nicht so schnell diesen Kontext erfassen und damit umgehen. Ich glaube, das hat die Lehrer einfach in ihrem Bild von mir bestätigt, was sie sich schon aufgebaut hatten. So ist mein Empfinden. Keine Ahnung ob's stimmt. …
Also das war irgendwie so, dass man von der Schule 'n gewissen Druck hatte und das spürste ja auch einfach.

Zu deinem beruflichen Faden: Hast du das Gefühl, du hast deine Berufung gefunden, bzw. brauchst du überhaupt eine Berufung?
Beruf/Berufung Also ich weiß nicht … ähm, ja die Frage ist: „Was ist denn Berufung?" … Ich bin ein Mensch, der sich für so viele Sachen interessiert, dass ich mich auch ständig ändere. Morgen will ich nach in-

nen gehen und nächste Woche dann doch wieder nicht, oder dann will ich wieder das, und am besten alles gleichzeitig. Aber ich weiß ganz genau, dass für mich ein Beruf geeignet ist, der ruhiger ist, der in einem ruhigen Umfeld ist, wo ich mir meine Zeit selber einteilen kann. Aber auch mit Menschen arbeiten, das ist mir schon sehr wichtig. Von daher ist Massagen, Beratung, Coaching so die Richtung, wo ich selbstständig arbeiten kann. Das ist für mich im Moment das Beste. Ich denke, dass ich da auf der Schiene auch bleibe, in dem Bereich.

Aber Berufung? ... Weiß ich nicht, ob ich eine habe. Und wenn, ... also ich mach mir da jetzt auch kein Stress, die jetzt zu finden. Wenn ich vierzig, fünfzig bin und die noch nicht gefunden hab ... Also ich glaub schon, dass man so was hat, was einem liegt. Das hat jeder Mensch, davon bin ich überzeugt, so 'ne Art Gabe oder so was. Es kann auch irgendwas sein, wo andere keinen großen Wert drin sehen, wie ... Gartenarbeit oder so. Aber ich glaube, das ändert sich auch immer mit der Zeit, so mit den Lebensabständen. Mal ist es so, dass ich zum Beispiel Massagen geben und dann, in ein paar Jahren, bin ich vielleicht Mutter und das total toll finde. Oder Bungeejumping-Lehrerin oder keine Ahnung, *kichert* man weiß es ja nie. Also ich bin da völlig offen. Aber ich weiß schon mal diese grundlegenden Pfeiler von meinem Beruf ... ja. Das ist viel wert!

Früher hab ich auch gedacht, man hat dann einen Job sein Leben lang, und den muss man aber auch schon mit achtzehn wissen. Es gibt auch so Leute. Aber ich glaub für mich ist das ..., nöö, ich probier' gerne alles Mögliche aus und guck mal überall so rein, ob das für mich passt oder nicht.

Wie ist das in dem Zusammenhang eigentlich mit Hierarchien und Autoritäten? Wie ist Zusammenarbeit für dich, kannst du dich problemlos integrieren oder wenn nicht, warum nicht?

Ist unterschiedlich. Aber ich glaube, generell fällt's mir schwerer. Ich kann mich natürlich anpassen, aber so wirklich glücklich bin ich damit nicht. Ich mag einfach nicht so richtig jemanden über mir. Es geht nicht darum, dass er über mir ist, sondern um diesen Druck: diese Sache muss dann und dann fertig sein und du musst das und das geschafft haben und so. Dadurch mach ich mir selber noch mehr Druck, und denke, ich muss es ja auch wirklich schaffen, und ich muss noch besser sein als der andere, und solche Geschichten. Nö, das tut mir nicht gut, nee, mag ich nicht. Fühl mich da nicht wohl, in so Hierarchien.

Umgang mit Hierarchien

Du brauchst dann eher welche Strukturen?

Ich hab damit kein Problem, wenn ich so 'ne Art Lehrer habe ...,
also wenn ich was lerne, das ist was ganz anderes. Das ist dann
okay, weil ich ja sehr viel von demjenigen lerne. Damit kann ich auch
umgehen. Wenn jemand über mir steht – also sinnbildlich gesprochen –, habe ich damit auch kein Problem. Es geht einfach nur um
diesen Stress, den manche Leute, also Chefs oder so, machen. ...

Selbstständig-
keit

Wenn ich's mir aussuchen kann, ob ich für mich arbeite oder in 'nem
Team, das ich mir selbst wähle – ich arbeite ja nie alleine, weil ich
einfach mit Menschen arbeite –, oder ob ich jetzt in 'ner Hierarchie
arbeite, ist ganz klar, dass ich lieber selbstständig arbeite, dass ich
mir meine Leute selber zusammensuche ..., ja. Weil es einfach, was
die Arbeit angeht, stimmen muss. Ja, ist ganz wichtig.

Gerechtigkeits-
sinn

„*Ausgeprägter Gerechtigkeitssinn*" –, das ist bei mir immer noch
ganz stark! Das sagen auch *alle*, dass ich immer ..., wenn ich
irgendwo was sehe, das ich ungerecht finde, dann werde ich
richtig wütend. Das macht mich total wahnsinnig! Ich kann nicht
anders! Das ist egal, ob mich das betrifft oder andere. Ich seh
das dann als so extrem an und so ... oah! Diese Ungerechtigkeit
macht mich so ... aaahh!! Ganz schlimm! Die lähmt mich so, die
macht mich so ...

Und was ist dann dein Bedürfnis?

Das ich das ändern will, aber ich weiß nicht wie. Das sind so Situationen, so Welthunger oder so, wie kann ich das jetzt auf einmal
ändern, weißte? Ich steh dann da und denk mir so „Toll!! Jetzt hab
ich so dieses Gefühl, jetzt geht's mir scheiße damit. Ich find's jetzt
so ungerecht und ich will was machen und ich weiß aber nicht was!"
Und das ist so ... ganz schrecklich.

Sind das Weltschmerzgefühle?

Weltschmerz

Ja. Das habe ich auch. Wenn ich irgendwas im Fernsehen sehe –
deswegen gucke ich auch kein Fernsehen mehr, weil mich das regelmäßig fertig gemacht hat – wenn ich Nachrichten gesehen habe, war ich einfach immer völlig deprimiert danach, mich hat das
so mitgenommen und so aufgeregt. Und dann hab ich mir immer
noch den Weltspiegel angeguckt und noch hier und da irgendwelche Dokumentationen ..., was es nur noch schlimmer gemacht hat
natürlich. Aber ich wollte das alles wissen, weil ich das alles als so
ungerecht empfand und man muss ja was machen. Aber das hat
mir dann auch nichts gebracht. Mich nur wütend gemacht. Man fühlt

sich so hilflos dann, keine Ahnung, so … ja hilflos. Aber ist gut, dass
ich keinen Fernseher mehr hab, das macht's echt besser. *lacht*
Ich kriege eigentlich nie von irgendwas was mit, weil ich mir denke,
wenn irgendwas Besonderes passiert, dann kriegstes so oder so
mit. Und das andere ist alles …, was soll ich damit? Das sind eh zu
90 % schlechte Nachrichten. Bringt mir nichts. Mich macht's dann
traurig, dass ich so Sachen höre. Und dann kommt da dieser Gerechtigkeitssinn und die Wut und dann … dann diese Hilflosigkeit.
Und dann bin ich deprimiert. Ja. … und das ist nicht gut.

Ah das ist gut „Shopping strengt mich sehr an" –, ja!   Shopping

Wie müsstest du denn einkaufen, damit es dich nicht anstrengt?
Na ja, wenn ich so völlig gezielt einkaufe, so: ich brauch die Hose,
geh da hin, probier die an und kauf die, das geht. Nicht irgendwie
so: das noch und das noch. Ein kleiner Laden am besten, wo alles
drin ist, mit angenehmen Licht. Ja, das reicht eigentlich schon. Es
sind einfach diese Einkaufsdinger, das ist mir zuviel. Zu viel Gedü-
del und unterschiedliches Zeug. Und da noch und hier noch, und
das Licht und uaahh. Ist einfach zu viel Zeug, nee. …

„Aggressivität ist mir unangenehm" – ist doch jedem unange-   Aggressivität
nehm!? … … Also, ich habe irgendwie keinen Bezug zu Aggressivität. *lacht* Wut ja! Wenn diese Ungerechtigkeit …, so was.

Äußerst du das dann auch?
Ja. Aber nicht gegen andere, sondern eher, dass ich dann … Also,
das war einmal ganz krass, da habe ich irgendwas über Wale gesehen, die in China abgeschlachtet werden. Und da hab ich dann
das Telefon zu Hause gegen die Wand geschmissen, weil ich so
wütend war. Das ist dann schon aggressiv …, na gut, stimmt doch,
ist schon aggressiv. Als Jugendliche war ich sehr aggressiv meiner
Mutter gegenüber, oder meinen Papa. Doch stimmt, hab ich völlig
vergessen. Weil, wenn es Konflikte gab oder so, konnte ich nicht mit   Auseinander-
umgehen. Generell ist Konflikt schwierig, immer noch. Aber damals   setzungen
war ich dann … aggressiv, hab rumgeschrien, bin in mein Zimmer
gerannt und hab die Tür geknallt. Also komplett aus der Situation
musste ich gehen. Das war als Kind schon so.

Wie ist es heute?
Ich versuch damit umzugehen. Wenn mich zum Beispiel jemand kritisiert, … dann versuch ich das erstmal anzunehmen und mir halt zu

denken „Okay, das ist seine oder ihre Meinung, das ist in Ordnung."
… Ja, ich nehm das nicht mehr so persönlich. Früher habe ich das
alles so auf die Waagschale gelegt und alles megapersönlich genommen. Also ganz ganz extrem. Und das mache ich schon noch 'n
bisschen, aber nicht mehr so … Ich lasse es nicht mehr so an mich
ran, ich denke mir halt so „Joah, ist halt seine Meinung." und gut.

Klappt das auch mit nahen Kontakten, Partnerschaft oder so?
Also, bei meiner letzten Partnerschaft war das gar kein Problem,
weil der mich nie kritisiert hat. Wir hatten nie solche Situationen.
Also vielleicht eine, oder so. Das nimmt mich dann schon mehr mit.
Klar. Aber ich versuch trotzdem, das … ja, das erstmal anzuneh-
men. … Ja, das hab ich gelernt, jetzt, mittlerweile. …

Anders sein   „fühle mich verkehrt" – das hatte ich eigentlich mein Leben lang,
dass ich dachte „Okay, ich fühl' mich irgendwie … nicht so richtig
zugehörig zu den meisten Menschen." Das hat sich aber mittlerweile
geändert, ich fühl mich jetzt nicht mehr so anders, oder so komisch.

Wodurch hat sich das geändert?
Ich glaube, dass ich mich selbst mehr akzeptiere. Ich hatte früher große Selbstzweifel und dadurch hab ich natürlich auch noch
mehr auf Dinge geachtet. Jetzt weiß ich, dass ich in Ordnung bin,
so wie ich bin. Und wenn ich anders bin als andere, dann ist das
in Ordnung. Jeder ist anders. Ich bin da nicht mehr so in diesen
Selbstzweifeln drin. Natürlich hab ich schon noch Selbstzweifel,
ist nicht so, dass ich gar keine Selbstzweifel mehr habe. Aber ist
wesentlich weniger. …

Erschöpfung   „Bin schnell erschöpft" – das trifft zu, ja. Bin echt schnell erschöpft
manchmal, das ist so tagesabhängig. Aber ich habe das Gefühl,
dass ich schneller erschöpft bin als andere.

**Hast du schon rausgefunden, in welchen Situationen du schnel-
ler erschöpft bist?**
Ja, also Situationen, die mich fordern natürlich, wo ich mit der Situation nicht richtig umgehen kann, oder wo ich aus meiner Haut
raus muss oder …, ja, wo mein persönliches Wohlfühlfeld angekratzt
wird. Aber das ist schon wesentlich größer geworden als es mal war.
Ich kann da schon besser mit umgehen, wenn ich gefordert werde.

Wodurch ist das denn größer geworden?

Na ja, durch diese Anpassung einfach, so n bisschen.

Dein Wohlfühlbereich ist dadurch größer geworden, dass du dich mehr angepasst hast?
Ja. Ich kann mit mehr Situationen besser umgehen. Also Wohlfühlbereich, … ja, ich kann besser …, ja doch, mit mehr Situationen besser umgehen.

Ist es eher, dass du dich *mehr* anpasst, oder dass du genauer weißt, was du in den Situationen brauchst oder willst?
Beides. Ich glaube, es war zuerst die Anpassung und dann … Jetzt, dadurch dass ich weiß warum ich so bin, weiß ich auch warum ich so fühle oder anders denke und wie ich mich besser … – anpassen ist immer so ein blödes Wort –, aber wie ich besser mit der Situation umgehen kann. …

Ja, *„nehme alles Gesagtes wörtlich"*, das hab ich auch oft. Also dass ich Sachen so auf die Goldwaage lege, Sprüche oder so, das hab ich ganz oft. Wird mir auch ganz oft vorgehalten „Ohh, so hab ich das doch gar nicht gemeint! Du nimmst das aber ganz schön wörtlich!"   *Gesagtes wörtlich nehmen*

Jaa, *„mache mir viele Sorgen"*–, also dieses Grübeln hab ich früher ganz viel gemacht. Mittlerweile geht's, obwohl ich auch immer noch so über meine Familie besorgt bin, dass die auch gesund ist, dass alles in Ordnung ist. Sorgen um mein Leben, dass alles läuft und so, das hab ich immer noch ganz viel. Obwohl, ja, nee, das ist schon wesentlich besser. …   *Grübelei*

In welcher Form machst du dir dann z. B. Sorgen?
Na ja, … ich hab mich jetzt zum Beispiel von meinem Freund getrennt, weil's 'ne Fernbeziehung war. Und da mach ich mir jetzt Sorgen, ob das so richtig war. Also denke ich die ganze Zeit drüber nach und …, ist schwierig für mich, das Thema irgendwie loszulassen. … Und da bin ich auch immer besorgt, wenn er sich mal nicht meldet. Ob da auch gleich was passiert ist, oder so was.

Wie ist das überhaupt mit der Liebe? Wie verträgt sich deiner Meinung nach Hochsensibilität mit der Liebe?
Also für mich relativ gut, weil ich mir immer ganz bestimmte Männer aussuche, die sehr sensibel sind. Ich kann auch gar nicht mit anderen. Das weiß ich aber auch erst jetzt so. Ich hab mir die einfach automatisch immer gesucht. Und von daher geht das eigentlich ganz gut.   *Hochsensibilität und Liebe*

Du hast nicht erlebt, dass die Sensibilitäten der Personen sich dann irgendwie „gebissen" haben?

Doch! Beim Vorletzten war das so, wir haben uns nur in die Haare gekriegt, weil er … er hat sehr viel kritisiert, aber konnte selber keine Kritik vertragen und war dann gleich total sensibel, wenn ich mal irgendwas gesagt habe. Das kenne ich schon, ja. … Ich such mir auch im Freundeskreis Leute, die relativ sensibel sind. Also, ich kann auch mit anderen, ich kann mit allen Menschen, aber da komme ich in Gesprächen immer an gewisse Punkte und da geht's nicht weiter. Das ist oft so.

Unverständnis   Wenn ich zum Beispiel von meinem Alltag erzähle, wo ich irgendwie Probleme habe, dann verstehen die das einfach nicht. Wenn ich da bestimmte Situationen habe, die mich überfordern, verstehen die das einfach nicht. Die sagen dann zwar: „Ja ja, okay, ist ja interessant, aber meine Güte, ist jetzt aber nicht so schlimm" oder irgendwie so! Meine beste Freundin, die ich als sehr sensibel einstufen würde, die versteht mich sofort! Da brauch ich gar nix sagen. Die weiß sofort „Ja klar natürlich, haste das und das Problem, dann, wenn das und das ist, ist doch logisch." Für sie ist das logisch. Und deswegen fühlt man sich natürlich verstandener von Menschen, die sensibler sind oder empathischer oder wie auch immer. … Aber ich hab auch Freunde die nicht sensibel sind. Also nicht so, dass ich nur hochsensible Menschen um mich hab, so ist das nicht. …

Schreiben und   *„Konnte schon zum Schulstart lesen und schreiben" –*, *sagt stolz*
rechnen vor   Ja, konnte ich! Und rechnen auch schon!
Schulstart

Wodurch hast Du das gelernt?

Na ja, ich hab meine Mama gefragt, auch mit dem Englisch, dass sie mir irgendwas beibringt und ich hab irgendwas dafür gemacht, so als Austausch.

Das heißt, du hast mit deiner Mutter vor der Schule schon Schreiben, Lesen, Rechnen und ein bisschen Englisch gelernt!?

Ja, aber sehr wenig. Also so paar Wörter. Ich konnte jetzt nicht sprechen oder so was. Aber ich wusste dann so 'n paar Sachen. In der ersten Klasse war ich auch sehr gut. Aber dann … …

Hast du ein vielfältiges Innenleben?

Reges   Früher ja, die Sache mit der Phantasiewelt. Ich hab auch 'ne Zeit
Innenleben   lang gedacht, dass ich so 'n bisschen so Vorahnungen hätte. War ganz komisch, 'ne Zeit lang hatte ich das, glaube ich, wirklich mal.

Und dann hab ich gedacht „Ah nee, so was gibt's nicht, das ist Blödsinn." Und dann ist's weggegangen. Aber das war ganz gut, weil das eher negative Sachen waren. Daher hatte ich auch die Albträume.

Wie ist das für dich heute mit Glauben oder Spiritualität?

Ja, ich bin schon spirituell, was auch immer das jetzt heißt. Ich interessiere mich sehr für solche Dinge, also … studiere zum Beispiel die SEIN (Berliner Stadtmagazin für Spiritualität) sehr viel und guck da ganz viele Artikel an. Meditiere … – war ja auch in Indien drei Monate –, ja. Also ich hab irgendwie immer noch dieses Gefühl, dass da doch irgendwas sein muss. Ich fühle mich auch sehr wohl damit, mit dieser … ja, … dieser Erforschung von Spiritualität. Das ist sehr sehr interessant, wie unterschiedlich man das Leben auch sehen kann, aus so verschiedenen Gesichtspunkten. … Also, es hat mir sehr viel gebracht für mein Leben.

Spiritualität

Kannst du beschreiben, was es gebracht hat?

Na zum Beispiel durch die Meditation, dass ich nicht mehr so viel grüble, dass ich einfach meinen Kopf klar gekriegt habe. *seufzt* Ja, also Situationen zum Beispiel mit mehr Liebe zu sehen. Wenn mich … irgendeiner anpflaumt, dann versuch ich das halt mit Liebe zu sehen. Das klingt total bekloppt, *kichert* aber das hilft wirklich manchmal. Und dann zu denken „Okay, der meint das jetzt nicht so", so in die Richtung. Wenn mich was bedrückt, versuche ich es loszulassen. …, was mir dann immer noch ein bisschen schwer fällt. *kichert* Ja so 'ne Sachen. Ich versuch's einfach in mein tägliches Leben zu integrieren, ich studier' das richtig so, jeden Tag. Ich sitze jeden Tag da und guck mir verschiedene Sachen an.

Was hilft

Ich guck zum Beispiel im Internet, da hab ich schon so viele Artikel gelesen. Und dann druck ich mir das aus und les die ein paar mal und schaue dann „Okay, was stimmt für mich jetzt davon?" Also bin erstmal völlig offen dafür und guck mir das an und versuch' nicht zu werten. Was nicht einfach ist, weil man ja von Grund auf so 'n Schema hat, so ein Raster irgendwie. Und dann schau ich, wie passt das für mich und wenn's passt, das dann in mein Leben so zu integrieren „Okay, kann ich das mal ausprobieren." oder so, ja. … Ja, das mache ich.

Selbstreflektion

Hat das, was du Spiritualität nennst, etwas mit Kirche zu tun?

Nee, für mich ist das eher so 'ne Art Lebenseinstellung, wie ich das Leben wahrnehme, wie ich das Leben sehe. Das ist wirklich … 'ne komplette Umwandlung meines bisherigen Lebens. Das ist nicht

Bewusstseins-veränderung

einfach nur so „Okay, ich gehe jetzt mal in die Kirche am Sonntag",
sondern ich integrier das wirklich in mein komplettes Leben, in meinen
kompletten Tagesablauf, ständig mit allen. Ist 'ne Bewusstseinsver-
änderung für mich. …, es ist wirklich eine große Sache im Prinzip.
Ich schaue viel bewusster, wie geht's mir mit dieser Situation, wie
kann ich damit umgehen? Auch 'ne Art Hilfe für mich, mit Situationen umzugehen, andere Möglichkeiten zu sehen. Ist sehr schön,
gefällt mir sehr gut, Dinge aus anderen Blickwinkeln zu sehen. … …

**Was könnte das deiner Meinung für einen Sinn und Zweck ha-
ben, dass manche Menschen möglicherweise deutlich mehr
wahrnehmen als andere? Vor- und Nachteile?**

*Vor- und
Nachteile der
Hochsensibilität*

Ja, aber alles macht Vor- und Nachteile. Ich meine, nicht-hochsensible Menschen haben doch auch total viele Nachteile, zum Beispiel, dass sie nicht so empathisch sind. Sie können viele Dinge
nicht so spüren, wie ich sie spüre kann. Viele *schöne* Dinge. Wenn
sie in die Natur gucken, sehen sie vielleicht nicht die Dinge, die ich
sehe und wahrnehme.

*Sinn und
Zweck der
Hochsensibilität*

Und … was das für ein Sinn haben könnte? … Also da würde ich
sagen …., dass wir vielleicht … ja, auch besseren Zugang zu uns
selbst haben, weil wir viel mehr … gucken und spüren und dadurch
auch viel bewusster mit uns selbst sind, … also so bin ich zumindest. Obwohl ich auch nicht immer so war. Ich habe das auch oft
verschlossen und … mich so abgeschottet und versucht, nur das
Außen zu sehen. Aber mittlerweile mach ich das schon, dass ich
immer gucke …

Generell, für 'n Nutzen? … Also für mich nützt das sehr viel! Ich
bin auch froh, dass ich hochsensibel bin, … auch wenn das viele
Schwierigkeiten mit sich bringt in dieser Welt. Aber es hat eben auch
sehr viele Vorteile. Ich bin froh, dass ich Dinge hinterfrage und ständig interessiert bin an Dingen und mehr wahrnehme. Auch, wenn
ich in dieser blöden Konsumwelt nicht klarkomme, aber das ist für
mich kein Makel, das ist für mich absolut in Ordnung. Ist eher 'n
Grund, noch mehr zu sagen „Okay, ich kann jetzt halt nicht so viel
einkaufen, ich kann jetzt hier nicht so viel dran teilnehmen an eurem komischen Zeug, was ihr euch hier ausgedacht habt, *kichert*
und das ist auch gut so!" …

Ja, was das für 'n Sinn hat? … Alles hat irgendwie so seinen Sinn,
glaube ich. Wird schon 'n Sinn haben. Vielleicht komm ich da mal
irgendwann dahinter.

Hat alles einen Sinn?

Ich hoff's manchmal, dass es so ist. *lacht* Wär' für mich ir-   *Sinnhaftigkeit*
gendwie schöner, der Gedanke. Ich glaub man kann in allem 'n
Sinn suchen und finden, wenn man sucht. Das glaube ich und
das weiß ich mittlerweile auch. Soweit ich das so für mich sagen
kann. Von daher, klar hat alles irgendwie seinen Sinn. Ist alles
immer relativ, 'ne!?

Was bedeutet denn eigentlich „Sinn haben"?
Na, dass man aus Situationen etwas lernen kann. Wenn jetzt zum
Beispiel irgendwas passiert ist, was dir nicht so gefällt, dann zu
schauen „Okay, das gefällt mir jetzt nicht. Warum gefällt's mir nicht?
Was kann ich daraus lernen? Was kann ich das nächste mal besser machen, damit es dann nicht wieder vorkommt?" Das hat dann
Sinn gemacht, ich hab daraus gelernt. Das ist so der Hauptgrund,
glaube ich, zu lernen. Ich glaube, dazu sind wir auch zum Teil hier,
dass wir lernen.

„lerne gern"–, ja, ich lerne gern. Deswegen such ich mir ja so Auf-   *Geistige*
gaben, dass ich immer was studiere. … Ich werd auch deprimiert,   *Anregung*
wenn ich … zum Beispiel so 'n Beruf hätte wie Friseurin, wo ich
nur was Handwerkliches machen müsste. Natürlich hab ich da den
Kontakt mit Menschen, tausch mich mit denen aus. Ich hab dieses
Denken, dieses Grübeln, dieses Lernen, dieses Erforschen. Wenn
ich das nicht hab, dann bin ich unglücklich. Dann geht's mir nicht
gut, also dann fehlt mir was ganz Gewaltiges.

Du brauchst die geistige Anregung?
Ja, ganz stark. Das macht mich glücklich. Das macht mich wirklich
glücklich zu studieren, zu lernen. Das geht mir mit den spirituellen
Dingen sehr oft so. Nicht immer kann ich das gut in mein Leben
integrieren, aber oft. Und dann lerne ich auch schnell was daraus.
Das macht echt Spaß, das ist schön. Auch Sprache lerne ich total
gerne. … Mathe jetzt nicht so! *kichert*

**Das ist ja ziemlich konträr zu dem, dass du als „dumm" er-
klärt wurdest!?**
Ja, das hat mich auch tief verletzt. Auch wenn ich zurück reinspü-   *Unverstanden*
re, das ist einfach …, das war so ungerecht und so fies und so …
Einfach so 'ne Verurteilung, nur weil man jemanden nicht versteht.
Und gleich jetzt dumm …, also ja, das war ziemlich hart für mich
als Kind. Ich habe das ganz oft gespürt, dass Menschen denken
ich bin dumm.

Was würdest du Leuten sagen, die mit Kindern arbeiten – Lehrer, Erzieher usw. –, was würdest du denen, aus deiner Sicht, sagen, was gut für solche Menschen wie dich ist?

Was hilft
bei Kindern

… Sie nicht zu verurteilen! Nicht gleich zu sagen: „Okay, sie sind dumm", sondern vielleicht 'ne andere Möglichkeit zum Lernen geben, einen guten Raum zum Lernen schaffen, ohne Druck, ohne … Kinder, die einen irgendwie drangsalieren … ja. Verständnis für das Kind, für das Individuum Kind.

Und nicht Kinder als Masse zu sehen, die sind alle gleich und werden nach einem Punktesystem benotet, sondern dass jedes Kind andere Begabungen und Leidenschaften hat. Wir sind einfach nicht alle gleich, das ist so. Gott sei Dank! Das ist ganz wichtig. Sehr einfühlsam mit den Kindern zu sein, zu schau'n, was sind ihre Probleme, sie wirklich zu *verstehen*, dass sie das auch *merken*. Dass sie merken „Okay, da *will* mich jemand verstehen! Der will wirklich, dass ich das verstehe und dass ich mit ihm arbeite. Der interessiert sich für mich." Ich glaube, das ist eine ganz ganz wichtige Basis ja. Dieses Schulsystem ist mir sowieso ein Graus.

Warum?

Schule

Weil diese Benotung einfach … so subjektiv ist. Es wird so oft von Lehrern so nach … naja, ob man jetzt jemanden mag und was für ein Bild man von demjenigen hat. Was mich auch so aufregt – das ist in Schweden anders, dass Kinder, die zum Beispiel kein Mathe können *kichert* oder einfach nicht so das Interesse haben, … dazu gezwungen werden bis zur Dreizehnten Mathe zu machen. Dabei haben sie noch andere Talente, da könnten sie voll gefördert werden. –, die gehen da völlig unter, das find ich ziemlich schade. Ja, dass man als Individuum nicht gefördert wird. Es ist ein Problem, wenn man ein Kind gleich verurteilt und als dumm erklärt.

Wie hast du es dann durch die Schule geschafft?

Ich hab 'n Hauptschulabschluss gehabt. Also, als ich in der Pubertät war, war ich richtig Rebell und hab nicht mehr mitgemacht im Unterricht, hab mich nicht mehr beteiligt. War mir alles zu blöd, zu langweilig, zu …, hatte ich keine Lust mehr zu. … Arbeiten, einfach nur Name drauf geschrieben, abgegeben, so 'ne Sachen. Das … saß vielleicht einfach auch zu tief, von der Kindheit, so dieses „Bist ja eh dumm!", keine Ahnung, … keine Ahnung. Vielleicht war's auch was anderes. Vielleicht wollte ich einfach nur rebellieren. Aber ich hab dann den Hauptschulabschluss gemacht. Dann hab ich den Realschulabschluss nachgemacht, auf der Abendschule irgend-

wann. Ich dachte „Okay, jetzt gehste nochmal 'ne Ausbildung machen, das bringt dir alles nichts zu rebellieren."
Ich hab erstmal 'ne Ausbildung als Friseurin angefangen, was ein   *Ausbildung*
absoluter Graus war! Das war irgendwie auch so 'ne Horrorzeit in
meinem Leben. … Das hab ich über ein Jahr durchgezogen, bis
ich völlig fertig war.

Warum war das eine Horrorzeit?
Na ja, weil ich Azubi war, und das hat man mich auch spüren lassen, so nach dem Motto: „Geh mal einkaufen!" Und egal was ich
gemacht hab, es war nie richtig, es war irgendwie nie gut, wie ich's
gemacht hab. … Ich bin vielleicht auch nicht handwerklich so wahnsinnig begabt, ist halt einfach so. Und deswegen war das ziemlich
schlimm. Ich hab aber immer versucht, richtig perfekt zu sein, hab
immer Überstunden gemacht, war die letzte die den Laden verlassen
hat, die erste die da war. Aber es wurde nie gelobt oder irgendwas.
Und das hat mich richtig fertig gemacht, das hat mich total aufge-
zehrt, da war ich echt richtig fertig. Da hab ich dann aber, Gott sei
Dank, einen Schlußstrich gezogen, sonst wäre ich da wahrscheinlich nicht so gut bei weg gekommen.

Das heißt, du hast abgebrochen?
Ja. … ja, also ich hab dann gekündigt. Mein Vater war völlig fertig,   *Berufliche*
aber war halt so. Meine Mama hat mich, Gott sei Dank, unterstützt.   *Orientierung*
Und dann hab ich erstmal gejobbt und hab dann den Realschulab-
schluss nachgemacht mit zwanzig, einundzwanzig. Und dann noch
mal gejobbt 'ne Weile und dann halt diese Tourismusausbildung. Und
jetzt bin ich Wellness-Coach und Wellness-Masseurin. *kichert* Ja.

**Hast du dir über Kurse das Know-how angeeignet, das du für
diese Wellness-Arbeit brauchst?**
Ja genau. Noch neben der Ausbildung damals hab ich das gemacht.
Das war cool, hat Spaß gemacht. Aber war auch wieder ein bisschen viel, ich hab wieder ein bisschen viel von mir verlangt und war
auch ziemlich … Burnout-gefährdet damals … ja.
Ich bin jetzt sechsundzwanzig, ich hab mit dreiundzwanzig angefangen, mich selbstständig zu machen. Ja, erstmal nur so als Test,
aber mittlerweile mach ich das sehr gut. Ich bleib erstmal dabei,
glaube ich. Man weiß ja nie was kommt, aber ist ganz gut. …
Ich bin auch so 'n Mensch, der unglaublich viel Abwechslung   *Schnell*
braucht. Mir wird's schnell langweilig, generell. Das bezieht sich   *gelangweilt*
auch auf Beziehung, leider. *lacht* Ja, es ist schwierig, obwohl mit

Freunden geht's. Was die Arbeit angeht ist es ganz extrem, ich bin schnell gelangweilt. Wenn das nicht abwechslungsreich ist, dann … bin ich eigentlich ziemlich schnell weg. … Ich brauch die Veränderung, immer wieder neue Sachen, … das mag ich total, das brauch ich einfach wirklich. Deswegen ist so von acht bis vier am Computer für mich der absolute Horror! .

Was passiert bei dir, wenn es keine Abwechslung gibt?

Unterforderung Ich werd völlig gelangweilt und frustriert und auch wütend, weil ich … irgendwas machen muss und will. … Ich bin nicht genug gefordert, … könnte ich mir vorstellen. Ja, ich glaub das ist wirklich, dass ich nicht genug gefordert bin. So unterschiedliche Situationen …, also ich suche halt wirklich auch Herausforderungen, die mich fordern. Ich sehe darin dann meinen Spaß, eine Herausforderung zu meistern, ja. Deswegen, wenn das immer die gleiche Sache ist, dann langweilt's mich, dann werd' ich unglücklich mit, ganz schnell.

Aber wenn du jeden Abend deine Klienten oder Kunden massierst, ist das doch im Prinzip auch immer das Gleiche?

Neeeee! Weil, das sind unterschiedliche Orte, es sind unterschiedliche Menschen, ich hab nie die gleichen – vielleicht ein, zwei mal hatte ich die gleichen –, ist dann in unterschiedlichen Sprachen, die ich spreche, ich arbeite immer mit unterschiedlichen Kollegen zusammen. Also es variiert in allen Bereichen. Es ist zwar immer die gleiche Art Arbeit, aber der Rest ist immer unterschiedlich. Und die Situationen sind immer unterschiedlich, weil du nie weißt, was auf dich zukommt. Das ist auch das Schöne, wenn man mit Menschen zusammenarbeitet. Man weiß nie was passiert. Das ist sehr schön, das find ich sehr gut.

Du hast dich über den Begriff Bore-Out amüsiert, also das Gegenteil von Burn-Out. Nicht ausgebrannt sondern unterfordert, gelangweilt, über die Maßen gelangweilt sein. Kennst du das?

Bore-Out Ja, schon. Ich glaube deswegen suche ich mir auch ständig neue Situationen und Herausforderungen und brauche immer neue Sachen. Weil ich eben schnell gelangweilt bin. Kann auch sein, dass mir das in der Schule oft so ging, dass mich das irgendwie alles gelangweilt hat. Vielleicht auch weil ich's nicht verstanden habe? Kann auch sein. Also ich weiß es nicht woran's liegt. Aber auch in so Situationen, ja, also bei mir kenn ich das schon ab und zu, dass ich ziemlich schnell gelangweilt bin. Also Bore-Out ist 'n ziemlich cooler Begriff, gefällt mir sehr gut! *lacht*

Du hast das hier auch angekreuzt, dass du gerne in der Natur bist.

Ja. Mit Tieren schon immer, hab ich so 'n starkes Gefühl zu gehabt. Und Natur auch. Also Tiere und Natur. Da fühl ich mich auch einfach wohler als so in 'ner Stadt. Und wahrscheinlich auch einfach weil es so ruhiger ist, harmonischer und ausgeglichen und so. Ich brauch auch ganz oft so ein Freiheitsgefühl. Ich fühle mich manchmal so eingeengt. Und wenn ich dann auf 'ner Wiese stehe und das ist alles frei, man kann den Horizont sehen, das find ich total schön, dann fühl ich mich frei und losgelöst. … Oder wenn ich im Wald bin und den Wald rieche, das ist dann auch gut. Das ist auch so … schön, ja. …

Natur

Sorgst du regelmäßig dafür, dass du in die Natur gehst?

Nicht so viel wie ich eigentlich wollte. Also ich hab mir schon öfter gesagt: „Okay, ich gehe jetzt jeden Sonntag irgendwohin in Wald", mach ich aber nicht so oft. Meistens krieg ich dann 'nen Kollaps so 'n „… aaaahh!! Jetzt muss ich raus!" und dann mach ich das auch. Oder ich mach so 'ne Großaktion, dass ich drei Monate nach Spanien gehe, irgendwo in die Pampa oder so. *lacht* Weil ich das einfach nicht mehr ertrage, diese ganzen Autos und wuah!

Warum lebst du dann in der Stadt?

Also, ich wohn ja schon so 'n bisschen am Rand, ist relativ grün. Es ist einfach sehr viel flexibler. Und in meinem Alter, sag ich jetzt mal so, ist es sehr viel einfacher, weil man sich ja doch mal mit Freunden trifft, ins Kino geht, da braucht man nicht anderthalb Stunden oder so. Obwohl ich schon öfter darüber nachgedacht hab, ob ich rausziehe, vor allem in letzter Zeit. …

Wie ist das bei dir mit Smalltalk?

Kann ich eigentlich ganz gut, nervt mich nicht. Ich habe natürlich wesentlich lieber Gespräche, die tiefgründiger sind, klar. Aber ich kann jetzt so palavern. … Obwohl, wenn ich merke, dass es nicht ehrlich gemeint ist, dann nervt es mich. Also, wenn da irgendwie gar nichts rüber kommt so …

Smalltalk

Wie ist das mit der Authentizität? Welche Rolle spielt das für dich?

'Ne Große! Auf jeden Fall! Mir ist das sehr wichtig, dass man ehrlich ist, dass … ich merke, dass ich spüre „Okay, da kommt jetzt wirklich was rüber und das ist ehrlich gemeint." Ich glaub schon,

Authentizität

dass ich das spüre. Also, ist natürlich immer auch die Frage, wieviel man da jetzt reindichtet, 'ne. Glaub schon, dass ich das mitbekomme, ob jemand wirklich ehrliches Interesse an mir und an dem Gespräch hat und was ich sage.

Wie geht es dir, wenn du merkst dein Gegenüber ist nicht so authentisch?
Dann versuche ich schnellstmöglich das Gespräch zu beenden, weil mir das dann nichts bringt. Oder versuche es auf so 'nem Level zu halten, dass es mich nicht berührt. Sobald wir über was Persönliches sprechen und es wirkt nicht authentisch auf mich, dann regt mich das auf. Aber solang es Smalltalk ist, ist mir das eigentlich relativ egal.

Hast du auch in der Schulzeit fehlende Authentizität gespürt, zum Beispiel bei Lehrern?
Von den Lehrern, ja. Schon. Ja.

Wie bist du damit umgegangen?
Mit kompletter Abschottung, mit kompletter „Ich hab kein Bock mehr da drauf. Ich mach nicht mehr mit am Unterricht", weil ich das nicht … einsehe.

Was siehst du da nicht ein?
Das hat für mich keinen Sinn! Das hat für mich keinen Wert, wenn mir jemand was beibringt, der mir eigentlich nix beibringen *will*, der wahrscheinlich selber gar nicht dran glaubt, der nur nach so Stoffmuster geht, was er lehren muss. Da schotte ich mich ab. Ich weiß nicht genau, wie ich damals war, aber jetzt … würde ich nicht mehr zuhören glaube ich, automatisch.

Das heißt in positiver Form brauchst du was?
Was hilft
Ehrlichkeit. … *seufzt* Aufrichtigkeit, 'ne gewisse Empathie, wobei das auch nicht immer sein muss. Es gibt auch Menschen, die sind einfach nicht so wahnsinnig empathisch, und dafür können sie nichts, und das ist dann auch okay. Mit denen unterhalte ich mich dann halt relativ oberflächlich, wenn man das so sagen kann. Das ist dann aber auch in Ordnung.

Du hast hier auch einiges bei den Hochbegabten angekreuzt.
Hab ich?

Hast du, ja! *lacht* Hast du dich mit dem Thema schon einmal auseinandergesetzt?

Ja, also, ich hab mal 'ne Dokumentation darüber gesehen, und ...   *Hochbegabung*
hab mich schon ein bisschen angesprochen gefühlt. Aber dann
hab ich gleich gedacht: „Nee, das kann ja nicht auf mich zutreffen,
weil ich ja dumm bin." *kichert* Wenn ich ganz ehrlich bin, also ich
glaube nicht, dass ich hochbegabt bin. Kann ich mir nicht vorstellen.

Was hat dich denn da im ersten Moment angesprochen?

Äh, also sie haben so Kinder in der Schule gezeigt, die ... die so 'n
bisschen aus dem Raster gefallen sind, die irgendwie anders waren als andere. Und bei denen ..., also die anderen Kindern haben
das auch gemerkt und sie dementsprechend gesondert behandelt.
Was ich ja auch irgendwie hatte. Und dann wurden sie als dumm
abgestempelt, also so als „Ah, na ja, die machen ja nicht mit und
die können sich nicht konzentrieren, und da kommt nichts zurück
und da kann ja nichts ..." Dann hat sich aber im Nachhinein raus-
gestellt, dass die völlig unterfordert waren und einfach die Schotten
dicht gemacht haben. Da hab ich mir auch so gewünscht, dass es
bei mir auch so gewesen wäre, weil ich mich dann hätte verstehen können, die ganze Geschichte hätte verstehen können. Das
hätte für mich total Sinn ergeben. Aber irgendwie kann ich mir das
nicht vorstellen.

Warum nicht?

Weil ich immer noch nicht glaube, dass ich wirklich klug bin. Ich
kann das immer noch nicht für mich selber ... Ich weiß, dass ich
nicht dumm bin, das weiß ich mittlerweile schon. Aber das sitzt noch
relativ tief, dieses ... dass ich immer von der Familie und von allen
möglichen Leuten dieses *Gefühl* ... – sie haben's mir ja *nicht* gesagt, meine Mutter hat mir nie gesagt: „Ich denke, du bist dumm"
oder so –, aber dieses Gefühl habe ich ganz stark mitbekommen.
Und das habe ich immer noch teilweise, auch wenn ich weiß, ich
bin nicht dumm.

**Wenn Hochbegabung in sämtlichen Lebensgebieten oder
menschlichen Bereichen auftreten *könnte*, in welchem Bereich
wäre es denn bei dir?**

Also, ich würde eher sagen, so künstlerisch, so musikalisch ..., so
was in die Richtung, auch zwischenmenschlich, ja. Erspüren von
Dingen, damit umgehen können, ich weiß nicht, keine Ahnung. Ich
glaube, das wurde bei mir absolut nie gefördert, ... außer Klavier-

spielen, weil ich mit vierzehn irgendwann mal gesagt hab, ich will das unbedingt machen. Aber sonst hab ich mich da nicht großartig ausprobiert, in keinster Weise. Daher weiß ich das gar nicht so richtig. Ja.

Ich danke dir für das Interview!
Gerne!

Angaben aus dem Interview-Fragebogen zur Person:

Aufgewachsen:	bei beiden Eltern, dann 1 Jahr bei Mutter, 10 Jahre bei Vater
War Bildung zu Hause wichtig?	k. A.
Ausbildung:	erw. Realschulabschluss
Beruf:	selbständig; kreativ, sozial
Familienstand:	ledig
Einige Merkmale:	**Kind:** still und zurückgezogen; tue mich schwer mit Entscheidungen; neige zu Wutanfällen; nehme Stimmungen und Emotionen anderer auf; störe mich an allem; überlege erst, handle dann; spreche sehr früh ausgefeilt und komplex, bin sehr sozial und empathisch **Erwachsene:** Konflikte nehmen mich sehr mit; Shopping strengt mich sehr an; Aggressivität ist mir unangenehm; bin schnell erschöpft; nehme andere wichtiger als mich; nehme feine Unterschiede wahr; reflektiere gerne tief; kann gut zuhören **Hochbegabte:** bin sehr lärmempfindlich, nehme alles Gesagte wörtlich; drücke mich gerne gewählt aus; fühle mich von Reizen überflutet; merke, ob jemand authentisch ist; habe Sinn für „trockenen" Humor; kann zum Schulstart schon lesen und schreiben; kann mich gut konzentrieren und habe Ausdauer

Klaus, 43 Jahre

*Ich denke, authentisches Leben
ist das* Wichtigste *für Hochsensible.*

Ich bin mit 'ner vier Jahre älteren Schwester aufgewachsen und mit   *Kindheit*
meiner Mutter, Ärztin, und mit 'm Stiefvadder, der zweiundzwanzig
Jahre älter gewesen ist. In der Familie war immer *dann* alles in Ordnung, wenn die Kinder funktioniert haben. Wenn wir sozusagen ins
Klischee gepasst haben und so, und in die normale Rolle gepasst
haben, da hat's dann immer funktioniert. Und wenn se nicht in die
Rolle gepasst haben, dann hing der Haussegen schief.
Und diese Emotion zu merken … Also es ist mir sehr früh aufgefal-
len, dass ich sehr früh schon vorher wusste, wenn mein Stiefvad-   *Stimmungen*
der von der Arbeit zur Tür reinkommt – also *bevor* er zur Tür rein-   *wahrnehmen*
kommt! … Und diese Stimmungsempfindlichkeit, die war dadurch
halt sehr negativ geprägt. War auch lange verdrängt.
Das hab ich dann später wieder entdeckt, auch mit dem Ziel, sie zuzulassen und weiterzuentwickeln, diese Intuition. Da hab ich später
lange danach gesucht: Wie kann man damit umgehen? Was kann
man damit machen? auch um positive Effekte daraus zu erzielen,
nicht nur die Negativen.

Hast du einen Weg gefunden?
Nicht wirklich. Außer die Intuition halt wieder massiv zuzulassen,   *Authentizität*
mit dem Effekt, dass man merkt, wenn Personen authentisch sind
oder nicht. Und daraus dann die geeigneten Rückschlüsse zu ziehen: Kann man mit den Personen weiter umgehen, oder sollte
man sich eher zurückziehen, weil sie eben nicht authentisch sind?

**Ist der Umgang mit *nicht* authentischen Menschen tendenziell
schwierig oder unangenehm für dich?**
Das is für mich schwierig. Mit nicht authentischen Menschen ist
schwierig. Das gibt mir nix und das ist dann eher zum Loslassen.
Dann halt zu sagen: „Nee, das macht man nicht weiter, das … berührt man nur am Rande", und soweit, wie man halt muss, und ansonsten muss ich mit den Leuten nix zu schaffen haben.

**Du hast gerade gesagt „Es gibt mir nix." Im Umkehrschluss:
Was gibt es dir, wenn die Menschen authentisch sind?**
Gut, über die Frage hab ich noch nicht nachgedacht. … Es macht
einfach Spaß, man fühlt sich persönlich wohl und man ist ausge-

glichen. ... Es bleibt dieser Effekt aus, dass die Leute berechenbar werden. Der ist dann schlichtweg einfach nicht da. Wenn jemand authentisch ist, dann ist er halt authentisch und dann kommt dieses Gefühl nicht, wie „Ich weeß jetzt, was der glei' machen wird oder wie er sich verhalten wird." Dieser Effekt ist dann weg und das ist einfach schön.

Ist das so etwas wie eine gleiche Wellenlänge? Wie ... ja, ohne Worte verstehen?
M-hm, ja. Das spielt 'ne Rolle, ja. ... Wenn man in 'nem seelisch ausgeglichenen Zustand ist, kann man dann doch relativ gut bewerten, mit welchen Leuten man gut klar kommt und mit welchen man nicht gut klar kommt. Aber dazu muss man seelisch ausgeglichen sein, sonst funktioniert das nicht. ... Ja, sag ich mal, das ist ein Punkt, der mich sehr lange umgetrieben hat.

Langsam sein

Und das andere ist, was in der Kindheit viel aufgetreten ist „Der hat aber 'ne lange Leitung", wurde mir dann immer nachgesagt. So nach dem Motto: Wenn man mir was sagt, dann muss das erst vom Kopf in großen Zeh, wieder zurück und dann kommt 'ne Antwort. *beide kichern*

Wie hast du das selber empfunden?
Is so! ... Dadurch, dass meine Freunde in der Schulzeit ... Die haben das auf die lust'ge Tour genommen, und haben dadrüber immer gewitzelt, aber haben eben kein Mobbing draus gemacht. Sie haben drüber gewitzelt und haben's akzeptiert und dann war gut. Und dadurch war das keen Problem.

War das in der Schule ein Problem? Ich meine, der Lehrer stellt eine Frage und man muss dann möglichst schnell antworten!?
Da war das nicht so das Problem, nee. Die Antwort'n war'n auch

Soziales Verhalten vieldeutig interpretieren

glei' da. Sondern eher so Kommunikation unter Freunden, unter Jugendlichen, wo dann schnell mal 'n Witz gerissen wird. Und der Witz ist dann halt ooch doppeldeutig und man weiß genau, worauf's dann ankommt und was sie denn eigentlich gemeint haben. Das hat immer 'ne Nummer länger gedauert. Warum, wieso ...?

... das so ist, weißt du nicht!?
Nee. Aber es war halt so. Und, sag ich mal, die Sachen in der Schule, das is ja alles berechenbar und rational. Wenn der Lehrer 'ne Frage stellt, dann weeß man et oder weeß man nich. Wenn man's weiß, dann weiß man's schnell.

Und das ist der Punkt, den ich ooch mit Hochsensibilität verbinde: Dass es nicht immer nur langsamer geht, irgendwas zu merken, sondern dass man auch teilweise deutlich schneller ist.

Hast du ein Beispiel?
Autofahren. Mit'm Autofahren bin ich in Gedanken schon immer fünf Minuten weiter als so mancher, der vor mir her fährt, so nach dem Motto: „Na das *sieht* man doch, dass jetzt das da so und so ist." *kichert* Und das nervt dann ein bisschen. Und dann muss ich mir Mühe geben, nicht genervt zu sein und nicht wild Auto zu fahren.

Vorausschau

Weil du eigentlich schon weißt, was gleich passiert?
Ja. Wenn man gut drauf ist und die Konzentration gut da ist, dann merkt man viele Dinge auch schneller und eher und verarbeitet das dann auch schneller. Aber man muss dann halt beim Autofahren sein und nicht durch die Gegend träumen.

Gibt es noch andere Bereiche, wo du das auch kennst?
… … *seufzt* … Im Beruflichen, in der Selbstständigkeit sind wir vielfach mit Ideen zu früh.

Vorreiter

Das heißt?
Mit Ideen vor der Zeit! Der Markt ist noch nicht reif dafür. … 'n ganzen Sack voll hatten wir davon schon, wo wir Dinge gemacht ham, Projekte gemacht ham, die einfach immer een, zwee Jahre zu früh gewesen sind. Und dadurch hatten wir lange keen Erfolg gehabt. Und plötzlich gibt's das alles! *kichert* Das sind schon so 'n paar verrückte Dinge.

Also eine Art Vorreiter?
M-hm!

Du hast eine Idee, die ihrer Zeit voraus ist, und sie führt dadurch letztlich zur jetzigen Erfolgslosigkeit. Was machst du damit? Wie gehst du mit diesem Phänomen um?
kichert Ähhhh, … mir Mühe geben, nicht mehr so viel Ideen zu haben, sondern wirklich bei dem zu bleiben, was ich mache. Und nicht aus Ideen raus noch tausend Dinge anzufangen.

Du kappst dann deine Kreativität?
Mmmm-nee, man muss aber nich auf jedes Pferd aufspringen, was eenem so über'n Weg läuft, sondern … Das ist auch ein Nachteil,

Kreativität zügeln

dass ich halt zu viel angefangen hab. Man will dann alles mitnehmen und „Hier haste noch 'ne Idee." und „Das müssteste 'de noch
machen", und dieses und jenes, und dann will man alles anfangen
und das geht aber eigentlich gar nicht alles. ... Das ist schwierig. ...
Zum Beispiel ... im Ingenieurbereich ham wir viel in der Abfallwirtschaft zu tun. Und wir hatten dann eine Idee, was man mit den Ab-
fällen machen kann. Wir haben dazu vom Bundeswirtschaftsminis-
terium die Förderung ooch bekommen, um das zu untersuchen und
zu entwickeln. Das haben wir auch alles schön gemacht und ooch
die Lösungen dazu gefunden. Dann haben wir auch Pilotprojek-
te und Versuche gemacht mit TU Jena und alles mögliche. ... Wir
ham letztendlich aber keine Anlage am Markt realisieren können,
weil der Markt bis zum Juli 2005 komplett den billigsten Weg gegangen ist, nämlich auf die Deponie! Und auch danach noch – so
'ne Anlagen, die haben 'ne lange Vorplanungszeit von etlichen Jahren, bevor man sowas dann realisiert hat – auch jetzt noch hängt
das Thema, aber jetzt werden zunehmend solche Anlagen gebaut.

**Könnt ihr dann *jetzt* voll einsteigen aufgrund dessen, dass
ihr die Vorarbeit geleistet und entsprechende Projekte schon
entworfen habt?**
Wir könnten, ja. Aber im Augenblick haben wir zuviel andres zu tun!
Wir werden auch immer wieder nach unseren Ergebnissen gefragt,
und dann reden wir auch hier und da über dieses und jenes. Aber
es ist nicht so, dass wir heute damit Geld verdienen. Wir sind inzwischen auf anderen Sektoren.
Und dann gab's noch 'ne andre Geschichte: Das war im IT-Be-
reich, da wollten wir – am so genannten Point-of-Sale, also an
Verkaufspunkten – Fernseher aufhängen, wo man Werbung drauf
laufen lässt, aber halt gezielte Werbung. Das war so um das Jahr
1999/2000 rum. Standard war da noch 'n Röhrenfernseher mit ein-
gebautem Computer. Die Teile sind siebzig Kilo schwer und dann
im Supermarkt über die Kasse hängen – da hat man kaum 'n Supermarkt gefunden, der das mitgemacht hat. Heute hängen die
Dinger – die Flachbildfernseher –, heute hängt eener neben dem
andern! *kichert* Und das wollten wir halt in 'ner Kleinstadt ... um
das Jahr 2000 rum machen.

Ja, aber damals gab's noch keine Flachbildschirme.
Eben. Damals gab's noch keine Flachbildschirme, aber wir wollten
das machen. Es gab die ersten Anwendungen. Die Softwarean-
wendungen dafür gab's, das ging gerade los. Da wären wir quasi

die Ersten gewesen. Aber die Gerätetechnik war so sündhaft teuer, und … wir war'n viel zu früh!

Ist das nicht frustrierend?
Ja klar! *beide lachen* Klar ist es frustrierend! Vor allem die Leute, mit denen man das gemacht hat, die haben viel Geld in den Sand gesetzt, weil wir halt zu früh waren. Und da gibt's noch einige Beispiele, wo ich Sachen angefasst hab, die einfach zu früh waren, die heute alle so sind, aber wir waren zu früh. Immer so ein, zwei Jahre.

Wie könnte man diese Fähigkeit, Dinge schon früh visualisieren, nutzbar machen?
Das Problem ist, dass man dann anfängt quer zu denken, und dass man anfängt, sich gegen die landläufige Meinung zu stellen und das gibt viele Probleme mit Chefs. Das heißt letztendlich Selbstständigkeit.

Selbstständigkeit

Ja, aber auch bei der Selbstständigkeit gibt es ja das Problem, dass, wenn der Markt nicht da ist, du dein Produkt oder deine Idee nicht los wirst!?
Das ist richtig. Und deshalb klemmt's in den Finanzen immer wieder vorne und hinten. Bis man dann 'nen Weg gefunden hat, wo man sagt: „Das ist jetzt meine Nische!" Auch mit Sachen, mit denen man früh ist. Wir haben solche Sachen mit Software für Touristeninformationen gehabt, wo wir auch früh dran waren, aber … wir haben's dann konsequent immer weiter gemacht und sind drangeblieben und das ist das, was jetzt anfängt zu funktionieren.

Das heißt also, du bleibst dann so lange mit deiner Idee am Ball, bis der Markt sozusagen hinter dir her gewachsen ist und sich an deine Idee anschließt!?
Bis es anfängt zu greifen. Entweder bis man die Idee so hat, dass man sich an den Markt ran entwickelt, oder dass der Markt selber ranreift an die Ideen. Eins von beidem.
Und das sind so Dinge, wo ich sage: „Okay, entwickel ich jetzt meine Idee weiter, um auf diesen ‚Zukunftsmarkt' wieder mitzumachen? Dann kann's wieder passieren, dass wir ein bissl früh sind und es nicht anfängt zu funktionieren. Oder setzen wir die Idee, die wir angefangen haben, konsequent weiter um, und hüppen nich uff jeden kleenen Zuch uff, der jetzt da is. …?!" Das ist so der Punkt: wirklich gradlinig bei einer Sache zu bleiben und nicht … nicht sozusagen alle Ideen aufzugreifen, die man so hat.

Wo wir bei Beruf sind: Wie war das bei dir mit der Berufsfindung?
Ich hab Facharbeiter für chemische Produktion mit Abitur gemacht.

Ausbildung Und dann … … ähh… hab ich in dem Betrieb angefangen, den
mein Großvater nach dem Krieg aufgebaut hat. Das war zu Ostzeiten 'n absolut führender Betrieb auf Westniveau, Chemiewerk
zu zusagen. Der wurde nach der Wende sofort von Westkonzernen
aufgekauft und weitergeführt. Und die Anlagen, die mein Großvater gebaut hat, die laufen heute noch. Und da wollt ich hin. Und
deshalb hab ich das gemacht, den Chemiefacharbeiter mit Abitur.
Abitur muss halt sein, um zu studieren. Damals wollt ich Chemie
studieren. Auf's Gymnasium wollt ich nicht.

Warum wolltest du da nicht hin?
Nö, da hätte ich länger zu Hause bleiben müssen. Das war 'ne reine intuitive Geschichte aus dem Bauch raus, zu sagen: „Nee, ich
mach Chemiefacharbeiter mit Abitur." Das war halt verbunden mit
Lehrlingswohnheim und zweihundert Kilometer weit weg.

Das gab dir die Möglichkeit, von zu Hause weg zu gehen?
Ja! Aber die Entscheidung hab ich da nicht bewusst getroffen, die
hab ich intuitiv getroffen. Ich war so gut in der Schule, da konnte
keiner Nee sagen.
Und bei der Ausbildung hab ich gemerkt, dass ich Chemie *nicht*
studieren will, sondern dann hab ich mich für Verfahrenstechnik
entschieden, sprich chemische Technologie. Und das war's dann
auch. Das hab ich dann auch studiert. Danach bin ich an der Uni
geblieben. Wollte eigentlich promovieren und hatte zwei Doktorvä-
ter, die man in dem Machtkampf und zur Wende mehr oder weniger
rausgeekelt hat. Man nannte das damals „Evaluierung mit Stasi-
Hintergründen" und solchen Schnick-Schnack, aber in meiner Sicht
war'n das nur Machtkämpfe.
So, und ich hab relativ zeitig mitbekommen, dass man nur promovieren darf, wenn man 'n ordentlichen Professor dahinter hat. Sonst
hat man hinterher keene Chance, in der Wirtschaft irgendwo 'ne
vernünftige Stelle zu kriegen. Und da bin ich dann nach Magdeburg
gegangen, weil meine Frau da gearbeitet hat … joah.

Dann bin ich in der Abfallwirtschaft gelandet und hab angefangen,
mich mit Müllverbrennungsanlagen und Deponien zu befassen. Der
Professor, bei dem ich da war in Magdeburg, der hatte nebenbei
'n Verlag für Energie und Umwelttechnik, und dort habe ich dann
Fachbeiträge geschrieben und … Korrekturlesung und Veranstal-

tungsorganisation für den Professor für seine Fachtagungen mitgemacht. Dort hab ich auch die redaktionelle Arbeit für seine Fachbücher mit übernommen, neben den Ingenieurbürosachen. Er hatte 'n relativ pfiffiges Konzept, wie er seine Bücher finanziert. Nämlich über Werbebeiträge verschiedener Leute, und dadurch ist man mit an die Werbebranche rangerutscht. Dadurch, dass ich dann zunehmend auch die Buchproduktionen mitgeleitet hab, hab ich ooch des ganze ‚Wie funktioniert eine Druckerei' und ‚Wie mach ich 'n Printmedium fertig für 'ne Druckerei' dabei auch mitgelernt, so dass man in den gesamten Werbe- und Mediensektor mit reingerutscht ist. Das hab ich da gelernt.

Aber … da kam dann wieder das Problem mit …, der Professor war nicht authentisch. Und wir waren relativ nah an die Geschäftsführung rangerutscht, sozusagen Assistent der Geschäftsführung. Und dann sieht man verschiedene Zahlen in der Buchhaltung und merkt, was hinter verschiedenen Argumentationen *wirklich* steckt … und dann ging's irgendwann nicht mehr.

Authentizität

Was ging dann nicht mehr?
Ich hab angefangen, mich mit dem Chef zu reiben … … Gutachten war da zu schreiben, … wo ich ein Ergebnis hätte reinschreiben sollen wider meiner Überzeugung. Und … ähm … das … da bin ich dann ausgestiegen.

Das geht für dich nicht, sowas zu machen?
Nee. Es war glasklar, dass das schiefgeht, dass die Wasserbetriebe die schwarze Bombe kaufen. Was se ja gemacht haben. Und es *ist* 'n paar Jahre später schiefgegangen. Die technischen Argumente, warum das nicht gehen *kann*, die lagen bereits auf dem Tisch! Da hab ich gesagt: „Das kann nicht gehen, das funktioniert nicht! Das geht nicht! Technisch geht das nicht!" Ich sollte es aber unterschreiben, das war eben politischer Wille.

Und das sind so Dinge … Auch der Professor hat dann verschiedene Sachen in der Mitarbeiterführung gemacht, wo ich sage: „Das geht so nicht!" Ich musste auch eine Mitarbeiterin entlassen, weil ich eben gesehen habe, dass die Kollegin … die war halt leider dumm! Also die kann nüscht dafür, die war eben so! Der konnste 'ne Aufgabe geben, die hat sie zehn Minuten später vergessen! Richtig vergessen! Die war richtig weg! Und das hat dazu geführt, dass alle anderen rundrum ständig ausgleichen mussten. Und dann hab ich gesagt: „Hier, das geht so nicht!", und hab dann empfohlen, sie zu entlassen. Dann sagt der Professor: „Okay, entlasse sie

am Freitag, bin nicht da, musst du das machen." Also habe ich das
gemacht. Die Kollegen regen sich dann natürlich drüber auf, weil
starkes soziales Gefüge dort in der Redaktion gewesen ist und gehen zum Professor: „Ja, warum ist denn die Frau entlassen worden?" – „Na, der Herr Soundso hat das gesagt. Kann ich nüscht
dafür, das hat der Herr Soundso gesagt." Wo ich sage: Das kann
man so nicht machen. Entweder man trifft 'ne unternehmerische
Entscheidung oder man trifft sie nicht. Und dann kann man nicht
hinterher sagen: „Na, das hat der Herr Soundso gesagt, ich wollte
das ja gar nicht." Da hab ich dann gesagt „Ihr könnt mich alle ma'!"
Ich und Geschäftsführung und Personalentscheidung? Nee! Wenn
ihr so arbeiten wollt in diesem Stil, dann müsst ihr das so machen.
Und das hab ich richtig offiziell so vor den Mitarbeitern gemacht.
Bin ich rüber gegangen in die Redaktion, hab gesagt „Hier, so und
so, das und das hab ich mir dabei gedacht, deshalb hab ich die Entscheidung getroffen und das ist nicht so, dass der Professor gesagt
hat, das wär nur wegen mir. Sondern das war allgemeine Entscheidung." Und das ist aus meiner Sicht dann halt nicht authentisch.
Damals hab ich das nicht so sehr aus der Intuition heraus gemacht, sondern versucht, immer alles rational zu erklären. Wenn
man mehr auf die Intuition gehört hätte … Da die aber aus der
Kindheit negativ geprägt war, hab ich das lange unterdrückt und
hätte viel mehr drauf hören müssen, um eher entscheiden zu können, dass das schief gehen *muss* mit dem Professor.

**Aber du hast dem widersprochen und hast es nicht runter-
geschluckt und dich angepasst, als du gemerkt hast, es ist
nicht korrekt!?**
Das hat aber gedauert bis zum Widersprechen! Es war bestimmt
'n Jahr auf 'm absteigenden Ast. Also, da waren ja tausend kleine
Dinge davor, da kommt dann so eins zum andern und dann fängt
man irgendwann an, was zu sagen.

**In deiner beruflichen Karriere war es offensichtlich nicht so,
dass du dich erst mal orientieren musstest, oder du dir einen
Beruf gewählt hast, der aber letztlich gar nicht zu dir passt!?**

Berufung   Gar nicht. Das was Großvater gemacht hatte, das musste weitergemacht werden. Das war so und das musste so sein.

Auch im Nachhinein ist es keine Frage, ob das stimmt?
Die Frage kam mir nicht, weil ich's ja nicht tue! *lacht* Ich bin zwar
in den Beruf gegangen aber …, aber eigentlich bin ich nicht in

'nem Chemiewerk gelandet, sondern über die Abfallwirtschaft jetzt bei den Erneuerbaren Energien, bei den Holzheizkraftwerken, bei den Blockheizkraftwerken, Heizungsanlagen, Solaranlagen und solche Sachen, was den Ingenieurbereich betrifft. Macht noch genauso Spaß ...

Ich geh nochmal zurück zur Schule. Wie würdest du deine Schulzeit, jetzt aus dem Blickwinkel der Hochsensibilität, beschreiben?

Ein Problem waren in der Grundschule immer irgendwelche verges-   *Schule*
senen Sachen. Das war ein Problem, vergessene Hausaufgaben *kichert*, oder irgendwas vergessen. Das war mein ganz großes Problem. Aber leistungsmäßig hab ich die ganze Zeit bis zum Abitur aus dem Ärmel geschüttelt.

Eher unterfordert oder genau richtig?

überlegt ... eher genau richtig bis leicht unterfordert. So, dass man's halt teilweise dann zu leicht nimmt und dann fällt man wie-   *unterfordert*
der auf die Nase, und dann geht's wieder weiter und so weiter und so fort. Joah, und die zehnte Klasse hab ich mit eins-komma-zwei gemacht, das Abitur hab ich dann mit eins-komma-acht oder eins-komma-neun aus dem Ärmel geschüttelt, ohne halt viel ... *kichert* ohne viel dafür zu tun. Im Lehrlingswohnheim kommt man nicht wirklich dazu, in der Sturm- und Drangzeit. Es hat auch viele gegeben im Lehrlingswohnheim, die dann auch gelernt haben. Aber ... ich hatte zum Glück einen Zimmergenossen und uns ist's beiden leicht gefallen und man hat's halt gut überstanden die Zeit.

Wie war überhaupt der Kontakt zu Mitschülern? Warst du Außenseiter oder voll integriert in eine Gemeinschaft?

überlegt Öhm ..., das war in der achten, neunten Klasse bisschen schwierig, da drohte ich zum Außenseiter zu werden, aber die Kurve haben wir gekriegt. Und danach Abitur gab's dann kein Problem.

Was war das für ein Problem in der Achten, Neunten?

Das war, denke ich, mehr in die Richtung auch krankheitsbedingt und Pubertät und ... ... Ja, da bin ich halt viel ausgebüchst, so nach   *Körperliche*
dem Motto: ich hätte eigentlich zum Sport gehen müssen. ... Und   *Probleme*
... beim Geräteturnen bin ich dann gewesen, da sind aber durch meine Länge halt die Ergebnisse nicht so da gewesen und dann hatte ich keine Lust, bin einfach nicht hingegangen, sondern draußen rumgestromert und die Eltern hat's nie wirklich interessiert. Da

konnte man sagen, man ist zum Sport, egal ob man da hin geht oder nicht. Da is keener hinterher gewesen und da ist das so alles bisschen auf der Strecke geblieben. Und dann kamen diese oder jene körperlichen Beschwerden, die … Ich hätte Sport machen müssen aufgrund des Längenwachstums. Und dann kam noch 'ne Rheuma-Attacke, wobei ich heute der Auffassung bin, dass die psychosomatisch war aufgrund der Konflikte mit'm Stiefvater. Und das hat rundrum alles aus der Bahn geworfen. Wär ich richtig in 'nem Verein gewesen, richtig ordentlich angebunden mit allen Schulkameraden ooch usw., dann wär das sicher anders gelaufen. Ich war halt 'ne Zeit lang ooch Einzelgänger. … Aber das hat sich dann wieder gegeben in der zehnten Klasse.

Stress zu Hause

Ich bin viel zu meiner Oma gefahren mit dem Fahrrad, sechsunddreißig Kilometer hin, und Sonntags wieder zurück. Bloß um zu hause weg zu sein. So zwischen zwölf und sechzehn. Und da hab ich eben viele Sachen nicht mitgemacht. Ooch das ganze Thema Moped, was damals sehr wichtig war, hab ich nicht mitgemacht. Hab ooch keen Moped gehabt und wollt ooch keens haben. Weil, das hätte ja dann beim Stiefvater in der Garage stehen müssen und dann hätt ich das da auch putzen und wienern müssen, so wie er da mit seinem Auto „Wehe da ist 'n Fussel dran!" und das dann unter seiner Beobachtung machen zu müssen – Nee! 'S war schon schlimm genug, wenn ich das Fahrrad dreckig in den Keller gestellt hab! *kichert* Bloß, da war er nicht so oft, da ist das nicht so aufgefallen.

War das Schwierige an eurem Verhältnis, dass er seine Vorstellung, wie etwas zu sein hat, durchgedrückt hat?
Ja. Und alles, was da nicht reingepasst hat, war eben dann Ärger.

Wie war deine Reaktion darauf?
Noch weniger Kommunizieren. „Erst recht nicht!" sozusagen. Rückzug und sich möglichst nicht blicken lassen. Und erzählen, was man denkt und fühlt und tut und macht, ja mal gleich gar nicht! Weil, da kommen ja nur Dinge zutage, die nicht ins Schema passen und dann kriegt man bloß wieder 'n paar auf 'n Deckel. Und dann hat man halt gar nix dann erzählt und hat sich zurück gezogen und …

Welche Rolle hat deine Mutter da gespielt?
Die hat halt immer versucht, alles beinander zu halten. Das ist

Kommunikation

eben auch heute noch so, dass ich Probleme hab, zu erzählen. … Wenn's Spannungen gibt in der Partnerschaft zum Beispiel, dann reagiere ich mit Rückzug und erzähle nichts mehr. Oder auch wenn berufliche Probleme anstehen oder solche Dinge, die werden dann halt nicht erzählt. Obwohl sie eigentlich erzählt werden müssten, um was lösen zu können.

Wie gehst du heute mit dieser Schwierigkeit um?
Oh, ganz schwer. Die Kurve krieg ich noch nicht wirklich! Im Augenblick führt's zu 'ner völligen Trennung von Beruf und Privat. Das ist die augenblickliche Situation. Ist völlig getrennt und … ich erzähl meiner Partnerin keine beruflichen Kümmernisse und so.

Und erzählst du auf Arbeit auch nichts von deiner Partnerschaft?
Nee, so rum nicht.

Also in deiner Partnerschaft lässt du den Beruf außen vor?
M-hm. Vor allem wenn's schlecht läuft. Wenn's gut läuft, na gut, dann kann man ooch mal sagen: „Ich hab heute 'n neuen Kunden." und dieses und jenes. Wenn's nicht läuft, dann … äh … redet man eher nicht drüber. Bis man die Lösung selber gefunden hat. Es ist aber eigentlich so nicht richtig.
Mein Problem ist, dass ich in meiner Ehe diese Dinge, die ich so machen will und vor hab und dieses und jenes, da hab ich das immer alles erzählt. Und es wurde immer Ja-und-Amen gesagt. Es wurde immer alles toll gefunden und „Du machst das schon." und „Das wird schon." und dieses und jenes. Und als es dann schief ging, dann … hat sich daran niemand mehr erinnert, dass alle zu allem Ja gesagt haben. Da war ich plötzlich damit völlig alleine.
Und das ist so ein Punkt, wo … mir geht's besser, wenn ich das jetzt komplett trenne und sage: „Okay, ich hab jetzt halt mein Berufliches, und wenn das schief geht, dann geht's halt schief und dann muss ich das alleene ausbaden und das war's."

Und im Moment geht es dir gut damit?
Es ist schwer. Es is schwer, alles alleene machen zu müssen. Es wär schon schöner, wenn jemand sagen würde: „Mal links rum und mal rechts rum." Und so musste halt immer alleene vorne weg loofen. Das ist schon schwer, aber … ja, ist halt so.
Noja, und das hat dann auch zu dem Niedergang geführt, dass *Die Krise* ich dann auch zunehmend dann gemerkt hab, mir fahr'n in Urlaub: Von wem kommt die Urlaubsidee? Wer macht die ganze Urlaubsplanung? Wer setzt das alles um? *lacht* Bei wem liegt das alles? Das lag dann alles nur noch bei mir. Und das ist halt mit der Zeit

immer schlimmer geworden. Entweder war ich zu dominant, oder keene Ahnung was. Es lag halt nur noch bei mir. Und ich hatte dann meine Ex-Frau hoffnungslos überfordert mit den Sachen, die ich immer so wollte. Ich hab's halt durchgezogen, und dann hat se irgendwann aufgehört mitzuziehen. Dann sind wir in den Urlaub gefahren und im Urlaub selber war's wieder immer ganz toll und auch so wie früher, wie man sich kennen gelernt hat. Aber die paar Tage vor 'm Urlaub und die paar Tage am Urlaubende, wo man dann nach Hause gefahren ist, da war se immer krank.

Und das ist immer schlimmer geworden. Als dann auch meine Firma zu Grunde gegangen ist, als es dann bergab gegangen ist, da … war ich auch völlig, komplett alleine. …

Herausforderung Selbstständigkeit

Hab ich 'n bisschen Fehler gemacht. … Die Internetfirma hatte ich schon ganz lange, schon seit 1996, und wir haben ab dem Jahr 2000 in der Internetblase auch bundesweite Aufträge gehabt. Den Ingenieurbereich hab ich dann auch drei Jahre nicht mehr gemacht. Wir haben bundesweite Aufträge gehabt, und wie bei der Bankenkrise, wer in dem Metier steckt, der sieht, dass eine Krise kommt. Wenn heute ein Banker sagt, er hätte das nicht gesehen und es hätte ihn überrascht, dann soll er seinen Hut nehmen und nicht mehr Banker sein. Weil, dann lügt er oder er hat keine Ahnung, eens von beeden.

Und das war bei der Internetkrise genauso, wenn man in dem Metier tätig war um das Jahr 2000/2001, dann hat man gesehen, dass das schief gehen wird, mit diesen ganzen Start-Ups und haste nicht gesehen! Es war auch sichtbar, dass diese bundesweiten Aufträge, für die wir gearbeitet haben, dass das nicht gut geht. Und das Geld, was wir verdient haben, hab ich in 'ne klassische Werbeagentur gesteckt. Ganz klassisch mit Schilder kleben, Fahrzeugbeschriftung, Drucksachen machen, Internetseiten gestalten und T-Shirt drucken und Leuchtreklame bauen, und alle so 'ne Sachen.

Und dann hatten wir vier kleene selbstständige Gewerbefirmen zusammengekauft, die alle gesagt haben: „Wir wollen mitmachen, wir wollen so was." Was ich nicht wusste ist, dass, wenn eine Krise, egal welcher Art, kommt, ein viertel Jahr später die erste betroffene Nachbarbranche ist die Werbebranche. Das wusste ich nicht. Und wir haben den Internetbereich ganz sauber runtergefahren, die Leute, Personal abgebaut, das alles zugemacht, alles ganz sauber runter gefahren und reduziert. Und ein viertel Jahr später sind die Umsätze der Werbefirma um 50 % eingebrochen. Und ich war noch nicht so sattelfest, dass ich das hätte wegstecken können.

Und da ist dann das gesamte Gebäude zusammengebrochen. Die ganzen Selbstständigen, die ich zusammengenommen hatte, die wussten plötzlich nüscht mehr von „Mir kriegen das hin!" und „Wir machen das und wir tun!" Nee, nee! ... Monatsende und wo bleibt's Gehalt? Da wusste plötzlich niemand mehr was. Und dann war ich plötzlich ganz alleine mit dem ganzen Spaß. Wo kriegste Geld her, wo kriegste Aufträge her, wie bezahlste alles weiter? Und auch die Ehefrau, große Panik. Dass die Ehe 'n Bach runter geht, hab ich gar nicht gemerkt, sondern es ham sich gesundheitliche Probleme eingestellt mit Nicht-mehr-schlafen-Können, Selbstmordgedanken in der Nacht und man will auf's Dach steigen und von oben runter springen und alle solche Sachen. Wo man dann aus Albträumen aufwacht und erst mal sich hinsetzen muss und überhaupt erstmal ..., dass man keinen Scheiß baut. Tagsüber hab ich 'n Chauffeur gebraucht, da konnte ich keine dreißig Kilometer mehr Autofahren ohne einzuschlafen.

Da bin ich dann ins Krankenhaus gegangen, freiwillig. ... Tiefe, schwere, heftige Depression. ... ... Und dann hab ich aus dem Krankenhaus raus Insolvenz angemeldet. ... Meine Frau kam dann auch ins Krankenhaus, bzw. hatte angerufen „Komm wieder raus!" und „Hab dich nicht so!" und „Das kann ja alles nicht so schlimm sein" und „Ich komm dich heute ned besuchen, ich hab keene Lust und ich schaff's mit den Kindern nicht" und dieses und jenes. Und da war plötzlich ooch niemand da.

Depression

In dem Laden ham wa geschafft, was da dazu gehört hat. Eene Kollegin, die die Fahnen hochgehalten hat und alles schön weitergemacht hat, die ... is' mit'm Hexenschuss uff Arbeit gekomm und hat sich da nur durchgequält. Und da haben die Kollegen dann gesagt: „Hier, frag doch mal deine Frau, ob se nicht mal Sonnabends da im Laden stehen kann, damit die Kollegin wenigstens am Wochenende ..." Nur mit Bitten und Betteln hat se das dann gemacht, wo ich sag, das geht so nicht. Und dann hab ich noch Weihnachten vorbei gelassen, bin dann ausgezogen im Januar 2003, weil ..., wenn ich eh alles alleene mache und gar nix geht, ... Dann, nach zwölf Jahren, bin ich ausgezogen.

Das Schlimme an der Depressionsbehandlung heutzutage ist, dass man den Leuten da nicht raus hilft. Man macht die mit den Medikamenten bloß wieder lebensfähig. Medikamente sind ganz toll, sind medizinisch schon 'ne Sensation, also muss man einfach so sagen. Nur, sie machen abhängig! Du kommst da nicht wieder raus! Wenn du da immer drinne bist und die regelmäßig nimmst,

In Behandlung

oder denkst, die jetzt absetzen zu können, weil's dir gut geht ... geht nicht! Und dass man hinterher 'ne Psychotherapie als Begleitung bekommt, ist für jemanden, der mit seinen eigenen Gedanken relativ stark ist ... ganz schwer! Ich bin gar nimmer hingegangen, weil ... die Psychiaterin, zu der ich da gegangen bin, die hat dann zu mir nur Ja-und-Amen gesagt! *beide lachen* Da konnte ich erzählen, was ich wollte, die hat immer Ja gesagt! Die hat immer alles toll gefunden! Wo ich sage: „Hey, was'n jetzt los?" Und da hab ich gesagt: das ist es nicht!

Was hättest du denn gebraucht?

Im Krankenhaus war 'n anderer Psychiater, der war richtig gut. Der hat mir auch erklärt, wie man von den Medikamenten wieder weg kommt, und was man so machen muss. Das hab ich dann ooch von alleene so gemacht. Das war aber ganz schwer, weil beim Absetzen der Medikamente die Emotionen wieder gekommen sind. Sowohl nach oben als auch nach unten. Und das war richtig krass!

Medikamente absetzen

Hast du das in Begleitung dieses Therapeuten gemacht?

Nee. Der ist dann weggegangen, der is dann nach Berlin in Knast gegangen als Psychiater, der war dann nicht mehr da. Die Psychiaterin, seine Nachfolgerin, das war für mich nicht authentisch. Das ging nicht. ... Für mich war das dann ganz schnell gegessen „Da gehst du nicht wieder hin. Der kannste erzählen was du willst." Also die Depressions*behandlung* macht einen nur wieder lebensfähig, dass man wieder funktioniert. Aufarbeiten kannst in so 'ner Phase jar nüscht. Dazu biste nicht in der Lage.

Hattest du irgendwann den Gedanken „Ich muss mir Therapie organisieren, um wieder klar Schiff zu kriegen!"?

Erst als ich die Medikamente abgesetzt hatte. Als das vorbei war und der Verstand wieder klar war, und die Emotionen auch wieder alle da waren, dann ja! Dann hab ich mir 'nen Psychotherapeuten gesucht, bin da hin gegangen und hab da so einiges gemacht. Der war ooch gut. Er hat keine Empfehlungen gegeben für dieses oder jenes, sondern einfach durch die Art der Fragen, die er gestellt hat, und man hat dann dieses und jenes erzählt, dadurch hat man verschiedene Sachen aufgearbeitet.

Das hat dann funktioniert, aber erst, nachdem die Medikamente abgesetzt waren. Vorher hätte das ooch nicht funktioniert. Und wie gesagt, das Wiederkehren der Emotionen, das war absolut krass! ... Bevor ich ins Krankenhaus gegangen bin, hatte der gute Psy-

Therapeutische Aufarbeitung

chiater versucht, das ambulant zu machen. Mit den Medikamenten hatte ich ganz schwere Probleme. Alle Nebenwirkungen mitgenommen die auf dem Beipackzettel standen, und das ging gar nicht. Und dann hat er mehrere Mittel durchprobiert, und es ging nicht. Das war dann der Punkt wo ich gesagt hab: „Nee, wir machen das stationär." ...

Medikamenten-unverträg-lichkeit

Stationär wurde dann ohne Medikamente behandelt?
Mit Medikamenten. Bei den Medikamenten, die ich in der stationären Behandlung gekriegt hab, waren keene Nebenwirkungen. Aber ich denk mal, die hätten sie in der ambulanten Behandlung wahrscheinlich auch nicht verschrieben.
Das hab ich dann, wie gesagt, von selber ausgeschlichen.
Aber das Wiederkehren der Emotionen, das war ganz krass.

Was heißt das?
Dass man Freude als Sich-freuen *ganz* massiv empfindet, wie Euphorie, richtig heftige, euphorische Zustände. Und im umgekehrten Fall hab ich dann mal die Kinder einer Freundin angebrüllt ... und – also zu Gewalt neige ich gar nicht, körperlicher Gewalt –, aber ich hab se angebrüllt und die haben so stramm gestanden, dass mir bewusst geworden ist „Hey, jetzt haste irgendwas gemacht!" Die standen richtig so *stramm* und haben gezittert. Und da hab ich registriert, dass da irgendwas nicht richtig war. Dann ist mir bewusst geworden, dass man 'n Ausraster hatte! 'N richtigen, heftigen ... und totalen Ausraster und da hab ich dann drauf geachtet, dass das halt nicht wieder vorkommt. ... Das war also richtig wirklich absolut krass. ... Ja, war beim Absetzen, beim Ausschleichen. ...

Wieder fühlen

Wie lang war das?
Halbes Jahr. Hab die dann noch ein Jahr nach der Entlassung weiter genommen und dann hab ich's ausgeschlichen. ... So in etwa, wie der Psychiater das beschrieben hatte. ... Ja. ... Der wusste auch, dass es in Hintertupfingen keine guten Psychiater gibt.

Was nimmst du als Lehre aus dieser Zeit für dich mit?
... ... mhhh ... ich hab keine Lehre aus dieser Zeit, ... zumindest nicht so, als was ich's heute ...
Was dann in der Nachfolgezeit 'ne Lehre war, ist, dass ich dann viel zu schnell zu 'ner ander'n Frau gezogen bin nach der Trennung. Viel zu schnell. Die hatte zwee Mädels und ich hab ja auch zwee Kinder. Dort kam dann das Spannungsfeld dazu, dass die Frau mit

den vier Kindern überfordert war. Wenn ich mit den vier Kindern alleine war, war alles schick, war alles toll, alles schön. Aber sozusagen zu sechst ging nicht. Und da musste ich dann die Entscheidung fällen … für oder gegen meine Kinder. Und ich hab mich dann für die Kinder entschieden.

Das heißt?
Die Beziehung beendet. … … Und da muss ich auch sagen, dass diese Beziehung, die … Beziehung *konnte* nicht funktionieren, ging nicht! Wir ham eigentlich gar nicht zueinander gepasst, aber die Depressionsmedikamente haben alles zugenebelt. Ich war völlig weggenebelt. Und als die Medikamente immer weniger geworden sind und der Verstand immer klarer wurde, ging das dann immer mehr schief. Das Problem ist, dass ich mich in dieser Zeit zu wenig um meine zwee Kinder gekümmert hab, das war nicht gut.

Bist du denn alleinerziehend mit deinen beiden Kindern?
… Das ist dann die nächste Geschichte! *beide kichern*

Die da wäre?

Familie

… Ähhh … bei der Freundin bin ich dann ausgezogen, in meine eigene Wohnung. Die Kinder haben bei ihrer Mutter gewohnt. Und dann ging alles so Stück für Stück wieder bergauf, und eines Tages, so dachte ich mir „Oah, jetzt geht's wieder. Jetzt sind alle Pleiten, Pech und Pannen erstmal wieder vorbei und jetzt geht's aufwärts, jetzt geht's wieder los." Ich kam aus Prag von 'ner Dienstreise, Sonntag Abend, und – ich hab's in der Regel so gemacht, dass ich in der Woche die Kinder von der Schule abgeholt hab, bzw. den Kleenen vom Hort abgeholt hab und dann waren die zwee, drei Stunden bei mir, und dann hab ich se nach Hause gebracht zur Mutter. Weil so Wochenend-Papa wollt ich nicht. Und mit dem in der Woche Abholen kiegt man einfach mehr mit, was so im Alltag los ist. –, … joah … und da komm ich aus Prag wieder von der Dienstreise und ruf an: „Hier, wie machen wir das nächste Woche mit den Kindern, so und so?" und da kam dann die Antwort „Ja, ab morgen haste die Kinder für immer." … … joah!
Das war dann schön! … Und … äh, dann hab' ich Montag die Kinder abgeholt, mit so Sachen wie se halt so brauchen, 'nen etwas größeren Koffer als sonst so. Und dann war'n die Kinder bei mir, die Frau ist am Freitag drauf ins Krankenhaus gegangen mit 'm Hirntumor.

Wusstest du das im Vorfeld?

Dann bei dem Anruf wusste ich das dann, ja. Mit der Situation wuss-   *Auf Messer's*
te ich gar nicht umzugehen, auch gegenüber den Kindern nicht. Jo-   *Schneide*
ah, das war dann die nächste völlige Katastrophe, weil ich wollte
mit meiner Software eigentlich in den bundesweiten Vertrieb gehen.
Und da ist nix mehr mit zwei Kindern, alleinerziehend, ist nix mehr
mit bundesweitem Vertrieb! … Joah, und da haben die Kinder dann
zwei Jahre bei mir gelebt. … … … Die … Operationsnacht, wo die
Frau operiert wurde, war *ganz* gruselig! Also für mich ganz gruselig, weil mit *ganz* heftigen, *ganz* schwierigen Träumen, die man nur
über die schamanischen Welten erklären kann, wenn man sich mit
solchen Dingen befasst. Ansonsten würden se einem alle nur den
Vogel zeigen. … Uuuund … die ist dann nicht aus dem Koma aufgewacht, … vierzehn Tage lang. Die Kinder sind beide psychosomatisch krank geworden, mit ganz heftigen Hustenattacken und Fieber.
Dann isse mehr oder weniger aus dem Koma wieder erwacht, und
dann … hab ich die Kinder dann mitgenommen ins Krankenhaus
– ich hab' se auch, als se im Koma lag, ab und zu besucht –, und
dann hab ich die Kinder mitgenommen in Krankenhaus. Der Kleene
ist bloß *ganz* … in der Tür, in der Ecke stehen geblieben und hat se
bloß angeguckt, und danach ging's ihm besser. Und bei der Großen musste ich noch gaaanz lange laborieren, bis wir den Husten
weggekricht haben. Aber wir ham's ohne Antibiotika hingekriegt. …

… Da hat mir dann meine Freundin, also meine jetzige Lebens-   *Spiritualität*
gefährtin, hatte mir dann das tibetische Buch vom Leben und vom
Sterben in die Hand gedrückt. Das ist sozusagen die Aufbereitung
des tibetischen Totenbuchs für westliches Denken. Es missioniert
nicht, sondern derjenige, der da schreibt sagt, eben wenn du in deinem jetzigen, im christlichen Kulturkreis groß geworden bist, dann
bleib da, und wenn du Jude bist, dann bleib da, usw., sondern wir
wollen dir nur erklären wir wie die Welt, die Dinge sehen. … Das
hat mir sehr doll geholfen mit dem Thema Tod umzugehen.
Ich musste natürlich den Kindern sagen, es kann sein, dass die
Mutti stirbt. Kann man ja nicht um den heißen Brei reden, ne! Und
die Erstprognose der Ärzte war ein dreiviertel Jahr. Was soll man
da den Kindern erzählen? Da kann ich ja nicht sagen: „Hier, die
Mama kommt morgen wieder." Muss man ja sagen: „Es kann für
immer sein, dass wir jetzt zusammen leben und wirtschaften." …
Da wusst ich gar nicht mit den Kindern umzugehen. Der Kleene
hat auch nicht mehr gesprochen und gar nix. … Also der hat da gar
nicht drüber kommuniziert, an den ist man nicht rangekommen. Mit
der Großen, das ging halbwegs, aber der Kleene gar nicht.

Wie alt waren die Kinder zu dem Zeitpunkt?
Pppphhhh… … … 11 und 7, ja, und dann hamma mit Hilfe diesen
Buches sozusagen, hab ich dann irgendwie die Kurve gekriegt. … …

**Das bringt mich zu dem Thema Spiritualität. Hattest du vorher
schon mal mit solchen Dingen zu tun?**

Was hilft   Gar nicht. Das Buch hat ja selber mit Spiritualität au' noch nüscht
zu tun. Sondern es ist ja eigentlich nur 'ne Art Religion, sofern man
den Buddhismus als Religion bezeichnen kann. Zunächst war's für
mich auch bloß 'ne Religion. Aber eine, mit der ich mich halt identifizieren kann, weil's in dem Sinne keinen Gott als solchen gibt. Das
Thema Spiritualität ist erst später gekommen. Das ist erst ein Jahr,
anderthalb Jahre alt. Das is noch nich so … so lange hin.

Naturverbun-   Ich hab auch durch den Umgang mit andern Freunden die Naturver-
denheit   bundenheit wieder entdeckt. Nach der ganzen Trennungsgeschichte
hab ich dann Sachen wieder angefangen – nachdem ich auch gemerkt
hab, dass ich mich nicht richtig um meine Kinder gekümmert hab –, hab
ich dann gesagt: „So, jetzt … machste nicht mehr „Hach, du müsstets
mal" und „*Damals* war das schön" und „*Damals* warste in den Bergen
und *damals* biste Kajak gefahren und *damals* haste dieses und jenes
gemacht", sondern hab gesagt: „Nee, jetzt red'ste nicht mehr von *damals*, sondern jetzt machstes wieder!", und hab die Kinder ins Boot
eingeladen und dann sind wir zu dritt im Faltboot die Saale runter gefahren. Dann sind wir wandern gewesen mit den Kindern, fünf Tage
lang mit Rucksack. Und solche Sachen ham wa dann halt gemacht.
Und das hat halt wieder zu 'ner starken Naturverbundenheit geführt,
die früher schon immer dagewesen ist. In der Kindheit, wenn ich
mit dem Fahrrad zu meiner Oma gefahren bin … Ich *wollte* gar kein
Moped haben, sondern das mit dem Fahrrad war mir viel angeneh-
mer. Und … auch mit 'nem andern Freund aus Dresden haben wir
riesenlange Radtouren in der Jugend gemacht. Sind an die Ostsee gefahren von Dresden, und in'n Harz von Dresden aus, und in
die Slowakei, in die Malá Fatra, anderthalb tausend Kilometer mit
dem Fahrrad. Zu Ostzeiten war das, sag ich mal *lacht*, da waren
die Fahrräder ja nicht ganz so wie sie heute sind.
Das ist dann wieder gekommen, diese ganze Naturverbundenheit,
und auch Sachen … anders zu machen, 'n bissl auszubrechen aus
dem Standard.

Was heißt anders machen?

Alternative   … Keine Medikamente mehr, Krankheiten homöopathisch behan-
Behandlungen   deln, … beziehungsweise 'n eigenen Kräutergarten anlegen, und

alles was so Krankheiten sind, sozusagen im eigenen Kräutergarten behandeln, und mit Homöopathie kombiniert. Eben Lindenblüten sammeln gehen, Kamille im Garten haben, alles solche Sachen. Und … wie gesagt auch wandern gehen, Biwak machen usw. So was haben wir dann eingeführt und gemacht, … ja.

Und irgendwann ist mir da mal 'n Buch in die Hand gefallen mit *Schamanismus* Seelenrückholung, schamanische Seelenrückholung. Und da … ging's dann los. Dann kamen diese Sorte Bücher an die Reihe. *lacht* Vorher hab ich viel in buddhistischen Büchern gesucht, aber das war irgendwo nicht meins. Meditieren und solche Sachen, alles schick und toll, aber es war nicht meins. Und dieses Buch hat's mir dann angetan. Da war die … Foundation For Shamanic Studies, beschrieben von dem Michael Harner, der den sogenannten Core-Schamanismus entwickelt hat. Der ist um die Welt gereist und hat überall die schamanischen Kulturen untersucht, und dann … seine eigenen Gedanken zum Schamanismus darauf reduziert, was in allen schamanischen Kulturen der Welt gemeinsam ist. Da hab ich dann das Seminar dazu besucht und das hat alles funktioniert.

Bist du jetzt in irgend einer Form schamanistisch aktiv?
Joah, ich weiß aber nicht, wo die Reise hingeht. Ich könnte jetzt *Innere* nicht sagen, ich würde ein schamanischer Heiler oder ein Scha- *Bereicherung* mane werden oder sowas. Das könnt ich nicht …, will ich nicht behaupten. Die Effekte und die Seminare, die ich dazu besucht hab, … das funktioniert alles.

Was meinst du mit „funktioniert alles"?
Die Reisen in die obere Welt, in die untere Welt, in die Mittelwelt, alles, was man da so als Übung macht in den Seminaren … Wenn ich mich mit der Übung identifizieren kann, mit dem Reisethema, um das es da geht, dann funktioniert das auch, dann hab ich ein Ergebnis. Beim Naturgeisterseminar bin ich auf Spiekeroog gewesen, Ende September, Anfang Oktober. Und die Reisen zu den Elementen und auch zum Wetter, das war einfach umwerfend. Zu den Wettergeistern. Das war richtig … hahhhh! Das war richtig toll!!

Was ist das Tolle? Kannst du das beschreiben?
Beim Reisen zum Wettern bin ich mit 'nem Albatros zusammen geflogen. Man hat halt die Küsten unter sich gesehen, und hat 'n kleenes Männl stehen sehen, was da am Strand steht und trom-

melt … ist einfach grandios so was. Man ist wirklich geflogen und
Raum und Zeit hört wirklich auf zu existieren. Gibt's nicht mehr!
Und auch beim Tod-und-Sterben-Seminar …, hab ich auch unten
an dem Haus gestanden, bei der Rückreise sozusagen, und wusste
„Da irgendwo liegt dein Körper, da musst du jetzt hin!" Das richtig
bewusst wirklich auch wahrzunehmen und zu sagen, das ist jetzt
nicht irgendeene Spinnerei, sondern man nimmt das richtig wirklich wahr, dass man weg ist, und dass man genau weiß, wo der eigene Körper ist, und dass man genau weiß, wie das alles ist. Irre!

**Was bedeuten diese Erfahrungen für dich in diesem realen
Leben?**

Intuition Das weiß ich immer noch nicht. Das eine was es bedeutet ist, dass
… man aufhört, alles rational zu erklären. Und dass man auf die Intuition hören muss, und zwar sofort in dem Augenblick, wo du eine
Intuition *hast*, musst du *sofort* drauf hören! Nicht erstmal bei Seite
schieben. Wenn du im Gefühl hast, was machen zu müssen, wie
so 'ne Eingebung aus dem Nichts heraus: „Du musst jetzt links abbiegen!", dann musst du auch wirklich links abbiegen! Auch wenn
du geradeaus fahren wolltest. Du *musst* dann in dem Augenblick
wirklich links abbiegen! Die Effekte, die *dann* rauskommen, die sind
krass! Die sind wirklich irre, was dann rauskommt.

Hast du ein Beispiel?

Der Intuition … Im letzten Projekt haben wir so 'n kleines Minikraftwerk gebaut
folgen und ich wusste immer, dass die Belüftung eines Raumes nicht
stimmt. … Und ich hab das immer das Gefühl gehabt „Das fasst
du jetzt nicht an! Das schiebst du jetzt weiter!", auch wenn man in
allen Bauprotokollen angeranzt wird, warum man das Thema nicht
anfasst, sondern vor sich her schiebt. Und dann halt auch wirklich
dazu zu stehen, das nicht anzufassen, weil man genau weiß, das
passt nicht!
Eines Tages hab ich dann 'ne Idee dazu gehabt und die hab ich
sofort aufgegriffen und angefasst. … Da sind den Gesprächspartner rund rum, die ooch mit dem Projekt zu tun haben, denen sind
allen die Kinnladen runtergefallen! „Ähhh, ja! Das ist es!" Haben
sie alle gesagt, durch die Bank weg. Und das war so 'ne Intuition.

**Welchen Stellenwert hat Spiritualität oder Schamanismus in dei-
nem Leben? Hast du das Gefühl, es ist eher so eine Art Hobby?**

Weltanschauung Nee, es wird sehr wichtig. Weil's die Weltanschauung komplett
prägt. … Ich bin in Dresden in dem Buchladen viele Monate um

ein Buch rum geschlichen, das hat fünfzig Euro gekostet, „Schamanismus in Tibet und Nepal". Da bin ich immer wieder drum rum geschlichen, dachte „Ach! Die fünfzig Euro haste jetzt nicht." Das Buch hab ich mir dann doch voriges Jahr zu Weihnachten gekauft. … Hah! *seufzt zufrieden* Mit dem, was vor der Wende war, diese Weltanschauung, ja, die hatte zwar was für sich, aber die war's nicht.

Und die Weltanschauung nach der Wende?
Da gab's ja keene. Die Weltanschauung des Geldes ist keene. Und hier regiert nur die Weltanschauung des Geldes. … Aus meiner Sicht ist die christliche Weltanschauung, die jüdische und der Koran, das ist alles dieselbe Brühe. Das ist, aus meiner Sicht, von den Wurzeln her und vom Inhalt her, *eigentlich* alles dasselbe. Beim Buddhismus genauso wie bei den Indianern in Amerika, überall dasselbe in grün. Überall anders formuliert, bei den eenen toller, bei den anderen weniger aufwendig, aber überall dasselbe.

Und wenn man sich das anschaut, die heutige Welt hält sich eigentlich nicht dran. … Ich denke aber, wenn man sich nicht damit befasst, kommt man an den Stellen, wo's insbesondere um die Konfrontation mit dem Tod geht, kommt man nicht weiter. An solchen Stellen, wo man mit so was konfrontiert wird, hört der Standardmaterialismus einfach auf. Da bleibt man stecken. Ich denke, dass … mit den Kindern … Die Ärzte haben der Frau noch fünf Jahre prognostiziert. Vier sind jetzt um. … Den Kindern später vermitteln, dass das schief gehen kann, und wie das mit dem Leben nach dem Tod ist, das geht wesentlich einfacher, wenn's 'n Leben nach dem Tod gibt!

Leben und Tod

Macht das einen Sinn?
Ja. … … Weil ich denke, für mich ist es inzwischen paradox, dass der Mensch einfach stirbt und es soll angeblich hinten dran nicht weiter gehen. Verstößt aus meiner Sicht gegen den Energieerhaltungssatz. Der Mensch mit seinen ganzen Gedanken und seiner Seele ist ja letztendlich Energie. Und Energie geht nicht verloren! Na, was passiert denn damit nach 'm Tod? … Es geht nicht, es *kann* nicht einfach aufhören.

Na, es könnte ja über den körperlichen Verfall in die materielle Energie übergehen!? Also der Wurm, der zu Erde wird.
Aber dann müsste der Wurm ja mehr Energie kriegen, dann müsste der ja schlauer werden hinterher.

Ist 'ne Überlegung wert!
beide lachen herzlich
Was macht 'n der Wurm dann mit 'ner Information über die Rekti-
fikation von Algora? *lacht*

**Macht es es dir leichter, gewisse Dinge und Krisen zu verste-
hen, wenn du sie unter dem Blickwinkel von Karma betrach-
test, zum Beispiel auch die Geschichte mit dem Hirntumor?**

Karma

Die Geschichte mit dem Hirntumor, denke ich mal, hat nüscht mit
mir zu tun.

**Es hat ja insofern mit dir zu tun, dass sie ja deine Frau, die
Mutter eurer Kinder ist. Also seid ihr ja verbunden.**

Krankheit
und Ursache

Ja *zögernd*, des hat aus meiner Sicht zwei Seiten. Ich denke mal,
Krebs ist heilbar, jeder Krebs ist heilbar. Genauso wie jede Krankheit heilbar ist. Es ist halt immer die Fragestellung: Inwieweit findet
der Mensch die Ursache in sich selbst, die Ursache, die zu dieser
Krankheit geführt hat. Wenn der Mensch diese Ursache findet und
bearbeitet und auflöst, dann ist jede Krankheit heilbar, ist auch jeder Krebs heilbar. Ist meine Theorie dazu.
Wenn ich das so im Rückblick sehe, auch bei den Wehwehchen:
Hinter jedem Wehwehchen steckt irgendwo ein seelischer Angriffs-
punkt, der es der Krankheit ermöglicht, zuzulangen. Wenn man
dieses seelische Wehwehchen nicht hat, dann würde der Virus jar
nüscht machen, wenn man den in sich trägt. Aber sobald das seelische Wehwehchen eben da ist, gibt man einem Virus freie Bahn.

Dann ist sozusagen das seelische Immunsystem angeknackst?

Seelische
Aufgabe

So seh ich das. Und so hat auch der kleinste Schnupfen was mit 'ner
seelischen Instabilität zu tun. Egal wie wichtig oder wie unwichtig
die nu ist. Und für manche Sachen ist man sicherlich auch anfälli-
ger als für andre, so dass ich sagen würde, der Tumor als solcher
hat nichts mit mir zu tun, sondern mit den Aufgaben, die die Frau
zu suchen hatte. Soviel zum Tumor selber.
Aber die Auswirkung des Tumors auf mich war aus meiner Sicht
die Fragestellung, die eigene Lebensanschauung zu überarbei-
ten und sich mit dem Thema Tod auseinander zu setzen und das
ganze Thema … ,beruflicher und kommerzieller Erfolg' aus einem
anderen Blickwinkel zu sehen. Den materialistischen Blickwinkel
loszulassen. Es kommt nicht drauf an, wieviel Geld auf dem Kon-
to ist. Das ist nich wichtig. Man braucht's, um ordentlich Leben zu
können. Ja, es ist schön, wenn man Ruhe hat. Aber es ist nich

wichtig, ob am Lebensende drei, fünf oder sechs Nullen dran sind. Das ist völlig wurscht. ... ... Man rennt da schnell irgendwelchen Zahlen hinterher, wenn irgendeen Banker 'ne Drei-Jahres-Rentabilitätsvorschau haben will. Und da war Umgang mit dem Tod, denk ich, meine Aufgabe.

War diese Krankheitssituation mit deiner Frau möglicherweise der Schlüssel zu dieser Welt?
M-hm! M-hm! Ja. ..., ja. Und das Thema Karma in soweit, als dass ich auch mit meinen jetzigen Partnerschaftsproblemen wieder an denselben, an vergleichbaren Stellen ankomme, und ich eben weiß, das ist nicht Schuld der Partnerin. Sondern ich komme an der selben Stelle wieder an, weil *ich* ein Problem zu lösen hab! Weil ich das in einer Partnerschaft anders anfassen muss. Ich weeß no' nich, wie. Das muss sich zeigen.
Und das ist das, wo ich eben sage: „Ja, da muss man jetzt nicht hadern." Man könnt ja jetzt in Groll und Knatz verfallen „Wieso immer ich?" und so was. Es ist eben einfach dran!

Du hast eine eher trockene Einstellung, pragmatisch. Du siehst die Dinge eher pragmatisch!?
Ja, aber ... da gehen sehr wohl auch mal wütende oder schlaflose Nächte mit einher. Bis sich dann mal diese pragmatische Meinung herausbildet!

Krankheit und Erkenntnis

Als so dieses Problem mit der Partnerin wieder aufgetaucht war, hab ich ganz heftig krankheitsmäßig reagiert. ... Bin ich sofort mit Magen-Darm krank gewesen und hab gedacht „Heh? Irgendwas stimmt jetzt nicht!" Und dann fiel es mir aber wie Schuppen von den Augen, dass wir wieder an der selben Stelle stehen. ... Und da war die Krankheit sofort weg! War ganz schnell ...

Durch den Erkenntnisprozess oder durch die Umsetzung?
Nee. Rein durch den Erkenntnisprozess. Und dann halt nicht zum Doktor zu rennen und irgendwelche Mittelchen schlucken, sondern eben normal, was man eben machen muss: Kamillentee trinken, nur noch Zwieback und Toastbrot essen mit nüscht druff, oder schwarzen Tee trinken. Das alleine, da war das dann erledigt. Ganz schnell! Zwee Tage! War's wieder weg.

Du hast ja irgendwann entdeckt, dass du hochsensibel bist. *Wann* und vor allem *wie* hast du das entdeckt? Und was hat dieses Wissen in deinem Leben ausgelöst?

Eigene
Hochsensibilität
erkennen

Entdeckt hab ich's durch das Thema, dass ich diese Berechenbar-
keit von Personen wiederentdeckt hab. So wie ich früher beurteilen
konnte, mit welcher Laune mein Stiefvater nach Hause kommt, hab
ich wiederentdeckt, dass das nach wie vor funktioniert. Ich wusste
immer nicht, was das bedeutet, weil normal lässt sich das nicht erklären. Man kann nich wissen, bevor jemand nach Hause kommt,
mit was für 'ner Laune er dann nach … Und das lässt sich auch
mit Schamanismus und gar nüsch erklären, das geht nicht. … …
Dann hab ich in der Zeitschrift diesen Artikel gelesen und da bin ich
dann zu dem Vortag gegangen und hab gesagt: „Ja! Das ist es!" So
nach dem Motto, man … ich hab mich dort zu Hause gefühlt. So
richtig, wie wenn man zu Hause ankommt, so war der Vortrag. …
Und … für mich selber hat's relativ …, hat's eher bestärkt, mich weiter
mit dem Schamanismus zu befassen. … Joah. … Das ist das, was
es für mich gebracht hat. Auch Reflektionen auf die eignen Handlungen in der Vergangenheit. Ja, das ist auch sehr hilfreich. … Wo's
aber richtig gut und hilfreich ist, ist der Umgang mit den Kindern.

Inwiefern?

Hochsensibilität
und Kinder

Ich hab ja zwei Kinder mit meiner Exfrau und jetzt noch mal 'nen
kleinen Nachzügler mit meiner Lebenspartnerin. Die sind alle drei
hochsensibel. … Bei der Kleinen ist es jetzt auch richtig dolle auf-
fällig. Die muss überall erst fünf Minuten steh'n und gucken. Da
rennen alle Kinder schon und sie muss noch steh'n und gucken.
Das war bei den beeden Großen sozusagen genau dasselbe in
grün. Die haben überall erstmal gestanden und geguckt. Der wollte
schaukeln, der Kleene, steht da, alle Kinder schaukeln, der Kleene
steht daneben und guckt zu. Und … dann gab's eine ganz kleene Veränderung an den Schaukeln, irgendeen Kind hat irgendwas
gemacht, schwubbs saß der Kleene auf der Schaukel! Eine kleine
Lücke, flutsch war er weg und saß auf der Schaukel. Aber er hat
erstmal fünf Minuten gebraucht und hat allen zugeguckt.
Und so ist das auch nach wie vor. Die stehen relativ lange und gucken. Alle Leute wundern sich schon. Da sind wir auch von Lehrern
angesprochen worden, ob die Kinder soziale Hemmungen oder
Probleme haben, oder irgendwas. Aber ist nicht so, die sind so.

Kennst du das von dir?

Musisch begabt

Joah. Joah, m-hm. Und sie sind alle musikalisch, Richtung perfek-
tes Gehör. Der Kleene hat die Posaune in die Hand genommen
und hat sofort alle Töne getroffen. Ist ja nicht so wie bei der Trom-
pete, dass ich da definierte Griffe hab, sondern der hat sofort das

alles getroffen. … Der Trompetenlehrer war baff. *kichert* Er hat
die Tenorstimme von der Carmina Borana gehört und drei Wochen
später gesungen. Nur vom Hören! Und dazwischen lange nüscht,
und dann hat er die Tenorstimme da gesungen. … Auch so, wenn
er Töne macht und ooch irgend 'n Musikinstrument in der Hand hat,
er macht keine falschen Töne. Er macht immer Töne die *passen*.
Nich immer die richtigen, aber immer welche die *passen*. Keene,
die schief sind. Ich wollte 'n Gong haben, da sind wir zusammen
mit ihm in Laden gegangen und er hat 'n Gong ausgesucht und
der hat richtig 'n guten Klang, schönen Klang.
Und die Kleene …, des zeichnet sich auch so ab. Sobald es im
Haus irgend ein Geräusch gibt, sitzt sie senkrecht im Bett. Schläft
auch im Auto nicht, völlig andres Verhalten als andre Kinder. Andre Kinder setzte ins Auto, dann fährste los, und dann schlafen die
erstmal 'ne Runde. Die Kleene nicht.

Was macht sie?
Die sitzt und guckt und spektakelt und es war ganz schwer, mit
der Auto zu –

Hohe Aufmerk-
samkeit

Spektakelt?
Na, macht Lärm, oder will nich Auto fahr'n, oder will eben dieses
und jenes, und … Wo sie ein Baby war, war es sehr schwer mit ihr
Auto zu fahren. Weil sie, auch wenn man 'n bissl länger fährt und
nachts fährt, die schläft nicht! Jetzt kommt das schon eher mal
vor. Aber als Baby hat die im Auto grundsätzlich nicht geschlafen.

**Du hast vorhin gesagt, dieses Wissen über Hochsensibilität
erleichtert dir den Umgang mit Kindern. Inwiefern erleichtert
er dir den Umgang?**
Ähm … weil man weiß wo's herkommt, und dass man sie dadurch
auch anleiten kann, was sie eben tun sollen. Und dass man eben
nicht sagt: „Nun hab dich mal nicht so!" oder irgend so was, sondern: „Ja, okay, das ist so und damit musste jetzt umgehen und wir
machen jetzt dieses und jenes, um das Problem zu lösen."
Die Große konnte ganz lange keene Filme gucken. Sobald da irgendwo eine spannende Szene drin war, Harry Potter zum Beispiel,
auch die ersten beeden Filme, die ja … äh, ja relativ … noch relativ
milde sind, die konnte sie nicht gucken mit zehn. Ging nicht! Die
kam raus und hat geweint! Die hat da richtig heftig geweint, weil
se eben sagt: „Ich kann so 'ne Filme nicht gucken! Alle andern gucken das, und ich muss hier rausgehen!" Und dann hamma ganz

Umgang mit
hochsensiblen
Kindern

Respekt und
das Kind
eingehen

bewusst gesagt: „Okay, wir müssen das jetzt mit ihr üben, so 'ne Filme zu gucken." Da hamma dann geguckt und haben ihr immer gesagt: „Pass auf, jetzt kommt das und das und das geht dann so und so gut aus." Und heut schaut se auch Harry Potter ohne Ende. Das Problem ist heute gelöst.

Das Problem ist aufgetreten und dann kann man entweder sagen: „Nun hab dich nicht so und sei nicht so zickig! Jetzt gucken wir das hier" oder … man muss drauf eingehen. Als dieses Problem war, wusste ich das noch nicht mit der Hochsensibilität, aber ich bin glücklicherweise drauf eingegangen. … Joah, und das …

Ablenkbarkeit

erleichtert den Umgang ungemein. Auch wenn der Kleine in der Schule sich nicht konzentrieren kann, dass man eben auch dann sagt: „Okay, du hast das druff und du musst das und das lernen. Du darfst dich eben nicht ablenken lassen, ganz bewusst darfst du *nicht* zu deinen Nachbarn rüber gucken. Und wenn's da spektakelt, dann musst du eben trotzdem *dein Ding* weitermachen." In der Richtung kann man dann mit dem Kleenen anders umgehen, dass der sich nicht so leicht ablenken lässt. Das ist momentan sein Hauptproblem. Der kann alle Rechtschreibung …, der kann das alles! Kann der aus dem Ärmel schütteln! Und trotzdem kriegt der 'ne Vier im Anschreiben nach Hause. … Weil er sich schlichtweg und einfach von irgend 'nem Dudeldee hat ablenken lassen!

Wie nehmen die Kinder deine Unterstützung auf?

Hochsensibilität
mit Kindern
besprechen

Die fühlen sich verstanden. Und ich hab so nen Fragebogen mit Hochsensibilität bei Kindern, hab ich meiner Großen die Eigenschaften mal vorgelesen. Die fing bloß an zu weinen! Dass sie sich so wieder gefunden hat!

Du sprichst also auch mit deinen Kindern direkt über dieses Thema?

Mit der Großen ja. Die ist fuffzehn. Wenn ich mir 'n Buch kaufe, ist es … Ich komme immer gar nich dazu, das als erster zu lesen, weil sie zuerst zulangt. Ich hab mir so 'n paar Hochsensibilitätsbücher gekauft und die … *lacht*, da war ich immer der Zweite, der sie gelesen hat. …

Aber da ist das, was mich so 'n bisschen stört: … das kommt immer so 'n bisschen aus der Therapiebedürftigkeits-Ecke! Wenn man aber selber nicht therapiebedürftig *ist*, weil man sich eigentlich wohl fühlt und man hat nur halt das Phänomen und will damit umgehen, … dann fühlt man sich häufig unterfordert. Ooch meine Schwester ist hochsensibel, die hab ich ooch mit dem Thema konfrontiert. Sie hat auch massive Probleme mit ihrem Sohn, dass se halt immer Ängste geäußert hat, ob er denn mit dieser Realität klarkommen wird später, wenn er größer ist. Weil er einfach so … in seine Welten versinkt und auch von der Sensibilität her …, den Realitäten nie gewachsen ist. Und ihr hab ich die Bücher dann auch gegeben. Ja, und … ihr fällt's jetzt eben auch leichter, mit ihrem Sohn umzugehen. …

Mein Neffe hat viele Tagträume! Der verträumt den Tag. Sitzt rum und macht eben seine Hausaufgaben nich' und dann klappt's in der Schule nicht, obwohl er eigentlich alles drauf hat. Damit umzugehen ist für meine Schwester extrem schwer! … Der ist gar nicht bei der Sache, der ist irgendwo anders mit seinen Gedanken. Und die erste Antwort, die er gibt ist völlig schwachsinnig. Er dürfte seinen ersten Gedanken *nicht* aufschreiben. *lacht*

Verträumt

Du hast von dir vorhin auch erzählt, dass du verträumt warst. Hattest du auch solche Probleme?
Nee. Ich konnte tagträumen ohne Ende! Kann ich auch immer noch – funktioniert! Auch mit richtig wegtauchen und richtig in … andre Welten gehen. Und das kann mein Neffe auch. Bei meinen Kindern hab ich das so noch nicht festgestellt. …

Hast du dich schon mal mit dem Thema der Hochbegabung beschäftigt?
Die Hochsensiblen und die Hochbegabten sind gute Kumpels.

Hochbegabung

lacht
… … Bei meinem Sohn haben wir auch lange gedacht, er sei hochbegabt, aber er isses nicht.

Habt ihr es testen lassen?
Nee.

Woher weißt du es dann?
Das ist letztendlich een Gefühl, wenn man anfängt, drüber nachzudenken, lässt man ihn in der Schule hochstufen, dass er 'ne Klasse überspringt. Wir haben dann aber festgestellt, dass es nicht gut für ihn ist. Der schüttelt die Schule locker aus 'm Ärmel, das ist gar keene Frage. Aber nicht so, dass er springen sollte. Schule ist keen Problem, auch bei meiner Tochter. Gar nicht.
Und ich denke mal, dass hochbegabt auch bloss 'n Teilbereich von hochsensibel ist.

Wobei es durchaus Hochsensible gibt, für die Schule ein absolute Drama ist! Da geht gar nichts. Was nicht bedeutet, dass sie dumm sind.

Das ist dann halt die Frage, warum's nicht geht. Wenn's, sag ich mal, wenn die Lehrer nicht authentisch sind, das Problem hat mein Sohn genauso. Der streikt dann regelrecht, wenn der merkt, dass der Lehrer in sich ein Problem hat. Dann wird's mit ihm sehr schwer, dann fängt er an, die Lehrer um den Finger zu wickeln. Irgendwann mag die Lehrerin das nicht und dann … kommen die Spannungsfelder: Dann hat die Lehrerin 'ne schlechte Meinung über ihn und dann hat er keene Chance mehr. Das hat mit Leistung gar nix zu tun, sondern nur mit … ähh … gegenseitig austesten. Aber das ist dann ein anderes Problemfeld. …

Authentizität bei Lehrern

Was kannst du noch für Merkmale von dir beschreiben?

Smalltalk

Smalltalk ist was ganz Grusliges! Zum Neujahrsempfang des Bürgermeisters zu gehen ist 'ne Strafe. Das ist wirklich 'ne regelrechte Strafe! Man muss es tun, wenn man selbstständig ist, man *muss* einfach hingeh'n. Wenn 'de nicht hingehst, dann denken se alle „Den gibt's nicht mehr" oder irgendsowas. Man *muss* da hingehen, aber es ist gruselig!

Schwerstarbeit?

Ja. Es macht keen Spaß. Und so diese ganzen oberflächlichen Dinge, wenn man zum Klassentreffen geht. Ich hab jetzt mal 'n alten Schulfreund besucht. Was denen eben so wichtig ist, welches Auto man fährt und wieviel PS das hat, und wieviel Geld man am Wochenende nach Hause bringt, und ob die Jacke von Jack Wolfskin oder von Scheffel oder von sonstewem ist, und … mhh! … damit kann ich nix anfangen. …

Jetzt im Augenblick hab ich 'n kleenen Konflikt mit meiner Mutter, weil sie … … sich immer beklagt, dass die Freundinnen und Frauen, die ich mir suche, nicht häuslich sind, dass es zu Hause halt immer 'n bissl rümplig ist. Nicht so wie bei ihr, alles perfekt und geschniegelt und gebürstet und flusenfrei. So isses bei mir nicht und so isses *lacht* In allen Beziehungen, die ich hatte …, es ist nicht so! Und da kollidier ich im Augenblick mit meiner Mutter, weil ich nicht in die Klischees passe. Ich musste das jetzt aber noch mal ausprobieren, das hätte ich eigentlich alles in meiner Jugend ausprobieren müssen! Und da hab ich mich aber zu sehr angepasst.

Hat diese Anpassung irgendwelche Auswirkungen gehabt, abgesehen davon, dass du schnellstmöglich aus deinem Elternhaus raus wolltest?

'N großes Problem ist, dass, wenn man sich anpasst, lernt man keene Grenzen. Man ist immer so, wie das Klischee es von einem fordert, man weiß aber nicht, was die Grenzen nach oben und nach unten sind. Zum Beispiel Thema Alkohol: In meiner Sturm-und-Drang-Zeit hab ich's meiner Jugendliebe zu verdanken, dass das nie schief gegangen ist mit dem Alkohol. … 'N Jahrgang unter mir ist auch einer gewesen, da ist es schief gegangen, der ist in Alkohol abgeglitten. … Und das sind so 'ne Dinge, ja, wenn da eben die Eltern keene Grenzen uffzeigen und's nicht funktioniert. … Ich hab da definitiv keene Grenzen gekriegt.

Anpassung und Grenzen

Und das ist dann auch für mich 'n Problem, das mit meinen eigenen Kindern zu machen. Allerdings reden wir sehr offen über das Thema Drogen und Alkohol und solche Sachen. Ooch beim Schamanismus, was ich dazu gelesen hab, handelt von Leuten, die Drogen ausprobiert haben. Und die haben sich hinterher dann aber *ganz massiv* davon distanziert. Und eben auch richtig dargelegt, dass jeder Drogenkonsum ein Stück von einem mitnimmt, obwohl man's nicht merkt. … Und das dann auch den Kindern zu vermitteln, das halte ich für ganz wichtig. Und diese Grenzen kriegt man nicht im Anpassen!

Wie hast du denn deine Grenzen gefunden?

Also, hhhhh … die Grenzen, sag ich mal, was man landläufig tut oder nicht tut, die hab ich alle mitgenommen, bis an die Kriminalität ran. Bis zum Thema Alkohol, Thema Nikotin, das haben wir alles mitgenommen.

Das heißt ausgetestet?

Ja. Und wie gesagt, nur der liebe Gott hat geholfen, dass wir nicht kriminell geworden sind. Aber ein Unrechtsbewusstsein in diesem Sinne … war nicht da. … Das war zu Ostzeiten. Da sind wir an 'ne Clique geraten, die dann 'n Bruch machen wollten, um mit dem, was sie dann „erbeuten", in Westen abzuhauen, über Bulgarien. … Und die haben uns glücklicherweise nicht mitgenommen, so nach dem Motto „Ihr seid noch zu klein.".

„Euch" heißt du und …?

Meine Schwester. Wir sind glücklicherweise da nicht mitgenommen worden. Bevor wir sozusagen abrutschen konnten in diesen

Anpassung

Sumpf. … Aber es war im Gegensatz zu dem Anpassen zu Hause erstmal eine Art Clique, wo man ohne sich anpassen zu müssen akzeptiert wurde. … Das war erstmal gut!

Und das sind eben solche Dinge, wo ich sage, wenn man sich viel anpassen *muss*, läuft man eher Gefahr in solche Sachen reinzurutschen die vielleicht extremer Natur sind, aber wo man eben akzeptiert wird wie man ist, ohne sich anzupassen. Und dadurch fühlt man sich dann wohl, und merkt nicht, dass es die falsche Schiene ist. … Und das ist der Nachteil beim … Angepasst-sein.

Ist Grenzen auszutesten für dich noch ein Lernfeld? ?

Grenzen austesten

Is schwer.

Was heißt „schwer"? Wann ist es besonders schwer? In welchen Fällen oder in welchen Bereichen?
überlegt lange Weiß ich nicht. Kann man schwer sagen. … Ich sag mal so, ich hab irgendwo nicht das normale Maß von … Grenzen, wie's der Normalbürger hat, oder wie's üblich ist, das hab ich irgendwo nicht.

Sondern?
… Keene Ahnung! Ich muss das ausprobier'n, und wenn's 'ne Grenze gibt und ich stoß da an, dann werd ich mehr oder weniger *kichert* sanft da dran ermahnt oder erinnert. Zum Beispiel was Risikofreudigkeit betrifft. …

Du *kennst* keine Grenzen so vorneweg?

Eigene Grenzen erfahren

zustimmend M-hm! M-hm! Seekajak fah'n, zum Beispiel, mich hat der ‚Paddelvirus' gefressen. Dann waren wir immer mal wieder auf Rügen. Da ist gegenüber dann Hiddensee, die Nordspitze von Hiddensee. Da reizt es mich immer wieder mit 'm Paddelboot da rüber zu fahren! Und irgendwann hatte ich so erste Ansätze gemacht, da mit dem Faltboot fahren zu wollen, uff die Ostsee. Und da sagte meine Freundin dann: „Nee, stopp! Wir machen erstmal 'n Seekajakkurs." Und da bin ich ihr auch sehr dankbar dafür, dass se des gemacht hat, dass wir erstmal 'n Seekajakkurs gemacht haben. Und … äh … bei dem Seekajakkurs bin ich auch ständig umgekippt und auch ständig ins Wasser gefallen, weil ich mit dem Boot nicht klar gekommen bin. Dann hab ich 'n Jahr später den Seekajakkurs *nochmal* gemacht und bin *nicht* reingefallen. Und das sind alles solche Grenzerfahrungen. Wenn ich da mit dem Faltboot irgendwo uff der Ostsee geschippert wäre, ohne den Seekajakkurs, und

ohne zu *wissen*, was kentern bedeutet und wie man dann wieder ins Boot kommt, das wär einfach leichtsinnig gewesen! Ich hätte das einfach ausprobiert!
Auf dem Seekajakkurs hab ich den Seekajaktrainer dort gefragt, warum auf der Wasserwanderkarte steht, dass man um Kap Arkona nur bei sehr gutem Wetter rund rum fahren sollte. Ich hätte das mit Sicherheit ausprobiert! ... Ich fahr definitiv *nicht* alleine ums Kap Arkona rundrum! ... Mit den Erfahrungen, die ich heute hab. Früher wäre ich über kurz oder lang um Kap Arkona rundrum gefahren! Und es ist lebensgefährlich ..., das ohne die Kenntnisse zu machen! Und da fehlt mir 'ne Grenze!
In diesem Herbst hamma mit 'm Kanuverein eine Hiddenseeeumrundung gemacht ..., und sind an dem einen Tag auf der Boddenseite gefahren, also zwischen Rügen und Hiddensee. Es war 'ne ganz steife west-nord-west Brise. Joah, war gut zu fahren, man musste richtig paddeln, die Wellen ging aber und alles war unproblematisch. Ich hab tüchtig hinterher gehangen, weil ich hab irgendwo 'n Technikfehler. Während die anderen bei starkem Wind halt normal weiter fahren, werd ich langsamer. Und am nächsten Tag hat glücklicherweise einer gefragt, ob ich im Zweier mitfahren will. Der hat dann meinen Einer gefahren. ... Wir sind ganz früh, bei gaaaanz ruhiger See losgefahren, so auf der Nord-Ost-Seite, und kamen rum um die Spitze auf die Steilküste, auf die Nordwest-Seite, und da stehen riesige Wellen! Riesige Wellen, so dass du im Wellental das Nachbarboot im anderen Wellental nicht mehr siehst! Sowas an ... Welle an der Steilküste hab ich noch nie gesehen. Und ... ich hab noch nie so zum lieben Gott gebetet, dass der, der im Einer gefahren ist, dass der das schafft. Weil ich hätt's wahrscheinlich nich geschafft, ohne zu kentern, da durch zu fahren! Und das sind Sachen, wo ich sage, wenn ich *dort* ohne Kanuverein reingefahren wäre im Einer ...! Wie gesagt, ... glücklicherweise hat mich eener gefragt, der besser Einer fahren kann als ich. Und glücklicherweise hab ich das gemacht. Das war auch so 'ne Intuition, das zu tun, da hat auch wieder der liebe Gott mitgespielt, dass das nicht schief gegangen ist. Die Grenze hätte ich nicht gesehen!

... Grenzgänger mit Intuition. ...
Ja. Andre Themen sind Hochgebirgstouren. Grenzwertig! *lacht* Das hab ich aber glücklicherweise gelernt von meinen Eltern! Weil wir auch im Hochgebirge gewesen sind, da hatte ich keenen Scheiß gebaut.

Vielen Hochsensiblen wird nachgesagt, sie suchen immer nach einem Sinn, oder sie brauchen immer den Sinn, bei dem was sie tun, worüber sie sprechen, *Klaus lacht* oder was sie fühlen. Wie ist das bei dir?

Sinnhaftigkeit

Ja, immer! … Ich pass mich an, wenn ich das *will*, wenn ich den Sinn einsehe, pass ich mich an. Wenn ich das nicht einsehe, pass ich mich nicht an. Und das ist, wie gesagt, in der Kindheit da mit meinem Stiefvater eben doof gewesen. Ich hab mich halt angepasst und obwohl man's … Wär besser gewesen, man hätte richtig von Anfang an gelernt, wo man sich anpasst und wo nicht. Man hätte das mit den ganzen Grenzen gelernt, und hätte nich alles ausgetestet.

Die Hochsensibilität entdeckt zu haben, hat das für dich nur positive Seiten? Oder gibt es auch negative Seiten?

Vor- und Nachteile der Hochsensibilität

überlegt … Ich hab keene negativen Seiten da dran. Schwierigkeiten ja! Negative nein. … Was mir in den ganzen Veröffentlichungen so ein bisschen fehlt, sind eben Umgangsmöglichkeiten, was kann ich damit machen? Auch wenn ich *nicht* therapiebedürftig bin. … Da such ich im Augenblick. … Würd sagen, meine Historie liegt für mich relativ klar auf der Hand, aber was wir jetzt draus machen,

„Normalität"

mhh?! Muss mal gucken. … Ich denke, dass es aber irgendwo dazu führt, dass man … … – hmm, ist blöder Begriff, aber mir fällt nüscht besseres ein –, dass man sich von dem Standard-Lebensniveau der Gesellschaft entfernt.

Durch die Erkenntnis hochsensibel zu sein, oder durch was?

… Jaaa, und durch die Suche nach dem Sinn in all den Dingen. Dadurch kann man sich mit vielen Sachen, die die normale, materielle Gesellschaft so bietet, damit kann man sich nicht mehr identifizieren. Fernseh'n gucken … wird immer bedeutungsloser. In Krisenzeiten hab ich extrem viel Fernseh'n geguckt. Und das wird immer bedeutungsloser, das wird immer sinnloser. Wenn man das Ding anmacht, und dann da durchzappt … *noch* 'n Krimi, wo Leute umgebracht werden, und *noch* 'n Krimi, wo Leute umgebracht werden. …, und am Nachmittag Arbeitslosen-TV mit Richter Haste-Nicht-Gesehen, wo sich dann die Leute da bekeifen, oder Rosamunde Pilcher, heile Welt! … mhh! … Damit kann ich nüscht mehr anfangen.

Wenn du nicht mehr Fernsehen schaust, was machst du dann zum Ausgleich?

Freizeitgestaltung

Bücher lesen, zunehmend wieder. … Hier gibt's 'ne extrem gute Bibliothek. So 'ne richtig schöne, große mit ganz vielen Sachen, auch ganz vielen schamanischen Dingen. ... Dann, wie gesagt, sich mit dem Thema eigener Kräutergarten befassen. Und ... Jahreskreisfeste greif ich jetzt wieder auf. Weihnachten verliert an Bedeutung, das machen wir nur noch für die Kinder. Aber für mich selber ..., ich brauch Weihnachten nicht unbedingt.

Und das sind solche Sachen, sich da eben was einfallen zu lassen, was man machen kann, was nicht Standard ist, sondern eben was andres, eigenes machen.

Würdest du sagen, dass Menschen, die diese Hochsensibilität in sich tragen, eine Aufgabe in der Gesellschaft haben?
überlegt Joah. ...

Gesellschaftliche Aufgabe von Hochsensibilität

Welche?
... ... hmm ... Ihre Lebensaufgabe zu finden.

Inwieweit ist das eine Aufgabe für die Gesellschaft?
... ... Jeder Einzelne, der seine Lebensaufgabe findet, ... muss von dem klassischen, materialistischen Leben, so nach dem Motto: „Arbeiten gehen, Geld heim schaffen, Geld ausgeben und am nächsten Tag das Gleiche wieder", der muss da irgendwann loslassen. ... Und alleene, *dass* wir davon loslassen, verändert die Gesellschaft.

Aber das untergräbt ja eigentlich die momentane Gesellschaft!?
Ja, und die jetzige Gesellschaft isses ja nicht. ... Die macht ja alles kaputt, der ganze Raubbau und dieses ganze ... Es *kann nicht* alles nur *wachsen*! Aus meiner Sicht die größte Illusion, die's gibt, wenn immer nur von Konjunktur und von Wachstum geredet wird. Es *kann nicht* nur wachsen! Das geht nicht! ... Ansonsten würde man auch nicht sterben. Es muss auch mal was zu Ende gehen. Und es kann nich alles wachsen, es muss auch mal was aufhör'n.

Und welche Aufgabe haben die Hochsensiblen dann?
... Aus meiner Sicht: Dieses zu verändern! ... Allein indem man es selbst für sich erkennt. Das ist aus meiner Sicht schon viel, weil man auch gegenüber seiner Umgebung kommuniziert, dass das eben nicht alles ist. Dann fängt alles an, sich zu verschieben. ... Dass die Kinder das eben auch 'n bissl anders machen und es nicht mehr darum geht, auf Mallorca irgendwelche großen Partys zu feiern. Dieses ganze ... im Radio, ich höre eben relativ gerne Fritz, und da geht's nur dadrum, wo am Wochenende welche Party ist. Das ist so krank! ... Da denke ich, ist halt wichtig, dass man

das auch kommuniziert, dass es auch was anderes gibt. Und das
verändert aus meiner Sicht unsere Gesellschaft.

**Wenn du auf Hochsensible treffen würdest, die sehr unsicher
in ihrem Leben stehen, was würdest du ihnen aus deinen Erfahrungen gerade der letzten Jahre mitgeben? Wozu würdest
du sie einladen?**

… Die Hochsensibilität anzunehmen. … Und die Sinnfragen, die
sie sich stellen, selbst zu beantworten und sie dann auch zu leben.
Ich denke, es ist völlig egal wer, wo, mit welchen Interessen und so
…, in die Richtung würd ich da gar nix sagen wollen. Da denke ich,
sind alle viel zu inhomogen. Der eene sitzt nunmal gern im Café und
guckt die Leute an und ist gern in der Großstadt und geht gern ins
Kino usw., was halt nicht so mein Ding ist. Naja, dann soll er das
eben tun. Aber er soll es mit seinem Sinn tun, den er da drin sieht.
… Ich denke, wenn man Smalltalk nicht mag, dann macht man's
halt nicht. Dann muss man sich halt 'nen Freundeskreis schaffen,
mit dem man die Sinnfragen, die man selber hat, beantworten kann.
… Wo's hingeht muss jeder für sich selber beantworten, welche
Richtung denjenigen interessiert. Oder … … man muss es einfach leben, und … für mich ist das Thema *authentisch-sein* wichtig.

Was hilft

Ist das ein zentrales Thema von Hochsensibilität?

*Authentizität
und Ehrlichkeit*

Aus meiner Sicht ja, für mich isses das. Und mir hat mal jemand
gesagt: „Na ja, du bist doch ehrlich." Da musste ich lange drüber
nachdenken, was der Unterschied zwischen Ehrlichkeit und Authentizität ist. Jeder Mensch, der authentisch ist, ist auch eigentlich – *muss* auch ehrlich sein, sonst kann er nicht authentisch sein.
Aber ehrliche Menschen müssen noch längst nicht authentisch
sein. Weil authentisch zu sein bedeutet für mich, das zu tun, was
man sagt und was man denkt. Ehrlichkeit ist die Vorstufe davon.
Er hat ganz ehrlich gesagt was er denkt und fühlt. Aber er macht's
nicht, und deshalb ist er nicht authentisch. … Das, denke ich, ist 'n
Unterschied. Da hab ich lange drüber nachdenken müssen, was
es bedeutet. … …
Ich denke, authentisches Leben ist das *Wichtigste* für Hochsensible. …

Vielen Dank für das Interview.

Gerne!

Angaben aus dem Interview-Fragebogen zur Person:

Aufgewachsen: bei Mutter und Stiefvater, zweites von 2 Kindern

War Bildung zu Hause wichtig? ja

Ausbildung: Universitätsabschluss Ingenieur

Beruf: selbstständig; Technik/IT

Familienstand: geschieden, Partnerschaft, 3 Kinder

Einige Merkmale: **Kind:** schnell von Kleinigkeiten genervt; lebe in der eigenen Phantasiewelt; übertrieben eifrig und klug; nehme Stimmungen und Emotionen anderer auf; brauche lange um zu antworten; spüre wenn der andere nicht authentisch ist

Erwachsene: laute Geräusche und grelles Licht stören mich; Aggressivität ist mir unangenehm; fühle mich „verkehrt"; mag keinen Smalltalk; Stimmung anderer lenken mich von mir ab; bin schüchtern; kann komplex denken und handeln; habe ein hohes Verantwortungsgefühl

Hochbegabte: deute Sozialverhalten vielfältig; habe ein anderes Lern- und Arbeitstempo; bin meist hoch motiviert; nehme alles Gesagte wörtlich; experimentiere gern; alltägliche Erledigungen strengen mich an

Lisa, 45 Jahre

So ab dem Moment, wo man sich über den Sinn
des Lebens unterhalten konnte, da hatte ich das Gefühl,
gibt's Menschen, die mir in meine Welt folgen können.

Wann und wodurch hast du rausgefunden, dass du hochsensibel bist?

Ja, rausgefunden hab ich's erst, als ich den Artikel gelesen hab. Das war so'n Effekt, dass ich dachte „Wow ..., da fällt mir ein Stein vom Herzen. Da gibt's mal 'ne Idee zu ..., meiner Art, wie ich mich als anders empfinde." Ich hab mich halt ... vorher ... ja ... Ich meine, man muss erst mal auf die Idee kommen! ...

Eigene Hochsensibilität erkennen

Mein Sohn ist hochbegabt. Ich hab mich mit Hochbegabung beschäftigt, mit Anders-Sein, und es war mir immer klar, dass ich irgendwie anders bin, aber ich dachte, das is psychisch, Kindheitsschwierigkeiten, irgendwie so was. Dann haben mer auch die Abgrenzungs- und Missbrauchsgeschichten bei mir, die würde bei mir auch zutreffen. Aber es wurde immer alles so, ich sag mal, angedeutet, es war nie klar, was los is.

Und nachdem ich den Artikel gelesen hatte, hatte ich plötzlich das Gefühl, die Dinge fügen sich so zusammen, warum ich meine Kindheit besonders kompliziert fand, obwohl sie gar nicht so kompliziert is, von außen betrachtet. Da dachte ich, man muss nich immer gleich Missbrauch vermuten. Es können eben auch andere Gründe sein. Es kann eben auch so'n Grund sein, dass du die Welt anders wahrnimmst.

Hast du vermutet oder überlegt, ob in deiner frühen Geschichte eine Missbrauchsthematik vorliegt, weil du so anders bist?

Leben mit Fehldiagnose

Ja, genau. Es ist mir auch psychotherapeutisch quasi analysiert worden. Dadurch, dass sich meine Psychostruktur so entwickelt hat – und man kann ja anhand der Psychostruktur sagen „So und so sind die Merkmale" –, da war das dann Thema.

Es ist hauptsächlich diese Abgrenzungsproblematik, diese Übersensibilisierung oder dieses Zuviel-Wahrnehmen, was man ja in der Psychologie nich so analysieren kann. Da is naheliegend: Du hast eine, ... wie sagt man, Grenzverletzung erfahren und deswegen fügen sich dann eben die ganzen anderen Details so dazu ... Ich hatte ja gesagt, dass man in der Psychologie ... dann schnell zum Thema Missbrauch kam, und ich hatte dann so das Gefühl, ich bin auch so allein gelassen mit der Diagnose. Also, da weiß man, es gibt Störungen, jemand hat Störungen entwickelt – ich hab meins seit ich 10 Jahre bin, starke Schmerzen, ich habe Migräne und … – ja, und man hat das zusammengepackt zu einem Bild: Das muss irgendwie Missbrauch sein. Das is dann so eine Schlussfolgerung, die mir nur das Leben schwer gemacht hat.

Ich hab mich diagnostiziert gefühlt und ich hab mich bestimmt ein halbes Jahr damit beschäftigt, was wann wo wie vorgefallen sein könnte. Bin zu keinem Schluss gekommen und hab dann letztlich das Thema zur Seite gelegt.

Wie hat sich dieser Artikel bzw. das Wissen um die Hochsensibilität auf dieses Thema ausgewirkt?

Das hat es für mich insofern erklärt, dass … – so ein Kind zu sein, das anders wahrnimmt als die Eltern oder das soziale Umfeld, also Lehrer, Tanten, dass dieses Immer-die-eigene-Wahrheit-anzweifeln, dass ich das Gefühl habe, was ich wahrnehme, darf gar nicht da sein – das is nicht existent!   *Anders sein*

Wenn ich z. B., mal so ganz blöd, zu meinen Eltern sag: „Ich spüre, dass der Onkel kommt" und es klingelt an der Tür und ich weiß, wer's is, und die das dann als Blödheit oder als sehr negativ bewerten, da hältst du als Kind irgendwann die Klappe, weil du das Gefühl hast, das ist nur deine Wahrnehmung. Ich hab ein bisschen mediale Wahrnehmung, also ich spür Zufälle, die keine Zufälle sind.

Keiner kriegt mit, was los ist und dieses „Meine eigene Realität immer zurückhalten müssen", das is für mich schlimm. Wenn mich jemand mit Missachtung …, – also ich wurde nich verprügelt, nee –, aber eben nicht ernst nimmt und überhaupt nich sieht, sondern so „Halt die Klappe, Quatsch." und „Was redest du da?" und solche abwertenden Geschichten sagt, da seh ich 'ne Parallele drin. …

So ging es mir nach dem Artikel, dass ich dachte „**Maaann** … *sehr emotional* … **Ich bin okay so! Ich bin okay mit all dem Scheiß, den ich wahrnehme!**" Ich guck mir irgendwelche Sciencefictionfilme oder Telepathiedinge an und denke: „Ja, diese Welt, das sind die Leute, die mich verstehen!" Aber so jemand, der so auf dem normalen Wahrnehmungsniveau is, mit dem hab ich das Gefühl, kann ich irgendwann gar nich mehr reden.

Oder es kann mir niemand in meine Welt folgen. Ich kann vielen in ihre Welt folgen, mich so eintunen, aber umgekehrt bin ich eben sehr alleine. … Und dieses Gefühl, wenn ich mich immer so anders fühle und keinen plausiblen Grund dafür habe, is ungefähr so schlimm, wie 'n Missbrauch, der nie aufgeklärt wird.

Ich war bei der Neurologin und hab mir direkt gewünscht, ich hätte 'n Tumor. Nur einfach, damit ..., wie sagt man, damit ein Grund für mein Anderssein vorhanden ist. Damit ich das nicht alles ertragen muss, dieses „Was du hast, das hat kein Mensch! Du bist einfach nur bescheuert".

Meine Eltern haben auf mich so reagiert, dass sie sich immer sicher waren, dass ich irgendwann in die Klapse komme. Das prägt dich ja als Kind, da is ja immer das Gefühl, du hast nich alle Tassen im Schrank. *lächelt* Und dabei ... bin ich ja ... also das Gegenteil. Ich dachte früher, so wie ich bin, so sind ja alle anderen auch. Jetzt, so langsam realisiere ich, dass, so wie ich mich selbst wahrnehme, dass das nich bei allen anderen auch so is. Ich schließe von mir auf andere und denke „Wie kann man so sein? Wie kann man das machen? Wie kann man so wenig an den anderen denken? Wie kann man so ... ja, so dicke Mauern haben?" ... ja. ...

Wie sollten Menschen Deiner Meinung nach miteinander umgehen?

Respektvoller umgang

Ja, ... ne ganz wichtige Sache is, dass wir uns gegenseitig respektieren! Respektieren und tolerieren dafür, wie wir sind und dass keiner die Wahrheit für den anderen weiß, dass wir sehr individuelle Wesen sind und wir auch unterschiedliche Entwicklungsphasen haben ...

Anpassung

Ich finde unsere Kommunikation, vor allem im Job und in der Wirtschaft, verletzend, respektlos und gewaltvoll. Und damit umzugehen is natürlich ..., wo ich mir letztlich immer künstliche Mauern zulegen muss. ... Ich muss mich immer zu jemand anderem machen, um darin zu funktionieren ..., oder ich geh halt raus. Is im Moment so meine Erfahrung. Entweder ich geh' rein in das normale Wirtschaftsleben, arbeite da, dann muss ich mich quasi künstlich verschließen, zumachen. Oder ich geh in den esoterischen Bereich und mach nur noch Reiki oder so was. Aber ich arbeite in der Wirtschaft, dummerweise. *lacht* Bin irgendwie da gelandet.

Du hast vorhin gesagt, letztlich warst du alleine, weil deine Eltern dich nicht verstanden haben. Hattest du in deiner Kindheit oder Jugend Freunde, die dich verstanden haben?

Freunde in der Kindheit

Also in meiner Kindheit nicht. Vielleicht so langsam ab Gymnasiumszeit, so mit zehn, zwölf, dreizehn Jahren, wo Menschen mit 'n bisschen akademischen Geist *lacht* aufgetaucht sind, Ich würde jetzt sagen, so ab dem Moment, wo man sich über den Sinn des Lebens unterhalten konnte. Da hatte ich das Gefühl, da gibt's Menschen, die mir in meine Welt folgen können, …, wo es um philosophieren und solche Dinge ging. … Vorher, also so als Kind, … hatte ich nich das Gefühl. …

Ich kann mich erinnern, dass ich das irgendwie kompensiert habe und ich wohl 'n ziemlich anstrengendes Kind war, also wahrscheinlich eher so die Richtung ADHS, eher laut, vorlaut und … unruhig und so. In dem Moment, als ich das verbalisieren konnte und über Dinge so reden … Dann hatte ich den Ruf als Jugendliche, dass ich immer in der Ecke sitze auf den Partys und mit … meinen Gleichaltrigen irgendwie Probleme wälze. Da hatte ich irgendwie das Gefühl von Nähe. Ich hatte das Gefühl, da is jemand, mit dem ich in Berührung komme, wenn ich nicht irgendwie oberflächlich bin, oder so.

Hattest du überhaupt Freunde als Kind?
In der Grundschule hatte ich schon Freundinnen so aus der Nachbarschaft. Aber das war nicht so, … also es waren keine richtigen Freundinnen. Die waren immer irgendwie …, es gab da immer so Intrigen. Ich hatte nich das Gefühl, dass da eine zu mir hält, nee. Das waren halt drei Mädchen und wenn ich nicht richtig aufgepasst habe, dann sind die zusammen abgehau'n und haben mich sitzen gelassen, so zum Beispiel wir spielen Verstecken, ich dreh mich um, und dann is die weg. Also komische Sachen, nich so 'n stabiles Freundinnending …, hatte ich nich.

Aber da wir zuhause vier Kinder waren, war immer viel los. Ich hatte viel mit Kindern zu tun, aber nicht so 'ne Herzensfreundin oder so was, gar nich. Ich konnte auch mit Mädchen sowieso nich so gut, weil ich mich mehr mit Jungs ausgekannt habe. Die waren halt um mich rum. Ich wollte auch immer eher 'n böser Junge sein, als ein Mädchen. Aber die Jungs konnten mit mir nix anfangen. *lacht*

Hat sich die Qualität der Freundschaften in der Gymnasiumszeit geändert? Kamen da Freundschaften des Herzens zustande?
Mhm …, also aus meiner jetzigen Perspektive würde ich's so nennen. Ich hatte 'ne Mädchenklicke. Ich hatte schon Freunde, aber, … da hatte ich auch schon immer mein Tagebuch. Das war meine beste Freundin. Ich hatte nicht so gute Kontakte, eigentlich … nie, aber das ist mir in der Schule gar nicht so aufgefallen. Zu Hause war auch immer viel los, … Keine Ahnung, ob's daran lag, dass ich so spezial war. Ich hätte natürlich Freundinnen haben können, wenn ich nich so 'ne Ansprüche gehabt hätte, … so inhaltsvollere. *lacht*

Was waren deine Ansprüche?
Da muss ich mich mal zurückerinnern, hmm …, was waren das
denn für Ansprüche? Komisch, da hab ich noch nie drüber nachgedacht. … Ne, weiß ich jetzt auch nich so genau.

**Anders gefragt: Gibt es aus deinem Erwachsenenleben Freund-
schaften, wo du sagst, die genügen diesen Ansprüchen?**

Das Bedürfnis
nach
Authentizität

Mhm …, also ich sag über mich selber immer, dass ich keine Freunde habe. Mehr so spontan aus dem Bauch, weil ich das Gefühl hab,
ich bin meinen Freunden manchmal zuviel.
Ich kann's nich leiden, wenn Menschen nich authentisch sind, also
wenn die nich echt sind, wenn die mir was vormachen. Dann hab
ich zwei Möglichkeiten: Ich ertrag des, dann sind das aber nich
meine guten Freunde. Oder ich weis sie darauf hin, und das mögen sie halt net. *lacht* Dann zieh'n die sich irgendwie zurück. Ich
kann die Klappe halten, was ich aber echt schwer finde, weil ich
manchmal einfach wahrnehme, was los is. …
Ich kann es nich so nah ertragen, wenn sich jemand so deutlich
was vormacht und ich denk: „Hei, guck halt einfach mal hin! Was
machst du denn?" Es is für mich ganz schwer, das auszuhalten.
Dann lass ich die Leute lieber ihr Chaos machen. Aber ich fühl mich
dann so verantwortlich. Ich hab da noch keinen guten Weg gefunden, deswegen zieh ich mich lieber zurück. Ich respektier auch jeden, so wie er is, aber … ja.
Ich glaube, ich bin anstrengend. Ich bin anstrengend insofern, dass
ich viel Präsenz verlange von meinen Mitmenschen. Präsenz jetzt
nich, dass er die ganze Zeit was machen muss, sondern wenn du
das Gefühl hast, dass du müde bist, dann sag einfach, du bist müde, und mach nich einen auf lustig, weißt du, so. Ja, das macht
mich so 'n bisschen einsam. Das is auch zwiespältig, weil auf der
anderen Seite bin ich auch froh, wenn ich nich so viel andere Welten um mich habe. Ich kann Freundschaft und Nähe auch nur bedingt ab, dann wird's mir schnell zuviel. Ich glaub, das ist auch 'n
Grund, warum ich beziehungstechnisch nich so weit gekommen
bin. Ich hab's Gefühl, wenn sich irgendwie so Muster und Störungen irgendwann manifestieren und immer wieder wiederholen und
ich hab die durchschaut, dann kann ich das nich mehr aufrecht
erhalten, ja. …

**Du hast vorhin erwähnt, dass du „leider" im Wirtschaftbereich
gelandet bist. Magst du ein bisschen was über deinen beruflichen Werdegang erzählen?**

Ja, also … ich hab auf jeden Fall ein Talent im kreativ-gestalteri- *Ausbildung/*
schen Bereich. Ich wollt eigentlich Kunst studieren und … bin da *Beruf*
quasi bei Grafik-Design gelandet, weil die mich an der HDK Berlin
nich genommen haben. *lacht* Dann war die Entscheidung: Entweder machst du freie Kunst, Malerei oder was Angewandtes. Und
dann bin ich eben an die Fachhochschule für Gestaltung hier, die
sehr frei und künstlerisch sein sollte. … Da bin ich gelandet, wollte
aber niemals Grafikdesign machen. Ich wollte mich eigentlich immer ausdrücken, *lacht* … Malerei und so. Das war letztlich diese
kleine Welt, in die ich mich geflüchtet hab, die Philosophie und die
Kunst. Da konnte ich irgendwie so sein, wie ich bin und … ja, da bin
ich eben hier gelandet und hab angewandtes Grafikdesign gelernt.
Ich bin Diplomdesignerin, und das, obwohl ich mich eigentlich berufen gefühlt habe, wie 'ne Künstlerin die Welt zu verstehen und
zu bebildern, … aber da die Kinder da waren, musste ich Geld verdienen. Ich bin dann mit dem, was ich konnte in Werbeagenturen
gelandet, weil ich, bevor ich putzen gehe, kann ich ja auch mit meinem Diplom was machen. Ich hab dann in 'ner Agentur gearbeitet,
die mit 'ner Tiefdruckdruckerei zusammen geschlossen war, und
so bin ich im Kataloggewerbe gelandet. Da bin ich jetzt auch noch.
Mein Traum wär gewesen, die … Kunst. … Angefangen hab ich *Wunschberuf*
ja mit Kunst und Malerei. Dann hab ich später Tanz- und Perfor-
mancesachen gemacht. Ich hatte mir immer gewünscht, dass ich
den Menschen der Welt sozusagen helfe, Bewusstsein zu schaffen, bewusst zu werden, zu gucken „Hey, wer bin ich? Was ist hier
los?" So ganz banal irgendwie.
Ich hab dann auch sehr viele körper- und tanztherapeutische Workshops gemacht, so für mich, und hab immer geträumt, davon irgendwie
zu leben. Ich hab dann auch 'ne Ausbildung als Shiatsu-Therapeutin
gemacht, so neben Beruf und Kindern. So therapeutisch, oder auch
psychologisch, … mich fasziniert das wahnsinnig, wie der Mensch,
wie kompliziert und komplex der Mensch ist. Ich hab so das Gefühl,
ich bin wie so 'ne Forscherin, ich möchte einfach rausfinden, warum wir Menschen so sind und … was uns wohin bewegt. Da habe
ich mich gesehen. Ja, also die Werbebranche ist gut zum Geld verdienen, aber nicht für's Herz und für die Seele. Ich hab mir immer
gesagt, so bis die Kinder mit der Schule fertig sind mache ich das,
und dann kann ich immer noch meinen eigenen Visionen folgen.

Das steht noch an?
Ja! Ja ja ja! … Ich bin so euphorisch, wenn ich das Gefühl hab, es
ist tatsächlich möglich, dass ich das irgendwann verbinden kann, *Berufung*

dass ich vielleicht mit meiner Medienerfahrung, die ich jetzt habe, in der Welt der Werbung und des ... Bildererzählens, dass ich damit mal spannende Themen in die Welt bringen kann. Also nicht für den Konsum, sondern für's Bewusstsein arbeiten kann, für die Aufklärung, für interessante Informationen, die die Welt braucht. Und dafür ist es ja dann auch gut, sich in der Branche auszukennen. Insofern ... verteufel ich das jetzt nicht. Das habe ich lange getan.

Job – eine Wertefrage

Sobald du ein bisschen nachdenkst, musste eigentlich aus der Werbebranche aussteigen. Ich arbeite wirklich für den Konsum und für keinen tieferen Inhalt. Und für mich ist das schwer. Ich versteh gar nicht, wie das alle Menschen tun können. Ich sehe, wie sich die Menschen, die Bosse, bereichern, mit ihren dicken Autos fahren und dass wir als kleine Arbeiter einfach ausgebeutet werden. Einfach ganz bescheuert. Auch wenn ich nicht danach suchen wollte, kein Politfreak bin, es ist nicht zu übersehen. Du siehst einfach, dass du als kreativer Mensch sowieso gerne benutzt wirst, letztlich für ihre Interessen. Und wenn's drum geht zu gucken, was in meinem Leben so los ist, das interessiert niemand, so die eigene Persönlichkeit oder dass du Kinder zu Hause hast ... Also, ich hab da schon Ansagen gekriegt, wie „Öh, wieso bist du Art-Director geworden, wenn du Kinder hast! Da hättste doch Lehrerin werden können, oder?" Weißt du, dass die Leute dann sagen „Meine Güte, dann geh doch in den sozialen Bereich. Was willst du denn in der Wirtschaft und in der Werbung mit Kindern?". So als Frau dann auch noch. Solche Sachen, ja. ... ...

Was würdest du sagen, welchen Preis bezahlst du dafür, diesen Job zu machen?

Anpassung

... . *seufzt* ähm ... ... also ich zahle auf jeden Fall 'nen hohen Preis dafür. Und da ist auch immer so dieses sich verbiegen für ... für das, was mich nicht inspiriert. Aber ich tu's halt. ... ... Ich hab das Gefühl, wenn ich für die Fähigkeiten, die ich habe, respektiert würde, dann würde ich sogar in der Wirtschaft, ... also dann könnte ich mir vorstellen, dass es funktioniert, wie wenn du z. B. sagst „Wir haben hier einen Projektleiter oder eine Projektleiterin, die geht mit den Dingen ein bisschen anders um, aber letztlich inhaltlich ist es erfolgreich."

Hierarchien im Beruf

Ich hab z. B. andere Methoden mit Teams umzugehen. Ich bin ja als Projektleiterin die Chefin von einem Team, hab fünf Leute, die an der Produktion mitarbeiten. Ich mag das gerne, dass wir auf einer Augenhöhe arbeiten, dass jeder seine Potentiale und Fähigkeiten einbringt. Ich steuere das letztlich, weil es um die Produktion geht,

aber nicht darum, deren eigenes kreatives Potential unterzubuttern.
Hierarchische Chefstrukturen find ich deplaziert, weil ich kreative
Menschen um mich hab, die Know-how haben. Ich möchte letztlich,
dass jeder *für* die Sache soviel geben kann, wie er bereit ist. Und
diese Motivation, die *ich* gerne hätte, also so wie *ich* selbst gerne
behandelt werden würde, so behandel ich meine Leute.
Aber die kommen nicht unbedingt damit zurecht. Die möchten gerne, dass ich ihnen sag, was sie machen sollen und sie wollen auch
gar nicht drüber nachdenken. … Ich hab es aufgegeben, jetzt hier
so 'n neuen Unternehmensgeist einzubringen. Das ist mir zu blöd,
wenn keiner davon was hält, also wenn alle sagen „Komm, früher
war's anders, da haben wir gesagt gekriegt, was wir machen sollen und machst du's bitte auch so?!" Mach ich, aber dann wird halt
innerlich mein Frust immer größer. Ich sehe nicht, dass Menschen
hierarchische Strukturen brauchen. Ich sehe, dass sie gesteuert
werden müssen, dass, wenn ein paar Leute zusammen sind, dass
einer sagt „Okay, wir sammeln's alles und dann vertret ich das jetzt
aber beim Werbeleiter" oder so. Aber ich bin denen zu antiautori-
tär, glaube ich.
Und dann sind auch noch so Sachen, dass ich manchmal … ich
weiß nicht, wie ich das nennen soll. Also, durch eine bestimmte   *Voraussicht*
Wahrnehmung krieg ich einfach manchmal mit, dass Dinge blöd
entschieden werden, dass alle Zeichen anders stehen. Es ist so
…, z. B. es wird 'ne Fotoreise geplant, es ist sehr viel Geld im Spiel
und dann entscheidet man, „Ach, man möchte mal wo anders hin,
weil es ist ja langweilig immer am gleichen Ort zu produzieren",
und dann kommt man auf 'ne kuriose Idee, die irgend jemand gut
findet, z. B. in San Francisco zu produzieren. Da ist ein Team von
…, wir sind sieben Leute, die dann für eine Woche oder fünf Tage
nach San Francisco fliegen, um dort 'ne Fotoproduktion zu machen.
Und … in dem Moment, wo ich das höre, krieg ich ein Gefühl und
…, da kann ich drauf hören! Also ich kann das Gefühl, ohne dass
ich drüber nachdenke, spüren „Uah! Stress!" oder „Ahh, Begeiste-
rung" oder so was. Ich spüre, das fühlt sich z. B. eng und stressig
an, ich weiß aber gar nicht warum, aber es fühlt sich nicht gut an.
Ja, und kann der einzige Frisör, Stylist oder so, der hat dann da
keine Zeit UND die Flüge sind teuer UND dann müssen wir alles
noch verschieben UND dann kommen noch acht Faktoren dazu, und
und und, so dass ich einfach nur das Gefühl hab „Leute, das isses
nicht! Lass uns das nicht machen. Alle Zeichen stehen dagegen."
Dann geh ich zu meiner Chefin – ich bin dann auch so, ich kann   *Intuition in der*
dann nicht ruhen, wenn ich spüre, das ist nicht gut –, und wenn   *Wirtschaft*

ich dann da hin komme und sage „Kann man da noch mal drüber
nachdenken? Oder isses nicht Quatsch? Weil, dann musst du irgendjemand ins Team holen, der gar nicht dazu passt. Und dann
ist vielleicht auch Dauernebel und so viele Kosten." Ich erklär das
dann alles, und dann ist die Entscheidung „Nee, das können wir
jetzt nicht mehr ändern, das würde zuviel Turbulenzen machen. Ist
einmal entschieden worden, fertig, halt die Klappe. Ist doch egal."
Und ich bin dann diejenige, die nach San Francisco fliegt … Oft zeigt
sich's dann erst an Ort und Stelle, was alles kompliziert ist: Dass du
neun Stunden Zeitunterschied hast, dass die immer schlafen wenn
du 'ne Frage hast, weißt du. Und dann komm ich da an, hab vier,
fünf Produktionstage, die Daten sind schwierig zu übertragen, und
… dann war Wetter schlecht und so. Also ganz schwierig. Und alle,
das ganze Team, ist nachmittags um drei am Boden. Wir sind alle
tot und müde, weil es bei uns nachts um drei ist, Tiefschlafzeit. Ich
schick halt 'n Team nicht … für die kurze Zeit auf 'n andern Teil der
Erde, nur weil's *vielleicht* 'n bisschen spannender ist, als wenn ich
irgendwie in Hamburg produziere, so.
Und das sind so kuriose Dinge, da denk ich mir immer „Leute, was
ist das?!" … Nicht ein gewisses Gespür für die Situation …, das
auch in der Wirtschaft wichtig ist. Ich hab hinterher letztlich nur …
… *Ich* verursache Kosten! Aber als hochsensibler oder feinfühliger
Mensch werde ich dann behandelt, … wie so 'n … naja, als wärste
'n bisschen hysterisch halt. „Was hat se denn jetzt wieder?" … Wo
ich sag „Leute, Menschen wie mich, die könntet ihr an 'ner Stelle
einsetzen, wo's wirklich Sinn macht. Ich würde Kosten sparen!" Wie
bei Raumschiff Enterprise z. B., … Cmdr. Troi. Die wird dann gefragt: „Was spüren Sie? Ist das gut hier zu verhandeln oder nicht?"
Und dann kann ich sagen „Ich fühl …, oder ich fühl gar nix." Aber
wenn ich Gefahr spüren kann oder Komplikation, und es gibt kein
Ohr, das es hören will …, dann brauch ich auch nicht …
Das ist mein Hauptproblem, dass ich das Gefühl hab, meine Wahrnehmung hat nirgendwo was verloren, so in der Wirtschaft, oder
in meiner Branche! Na gut, ich arbeite viel mit kreativen, schwulen
Stylisten und Fotografen und Künstlern zusammen, und mit denen
kann ich dann über solche Dinge reden.

Nehmen die Entscheider solche Dinge wahr?

Nutzen der
HS für die
Wirtschaft

Die nehmen die gar nicht wahr, nee. Das ist ja der Punkt, wo ich
sehe …, wenn ich Einfluss hätte auf den Chef, auf 'n Entscheider,
dann würde ich ihm das mal erzählen: „Hey Leute, es gibt so Menschen, die machen Sinn an der und der Stelle!" Und ich war auch

schon immer diejenige, die meiner Chefin ..., also dem Teammanagement vorgeschlagen hat „Du musst die aus dem Team nehmen, die passen da nicht rein" oder so. Das schätzt sie schon, sie mag mich gerne als ... als Beraterin, zieht mich manchmal aus der ... der Reserve.

Weißt du, wenn du das Gefühl hast, ... dafür gibt's weder ein Wort, noch 'ne Position, noch 'ne Rolle, noch gar nix dafür, das ist nicht vorhanden, es wird höchstens noch als weibliche Intuition abgetan oder so ... Ich wünsche mir, dass ich das in Zukunft ändern kann, aber da muss ich mich bemühen, positiv zu denken. *kichert* Ich kann mir vorstellen, dass es irgendwann mal erkannt wird! Dass ... immer mehr realisieren, dass es unterschiedliche Wahrnehmungen gibt, die für unterschiedliche Sachen einfach hervorragend sind. Ja. ...

Du hast in deiner Arbeit ja mit unterschiedlichen Arten von Beziehungen zu tun. Wie würdest du diese Beziehungen beschreiben?

seufzt ... Jaaa ..., damit hab ich mich immer wieder mal auseinander gesetzt, mit dem Thema. Also, ich würde sie als schwierig beschreiben, *kichert* ... schwierig ... ... Sagen wir mal mein Chef ... – über mir ist noch eine Hierarchien: Werbeleiter –, also, der kommt an, hat 'ne Idee, die muss er noch nicht mal gesagt haben, da weiß ich schon halb was er will. Es fühlt sich so an, dass ich mich sehr gut in den anderen einfühlen kann, auch ohne Worte schon fast. Meine Chefin erzählt irgendwie so 'n bisschen und dann krieg ich 'n Bild und das ist ganz oft dann auch wirklich richtig. Wenn ich ihr dann erkläre „Möchtest du das so und so?", sagt sie „Ja! Genau! Ganz genau so!" So, als könnte ich das tatsächlich erfassen, was sie brauchen.

Einfühlungs-vermögen

Generell ist es eins meiner Lebensprobleme, dass das, was ich von anderen wahrnehme, mir so klar ist, dass ich meine eigenen Bedürfnisse gar nicht mehr ..., die vergesse ich, die sind nicht mehr präsent. Wenn dann die Ansage ist, wir machen jetzt 'ne Konzeption für irgendwas, dann bin ich mit all meinen Sinnen bei diesem Projekt, und stell mich selber ... irgendwo zur Seite. Ich nehme dann oft meine eigenen Bedürfnisse nicht mehr wahr, ganz banal, essen oder trinken. Toilette gehen kann ich dann acht Stunden lang vergessen. Beim Essen geht's so, da esse ich nebenbei. Aber ... sobald ich dann aus der Teamarbeit rausgehe in meinen eigenen Bereich, in mein Auto oder so, dann fällt mir auf einmal ein: „Wuoahaa! Oh, ich bin ja total verspannt, ich hab ja so ein Durst, ich hab so ein Hunger und ich brauch das und das." Das ist manchmal

Sich nicht wichtig nehmen

dann so viel, dass es über mir zusammenbricht. ... Wo ich auch mal so versucht hab zu verstehen, wo meine Migräne herkommt. Das ist dann sozusagen eine Systemüberlastung, die auf einmal passiert. Aber solange ich in dem Einflussbereich von den Leuten bin, kann ich mich quasi komplett ... aufgeben sozusagen. Ich hab in den letzten zehn Jahren auch Psychotherapie gemacht, um genau an diesem Punkt zu lernen, mich abzugrenzen. Immer wieder zu gucken ... „Wo bin ich denn? Atme ich überhaupt noch?", und solche Dinge eben. ...

Wenn ich z. B. als Projektleiter mit meinem Team zusammensitze und merke, die mögen gar nicht mit mir an einem Tisch sitzen, weil die jetzt genervt sind, dann spür ich das Genervt-sein. Es ist mir dann einfach manchmal schwer, wenn ich so viele Emotionen und die ... den Unmut oder die Unruhe ..., wenn ich das quasi alles mitnehme und das Team dann steuern soll. Wobei ich das ganz gut kann, aber es ist halt anstrengend.

Auf Fotoreisen z. B., da fand ich's ... am deutlichsten für mich. Da hat so jeder sein Job. Ich lieb das auch, weil es tatsächlich auch auf gleicher Augenhöhe ist. Da hat der Stylist genauso viel ... also gibt's keine Hierarchien, der macht sein Ding so lange bis er fertig ist, dann kommt der Fotograf, der die Daten bearbeitet. Es ist einfach ein Team auf gleicher Augenhöhe. Das ist toll. Aber sobald einer in Stress kommt und das ganze Team dann anfängt zu wackeln, ist es meine Aufgabe – oder seh ich es als meine Aufgabe –, das zu steuern, dass es wieder gut fließt, dass sich wieder alle verstehen. Und wenn jetzt einer irgendwie blockiert oder anfängt zu spinnen, dass man sich halt um den kümmert und guckt, was ist denn da jetzt los und was braucht der jetzt. Das ist eigentlich meine Hauptaufgabe, zu spüren, was jeder braucht und wie er damit umgehen kann, ... und was man noch jetzt alles tun könnte, um das Ding zu schaukeln. ... Wenn ich in 'ner guten Verbindung bin, in 'nem guten Flow, wenn 'ne gute Teamchemie da ist, dann kommen auch ganz tolle Sachen bei raus, und es passieren auch nicht so komische Dinge.

Es passieren kuriose Dinge, wenn sich Leute im Team nicht verstehen: plötzlich bricht der Autoschlüssel ab, oder die Location ist bezahlt, aber plötzlich ist dann doch niemand da ..., oder der Laptop wird geklaut, oder wir stehen im Stau und so. Also so 'ne Dinge, wo du sagst, wie kann denn das sein? Wirklich auch so schicksalsmäßige komische Sachen „Jetzt wird's aber komisch, jetzt stimmt ja gar nichts mehr, jetzt klappt nichts mehr." Dann denk ich mir immer, wenn man das schafft, gemeinsam zusammenzuarbeiten,

Stimmungen wahrnehmen

Verantwortungsgefühl

Im „Flow" sein

dann läuft es auch gut, dann ist es auch schon fast mystisch. Und wenn keiner mit dem anderen kann, … Hatte ich auch letztes Jahr in Kapstadt. Da musste ich 'n Fotografen und das Model nach Hause schicken, weil es so schlimm war!

Ja … also … wo will ich denn hin? Also … *Seufzt*… das ist der Punkt, dass ich sehe, wie gut letztlich diese Fähigkeiten sind, um ein Team zusammenzuhalten, aber für sich selbst ist es schwer … Also letztlich müsste man immer wieder wie so 'n Rhythmus finden, dass ich rausgehe, mich zurück ziehe, einmal durchatme und sag „Was ist mit mir grade los? Fühlst du dich auch gut? Bist du bei dir? Stimmt es, was grade so los ist?" Das fände ich 'ne ganz gute Empfehlung an mich selber noch. Die eigene … meine eigene Identität löst sich manchmal auf, so dass ich nicht mehr weiß, bin *ich* das jetzt oder der andere, und wo hör ich denn auf oder fängt der andere an, das ist vielleicht so der Punkt. Ich weiß nicht mehr, wenn ich viele Dinge wahrnehme, wo ich selber anfange und aufhöre. Und das muss ich mir irgendwie … aneignen, wie ich damit umgehe. Ich glaube, das ist … also … ich glaub das ist ein guter Weg oder ein gutes Training.

Gut für sich sorgen

Und wenn ich so 'ne gewisse Struktur habe, oder morgens mit irgendwas anfange, Qi Gong Übungen oder so was, da weiß ich es geht mir besser im Leben. Ich muss mich immer wieder dran erinnern, das ist nicht einfach so installiert. Wenn ich das nicht kultiviere, dann wird es mich auch immer schnell wegziehen. Also, insofern ist es, als müsste ich mich selbst so ein bisschen an der Leine halten und sagen: „Nee bleib mal hier, bevor du in die Welt gehst. Mach du erstmal Atemübungen oder irgendsowas." Das mache ich … noch nicht so lange, aber ich weiß schon lange, dass es gut ist. *kichert* … Ich glaube … was mich so abhält, ist einerseits die Disziplin und auf der anderen Seite ist so Inspiration. Ich mache eben nicht gerne Dinge, die sich immer wieder wiederholen. Ich weiß, es tut mir gut, aber es zieht mich nicht hin. Wenn ich es zum achtundzwanzigsten mal tue, dann tu ich's … gerne, solange es mich irgendwie inspiriert. Aber wenn ich's nur mache, weil's gut ist … oder sein soll, da schlafen mir schon die Füße ein, … also da muss ich mich wirklich dazu zwingen.

Ich will nochmal zurück kommen zu der Frage mit den Beziehungen, innerhalb deiner Berufswelt. Es gibt Hochsensible, die können nicht mit Vorgesetzten umgehen, es gibt sofort Reibereien, sie fühlen sich nicht wohl. Wie ist das bei dir?

Umgang mit
Hierarchien

Ja, ich kann mit denen schon umgehen, aber wohl fühle ich mich auch nicht. Ich fühl mich niemals wohl, wenn jemand meint, er würde über mir stehen, weil das einfach … für mich nicht in der Natur des Menschen liegt, dass sich einer über mich stellen kann und mir sagen kann, was ich machen soll. … Ich spiel das Spiel mit, insofern kann ich damit umgehen. Ich weiß auch, was der dann hören will, bin quasi ein Schleimer, ein großer, also ich kann … die Show mitspielen. Bei mir kommt es aber dann zu inneren Spannungen, es gibt sozusagen eine permanente innere Spannung. Dann hab ich Migräne. Schon seit zwanzig Jahren versuche ich rauszufinden, an was es liegt, und ich komm auf keinen Punkt. Es ist weder Käse noch … fehlender Sex noch …, also da gibt's ja so viele Ideen und ich hab schon diese Diäten gemacht und ganz viel. Ich hab das Gefühl, es ist Systemüberlastung, das ist das Einzige, was ich sagen kann.

Kannst du, wenn ein Migräneanfall kommt, einen konkreten Bezug zur kurz zuvor vorgefallenen Situationen ziehen?
… Es wird deutlicher so im Laufe der Jahre, ich versuch das schon

Migräne als
überlastungs-
Symptom

lange. Ich hab nie so 'n richtigen Bezug sehen können. Ich hab mal gedacht, ich ärger mich, also ist es Wut, was dem davor geht, und inzwischen hab ich aber … Also meine neuste Idee ist, dass Migräne wie 'ne Panikattacke ist, aber dass ich selber niemals das Gefühl von Angst so deutlich spüren wollte. Also, dass bei mir Angst so quasi direkt in Schmerz übergeht. Ich bin ja kein Psychologe, aber Psychologen sind ja jetzt auch nicht so schlau. Ich war schon bei drei Psychologen wegen meiner Migräne, und da ist ja auch keiner … dauf gekommen.

Wie oft kommt das vor?
Zweimal im Monat.

Schon häufig! – Gibt es irgendwelche Situationen, wo du merkst, dass es dort weniger wird? Spürst du einen Zusammenhang zwischen Entspannung und Systemberuhigung?
Ja, ich merk das so eher im Sinne von – das klingt jetzt vielleicht

Zu sich selbst
stehen

absurd –, aber wenn ich das Gefühl hab, ich bin mehr *ich selber*, dann hab ich weniger Migräneanfälle. Je mehr ich jemand anders versuche zu sein oder mich anpasse, oder zu … *seufzt* mich zu verbiegen, desto öfter kommt das. Und dann kommt natürlich noch Schlafmangel und unregelmäßiges Essen dazu.

Passende Ar-
beitsbedingun-
gen

Wenn ich nach mir selber gehen würde, dann könnte ich … Also ich erlebe es gerade: Ich arbeite im Moment zu Hause an 'ner Konzep-

tion, und da arbeite ich ganz chaotisch. Ich arbeite drei Stunden total konzentriert und kann wahnsinnig viel leisten, und dann muss ich
mich 'ne halbe Stunde auf's Sofa setzen, oder irgendwelchen Quatsch
machen oder so. Und dann kann ich wieder. Ich kann so Highspeed,
so ganz kreative Sachen, dann muss man mich aber auch in Ruhe
lassen. Oder es gibt auch mal ein Tag, wo ich gar nichts zustande
bringe. Ich arbeite so. Und in der Werbeagentur muss ich um 9 Uhr
da sein und gehe um 19 Uhr und die Hälfte der Zeit, ... 90 % der Zeit
verbummel ich irgendwie! Weil ich nicht das Ambiente habe, dass ich
so arbeiten kann, wie ich's bräuchte, und mich 90 % meiner Zeit damit
beschäftige, mich anzupassen, mich z. B. so anzuziehen, dass sie
mich in Ruhe lassen. Ich bin ja auch in 'ner Modebranche, da muss
man angezogen sein und die Haare so haben und die Augenbrauen
zupfen und all so 'n Quatsch. Also, da brauche ich viel Energie, um
mich anzupassen. Das ist im Endeffekt so uneffektiv .

**„Je mehr du bei dir bist, mit dir eins bist, desto weniger tritt
die Migräne auf." Das ist ein sehr zentraler Satz.**
Ja. Genau. ... Ich würd mich mal selbst als psychisch schwierig ...
Ich denke, ich hab durch meine Art, wie ich bin, psychische Störungen entwickelt. Es ist halt ein komplexes *Ding*, was man jetzt
nicht so leicht auflösen kann, aber ich bin ja nicht so geboren, das
hat sich ja irgendwie fehlentwickelt, sag ich mal. Und ich tu mich
jetzt schwer, das rückgängig zu machen, auch wenn ich es erkenne, weil mein Verhalten schneller ist als ich da hinterher komme.
Ich hab eben meinen Migräneanfall und *dann* fällt mir ein „Ah ja!
Da und da und da und so." Denn dieses ... ‚bei mir sein‘ ..., das ist
was, ... also ich hab quasi gelernt, *nicht* bei mir zu sein, dass meine eigene Wahrnehmung falsch ist.

Du hast gelernt, *nicht* bei dir zu sein!?
Genau. ... Also erstmal gucken, was brauchen die anderen usw.
Weil ich eben immer noch, wenn ich *ich selber* bin, die Erfahrung
ist, dann gibt's irgendwie Strafe, da krieg ich eine auf den Deckel.
Ich habe mich dreißig Jahre so verhalten ... Auch wenn alle anderen sagen: „Ey, was stellste dich denn so blöd an!? Nimm das doch
nicht so persönlich! Es war doch nicht so gemeint!" Aber es *fühlt*
sich blöd an, es *fühlt* sich schlimm an. Manche Sachen fühlen sich
für mich einfach schlimm an, die jemand anderem gar nicht auffallen. Da kann ich nicht wegspüren.
Und da ist, glaube ich, jetzt so ein Umlernen und ich erkenne langsam: „Hey, du musst nich nach 'nem Täter suchen, der dir irgend-

*Selbst-
akzeptanz*

was angetan hat, sondern … guck mal, wie fühlt sich was für dich an und … stehe dazu." Und das ist das, wo ich … so diesen Klick im Kopf hatte, dass ich das auch gar nicht mehr *muss*. Ich muss es nicht mehr! Es ist in Ordnung, so zu fühlen und wahrzunehmen, wie ich's tu. Und jetzt ist eher so der Punkt, *wie* kommuniziere ich das, und wie stehe ich dazu.

Gibt es schon Schritte, die du unternommen hast, oder weißt du, was dir gut tut, um mehr und mehr mit dir verbunden zu sein?

Spiritualität Ja, ich hab das jetzt jahrelang auch mit ganz vielen spirituellen Methoden probiert. Ich hab ziemlich viel mit dem Taoismus zu tun, also mit den asiatischen Sachen. Das hat auf jeden Fall gut getan, weil ich durch Qi Gong und Tai Chi einfach spüre, was ist los, wo fühlt sich was wie an, also so diese Wahrnehmung überhaupt 'n bisschen zu kultivieren. Aber Schwierigkeiten hab ich in dem Moment bekommen, als es – auch bei den Taoisten und überhaupt in der ganzen Eso-Szene –, immer darum ging, dass wir uns unsere eigene Realität kreieren. Damit habe ich insofern Probleme, weil mir das nicht hilft. Also ich …, das führt jetzt glaub ich zu weit.

Umgang Aber … ich bin jetzt wieder an dem Punkt, dass ich das Gefühl ha-
mit Gefühlen be, es ist wichtig, dass ich meine … meine Emotionen, meine Gefühle, die negativ sind – ich nenn sie jetzt mal negativ –, so was wie Angst, Verletzung, Ablehnung und all diese Dinge, dass wenn ich die letztlich an die Oberfläche kommen lasse, … da fühl ich ein großes Potential. Ich fühle mich den ganzen Tag vielleicht traurig, weil mich meine Eltern nicht geliebt oder anerkannt oder wertgeschätzt haben, aber ich hab das Gefühl ich bin am Leben, bin 'n Stück weit ich selber geworden. Das ist auch nicht dramatisch.
Und die Eso-Szene hat mich insofern gestresst, weil dieses – also, du machst deine Übungen, machst Yoga oder Qi Gong, machst Mind Training –, aber darfst auf keinen Fall schlecht drauf sein. …
Und damit hab ich echt ein Problem, weil ich das Gefühl hatte, das ist das Gleiche in Grün, … nur in 'nem andern Bereich: Da gibt es ein Idealbild von einem Menschen, der mit sich selbst eins ist. Und damit komm ich eben nicht klar. Da hab ich zuviel Widerstand oder irgendwelches Zeug, was in mir brodelt. Die Taoisten …, die meditieren in die Leber und spiralisieren das weg. Und wenn du immer noch Wut hast, dann hast du eben zu wenig Mind-Power! Dann musst du eben mehr … Ich finde, das ist so männlich. Da hast du was, 'ne Anspannung oder so, und die gucken wir uns an und verwandeln die, aber dass ich vielleicht auch einfach mal 'n Tobsuchts-

anfall kriegen muss, und einfach mal zeigen: „Woah, das fühlt sich hier ganz schlimm an!", das ließ sich eben nicht mehr vereinbaren. Das ganze heilige Getue und dann aber nicht echt sein … Insofern hat mir dieses Qi Gong üben oder Yoga oder meditieren oder Mantren singen und ganz viele solche Dinge auch Spaß gemacht, hauptsächlich, weil ich das Gefühl hab, da sind andere Leute unterwegs und man kann mal über andere Dinge reden. …, ja.

Du hast vorhin gefragt, wen hattest du als Freund: Ich hab mir jemand gesucht, der quasi auf 'nem anderen Planeten …, sowas wie Lieber Gott …, also jemand ganz weit draußen, der mich versteht. Der war immer für mich da. Und da hab ich mir so ein Bild geschaffen. Da hab ich auch so das Gefühl, das hat überhaupt nix zu tun mit diesem ganzen katholischen Kirchengott, sondern das ist eher wie …, also so 'ne Instanz, die mir auch erklären kann, warum das alles so ist. Ich hatte das Gefühl, ich komm mit meiner eigenen Existenz an 'ne Grenze.

Religion, Spiritualität und Philosophie

Da streite ich mich gerne mit den Leuten, die sagen, reelles Sein – das ist alles deine eigene Realität. Für mich wär es das Allerschlimmste, wenn am Ende dieser Welt nur noch Ich wäre. Also, wenn ich nicht das Gefühl hätte, dass es außerhalb von mir selbst noch was gäbe, so. …

Ja, und das ist nämlich auch so mein Hauptproblem mit diesem Realitäten-erschaffen, das verwirrt meinen Geist. Weil ich dann das Gefühl hab, alles was passiert, dafür bin ich selbst verantwortlich, und wieso bin ich 'n eigentlich so bescheuert!? … …

Aber es ist so ein Auf und Ab. Manchmal bin ich ganz euphorisch und krieg das alles hin, und wenn ich bei mir bin, dann hab ich auch das Gefühl …, ich bin ganz kraftvoll, und das hat auch alles seinen Sinn, so wie ich bin und wo ich lande und so. Ich find's aber wahnsinnig schwer …, weil ich das Gefühl habe, es gibt nicht viele Menschen, die so sind wie ich. Ich denke dann immer wieder, ich muss mich anpassen, … das ist doch alles nur uah!

Letztens hab ich mir eingebildet, mit so 'ner Art Anderssein-Idee komm ich weiter, da gibt's Gleichgesinnte und so. Das hilft mir schon, aber auf der andern Seite komm ich um das normale irdische …, so dieses normale funktionierende Leben nicht rum. Also, ich bin zu dem Schluss gekommen, dass ich da auch nicht wegrennen kann, dass mir das dann auch nicht weiterhilft. Ich muss irgendwie so den Weg finden, dass ich … zu mir selber stehen lerne, und auch mal die Klappe aufmache, wenn ich das Gefühl hab: „Nö, das ist jetzt verletzend" oder „Nee, das kann ich einfach nicht machen."

Für sich selbst einstehen

**Was passiert mit dir, wenn du für deine Interessen und Ge-
fühle einstehst?**

… … Ja, dann fühlt sich das so an, als würde ich innerlich irgendwie übereinstimmen, und das ist total schön. Aber das ist so ein
… ganz spezielles Gefühl, das sich nicht dauernd installiert. Das
ist eher ein Highlight. Ich hatte das jetzt mal am Wochenende, da
hatte ich echt das Gefühl gehabt …, dass ich so richtig in mir mich
über mich freue, dass ich einfach nur da bin.

Da war ich bei meinem Tao-Lehrer meditieren und dann hatte ich
immer das Gefühl, *alle Konzepte* passen nicht für mich und alle Gurus auch nicht und das ist auch alles egal. Dann saßen wir
so im Kreis und sollten die Energie spüren und ich hatte dann so
Momente, wo ich das Gefühl hatte, ich hab überhaupt nichts mehr
im Kopf und ich spür nur noch. Da war ich so ich selbst! Und vorher dachte ich noch: „Es ist ja auch egal, ich muss weder Taoist
sein, noch Yogi, noch das noch das noch das. Ich bin das alles
nicht." … Obwohl ich ganz viel verstehe und ganz viel auch gut
finde da drin, aber irgendwie gehör' ich da auch nicht rein. Aber
das war so 'n gutes Ding: „Och, du bist einfach nur du! Musst dich
nicht labeln!" …

Perfektionismus   „*bin perfektionistisch*"– … Also, perfektionistisch war ich … bin ich
auf jeden Fall immer noch.

**Wie äußert sich das? Kannst du dich an Situationen oder Be-
gebenheiten als Kind erinnern?**

… mmmhhhh… … als Kind kann ich mich jetzt spontan … nur an
so Malsachen erinnern. … Ich hab ja gerne gemalt und geschrieben, und da hab ich so ein Perfektionismus entwickelt, … dass ich
halt so 'ne Vorstellung hab, dass das so sein muss, und dann muss
das solange …, – vielleicht ist es auch Besessenheit? *kichert* –,
es musste so lange dauern, bis es eben fertig ist. Ich dachte immer, dass ich so idealistische Vorstellungen habe und die einfach
erfüllen möchte.

**Im Schulbetrieb gibt es immer Zeitvorgaben und das kolli-
diert zuweilen mit einer perfektionistischen Haltung. Wie war
das bei dir?**

… … Ich kann mich lustigerweise wirklich nur an Malerei erinnern.
Ich hatte auch Kunstleistungskurse und so, da hatte ich immer das
Gefühl, dass ich viel mehr Zeit bräuchte. Aber die anderen Schul-
fächer, die haben mich gar nicht so interessiert. Da hab ich dann

auch nicht so ein Perfektionismus entwickelt, so, nee. Ich hatte damit in der Schule jedenfalls keine Probleme. … Ja! ….

„Nimmt Stimmungen und Emotionen anderer auf" –, Ich hab erst   *Stimmungen*
relativ spät überhaupt geschnallt, dass andere nicht so wahrneh-   *wahrnehmen*
men, … dass ich mehr wahrnehme als andere Kinder. Das kann
ich ganz schlecht beantworten, weil ich in meiner Kindheit das nicht
so empfunden hab. Wenn man sich gewünscht hat, man hat drei
Wünsche frei – bei Märchen oder so –, dass ich mir gewünscht hab,
ich möchte das Auge Gottes sehen oder so abgefahrenes Zeug.
Wo ich dachte: „Sag mal, wo war ich denn da schon unterwegs?"
Dann weiß ich auch, dass ich das ganze Gottesbild, das ich mir als
Kind so zurecht gebastelt hab …, wie kompliziert das schon war! …
Und ich dachte halt, dass alle Kinder gleich sind! Also es ist ja ganz
schwer, das dann so zu unterscheiden. Ich glaube, so als kleines
Mädchen hab ich noch nicht gewusst, dass ich anders bin. *lacht*
Es dämmerte mir erst jetzt so langsam! Ja!

**Dass du sehr empathisch bist und z. B. die Stimmung im Be-
rufsleben aufnimmst?**
Ja. … …

**Du bist also im Prinzip schon die richtige Frau auf dem rich-
tigen Posten!?**
Ja! … Ich hab auch manchmal wirklich ein Problem mit dieser An-   *Selbstwert*
erkennung. Aber vielleicht ändert sich das ja, wenn ich mal durch
meine emotionalen Anerkennungsdinge durchgegangen bin. Im
Moment ist es noch so, dass ich das Gefühl hab, dass, wenn ich
mich selbst mehr anerkenne, dann realisiert es tatsächlich auch
meine Umwelt. Dann krieg ich auch so'n Feedback wie: „Woah, es
ist ja ganz toll, dass du ein Teil des Teams bist und du hast ja durch
deine Fähigkeiten und tralala …". Das ist dann wie so 'n Schock!
lacht, so: „Woah! Was ist das denn jetzt? So plötzlich?" Aber die
meiste Zeit hab ich eher das Gefühl, dass es nicht gesehen wird,
was ich da so alles eigentlich mache, … oder als selbstverständlich genommen wird, dass man sein Zeug macht und halt verbra-
ten wird, so 'ne!
So wie ich jetzt zum Beispiel zu Hause gearbeitet hab und diesen Onlinekatalog da gemacht habt, und im Prinzip nur die Zeit
aufschreibe, in der ich arbeite. Die Zeit, in der ich rumhänge auf
dem Sofa oder mir 'n Kaffee mache oder so … ähm … schreibe
ich nicht als Arbeitszeit auf. Dann komme ich auf 'ne Produktions-

zeit, die so kurz ist, diese kreative Arbeit, dass meine Chefin den Kopf geschüttelt hat und meinte: „Oh, was? Du hast nur so und so viel Stunden gebraucht für *DAS alles*?" Wo ich dann diese *Genialität ...*, die verkaufe ich quasi für die gleichen 28,80 €, wie wenn ich acht Stunden lang ... so auf 10 % arbeite. Da stimmt dann das Geld im Verhältnis zu der Qualität nicht, die ich dann bringe. Ich *kann* aber auch nicht acht Stunden am Tag so arbeiten, das kann ich nicht! Ich kann das ..., sagen wir mal sechs Stunden geht gut, und dann muss ich aber auch gut schlafen und so. Aber die Wertschätzung, die Anerkennung dann ..., da isses noch nicht so ganz im Verhältnis. Ich denk, da muss ich mich auch irgendwie raus entwickeln, oder immer mehr erkennen: „Hey, entweder ich schlag da jetzt noch die anderen Stunden drauf, oder ich mach irgendwie so 'n Deal mit, dass es halt funktioniert." ... ...

Hängt der äußere Respekt damit zusammen, wie ich mich selber respektiere?
Ja! Garantiert, ja. Ich bin schon davon überzeugt, dass ich ein wertvoller Mensch bin. ... Weißt du, so kopfmäßig is schon so viel klar! Aber ich hab das Gefühl, da muss ich an 'ner inneren Geschichte arbeiten, damit sich solche Sachen im Äußeren zeigen. Das hilft mir nix, wenn ich sage: „Ich bin 'ne schöne Frau und ich bin ja auch so schlank." Es funktioniert bei mir nicht, wenn ich versuch, mir das einzureden, dann ... beweist mir meine Welt das Gegenteil.

Wenn die mentale Ebene nicht ausreicht, welche Ebene bräuchtest du noch, damit es funktioniert?
Ja, ich glaube, dass das die Emotionen sind, also die seelische ... *seufzt* Für mich gibt's im Prinzip die *Spüre*ebene und die *Denk*ebene. Ich kann mir etwas ausdenken, aber das spüre ich nicht unbedingt. Was ich fühle ..., – spüren find' ich fast besser –, das hat irgendwas mit *allen* Sinnen zu tun.
Aber da ist noch 'ne Instanz, die im Spüren ist. ... Das ist im Prinzip eher so wie mit 'ner Katze: Die reagiert überhaupt nicht auf unter Druck setzen und Zwanghaftigkeit. So ist mein inneres Wesen. Ich weiß immer nur, ich kann es nicht mit Willenskraft machen, das kann ich nicht erzwingen. Das ist sowas wie ... mich auf mich selber einlassen. Ich muss letztlich in mir den Raum öffnen, damit mein inneres Wesen Lust hat, da zu sein. Und das hat's oft nicht. Meistens ist der Schauplatz meines Alltags so spannungsreich und doof, dass ich einfach net anwesend sein will. So! *beide lachen* Oh Gott, was ein Mensch alles so mitmacht! *lacht* Ja, spannend!

Innere Entwicklung durch Gefühle

Sinn des Lebens. Kennst du das Thema?
Ja. *lacht* Kann ich bald nimmer hörn! Sinn des Lebens. ... Soll
ich was dazu sagen?

Sinn des Lebens

**Jahaha! Es muss ja einen Grund haben, wenn du es schon
langsam nicht mehr hören magst.**
Ja ja! ... Ja. Also, ... über'n Sinn des Lebens nachzudenken, darüber habe ich glaube ich schon mal erkannt, dass nicht alle Menschen gleich sind, weil ich wunderlicherweise dachte, dass jeder
über den Sinn des Lebens nachdenken würde. Und dann hab ich
Menschen getroffen, die haben noch nie dadrüber nachgedacht!
Da dacht ich: „Ehh!?!? Komisch." Es ist ja auch nicht so, dass ich
mich für besonders schlau halte, im Gegenteil. Aber das liegt daran, dass ich halt zwei hochbegabte Brüder hab und ich war die
Dümmste in der Reihe, 'ne! Also ich hatte schlechtere Mathenoten
und so. Und dann haben die irgendwann mal beschlossen, dass
ich die Döofste von der Familie bin!! *beide kichern*
Insofern hab ich mich damit arrangiert und dachte: „Na gut, die Jungs
haben die Intelligenz und ich halt ..." keine Ahnung. Und deswegen
dachte ich auch nicht, dass ich so ein akademischer Typ wäre. Ich
war ja quasi als mittel-doof *lacht* gelabelt, und ... dann hab ich
mich trotzdem gewundert, dass nicht alle, sobald sie anfangen zu
denken, sich über den Sinn des Lebens unterhalten. ... Ja!
Naja, Sinn des Lebens?... ... Ich finde es ganz schwierig mir vor-
zustellen, dass das Leben kein Sinn hat. Deswegen musste ich mir
ja irgendwie ein religiöses Konzept überlegen, sonst wär's ganz
furchtbar. Weil ich das nicht alles verantworten könnte, ohne etwas
außerhalb ..., so, das würde ich net ertragen. Ich würd net ertragen,
dass die Menschen so gewaltvoll, verletzend sind, ...
Das ist auch so ein Punkt, der mich als Kind wahnsinnig beschäftigt hat, diese ganzen nationalsozialistischen Geschichten, dieser
Scheiß! Das war ja auch in meiner Kindheit ..., es ist so viel ..., kam
mir so vor, ... ich hab's jedenfalls so empfunden, dass das ständig zelebriert wurde, wie schlimm das alles war. Was heißt zelebriert, es ist ja auch gut so, dass aufgeklärt wurde. Aber ich hab so
viele KZ-Opfer gesehen, und so viele Black People, die verurteilt
wurden, und so viele Jesusfilme und so viele schlimme Sachen in
meinem kleinen Kinderhirn, dass ich ganz viel geweint hab darüber, wie schlimm die Menschen sind, weil ich das nicht verstanden
hab. Ich hab nicht verstanden, warum Menschen so miteinander
umgehen können. Wieso ein Jesus Christus ans Kreuz genagelt
wird! Ich hab das ja alles so geglaubt. Ich konnte nicht ... glauben,

dass ich zu der Gattung Menschen gehöre, dass wir so sein müssen. Dass das überhaupt Menschen können, so 'ne? …
Und da … *seufzt* ich das so schwer empfand, das alles zu verstehen, hab ich dann einfach gehofft, dass es irgend 'ne Logik gibt, die über das … Irdische hinaus ist, und das ist halt letztlich irgend 'n Glaubensbild. Und da hab ich mir … jaa, … alle möglichen Dinge angeguckt. Ich bin nicht so 'n Mensch, der jetzt jemandem folgen kann, der eine Glaubensrichtung ankündigt. Ich konnte auch keine …, – dass ich diese buddhistischen Gottheiten und das alles so toll finde, weil ich das irgendwie spannend und schön und ästhetisch finde oder so –, ich kann mich da nicht hinsetzen und zu einer Tara beten, wenn ich nicht tatsächlich einen Bezug dazu habe. Ich muss ein Bezug dazu haben, der aus mir entspringt. Die Menschen, die müssen schon beeindruckend sein, die mir als Meister irgendwas erzählen können. Also das ist echt schlimm.
Wenn hier jemand auftaucht und eine überzeugende Lebensphilosophie schildert und ich diesen Menschen sehe, und sehe, anhand von seinem eigenen Leben ist das authentisch, dann wäre ich die beste Schülerin. Aber das ist mir leider nicht so oft begegnet. …
Also, ich bin noch nicht fertig mit der Frage „Sinn des Lebens". Ich hoff ja immer, … … dass wir alle hier sind, … weil wir … weil wir hier irgendwie was erfüllen, weil wir uns irgendwie entfalten zu irgend 'nem Zweck. Und dass das in einem höheren Sinne ist, daran glaube ich, … weil … mich das letztlich aufrecht erhält. Ich brauche so 'ne … Idee …, sonst hätte ich keine Motivation zu leben. Wenn ich nicht das Gefühl hätte, das hat irgendwie Sinn, und zwar ned nur für mich …, weil für mich allein hat's definitiv keinen Sinn, das Leben. Ich sag jetzt mal blöd *mein Leben* …, – ich hab, seit ich zehn bin, so viel Schmerzen gehabt … zweimal im Monat *immer*, manchmal auch drei, vier, fünf mal, oder Tage am Stück, wo ich das Gefühl hab, mir tut alles weh. –, und das gibt mir selber keinen Sinn, wenn ich nicht das Gefühl hätte, es gibt irgendwie … noch etwas von mehr Bedeutung als nur mich selber. … Tja, dann wär ich, glaub ich, nimmer hier. Gut, die Kinder natürlich. Aber so dieses … ich mich selbst, durch mich selbst, nur alleine … definiert, rechtfertigt das Leben nicht. Dafür hab ich zuviel Schmerzen gehabt, … also, dafür ist es auch zu schräg und zu verletzend das Leben auf der Erde. Das ist nicht schön und das kann nicht der Grund sein.
Wenn ich sage, es ist ein Highlight, dass ich mich in mir selbst wohl fühle und alles da sein darf, was ich fühle, … und wenn *das* Highlights sind, dann heißt es ja, dass ich mich die meiste Zeit irgendwie zurückhalte oder unterdrücken muss oder anpassen oder

wegatmen oder so. … Also, … das kann nicht der Sinn des Lebens
sein. Ich hab mir mal gedacht, … all das zu spüren … und mit mir
selbst empathisch zu sein, das gibt mir irgendwann mal die Fähigkeit, andere Menschen darin zu begleiten, und vielleicht kann ich
den Menschen dann das geben, was ich nie hatte. Das Gefühl,
dass mir jemand dahin folgt, das motiviert mich. Letztlich motiviert
mich immer nur ein Ziel, was über mich selbst hinaus geht, … …
ja. Ab da macht's mir Spaß. Ab dem Moment, wo ich sage, das mache ich nicht für mich sondern vielleicht können da andere mitpro-
fitieren, das irgendwie teilen oder so, … dann habe ich Motivation.

**Welche Rolle oder welchen Stellenwert nimmt Spiritualität in
deinem Leben ein?**
… … *seufzt* … ähm. … … die Spiritualität. … … Wenn ich es nicht   *Spiritualität*
als Konzepte von außen, sondern als innerer Raum oder Ebene
sehe, … dann ist es auf jeden Fall die spannendste aller Ebenen.
Wobei Emotionen schon auch sehr spannend sind. Also insofern
nimmt's einen sehr hohen Stellenwert ein, die Spiritualität …, und
ich finde vor allem, dass darin dieses Mysterium des Lebens liegt
und die Wunder oder die Dinge, die nicht mehr erklärbar sind. Was
ich wahrnehme, was nicht in eine logische Erklärung passt, das
kann ich dann dahin stellen und da hat's seinen Platz. Das mache
ich auch schon lange, dass ich quasi an keine Zufälle glaube. …
Ich war 'ne sehr junge Frau, ich hatte noch keine Kinder, so siebzehn, achtzehn oder so, da hab ich Siddharta gelesen von …, weiß
nicht, da war ich wohl vierzehn. Ich hab Siddharta gelesen und hab
die Worte noch gar nicht verstanden! Die musste ich wirklich nach-
schauen, was diese indischen Begriffe heißen. Aber ich hatte das
Gefühl, genau das … entspricht mir. Und ich finde, es ist ein sehr
spirituelles Buch, sehr auf der Suche nach sich selbst. Ich hatte das
Gefühl, der spricht mir aus der Seele, das hab ich damals schon
gedacht. Und mit siebenundzwanzig hab ich's nochmal gelesen
und fand das verblüffend, dass die Bemerkungen, was ich so un-
terstrichen hatte, dass mich das noch immer genauso berührt. Und
dass ich auch noch kein Stück weiter bin *lacht* Dass ich das immer noch so verwirrend finde, alles.

Also … ich bin definitiv nicht der Mensch, der acht Stunden am Tag
meditiert. Ich hatte ja auch schon mal so viel meditiert und so viel
geklärt und gebetet und gemacht, dass ich das Gefühl hatte: So,
jetzt hab ich *alles* aufgeräumt, mein ganzes psychisches Haus, meine Seele, und bis zum Horizont ist nur noch weißer Sand, und ich

fühle mich verbunden. ... Und dann wusste ich nicht mehr weiter!
Dann hatte ich das Gefühl, es geht nur weiter, wenn wir ... hier in
unserem irdischen Leben, unsere Aufgabe übernehmen und unser
Ding machen! Es kann ja nicht sein, dass ich mich wegmeditieren
muss, um dann irgendwie in der siebten Ebene irgendwelche ...
anderen Spirits zu suchen ..., wenn ich noch hier auf der Erde lebe.
Sonst wär ich ja nicht inkarniert! Und auf solche Dinge komme ich
dann. Ich hab dann mal irgendwann gesagt: „Leute, dann schickt
mich jetzt mal dahin, wo ich gebraucht werde." Und das fühlt sich
langsam so an, dass da manchmal so Dinge kommen, die Sachen
kommen zusammen und meine Fähigkeiten und die Inhalte fügen
sich dann, wo ich einen Teil dazu beitragen kann. Ich will hier gar
nicht groß rauskommen oder irgendwas, sondern ich will einfach
nur meine Fähigkeit irgendwohin tragen, wo sie irgendjemand
braucht, so, 'ne. Ja. ... ...

Ein Thema noch: das Thema Liebe. *beide kichern*
Ja.

Offensichtlich nicht ganz leicht das Thema für dich?
Nee... eigentlich find' ich ja Liebe gar nicht schwer! *kichert* Weiß
gar nicht, was so kompliziert ist! Ich fühl' mich selber auch nicht
kompliziert, aber ... ähm ... ja das Thema Liebe ist ... Also, ich ver-
lieb mich leicht, ich bin leicht entflammbar. Aber ich ... ... ich bin
so 'ne spezielle Mischung irgendwie, weil, ... ich mag schon 'n fes-
tes Commitment, so dass ich mich wirklich verlassen kann auf den
anderen, so auf das Herz irgendwie so. ... Auf der anderen Seite
aber brauch ich auch ganz viel Freiheit. Ist nicht so, dass ich mit
anderen Partnern was anfangen will, das interessiert mich gar nicht.
Sondern ich brauch einfach ... das Gefühl von Vertrauen, dass ich
mich mal irgendwie ..., wenn ich mich nicht so fühle oder so, dass
ich dann auch ... Ich hab einfach blöde Erfahrungen gemacht. Alles
was ich mir wünsche, ist doch so selbstverständlich! Das ist doch
so natürlich. Wenn sich ein Mensch irgendwie zurückziehen muss,
dass man ihn dann in Ruhe lässt. Aber ich hab das leider noch nie
so richtig erlebt, ... immer mit so 'nem bitteren Beigeschmack. Insofern ... hatte ich nicht so richtig viel Glück in der Liebe.

Hochsensibilität in der Liebe

Was sollte ein Partner für dich mitbringen?
Ähm ... ... also, ... ich finde ein ganz wichtiger Punkt ist, dass
er mich lässt. Ist zwar komisch, damit jetzt anzufangen, aber das
ist 'ne Erfahrung, die ich halt nicht kenne. Dass ich gelassen wer-

de, wenn ich gelassen werden *muss*. Und dass ich auch nicht in ein Rechtfertigungsgezeter gezogen werde. … Also ich kann nicht immer Nähe ab. Und wenn das von mir erzwungen wird, dann find ich das so ganz schlimm, dann hört auch meine Liebe auf. … Ich kann ganz schlecht unter Zwang … so … *seufzt* Ich denke, in der Liebe das ist so der Bereich, wo ich mich am wenigsten verstellen kann / will. Ich mach so viel Kompromisse, ich geh soviel auf andere zu, … ich mach Dinge, die ich nicht so gerne machen, weil's jetzt eben so sein muss usw. Und in der Partnerschaft, oder ich sag mal in meinem inneren privaten Raum, möchte ich das nicht auch noch tun. Da ist so 'ne Kompromissmüdigkeit. Ich hab das Gefühl, mit meinem ganzen Leben mach ich schon so viele Kompromisse. Dann müsste der Partner, den ich habe … … mich so lassen, wie ich bin.

Ich würde mal sagen, dass ich echt mit vielen Menschen gut klar komme, … aber nicht immer gut klar kommen *will*. Und ich hab schon Streitigkeiten gehabt …, bittere Kämpfe, … wo es ganz konkret um's eigene Zimmer ging, dass ich mein eigenes Bett in meinem eigenen Zimmer haben will. … Also Kuriositäten, wo ich denke „Leute, wieso kämpfe ich denn für so selbstverständliche Dinge?!" Es wird ja wohl irgendwo auf der Welt irgendwelche Männer geben, die das anders handeln?! Ich hatte so das Gefühl, entweder forder ich zuviel Freiheit, wo mir dann unterstellt wird, dass ich mit einem anderen Mann schlafen will, bis hin zu …, dass er mal meinte, ich würde mich mit mir selbst betrinken, weil ich dann in meinem eigenen Zimmer masturbieren würde . Also so schwachsinnige Sachen, wo ich denke: „Hallo!? Sag mal! Und wenn schon! Was is das denn!?" … Oder dass es akzeptiert wird, aber dann *so 'ne* oberflächliche Beziehung ist, dass der Typ halt noch drei andere Frauen vögelt. Das ist dann die Alternative, freie Liebe und das Ganze. Ich kann das schon auch mal, mit 'nem Typen, der drei Frauen vögelt, aber dann hab ich eben nicht diese Nähe, dann hab ich keine Lust. Damit kann ich auch umgehen, aber ich hab dann kein Commitment. … Letztlich glaub ich schon an Partnerschaft! Und ich glaub auch immer noch an die große Liebe. Aber ich hab beschlossen, es hilft mir mehr, wenn ich mich erstmal in mein eigenes Leben verliebe, so jeden Tag und die kleinen Sachen. … Das ist auch ganz schwer für mich, mich von 'nem anderen Menschen abhängig zu fühlen. … … Das ist einfach in meiner Psychostruktur so, weil ich das Gefühl von „Ich bin abhängig." sofort mit benutzt-werden in Verbindung bringe. … Abhängig sein heißt immer, dass der andere, sobald er mich hat, irgendwas Blödes mit mir macht. Und deswegen … hab

Freiraum in der Partnerschaft

Sich selbst annehmen

ich nicht so ein Urvertrauen. … Ja, … pff, doch, im Prinzip hab ich
so ein Urvertrauen, aber ich wurde immer eines Besseren belehrt.
Ich glaube in der tiefsten Seele, dass Menschen gut sind, und bin
immer davon überzeugt worden, dass … also, immer ist mein *tiefs-
tes* Menschenvertrauen zutiefst zerrüttet worden. Wo ich mich immer wundere, dass ich mich noch immer verlieben kann. Ich glaube, die Seele und das Wesen des Menschen muss doch irgendwie
toll sein, 'ne. … *seufzt*…
Die letzten Beziehungen, die ich hatte, die war'n immer so abge-
laufen, dass ich 'n Mann getroffen hab, der dann meinte: „Oah! *Du*
bist der tollste Mensch, der mir je begegnet ist!" So ganz groß, ganz
groß, und dass ich doch so …, und bla bla und schwärm schwärm
usw. Ich kam mir dann immer vor wie so 'n Konsumartikel, wie so
was ganz Tolles, wie wenn man 'ner kleinen Fee begegnet, die einem … Reiki gibt und massiert und tollen Sex und ah, ist ja auch
so easy bei mir, und man kann ja hier auch sofort einziehen, weil
ich hab ja so ein gemütliches Wesen, und bei mir gibt's auch immer gutes Essen … und so 'ne! *seufzt*… Wo ich dann das Gefühl
hab „Ja, ich bin ganz toll *für dich*! Und … was … – also blöd jetzt,
aber – was hab ich'n davon!?" Nur damit ich jemand habe …? Das
ist dann auch so ein Anspruch …, ich würde nie mit 'm Menschen
zusammen eine Liebesgeschichte machen, *nur* damit ich nicht alleine bin. Da bin ich lieber alleine!

Ehrlichkeit in der Partnerschaft

Ich forder von mir selber auch so 'ne ganz gnadenlose Ehrlichkeit.
Ich guck hin: Liebst du den wirklich? Stimmt das noch? oder … Jetzt,
in der letzten Beziehung, da hatte ich nach 'nem Jahr das Gefühl
gehabt, wir spielen Beziehung: „Schatz, was kaufst du denn ein?"
und so. Ich dacht' „Ist das alles noch echt!? Oder machen wir das,
weil jetzt ein Programm abläuft?" Und ich war dann froh, wenn er
nicht da war, weil dann konnte ich *ich selber* sein. Sobald er zur Tür
rein kam, war das irgendwie so Theater ‚Beziehung'. … Da kann
dann meine Liebe nicht mehr sein.
Meine Liebe ist, oder mein Herz ist dann wie so 'ne Katze: Die
kannst du nur davon überzeugen, indem es dann eben gemütlich
ist, dass der Raum schön ist, den man zusammen hat oder … das
Miteinander … Ja, ich denk, wenn ich mal selber an dem Punkt
bin, dass ich sagen kann: „Ich respektier' mich für all das, wie ich
selber bin", dann kann das vielleicht auch 'n Partner. Im Moment
hab ich das noch nicht so ganz. … Ich merke, wie meine Überzeugung, mein Glaubenssystem ist und wie ich es selbst auf der anderen Seite boykottiere. … …

Boykottierst, indem du was tust?
… … … Mhhmm … … … Ja, das ist so was wie: Ich kann mir selbst
halt nix vormachen. Boykottieren ist vielleicht ein blödes Wort dafür. Aber jetzt, wo ich mit dem Mann zusammen war, wusste ich
genau, wie ich mit dem umgehen musste, damit … – ist vielleicht
auch egoistisch –, damit er gut drauf ist, damit ich kein Stress hab.
Aber ich hab dann 'ne Instanz in mir, die dann nervt und sagt: „Du
fühlst dich doch ned wohl, geb's doch zu."
Ein Freund von mir hat mal gesagt: „Du boykottierst das Glück. Du
kannst doch gar keine Harmonie vertragen, das ist doch gar nicht
dein Ding." Und das fand ich ganz schlimm! Weil das gar nicht
stimmt, weil ich gar nicht das Gefühl hab. Ich mag total gern Harmonie! Aber ich mag nicht Langeweile und ich mag nicht eingefahrene Muster. Und das ist nicht Harmonie für mich. Ich brauch immer
so 'n bisschen Lebenigkeit. … Und auch … das Gefühl, wenn ich
einen Menschen liebe und ihm mein Herz schenke, dann will ich
auch gesehen werden, dann möchte ich auch, dass das Miteinander echt ist. Ja, … da laufen sie mir echt weg …

Was ist denn deine Form von Harmonie?
… … … … Mmh! … Meine Form von Harmonie? … … Harmonie
ist so, … das hat so was wie 'ne natürliche Ordnung, wie so ein   *Harmonie-*
Naturphänomen, wie Wachstum einer Pflanze oder … des Meeres,   *empfinden*
Ebbe und Flut, das sich sehr bewegt, aber trotzdem harmonisch ist.
Wenn etwas in seiner natürlichen Ordnung ist, was natürlich ein irrer
Anspruch ist. Ich hab das Gefühl, ich spür' das. Wenn jemand …
anders das nicht spürt, wie soll ich das dann erklären? Also, wenn
eine Beziehung so ist, wie so eine Blume wächst. Ich find', auch
ein Mensch ist wie so 'ne Pflanze. An meinen Kindern kann ich das
auch spüren, wenn die sich so entwickeln und das passt …, dann
ham die auch so 'ne gewisse Lebenigkeit.
Also für mich ist harmonisch auch, wenn … … wenn mich mein
Gegenüber verletzt und ich kann das ehrlich spüren und zugeben,
und der andere dann ehrlich darauf reagiert, dann kann das eine
ganz harmonische Geschichte sein, obwohl das ein Konflikt ist.
Aber einfach nur deswegen, weil's nicht dagegen arbeitet. Wenn
ich mir selber eingestehe: „Oah, jetzt macht mich das total traurig!"
und dann … sag ich dir das und es wird angenommen und kein
anderes Drama draus gemacht, sondern es einfach so sein kann
wie's ist. Ich würd mal sagen, ein natürlicher zwischenmenschlicher
Umgang miteinander. Wo ich mich manchmal frage, warum das so
schwer ist, dass wir das tun. *kichert* Ja. … …

Wie verträgt sich deine Hochsensibilität mit deinen Kindern? Mit Kinder bekommen, aufziehen oder erziehen und mit Kindern leben?

Also *damit* hatte ich überhaupt kein Problem! In der Rolle als Mutter hatte ich damit kein Problem, weil's ja 'ne natürliche Sache ist. Ich musste mich ja nur auf meine … das Gefühl, auf meine Intuition … Da kann man nur das Richtige tun, wenn man Kinder kriegt. Da kann ich nicht falsch liegen, weil …, das liegt in der Natur einer Frau, das wird schon irgendwie gehen. Da hab ich so ein Vertrauen zu meiner eigenen Intuition gehabt. Und ich hab auch sehr jung Kinder gekriegt. Einundzwanzig war ich, als ich die bekommen hab. Ich hab da noch nie drüber nachgedacht. …

Also, schwierig ist bestimmt dieses Empathische, oder dieses Gefühl, dass man sich mit den Kindern sehr verbunden fühlt, dass man die Grenze irgendwie lernen muss. … Das Thema Abgrenzung war 'ne gute Übung für mich, weil Kinder ja Grenzen brauchen. … Dieses Grenzensetzen ist tatsächlich etwas, was ich energetisch tun muss, um das klar zu machen …, weil das sonst nicht funktionieren würde. Das ist so, dass ich in dem Moment, wo ich an meiner Grenze bin, muss ich die Grenze ziehen. Und die Kinder die ganze Zeit an mir rum …, ah! Schon beim Stillen! Ab dem Moment, wo ich nicht mehr mag, weil es mir zu viel wird, da setz ich 'ne Grenze, und insofern konnte ich das ganz gut lernen.

Und man muss auch üben, dass die Empathie auch irgendwann mal nicht mehr gesund ist. Ich hab meine Kinder nie schreien lassen können. Ging nicht, da wär ich echt gestorben. Aber wenn man merkt, die zetern, um irgendwas zu erreichen, dann schon. … Für mich war das Kinderkriegen …, ich hab da so viel gelernt über das Menschsein. Und ich fand's auch ganz schwer, die Kinder zu lassen, es sich einfach entwickeln zu lassen, entfalten zu lassen. Das Gefühl zu kriegen „Gib denen einfach Vertrauen, die machen schon ihren Weg!" Darüber hab ich natürlich auch gesehen, wie schwer es *mir* gemacht wurde, oder wie schwer ich es hatte. Also … was für blödsinnige, schwachsinnige Störungen man einem Kind in den Weg legen kann, das sich einfach nur entwickeln kann, wenn du's unterstützt.

Zum Beispiel: … meine Tochter hat Abitur gemacht und hat – also, da war sie schon älteres Kind gewesen, ist ein Beispiel, das mir gerade jetzt einfällt –, und hat dann beschlossen, dass sie sich erstmal 'n Jahr nicht mehr um Bücher und Lernen und so kümmert, dass sie mal Abstand braucht von dem ganzen Scheiß. Dann hat sie in 'ner Kneipe gearbeitet und wollte auch nix wissen von Be-

Hochsensible Elternschaft

Grenzen setzen lernen

Kindern ihren Weg lassen

rufsplanung. Ich hab sie in dem Jahr, ich sag mal ... vielleicht so insgesamt fünf mal gefragt, was sie denn jetzt so vor hat. Und ... da hätte sie mich beinahe aufgefressen *äfft in bissigem Ton nach*: „Äh! Das geht dich nix an! Muss meinen eigenen Weg finden!" und so Gezeter, ich soll sie mit meinen Ängsten in Ruhe lassen und so. Da hab ich dann echt geübt, sie zu lassen. Ich dachte „Ja genau, genau dasselbe hast du dir auch gewünscht, dass deine Eltern einfach Vertrauen haben in deinen eigenen Lebensweg und dich nicht permanent mit ihren Ängsten belagern." Ich hab mir dann gesagt: „Das Kind geht seinen Weg und sie findet schon ihr Ding. Ist 'ne schöne Frau, stark und macht ihrs!" Also, *ich* musste mit mir selbst reden, um mich davon zu überzeugen, dass das Kind seinen Weg geht und dass ich mit meinem Ängsten draußen bleiben muss und dass mich das auch wirklich nix angeht, so. Es ist Übung und Selbstdisziplin, zu vertrauen, dass das Kind das schafft ... Das hat mich natürlich auch schon was gekostet, aber auf der anderen Seite hat das dann auch immer so schnell Früchte getragen.

Was für Früchte?
Ja, dass sie da plötzlich wie 'ne Irre wusste, dass sie jetzt Physiotherapeutin wird. Und vorher wusste sie *gar nichts*. Und jetzt ist sie total überzeugte Physiotherapeutin! Vorher war so: Spanischlehrerin, oder och, oder gar ... auswandern, oder ..., überhaupt kein Bild von nichts. Dann hat sie sich das so überlegt und die Schule angeguckt und fand's toll und hat das dann gleich gemacht. Die ist eben anders als ich, ... ich hatte schon immer so viele Ideen, was ich werden will und sie hatte nie 'ne Idee!

Also, ich glaub, dass das Hochsensible eigentlich ein Vorteil ist, weil man sich ja in die Kinder auch gut reinversetzen kann. ... Aber wie gesagt, ich hab' auch ned so viel drüber nachgedacht, über Kinderkriegen, weil ich hab sie ja so früh bekommen und hab's halt so gut gemacht, wie ich konnte. Jetzt ... jetzt würde ich mich auch viel mehr sorgen oder das Gefühl haben, es würde komplizierter sein als es ist. Aber so die eigene Intuition ..., oder der Zugang zu diesem ‚spür-mal-hin-was-da-jetzt-richtig-ist', das passt zum Elternsein ganz gut. Man spürt ja auch, ob sie Scheiß machen oder ob sie wirklich in 'ner Notsituation sind. Insofern find ich das ganz gut zu vereinbaren.

Du hast hier auf dieser Liste viel bei den hochsensiblen Merkmalen angekreuzt, aber auch viel bei der Hochbegabung. Ist

dir das Thema der Hochbegabung in Bezug auf dein eigenes Leben bekannt? Du hast ja gesagt, deine beiden Brüder seien hochbegabt, dein Sohn ist hochbegabt, aber hast du das selber für dich auch angenommen?

Hochbegabung

In Erwägung gezogen, ja! ... Ich hab mal mit meinem Therapeuten darüber gesprochen, als es um meinen Sohn ging. Ich meinte, ich bin ja auf keinen Fall irgendwie begabt und so. Dann hatte er das infrage gestellt und meinte ... so ungefähr: „Na, keinen IQ haste ja auch nicht. Also stell dich mal nicht so dar." Tiefstapeln. Und dann hab ich mal drüber nachgedacht und hab dann aber beschlossen, dass es bei mir irgendwie nicht in der Auffassungsgabe ..., also nicht im Verstandes... Ich bin nicht so ein Logiker oder hab so 'n ... fotografisches Gedächtnis und was Hochbegabte so haben. Mein Sohn hat auch kein fotografisches Gedächtnis, aber der kann viel schneller Zusammenhänge erfassen und sich Sachen leicht merken. Ich bin ganz schlecht in Sprachen. Ich hab da überlegt und bin zu dem Schluss gekommen, dass ich irgendwie ... verkompliziert bin ..., und auf keinen Fall in geistigen Bereichen ... *lacht ausgiebig* Also, das muss irgendwie auf 'ner anderen Ebene sein, hab ich dann beschlossen. Aber ich hab so dieses ... – ich nenn's gerne akademisch –, aber so dieses Hinterfragende, so der Geist, der immer dahinter gucken will und so, den hab ich ganz arg. Da merke ich auch, wenn ich mich nicht stoppe, dass ich dann stundenlang so Zusammenhänge suchen und mich mit Sachen wie ... Astrologie oder Homöopathie und so Dinge, wo man eben Zusammenhänge finden kann, die finde ich super spannend.

Fällt es dir auch leicht, dich in so etwas einzuarbeiten?

Das fällt mir total leicht, ja. Aber ich brauch immer einen persönlichen Bezug dazu. Ich kann das nicht, wenn das nur Theorie ist. Und deswegen ... fand ich mich da nicht so richtig wieder.

Also, was ich auch kenne, ist das Thema Motivation, dass ich nicht gut arbeiten kann, wenn ich nicht motiviert bin. Dass ich eher, wenn ich unterfordert bin, depressiv werde. Dass ich immer so ein bisschen gefordert sein muss. Sonst ... würd ich gleich sterben oder so. Also, das ist jetzt extrem, aber wenn ich keinem Auftrag hab, dann will ich auch nicht mehr hier sein. Das hatte ich mal bei Hochbegabten gelesen.

Ich denke mal, ich hab da unter Hochbegabung, ... da seh ich irgendwie ein Bild von jemandem, die können ganz viel sprechen oder ganz gut Mathematik und ganz viel so. Und das bin ich alles nicht. Also ich seh mich da nicht so drin. Eher, dass ich kompliziert bin, oder viele Ebenen gleichzeitig … vernetze. So.

Ich danke dir von Herzen für dieses Interview und für deine Offenheit.
Ja gerne!

Angaben aus dem Interview-Fragebogen zur Person:

Aufgewachsen:	bei beiden Eltern und Oma, drittes von 4 Kindern
War Bildung zu Hause wichtig?:	k. A.
Ausbildung:	Diplom Designerin
Beruf:	Grafik Design; selbständig; kreativ
Familienstand:	ledig, 2 Kinder
Einige Merkmale:	**Kind:** bin perfektionistisch; nehme Stimmungen und Emotionen anderer wahr
	Erwachsene: lasse mich leicht ablenken; Konflikte nehmen mich sehr mit; handle und entscheide langsam; laute Geräusche und grelles Licht stören mich; habe wenig Selbstvertrauen; spüre Stimmungen anderer deutlich; bin gerne in der Natur; kommuniziere gerne intensiv
	Hochbegabte: habe ein anderes Lern- und Arbeitstempo; fühle mich von Reizen überflutet; suche immer den besten Lösungsweg; denke schnell und komplex; habe Sinn für „trockenen" Humor; experimentiere gern; verzettele mich auch schon mal; Smalltalk strengt mich an

Jule, 49 Jahre

Ick hab mich dann wieder an anderen orientiert,
die ja acht Stunden arbeiten, fünf Kinder haben und
abends um neun mit Freude noch 'n Pflaumenkuchen backen.

Wie warst du als Kind?

Kindheit

Na eigentlich, von der Sache her, ziemlich lebhaft. Ick wollte immer … uff die Bühne und wat vortragen und singen und schauspielern und so wat. Ick bin ooch überall mit den Kindern jut klar gekommen. Bloß, ick musste immer leise sein zu Hause.

Also meine Eltern, die warn so 'ne Intellektuellen. Mein Vadder war Kunstwissenschaftler, da musste man immer leise sein. Da durft ick ooch nich laut singen oder so, wurde immer so 'n bisschen gebremst in allem. Ick wurde jar nicht beachtet, bin so nebenbei da irgendwo uffjewachsen. Die haben sich nich um mich gekümmert und ick bin immer woanders hingegangen, zu andern Familien. Also von daher war ick ziemlich einsam … ja. … Aber eigentlich wollte ick allet mögliche, ooch, Schlittschuhläuferin, … wat ick allet werden wollte! Hat sich ja nie eener jekümmert. So wie ick mit meinen Kindern, dass ick die an der Hand jenommen hab und hierhin jeschleift, zu dem Sportverein und zu dem und so. Det hat mit mir keener jemacht. Also, wäre vielleicht schön jewesen, ja.

Selbstständiges Kind

Ick hab mir dann immer selber wat jesucht, ick bin dann selber in irgend 'n Chor jejangen, irgendwie so 'ne Sachen. Und in der Schule hatt ick Kontakt zu allen. In der Jugend ooch, da bin ick eigentlich jut mit allen klar gekommen, also ick war nie irgendwie 'n Außenseiter. Ick hab immer jedacht „Och, mir jehört die Welt! … Schule is fertig, jetzt kann man hier durch die Jegend trampen und verreisen", und wat nich allet so. Also … sorglos. Soweit wie man konnte – ick bin ja Ostlerin – und soweit wie man jekommen ist, also schon Ungarn, Bulgarien und diese ganzen Länder, so, durchgetrampt … Ja, ick hatte ooch vor nichts Angst, wat ick jetzt ja unheimlich habe, also det jeht jar nich mehr so.

Depressionen und Ängste

Angst zu versagen. Vor 'ner Zeit lang konnt ick uff keen Bahnhof gehn und hatte Angst mich zurecht zu finden und die Leute und … Det hat aber allet wahrscheinlich mit der Depression zu tun, die dann plötzlich aufgetreten is, als … na, als ick allet so – Familie, Werkstatt, Kinder –, allet unter eenen Hut bringen wollte. Ick dach-

Funktionieren müssen

te immer, ick muss funktionieren, ick muss 'ne tolle Ehefrau sein, die Kinder müssen perfekt versorgt werden, die Werkstatt soll gut sein. Ick wollte Anerkennung haben, wat ick von meinen Eltern scheinbar nich jekriegt hab.

Also det weiß ick jetzt! Jetzt kann ick och darüber reden. Früher hab ick ja nich darüber jeredet. Das hab ick erst in den ganzen Kliniken durch die Depression jelernt. Da hab ick dann meinen Lebenslauf uffjearbeitet und jelernt, ooch darüber zu sprechen und wo kommt die Depression her?!

Weil ick eben die Anerkennung nich jekriegt hab und deswegen jetzt ooch nicht so dieset Selbstbewusstsein mehr habe. Dass ick mir nix zutraue und immer andere bewundere, wat die allet können und machen und tun und ... Durch mein Machen-und-Tun wollt ick die Anerkennung von andern kriegen und hab dann eben versucht, wie jesagt, perfekt zu sein ..., in meiner Arbeit und in allem.

Mangelndes Selbstbewusst-sein

Bis et nich mehr jing! Und ick hab jar nich gemerkt, dass Manches nich mein Ding war und bin dann jar nich mehr zur Ruhe jekommen. Ick konnte dann plötzlich nich mehr janz in Ruhe Kaffee trinken, „Ick muss doch noch erst ... erst muss ich alles machen und dann irgendwann, dann werde ich anfangen zu leben." Und dann war ick uff eenmal weg, also dermaßen, dass ick dann nur noch in 'ne Klinik konnte, zugestopft wurde mit Medikamenten, die alle nich angeschlagen haben. Ick habe wirklich sämtliche Antidepressiva durch, mir würdet immer schlechter davon. Ick bin dann nur noch umjekippt und die Ärzte haben nich verstanden, wieso dat bei mir allet nich wirkt.

Zusammen-bruch

Anjefangen hat die Depression ja mit Kopfschmerzen. Jahrelang Kopfschmerzen! Bin jeden Tag ufjewacht und die Mittel ham ooch alle nich mehr jeholfen. Am Anfang ja, aber dann nich mehr. Dann hatte ick 'ne Tablettenvergiftung und war in der Charité. ... Ja also, ick bin der Meinung, dat diese Kopfschmerzen die Depression eigentlich auch ausjelöst haben, aber da kommt mehreret zusammen. Aber is ja eigentlich auch egal, wodurch sie gekommen sind. Und Rückenschmerzen und hier Schmerzen. Alle drei Wochen hatte ick 'ne andere Krankheit. Dann plötzlich Asthma und dann des und immer von Arzt zu Arzt zu Arzt. Dann war ick ganz empört, dass: „Was, ick hab kein Aids? Wieso hab ick kein Aids? Ick muss doch Aids haben, ick hab doch die Symptome!" ... Hört sich Aidskranken gegenüber vielleicht gemein an, aber ick war dann richtig ... also, ick hätte dann was zum Vorweisen gehabt, wenn ick so 'ne richtige Krankheit gehabt hätte. Aber das hatte ick alles nicht. Ick hatte Schmerzen, ununterbrochen, 'nen Infekt und schlapp, Fieber, ausgelaugt. Konnte nicht mehr arbeiten gehen und gar nix mehr.

Medikamente helfen nicht

Aber ick hatte aber nix zum Vorweisen. Ick wollt mich dann nur noch umbringen. Jeden Morgen uffjewacht und … Aber det durfte man ja nich sagen, dann wär man in so 'ne geschlossene Anstalt jekommen. Det wollt ick nich.

Die Kinder
helfen

Ick hatte die Einsicht eigentlich wegen den Kindern. Also mir hat mal jemand jesagt, dass die auch darunter leiden würden und dann vielleicht auch Depressionen bekommen. Dann hab ick jedacht „Na, die hab ick nun mal in die Welt jesetzt, die kann ick nicht …" Also irjendwas kam dann trotz dieser Depression in mir so durch, wo ick dachte, dat kann ick ihnen nicht antun. Also, die Kinder, die sind jetzt groß, und jetzt, wo man mit ihnen reden kann, hab ick's den Kindern gegenüber ooch mal anjedeutet, dass ick keene Lust mehr hab, ick kann nich mehr. Und die haben mich wirklich davon abjehalten.

Da hat mein Sohn jesagt: „Nee, det …", da standen ihm die Tränen so in den Augen und „er will mal 'ne Oma haben für seine Enkel irgendwann, 'ne schöne und 'ne tolle Oma und ick wär ja bestimmt …", det hat mir so viel Wärme jejeben. Und meine Tochter hat gesagt, also wenn ick mal so wat mache, dann möchte sie auf jeden Fall, dass ick ihr vorher Bescheid sage, dass wa nochmal 'n Gespräch führen. Also: „Mach wat de willst", so in der Art: „aber ich möchte …" Det hat mir dann sehr zu denken jejeben. Ooch wenn ick schon für mich nicht überleben will, na dann hab ick gedacht, dann überleb ick jetzt für sie!

Grübelei

Und immer jegrübelt und jegrübelt. In der Klinik, wenn ick dann jesagt hab: „Ick fühl mich so fremd." Det war auch seitdem ick die Tabletten gekriegt hab, dass ick mich total …, is och jetzt noch so. Die Menschen dann da draußen, das ist mir alles so fremd. Zu Hause sitz ick da und grüble „Warum muss ich jetzt det von da nach da legen?" oder „Wozu sind die janzen Blumen da?" Wenn anderen so loskreischen „Ach is det schön, und tausend Blumen und tausend Vögel", aber wozu hat die Natur det einjerichtet? Wozu bin ick uff der Welt und sterb dann wieder? Und det is so 'n zwanghaftes, pausenloses Grübeln, und det macht mich fertig. Und darum fallen mir auch Entscheidungen so schwer.

Alternative
Behandlungs-
methoden
Spiritualität/
Philosophie

Und dann bin ick jetzt an 'nen sehr juten Therapeuten gekommen, der nicht uff Tabletten aus is. Da hab ick mich ganz viel mit Spiritualität beschäftigt und die ganzen Philosophen, die et jibt, über den Sinn des Lebens. Mit dem kann ick darüber ooch reden. Der hat mich ooch ranjeführt zu: nicht nur reden, sondern ooch … so 'ne Körperarbeit. Des kommt aus der Osteopathie. Da kriegt man

Behandlungen, die ganz sanft sind. Da hab ick ooch einige Seminare mitjemacht, weil ick mich ja mittlerweile, immer wenn's mir jut jeht, damit beschäftige, Vorträge anhöre oder Körpertherapie mache. Selbst Händeauflegen hab ick bei verschiedenen Schamanen gelernt, und Warzen besprechen. In jedem Land gibt's ja sowas und überall heißt det nur anders. Det is ja allet ein und det Selbe, dass die Körperheilungskräfte bei demjenigen wieder angeregt werden, und hat ooch jeklappt. Also wo ick det selber so an mir – ick bin ja eigentlich Atheist und glaub an gar nichts –, aber hat funktioniert! Die Warzen sind verschwunden und die Rückenschmerzen waren weg. Ja, aber ick zweifel immer noch so 'n bisschen.

Ick hab ooch meine Ernährung umgestellt. Hab gemerkt, jetzt jeht's mir wieder'n bisschen besser. Und wat mir sehr sehr jeholfen hat, war Sport! Obwohl ick kaum krauchen konnte in der Depression, aber … also, ick bin dann gekrochen! Die anderen haben in der Klinik gesessen und haben nur gesessen und eine nach der anderen geraucht und sich über Schuhe unterhalten. Det war mir zu langweilig. Da hab ick mich zurückgezogen. Dann haben die Ärzte gesagt *nachäffender Tonfall*: „Dass ich mich zurückziehe …" und … Also ick versteh nicht, die waren so … so unkompetent. Die haben auch meine Fragen nicht verstanden und so. Die haben gesagt, ick soll neue Mittel nehmen und damit schön hinsetzen. Ick bin immer im Wald verschwunden, ick konnte det allet nich ertragen und mich hat überhaupt keener verstanden. Det waren so richtije Schulmediziner, die wussten überhaupt nichts mit 'ner Depression anzufangen, hatte ick den Eindruck. Ick soll mal 'n bisschen lächeln und dann wird det schon wieder jut, und so 'ne Aussagen hab ick jekriegt! Oder „Ick krieg sonst zuviel Falten …" oder …
beide lachen
Ick merk schon, det is so viel wieder, ick fang an zu wuseln … Ick will immer ganz schnell alles erklären.

Ja, und wie gesagt, wir waren ja bei der Körpertherapie. Die mach ick jetzt fast 'n Jahr mit diesem Therapeuten zusammen. Da geht es da drum, sein Inneres, die inneren Bewegungen wieder zu spüren. Und die ersten Male war allet schwarz und ick fand's einfach angenehm, dass mich jemand angefasst hat und so gaaanz langsam die Haut hin und her bewegt hat. Da werden dann die Blockaden, die sich über Jahre festgesetzt haben, wieder aufjelöst. … Und diese Methode ist eben so, dass die det so auflösen und dann spricht

Ernährung und Sport

Unverständnis bei Ärzten

Körpertherapie hilf

man darüber, was man erfährt … oder auch nicht erfährt. Und das
ist erstmal sehr wohltuend.

Zuerst hab ick jedacht „Ah, na ja." Det hat mich so aufgeregt, dieset
Langsame und passiert wieder nix. Ick hatte eben so den Eindruck,
bei mir passiert immer nix. Andere Leute, die gehen in den Wald
und schreien, so wie in der Klinik, oder schlagen uff 'n Kissen und
dann haben se alles überwunden, dann sind die Schmerzen weg
über ihre Eltern. Ick hab des allet jemacht, ick hab auch jeschrien
und mir wurde heiser und hat alles nichts gebracht. Und dann hab
ick jedacht „Naja jut, ick lass mich uff alles ein." Jetzt merke ick so
allmählich, diese Methode ist mein Weg. Also, ick bin nicht geheilt
oder so, aber ick merke wieder, dass es weiter geht.

Aber det schlimmste is die Müdigkeit! Deswegen kann ick och

Ruhe und nich arbeiten, weil, ick brauch immer genug Schlaf, auch am Tag,
Entspannung dass ick mich zurückziehen kann. Und … wo kann man det? Welche Arbeitstelle? Also det geht ja nich, ne! Und tagsüber schon jar
nich! Und dann soll man ja ooch die Arbeit finden, die einem liegt.

Kreativität Ick merke, ick kann nicht in ein Büro gehen, bin mehr bisschen kreativer. Ick hatte mal 'ne Töpferei und jetzt merke ick zur Zeit, dass
ich eigentlich ganz gerne tanzen oder schauspielern würde. Ick hab
abends so 'ne Energy-Dance-Gruppe, die hat mir ooch sehr jeholfen. Da komm ick raus aus dem Grübeln. Und da hab ick gemerkt,
dat wär schön, wenn ick den ganzen Tag tanzen könnte. Da bin ick
uff eenmal nich mehr müde oder so. Da krieg ick so richtig Glücks-
gefühle, wo ick merke, Ideen hab ick dann plötzlich. Aber det hält
immer nicht so lange an. Am nächsten Tag … brauch ick wieder
den ganzen Vormittag, um zu mir zu kommen und sack dann wieder ab. Aber ick merke, dieser Weg, wo ick jetzt bin, … det hat jetzt
auch nachgelassen mit den Selbstmordgedanken, die ick wirklich
ständig hatte morgens, … also, det is nicht mehr so. Sonst würd
ick jetzt hier ooch nich sitzen, ja!

Eigene Und dadurch, dass ick immer auf der Suche bin, hab ick in der Zei-
Hochsensibilität tung da so einen Artikel über Hochsensibilität gelesen und dann
entdecken war ick bei diesem Vortrag. Und alle diese Merkmale, da hab ick
gedacht, naja, det muss irgendwie bei mir dann ooch sowat sein.
… War wie so 'n Spiegel, also so diese ganzen Merkmale eben. Ick
bin der Meinung, dass det irgendwie mit mir zu tun hat, zutrifft, so
diese ganze Hochsensibilität. Ganz schlimm war ja dieset Geruchs-
sensible – wo ick denke, dass mich allet stört. Damit hab ick wahrscheinlich och mein Mann vergrault. *kichert* Sobald der abends
'ne Salzstange geschnurbst hat, also wirklich …

Ick hatte mal 'ne Töpferei. Det war damals nicht so einfach mit der Werkstatt im Osten. Da musste man für so 'n Brennofen ooch zehn Jahre warten, wie für 'n Auto. So 'n Raum hat man nicht gekriegt, Starkstromanschluss und … die Genehmigung, die kriegte man sowieso schon nicht, wenn man nicht in der Partei war. … Da saßen so 'ne alten Leute und überall musste man irgendwat rüber reichen, damit man 'ne Genehmigung kriegt. Ick war noch sehr jung und det lag mir ja ooch nicht so.

Beruf und Jobs

Mein Mann war damals bei der Armee, det musst ick so ziemlich alleine durchzieh'n. Aber det hat mich getrieben, ick mein, ick fand det schön. Ick wollte endlich meine eigenen Formen drehen und nicht für jemanden anderen arbeiten. Det is' ja det Schöne an der Töpferei, dass man selbst nicht vorgeschrieben kriegt, wie 'ne Tasse auszusehen hat oder so.

Ja. Und die habe ick dann aufgeben müssen, weil mit der Wende war nichts mehr mit Handwerk. Bei uns war des 'n Boom, Töpferei, da konnte man ackern, ackern, ackern. So viele Leute, die haben schon in der Nacht uff 'm Hof angestanden, wenn ick Verkauf hatte. Aber uff eenmal war nüscht. Kam keiner mehr. Habs nochmal versucht, aber …

Dann hab ick 'n Job gekriegt in 'ner Behindertenwerkstatt. Die haben so 'ne Werkstatt aufgemacht, da hatten se dann Holzleute, Metallleute und wollten ooch 'ne Töpferei einrichten. Ick hatte erst ganz dolle Angst, weil, hab ja immer nur für mich gearbeitet, alleine, schön in Ruhe immer so, mal 'n paar Kunden gehabt und allet nett. Und uff eenmal so Behinderte … jeder 'ne andere Macke, sag ick mal. Und alle in meinem Arbeitstrainingsbereich und ick keine Ausbildung! Davor hatte ick ganz doll Angst. Dann hab ick mich aber reinjearbeitet und, naja, wenn ick mich uff die einjestellt habe, war ok.

Normalerweise hat ick 'n Schlüssel jehabt von eins bis sechs. Ick hatte dreizehn Leute drin! Und jeder mit 'nem andern Problem. Und jeder quasselte auf mich ein. Ick hätte ja sagen können: „Einer nach dem anderen", aber ick wollt's allen gleichzeitig recht machen und allet wuselte uff mich ein. Ick konnte det einfach nich ausklammern. Ick hatte die Produktion im Kopf und den Chefs wollt ick's recht machen, den Behinderten wollte ick so schnell wie möglich helfen und … dann war ick total überfordert.

Perfektionismus und Überreizung

Die Chefs waren eigentlich det Problem. Ick hab jesacht: „Die Leute können nicht, die sind jetzt müde, der ist jetzt ausgelaugt, der ist behindert." *äffender Tonfall*: „Wenn's Ihnen nicht passt, könn Se ja gehn", war immer so die Drohung. Hab mich dann einschüchtern lassen und dann versucht, halbtags noch zu arbeiten. Haben

Probleme mit Vorgesetzten

sie sogar genehmigt, hab ick jestaunt! Bis et dann aber gar nich
mehr ging. Und det war eben, weil ick … so viel …, ick hatte den
Eindruck jehabt, dass ick … alles so wahrnehme.

So war et dann auch zu Hause, und so isset ooch jetzt noch. Ick
Feine
kann nich Kaffee kochen und da is jemand zu Besuch und der redet
Wahrnehmung
mit mir. Oder die Kinder, die kamen in die Küche, redeten mit mir
und schnelle
und ick sollte nebenbei kochen. Des is allet angebrannt, also det
Überreizung
ging nich. Und jetzt isset auch noch so schlimm, aber jetzt steh ick
mittlerweile dazu. Bin ick mal mit meinem Sohn spazieren gegangen, wir unterhalten uns und ick will ihm so richtig schön antworten, wir haben so richtig schön tiefe Gespräche … und dann bleib
ick stehn! Dann sagt er: „Komm Mutter, wir können weiterlaufen."
Ick sag: „Nee, kann ick nicht. Ick kann nich laufen und gleichzeitig
überlegen, wat ick antwort." Also, ick kann det einfach nicht mehr.
Da würd ick gerne mal wieder hinkommen, weil, det is ja kein Leben mehr so, ick kann ja nich immer so nervös sein. … …
Det is eigentlich …, vor allen Dingen dieset hochsensible …, dass
alles auf mich einströmt. Des is'n Hauptproblem irgendwo. … Und
damit zu leben … mmh, ick will's eigentlich nicht. Stört mich. Will's
weg haben, aber na ja. …

Familie
Also bei den Kindern kann ick's. Das sind die einzigen, … wenn die
kommen, die akzeptieren das auch. Die haben ja auch sehr viel miterlebt und da hab ick mich auch sehr entschuldigt manchmal, dass
ick immer so war und sie so gescheucht hab, wo se kleen warn.
Ick konnte gut schauspielern. Ick hab dann ooch am Tisch geses-
Anpassung
sen und einen uff diesen gemacht, … also gegrinst und hab die
freudige Mutter gespielt, innerlich mich dann aber immer mehr zurückgezogen. Mein Mann versuchte auch det zu verstehen. Der hat
Ehe
mir ganz viel abgenommen damals, so den Haushalt übernommen.
Und ick bin immer in mein Zimmer verschwunden mit Kopfschmerzen und konnte nicht mehr. Na ja, det hat er paar Jahre gemacht,
aber irgendwann … Er is spät abends nach Hause gekommen von
Arbeit – hatte dann 'ne eigene Firma mittlerweile gegründet, weil
ick nicht mehr arbeiten konnte –, und er kommt nach Hause und
sitzt da und ick sitze da …, wehleidig und will mich laufend umbringen. Also det hat ihn fertig gemacht. Und er hat gedacht, ick lieb
ihn nicht mehr, weil ick nich mehr mit ihm gesprochen hab. Ick hab
über nix mehr geredet, ick konnt mich nicht anfassen lassen. Und
dann hat er jemand anders kennen gelernt, da hat er gemerkt, da
ist jemand, der ihn liebt. Es hat nix damit zu tun gehabt, dass ick

ihn nicht mehr liebe. Ick konnt einfach nicht. Ick war so …, konnt
mich nicht äußern, ick … es war schlimm. *schnieft*
Dann ist er gegangen. Ick kann's verstehn. Det war natürlich für   *Alleine sein*
mich 'n Schock. Weil ick ja nun ganz alleine mit meinen Problem
war. … Die Kinder waren damals in der Pubertät, war auch nicht
so einfach. Aber ick hab's dann irgendwie hingekriegt, ja. War vielleicht auch gut. Wenn ick jemanden gehabt hätte, der mich immer
umtüttelt hätte, vielleicht wär ick dann gar nicht raus. So war ick
ja gezwungen, sobald es mir besser geht, mich um irgendwat zu
kümmern, um irgend 'n Ausweg, oder vielleicht doch 'n Job oder
irgendwas so.
Jetzt isset ooch nich so schön, immer einsam, aber na ja. Andererseits hab ick meine Ruhe, muss mich nicht laufend erklären, muss
mich nicht immer entschuldigen, wenn's mir nicht gut geht. Wat ick
ja auch immer gemacht hab.

**Du hast gesagt, du willst dieses Gefühl, immer alles mitzukrie-
gen, loswerden. Warum?**
Weil dat zu viel is. Det wuselt zu viel in mir rum. … Also die ganzen   *Grübelei*
Gedanken, dieset Gegrübel, ständig über alles nachzugrübeln so …
„Wat war da? Wat hat der gesagt?" „Warum is det jetzt blau? Wat
hab ick jetzt wieder gerochen?" oder „Warum stört mich det?" und
„Wer bin ich?" Det laugt mich so aus. Ja, es laugt mich aus! Det
is die Müdigkeit ooch. Und dieset Gegrübel, das ist et, was wahrscheinlich sehr müde macht.

Und Spiritualität is für mich ja eigentlich …, ähh… sich mit solchen   *Spiritualität*
Fragen zu beschäftigen „Wo komm ich her? Wo geh ich hin?" …
Was die ganzen Philosophen schon immer gemacht haben. So
über die Ich-Frage. Ick geh dann ooch immer ins Philosophencafé.
Da gibt's 'ne schöne Serie zur Zeit, über wat Kant und wat se alle
über det ‚Ich' gedacht haben. … Ja, det is für mich eigentlich Spiritualität. Sich geistig mit den ganzen Leben auseinanderzusetzen.
Andererseits find ick's ooch gar nicht schön. Wenn ick so an meine   *Smalltalk*
Freundinnen von früher denke, eigentlich beneide ick *die*. Durch
mein Grübeln bin ick wie so'n Außenseiter. Mit denen kann ick über
sowat nicht richtig reden. Die können sich stundenlang über Ro-
senkohlrezepte oder so … – ick mein, ick unterhalt mich über sowat auch mal gerne, aber det is für mich mehr so 'n Ablenken –,
aber die sind so: „Och, jetzt mach ich dies, und jetzt mach ich das."
Also, ick will det nicht abwerten, aber die grübeln nicht ständig so
danach „Wer bin ich?"

Ick mach des eben, und die sagen dann auch: „Mensch, leb doch einfach!" ... Geht bei mir nicht so *einfach*. Wenn ick mich nicht entscheiden kann, wat für mich wichtig is. Ick will gesund werden, ja. Ick will nicht mehr so müde sein, ick möchte gerne, dass ich zu 'ner Berufung finde, dass ich jetzt merke „Och, *das* will ich jetzt machen!".

Suche nach der Berufung

Ick trau' mir ja nix zu ohne Ausbildung. Ick meine, ick bin Töpfer, aber ... Dann wollte ick mit Lebensmitteln so 'ne Ausbildung machen. Aber det muss man ja allet selber bezahlen, und sich denn ooch noch auf die Schulbank acht Stunden zu setzen ... Ick schaff det einfach nicht.

Dann merk ick wieder, na ja dieset Schauspielern ... Also in der Jugend, da hatte ick ooch mal 'ne Rolle im Film, bei so ner Gruppe, Schauspielgruppe. Und eigentlich wäre det für mich so 'n Ding, weil dann kann man in so 'ne Rolle schlüpfen, da vergess ick allet um mich herum. Dann grübel ick nicht darüber nach, wat ick möchte. Und daher möchte ick irgendsowat haben, so 'ne Aufgabe einfach, wo man, wie man so schön sagt, in so 'n *Flow* kommt. 'Ne Tätigkeit, 'ne Arbeit, wo ick denke „Det isset! Da möchte ich mich einbringen!" Aber ick weeß nich so richtig, wat is meine Berufung. Und jetzte mit der ... na ja, mit dieser Schauspiel-Sache, da hab ick aber viel zu viel Angst.

Berufung ausprobieren

Meine Tochter hat mich mehr oder weniger mal überrumpelt, als die noch am Gymnasium war. Die hatten so 'n Fach Schauspielkunde und da war 'ne Lehrerin, die war eigentlich die Psychologin von der Schule. Aber die war nich so richtig geeignet, nach den Aussagen der Kinder. Und die hat ooch dieset Fach Schauspiel unterrichtet, ... det wurde ihr so übergestülpt. Und da hat meine Tochter gesagt: „Ich hab det Fach jetzt gewählt und det macht keen Spaß. Wir solln det Stück ufführn und det is doch peinlich. Wir machen des allet nicht so richtig und der Lehrerin macht det och keen Spaß. Muddi, du hast doch mal sowat jemacht, dir hat das doch Spaß gemacht."

Ick sag immer: „Ich hab Kopfschmerzen, ich bin krank, ich kann sowat nicht. Außerdem kann ich ja nicht der Lehrerin ..." Uff eenmal kommt se nach Hause und sagt: „Ich hab mit der Lehrerin geredet. Die würde det schön finden, wenn du mitmachst. Ich hab ihr gesagt ..." *stöhnt* Na, nun wollt ick meiner Tochter den Gefallen tun und bin mit in die Schule und die ersten zwee Stunden waren grauenvoll. Die Mädels haben da gesessen und haben ihre Brote gegessen, haben nebenbei Mathe gemacht. Det Stück war eigentlich super. Ick hab mir det durchgelesen, det hieß „Wilder Panther

Keks", also det war eigentlich 'n total jugendgemäßes Stück, mit singen und … also richtig, hätte man was draus machen können. Ick wusste ja gar nicht, wie man – mit meiner Tochter wusste ick umzugehn und ihre Pubertät war ooch nicht so schlimm bei ihr –, aber die anderen Mädchen wusst ick nicht, ick hatte keene Erfahrung, wie geht man mit solchen jungen Menschen um? Dann hab ick die erstmal gefragt, warum se des Fach gewählt haben und die Gespräche geführt und hab gesagt: „Wenn ihr erwachsen seid und gerne schauspielern wollt, dann müsst ihr 'n heiden Geld ausgeben und ihr kriegt jetzt die Chance, hier det so zu machen. … Und warum habt ihr denn det Fach überhaupt gewählt?" *äffender Tonfall*: „Och, na ja, wir hatten keene Lust zu dem andern und so." Na ja, dann hab ick gesagt: „Ihr müsst halt erstmal den Text lernen, und dann …" Und dann ham die gespielt. Sie ham irgendwie so 'n bisschen Text gelernt und haben das so „blabla" runtergeleiert, wie in so 'ne ollen Serien, die et so im Fernsehen gibt.

Irgendwann hat's mir gereicht, dann bin ick richtig aufgesprungen. Ick weiß gar nicht, was mit mir dann los war. Ick hab gesagt: „Versetz dich doch mal in die Rolle, wie denkt denn der Engel jetzt?" Und dann, uff eenmal, hab ick denen wat vorgespielt. *atmet scharf ein* Da sind die zusammengezuckt, hab ick richtig gemerkt, und die konnten mich aber nicht mehr bremsen. Ick bin det erste mal so richtig aus mir raus gekommen, … ja. Dann haben sie's noch mal gespielt und et wurde immer besser und dann habe ick die ooch mal gelobt. Uff eenmal hab ick gemerkt, wie se doch irgendwie Spaß dran hatten, als ick ihnen gezeigt hab, wie man in so 'ne Rolle so, und …

Intuitiv handeln

Also wie gesagt, ick hab's so gemacht, wie mein Gefühl war, ja. Die sind dazu gekommen, dass die richtig den Text gelernt haben und richtig jut gespielt haben zum Schluss. Wir hatten's aufgeführt und hatten richtig Erfolg! Det war richtig schön! Det hat denen Spaß gemacht, det hat dann mir Spaß gemacht. Und da hab ick gemerkt, det wäre so mein Ding.

Ick hab dann gedacht, det könnt ick ja ooch auf Honorarbasis, an die Schulen gehen und sowat. Ick hab dann an der Schule gefragt, aber die haben det Fach wieder gestrichen. Die haben gesagt: „Wir sind 'ne naturwissenschaftliche Schule. Sowas is alles nicht wichtig." Wie et eben heutzutage ist, so 'ne Fächer sind nicht wichtig.

Du hast davon gesprochen, dass du dich so orientierungslos fühlst, bei dem, was du gerne machen möchtest und hast dabei das Wort „Berufung" benutzt. Warum willst du (d)eine Berufung finden?

Berufung
vs. Job

Weil ick merke, dass, wenn ick nur so 'nen Job mache, ick wieder depressiv werde. Ick hab's ja versucht, ick bin in ein Altersheim, ick hab 'ne Pflegeausbildung gemacht, damals noch unter dem Aspekt mit dem Heilen. Ick hab mal Berichte gesehen aus der Schweiz. Da arbeiten die am Krankenhaus mit Heilern zusammen. Die werden da richtig integriert. Und in Deutschland sind wir mal wieder noch nicht so weit. Ick meine, vielleicht kommt's ja auch in Deutschland mal … Und dann hab ick gedacht, wenn ick so 'ne Ausbildung mache, dass ick ooch Pflegetätigkeiten machen kann im Altersheim oder im Krankenhaus …, dass se vielleicht ja Interesse dran haben, dass ick mal stundenweise so wat da im Krankenhaus mitmache, mit Hände und mit Reden und so 'ne Sachen mit dem Heilen.

Unpassende
Arbeits-
bedingungen

Ja, und dann hab ick die Ausbildung gemacht für einen Monat und hab ein Praktikum gemacht in so 'nem Seniorenheim, aber auf so 'ner Station, die gar nix mehr konnten. Also wirklich nur oben reingefüttert, unten Windeln abwischen. Und det war schlimm. Erstmal die Arbeitszeit, war viel zu lang für mich. Und dann diese Gerüche und … da kam nich mal een dankbaret Wort. Die konnten nicht mehr sprechen, gar nix mehr. Die Pfleger, die da gearbeitet haben, ick hatte so 'ne Hochachtung vor denen. Die haben da noch ihre Witzchen gemacht.

Und danach war ick wieder total am Boden und depressiv und konnt nicht aus dem Haus. … Dann hab ick's versucht mit anderen Arbeiten überall, so immer stundenweise. 'Ne Freundin hat gesagt: „Komm zu mir ins Café und dann arbeiteste in der Küche oder so." 'Ne Stunde, da war ick fix und fertig, dann musste ich nach Hause gehn. Det war mir wieder allet viel zu viel.

Also, nur um 'n Job zu machen und Geld zu verdienen, merke ick, det schaff ick gesundheitlich nicht, … Und wenn det so 'n Beruf wär, so wie ick jetzt vielleicht 'n bisschen schwärmerischer erzählt hab, so mit dieser Schauspielerei, wat ja auch ganz doll anstrengt und wat ick ja auch nicht den ganzen Tag machen könnte, aber … wo ick merke, det liegt mir, … det wär schön.

Was macht es mit dir, wenn du, wie bei der Schauspielarbeit mit den Jugendlichen, eine Arbeit machst, die dir Spaß macht?

Selbstvertrauen

Des lenkt mich ab von dieser Grübelei „Wer bin ich"… Sonst halt ick nich viel von mir. Aber bei dem, was mir Spaß macht, hab ick det Gefühl, da hab ick 'n Gespür für. So wie bei meiner Töpferei, da hatte ick auch ein Gespür, ob die Form schön wird, … also so 'ne Art Geschmack. So, wie wenn ick jetzt sage, die Farben hier

sehen schön aus, da hab ick so 'n Gefühl. Und da steh ick ooch
zu! Det kann mir keiner nehmen!

**Du hast in der Merkmalsliste angestrichen „Scheitert auch an
alltäglichen Aufgaben". Wieso hast du das angekreuzt?**
Ick kann mich nicht entscheiden. So alltägliche Dinge. Es is jetzt
schon besser geworden, aber ick hab ooch schon mal in der Kauf-   *Entscheidungs-*
halle gestanden und dann musste ick rausgehen, weil ick plötz-   *schwäche*
lich Nasenbluten hatte. War mir alles zuviel. Ick konnt mich nicht
entscheiden „Nehm ick jetzt 'n rotet oder 'n grünet Handtuch?" Ick   *Perfektionismus*
kann nicht einkaufen. Da kommt dann wieder dieser doofe Perfek-
tionismus in mir so dazwischen. Det Verfallsdatum, der Preis, der
Fettgehalt, die E-Stoffe. Ja, wenn ick vor jedem Produkt det allet
… Det muss aber sein, det is so zwanghaft.
Oder beim Kochen, dat muss alles perfekt sein. Ick kann nicht einfach nur so 'n Essen machen: „Das habe ick doch vorige Woche
schon … Der kann doch nicht noch mal das Selbe haben." Also,
et muss was besonderes sein, das kann nicht einfach nur irgend
so ein Gericht sein.
Und dann kann ick mich nicht entscheiden „Wasche ick heute Wäsche
oder mach ick das Laub weg? Oder was ist jetzt wichtig?" Ick grüble
dann solange darüber nach, bis ick erschöpft bin und gar nix mache.
Dann bin ick wirklich richtig ausgelaugt, aber da geht auch wirklich
gar nix mehr! Und dann muss ick schlafen! Also diese täglichen An-
forderungen …, dass alles so schnell zuviel wird. … Ick muss allet
planen! Morgen mach ick von dann bis dann das und das. Und sobald
irgendjemand noch dazwischen kommt … geht gar nicht, …. joah!

**Heißt das, wenn du weißt, was an Reizen oder Beanspruchung
auf dich zukommt, dann kannst du dich darauf einstellen, aber
wenn etwas dazwischen kommt, dann ist es zuviel!?**
Ja. Deswegen hab ick auch manchmal schon gar nicht mehr die   *Reizüber-*
Tür aufgemacht, wenn jemand einfach geklingelt hat, der war nicht   *flutung und*
eingeplant. Ick muss ja das alles, was ick mir allet vorgenommen   *Ansprüche*
hab … … War wahrscheinlich für mich viel zu viel. Aber ick hab   *an sich selbst*
mich dann wieder an anderen orientiert, die ja acht Stunden arbei-
ten, fünf Kinder haben und abends um neun mit Freude noch 'n
Pflaumenkuchen backen. Ja, *det* seh ick dann immer nur. Aber dass
die dann des und des *nicht* machen – det sagt mir meine Tochter
immer –, det seh ick nicht. Und meine Kinder, meine Tochter, die
sagen: „Mama, aber was du alles machst, da würde ich auch zugrunde gehen!" Des seh ick aber nicht.

Was machst du denn alles?

Na ja, zum Beispiel diesen ganzen Sport. Den mach ick doch aber,

Selbst-
verantwortlich
genesen

damit ick gesund bleibe. Des mach ick ja alles nur für mich, damit ick keine Antidepressiva schlucken muss. Det macht eben 'n anderer nicht. Der beschäftigt sich eben nicht stundenlang mit der Ernährung. „Des is ja auch schön", sagt sie „dass wir gesundes Essen auf dem Tisch haben. Ick soll ihr bloß nicht so viel davon erzählen" sagt se. Det geht ihr auf den Keks. … Dann lass ick et eben und erzähl ihr nicht, wie viel Vitamine da jetzt drin ist, was se jetzt grad isst. Dann geh ick zu so 'n Vorträgen. Oder ick beschäftige mich damit, … wie man …. ja, mit andern Leuten gut umkommt. Und die Leute, die zu mir kommen, zu der Heilung da, so wie ick mit denen umgehe, die kommen ja dann ooch immer wieder. Oftmals nehm ick mir da sehr viel Zeit … die reden sich ja auch immer die Seele frei und ick hör einfach zu und hab dann soviel Tipps. So ganzheitlich mehr, Sport sollen se machen, und was man alles für 'ne gesunde Lebensführung braucht. Und dass ick da andern Menschen eben mit helfe mit sowat allet. Des wissen die alle nicht, die andern. Haben eben ihre Arbeit und haben des und des …

„Und das ist ja auch 'ne ganze Menge", sagt sie dann. Und da hat se eigentlich auch recht. Aber im nächsten Moment, am nächsten Tag, wenn se dann wieder weg ist … Mhmm …, müsst ick mehr in mich nehmen!

Was ist so schwierig daran, anzunehmen, dass es auch seine Qualitäten hat, wenn du dir Wissen und Können aneignest?

Det schlechte Gewissen, … dass ich nicht 'n Job hab von dann bis

Schuldgefühle

dann. Jeden Morgen wach ick uff und hab um acht 'n schlechtet Gewissen, weil ick weiß, um sechs stehn jetzt schon einige in der Fabrik und … ja. Und ick brauch noch drei Stunden, um überhaupt mal klar zu kommen. Und mach aus allem ein Problem. …

Und darum kann ick ooch gar nicht genießen. Wenn ick ins Kino gehe, denk ick immer, ick hab's gar nicht verdient. Ick hab ja heut nicht gearbeitet von dann bis dann, also det, wat andere so vorweisen können. Die reden ja auch alle nur von ihrer Arbeit. Wenn ick zum Beispiel so 'n Somato-Psychopädagogik-Seminar mache, … die Leute die da hinkommen, sind ja schöne, nette Menschen. Mit denen kann man ooch gute Gespräche führen, die verstehen einen auch, da fühl ick mich ooch wohl. Aber wenn die dann erzählen, die haben alle 'ne Praxis und die haben den Job, und die arbeitet da und das ist schwer, und die nächste macht noch des Studium …, da werd ick immer kleiner und werd richtig depressiv.

Krieg Kopfschmerzen. Wenn die mich fragen: „Und wat machst du?"
…, na ja, da werd ick immer so 'n bisschen zynisch: „Ick lebe." oder
so 'ne dumme Antwort. Am Anfang wollt ick mich noch entschuldigen und erklären. Ick will aber nicht mehr jedem erklären, dass ick
krank war und auch noch bin. Dann bin ick immer gleich der Mittelpunkt, und alle wollen mich heilen, und ick krieg tausend Tipps
und … det will ick ooch nicht mehr. Ick will nich mehr so 'n kranker
Mittelpunkt sein. Und wenn ick dann so 'ne komischen Antworten   *Außenseiter*
gebe, ist ooch nich nett, irgendwie. Ick meine, da fragt eener net-
terweise, wat ick nun mache und ick sage „Na ja, ich lebe." oder
„Ich schlaf den ganzen Tag." oder so 'ne böse Antwort. Des is ooch
nich so nett, find ick also. Ick fühl mich dann wie der Außenseiter,
ick weiß nicht was ick sagen soll. Jetzt sag ick manchmal das nette „Na ja, ich bin auf dem Weg, ich find jetzt grad meinen Weg." …
irgendwie … sowat Nettet. …
Ja diese Schuldgefühle eben. Dass man hier nicht rin passt und dass
man nicht weeß, wat das alles soll da draußen. Sich so fremd is.

**Wie müsste deine Welt oder Umgebung, deine Lebensbedin-
gungen aussehen, dass du sagst: „Da pass ich rein, da gehöre ich hin!"?**
Jo, vielleicht den ganzen Tag … also erstmal, müsste die Müdig-
keit weg sein. Und dass ick den ganzen Tag 'ne Rolle kriege, die   *Stimmige*
mir Spaß macht, wo det Stück mir Spaß macht, wo ich tanzen kann   *Lebens-*
und wo ick mich danach schön über Philosophie unterhalten kann,   *bedingungen*
sowat in der Richtung. …
Wo ick mich nicht langweile zwischen den Menschen. Ick merke
ooch oft, dass ick mich ganz schnell langweile, weil die doch alle   *Komplexes*
immer dat Selbe erzählen. Ooch beim Sport die Leute. Worüber   *Denken*
reden die? Nur über's Wetter! Na juut, die sind alle schon bisschen
älter. Aber … ick mein, ick weiß doch, dass da draußen Schnee
liegt, und ick weiß, dass gestern Glatteis war. Aber da reden die
'ne ganze halbe Stunde nur über Schnee und Glatteis und: „Ach,
da sind Tierspuren!" Warum muss man darüber reden? Ick seh die
ja ooch, aber warum muss ick darüber reden?

Worüber redest du denn gerne?
Ja, ick würd über „Was ist die Seele? Wo ist die?" oder „Wat die
andern sich unter sowat vorstellen, oder wie sie sich fühlen?" „Wat   *Philosophie*
se grad empfinden, wenn se sowat sehn oder sagen?" reden, aber   *und Psyche*
bei so 'ne Gesprächen, da drehn die die Augen, also det is schwer.
Andererseits merk ick auch, ick kann diese Leute aber auch nicht

Freunde

lassen. … Ick hab ooch so Freundinnen, mit denen kann ich nur über die Kinder reden. Und jetzt, wo se groß sind, da reden se über ihre … bösen Männer, oder wat weeß ick … ja, oder über so komische Filme, die ick nicht gerne sehe. Actionfilme. Aber ick kann diese Freundinnen auch nicht lassen, weil die sind nett. Die sind nicht zu spirituell, denn zu spirituelle Leute kann ick ooch nich haben. Die Freundinnen, die waren wenigstens in meiner tiefen Krise da. … Die waren eben einfach da. Die haben mich so gelassen wie ick bin und warn einfach da. … Und da hab ick gemerkt, so nur als Einzelner, det geht ooch nich. Man braucht die Menschen ja. Ansonsten könnt ick ja sagen: „Och, ich komm mit mir selber klar. Ich brauch eben viel Ruhe. Und ich brauch die Menschen ja nicht." Aber ick brauch die unheimlich! …
Bloss auf die Dauer würd ick gerne … ja, det Thema mitbestimmen, unter Menschen sein, die mir ooch zuhören und die det ooch schön finden, wenn ick mal was sage.

Kreativitäts-
Austreibung

Wat ja früher nie der Fall war. Mein Vater hat ja immer … – ick durft ja nie reden –, er hat immer Vorträge gehalten. Über allet hat der Vorträge gehalten. Manchmal wurde mir det Wort erteilt, so als Kind: „So, nun kannst du …". Der hat mir auch det Malen vermiest. Ick hab gerne gemalt als Kind, furchtbar gerne. Viel! Dann hab ick ganz stolz mein Bild gezeigt, weeß ick noch, und dann hat der det jenommen und hat jesagt: „Na ja, ganz schön …" und dann hat er mir …, hab ick als Kind 'n Vortrag gekriegt von drei Stunden über van Gogh und Picasso, und wie der des aufmacht und mit den Farben und wie die wirken und wie die machen und wie die tun. Und dann musst ick in 'ne Kunstausstellung mit, und als Kind da drei Stunden durch so 'ne Kunstausstellung. Seit dem mal ick nich mehr, ick hasse malen. Ick geh in keine Ausstellung, kein Museum, weil der … Ick konnt des nicht mehr ertragen. Wenn eener so belehrend ist …, aus allem hat der 'nen wissenschaftlichen Vortrag gemacht! Da hat man irgendwas gesagt: „Det schmeckt aber gut", dann hat der det – der hat viel gelesen und hatte viel Allgemeinbildung –, dann hat man immer 'nen Vortrag gekriegt über et Leben. Wie allet funktioniert. Man konnte nicht einfach so, so locker, so …

Konzentration

Ja, ick kann jetzt ooch nicht mehr lange zuhörn. Wenn eener so Vorträge hält, hab ick echt Schwierigkeiten, ooch wenn det Thema mich interessiert. Ick kann mich nicht lange konzentrieren, zehn Minuten vielleicht und dann „zack" bin ick woanders. Weeß ick nich, det … hat vielleicht damit was zu tun, denk ick mal, dass ick immer Vorträge gekriegt hab. Ick kann mich nicht lange auf jemand anders konzentrieren, wenn der mir wat erzählt. Das ist sehr schwer.

Kannst du dich besser konzentrieren, wenn du etwas machst, was dir liegt und worin du dich ausdrückst?
Ick kann dann länger. Aber selbst bei 'nem guten Buch oder so werd ick leider ziemlich schnell müde. … Und … det Jelesene muss ick dann manchmal noch mal lesen, ick schalt so schnell ab! Aber det interessiert mich, wat ick da grad lese! Ich will det gerne aufnehmen, aber ick bin so schnell wieder weg! Dann muss ick mich immer wieder zurück holen. …

Ich komme noch mal zurück zu den guten Gesprächen, die du bevorzugst. Was ist mit Smalltalk?
Ooohh!! Da hab ick so 'ne Angst vor, dass ick nicht gerne irgendwohin gehe, wo ick keenen kenne! … Wie gesagt, mit diesem über et Wetter reden oder so. Ick weiß, dass man det manchmal braucht für 'n Einstieg. Aber det kann ick nich! Ick sitz dann da und – stumm! Es geht nicht. Ick könnte dann stundenlang schweigen. … Wenn ick merke, det bleibt dann beim Smalltalk, dann, ohhh, dann fang ick innerlich an, janz kribbelig zu werden. Und dann krieg ick ooch körperlich Symptome: die Augen brennen ganz doll, also Schmerzen, richtig Schmerzen. Det ertrag ick irgendwie nicht.

Smalltalk

Hast du noch keinen Menschen getroffen, die so sind wie du?
M-hmm …, det liegt aber ooch 'n bisschen an mir … Ja, mit meinen Kindern da muss ick nicht irgendwas darstellen. Die akzeptieren det, wenn ick sage: „Ich leg mich jetzt hin" oder „Ich kann jetzt gerade mal nicht" oder „Nee, du bist mir jetzt zu laut." Aber bei jemand anders …
Die Eene, die is ooch so 'n bisschen in die Richtung, wo ich schöne Gespräche führen könnte. Aber wenn ick die dann mal einlade, zum Beispiel alleine wenn ick sage: „Ich würde dich abholen mit 'm Auto" …, wenn die mit mir spricht, ick kann dann nicht Auto fahren und gleichzeitig mit der sprechen. Geht nicht! Also scheitert's daran schon wieder, dass ick jemand mitnehme.

Gleichgesinnte

Woran liegt das, dass du der Person nicht einfach sagst: „Ich hol dich gern ab, aber ich muss einfach schweigend fahren, weil ich mich sonst nicht konzentrieren kann."?
Ick will det dem andern nicht zumuten.

Selbstwertgefühl

Bist du unzumutbar?
Ja, so spür ick mich. Ick möchte gerne, dass der andere mich juut findet, und wenn ick dann verlange von jemandem, zu schweigen, det is ja so, wie mir früher des Wort verboten wurde. ... Dazu hab ick nich des Recht, find ick.
Det is schwer 'ne Verabredung zu treffen. Wenn ick dann denke „Na ja, nu hab ick mich Sonntag zum Kaffee verabredet", wenn mir aber Sonntag nicht gut geht beim Kaffee ... Also lass ick's lieber. ... Obwohl ick ja gemerkt hab, wenn ick mich dann manchmal trotzdem verabredet hab, des hat mir ja dann manchmal, manchmal (!) auch schon gut getan! Manchmal hat's mir aber auch nicht gut getan. Und zu wissen, was is nun richtig ..., des is eben dieses Entscheiden.

Wie ist das denn in Situationen, wo du während dem Zusammensein mit anderen merkst, dass es dir zu anstrengend oder zu viel wird? Was machst du dann?

Abgrenzung Ja, bis jetzt hab ick mich immer zusammengerissen. Also, bin knallhart mit mir umgegangen. Bis det zu Ende war, durchgezogen! Und dann war ick eben wochenlang krank danach. Aber mittlerweile bin ick doch an den Punkt, wo ick versuche ..., mich auszuklinken, mich zurückzuziehen. Manchmal gibt's ja irgendwo 'n Raum, wo man sich zurückziehen kann.

Es scheint, du hast immer wieder den Wunsch das „Warum" zu ergründen. Könnte das vielleicht auch ein ganz wesentlicher Wesenszug von dir sein? Eine philosophische Ader? ...

Philosophische Mhm, dann hab ick vielleicht ... nur nicht das richtige Umfeld. Ick
Ader hab schon immer gerne jesagt: „So 'n Philosophiestudium wär ja super!" Aber wat macht man dann damit? Weil, in meinen Augen ist das kein ordentliches Handwerk und was will man da ...? Man will ja auch irgendwann vielleicht mal 'n bisschen wat verdienen. Auf der Welt muss man ja leben und et wäre auch mal schön, wenn ick nicht immer von anderen Leuten ihrem Geld lebe und von diesen Schuldgefühlen wegkomme.

Selbstzweifel Und so reden, wie zum Beispiel der im Philosophen-Café, der da Vorträge hält, sowat kann ick nich. ... Na gut, dann kann man sagen, det kann man lernen. Aber ick kann mir ja nichts merken. Wenn ick über die ganzen Philosophen det lese, det les ick immer so für mich. Aber wenn ick jetzt jemandem wat erzählen sollte, dann hab ick viel zu oft 'n Blackout und kann plötzlich nicht weiter. Ick kann
Perfektionismus nicht so schön reden. Wahrscheinlich ist det bei mir der Perfektio-

nismus, da bin ick druff gekommen. Dadurch, dass ick *immer* …, det muss dann wirklich super perfekt sein, was ich sage, des muss dann …! Den Eugen Drevermann, den hab ick mal erlebt im Vortrag. Und det find ick sowat von schön wie der reden kann! Und dann denk ick sofort „Na mit so eenem kannst ja nicht mithalten!" Ick will ja, *wenn*, dann so sein wie der … Perfekt sein! Also kann ick's lassen. Ick kann ja nicht so reden. Ick kann ja in meinem Leben nie so reden, so märchenhaft. Also, … ick will ja immer … wenn, dann muss ick ja schon wat Besonderet sein.

Macht och richtig krank. … Aber det is durch diese Therapie, dass ick jetzt überhaupt merke, dass so 'n Gefühl in mir ist und dass ick jetzt darüber spreche. Also die hat schon ganz schön wat bewirkt, merk ick grade. Dass ick einfach den Gedanken, der jetzt in mir drinne ist, dat jetzt äußere.
Normalerweise is et meine Schlafenszeit, aber ick bin jetzt hier voll aufgeputscht. Jetzt red ick und kann auch reden. Irgendwo is det ooch schön, aber ick merke, dass das eben diese furchtbare Aufgeregtheit ist. Sobald jemand kommt, der mir gefällt, dann bin ick so furchtbar aufgeregt …, wenn der dann bei mir ist. Und vielleicht ist es auch deswegen, dass ick mich nicht sooo bemühe, jemanden …, mit dem ick ooch 'n bisschen philosophieren könnte. Weil ick dann so aufgeregt bin, wenn ick det so schön finde. Und dann will ick aber auch ganz viel reden und viel zuhör'n und weeß gar nicht, wie ick det abstellen soll. …

Du weißt von deiner Hochsensibilität erst seit Sommer 2010. Hast du aus der Sicht der Hochsensibilität bereits den einen oder anderen Rückblick gemacht? Gibt es etwas, wo du dich selbst oder Handlungen, die du gemacht hast, neu bewertest?
Na ja …, dass da in dem Vortrag dann zum Beispiel gesagt wurde, dass et keine Krankheit ist, sondern dass man damit lernen muss zu leben. Also, dass ick mich nicht dafür schämen muss, dass ick jetzt langsamer bin oder so…. Zum Beispiel beim Sport oder so, bin ick immer die Letzte beim duschen. *beide kichern* Immer! Und det geht ooch nich anders. Und da hab ick mich früher immer furchtbar für geschämt und hab dann auch keine mehr mitgenommen von meinen Freundinnen. Wollte lieber alleine dahin gehen, damit ick mich dann nicht entschuldigen musste laufend, dass ick eben alles intensiver mache. Früher hatte ick mich entschuldigt. Aber jetzte sage ick so: „Nö, det is eben meins!" und sage, det hat was mit der Hochsensibilität zu tun. … Dat hat mich mehr beruhigt, … ja. … … …

Hochsensibilität
Reframing

Belastung
durch die
Hochsensibilität

Ja, aber trotzdem würd ick det gerne abstellen, so störende Sachen eben wie heute zum Beispiel die Gerüche in der Bahn, oder dieset ständige laute Telefonieren, oder … manchmal ooch Sachen, wo ick gar nicht weiß, warum die jetzt stören. Warum mich ein Mensch jetzt stört, obwohl ick den eigentlich leiden kann.

Ablenkbarkeit

Gestern war det grade beim Energy-Dance. Da is ooch 'ne nette Freundin, … und die is neben mir und fängt furchtbar an zu pfeifen zu der Musik! Det hat sich für mich so schräg angehört, nicht dem Takt entsprechend. Und dann hab ick so die ganze Zeit gedacht „Die soll aufhörn!" und konnt mich nicht mehr auf meine schöne Übung konzentrieren. Darüber hab ick mich geärgert, dass ick mich so beeinflussen lasse von die ihrem Jepfeife. … Und dann hab ick gedacht, eigentlich ist die doch zu beneiden, die is immer so gut druff, und die pfeift so schön. Und nicht jeder kann so schön pfeifen. Die kann nun nicht genau zum Takt pfeifen, macht ja nebenbei auch die Übungen und so.

Aber ick fand's … für mich waret … ohh, bin richtig wütend geworden. Und dann hab ick überlegt „Wat is des jetzt, wat mich da stört? Is det, weil ick nicht immer rumpfeife, oder weil einfach der Klang total entgegengesetzt von der Musik …? Dass die damit die Melodie versaut hat, oder …?" Ick weeß nich, ick konnt's nich erklärn. Und dann hab ick aber versucht zu sagen: „Naja, det is eben jetzt diese Hochsensibilität. Stell ick mich 'n bisschen schräger, vielleicht hör ich's dann nich so." *beide kichern* Die hat zum Glück dann irgendwann auch wieder aufgehört. Und dann konnt ick wieder schön weitermachen. Aber früher hätte mich det fix und fertig gemacht.

Du hast vorhin gesagt, du bist langsam. Gibt es auch Dinge wo du schnell bist, schneller als andere?
Na ja, beim Sport! Da is die Ausdauer doll, beim Tanzen und Laufen. … Da bin ick schneller. Aber alle anderen Sachen mache ick immer *ganz* intensiv, zum Beispiel duschen und da noch und hier noch und … ja, so.

Du hast angekreuzt, dass du immer nach dem besten Lösungsweg suchst. Wie kann ich das verstehen?

Gewissenhaft

Ja, stundenlang! Egal ob ick was kaufe oder so, da muss erst Warentest ran: Ist das auch das beste und gutste Gerät? oder … schließ ich jetzt die Versicherung ab oder die? Ist das jetzt das Beste? Und dann kann darüber – weil, et muss immer die beste Lösung sein, nicht irgendeine! – det so energieraubend sein.

War das in der Schule auch schon so? Da ist man ja ständig vor Aufgaben gestellt, die gelöst werden müssen.

Joah, ooch! Da war ick froh, wenn ick die überhaupt geschafft hab, joah. Da war ick froh, wenn ick 'n Ergebnis hatte. ... Aber jetze, wenn ick irgendwat korrigiere von meinen Kindern, irgend 'ne Arbeit oder so, ohh, da sitz ick dann stundenlang dran. Dieset Wort noch und dann guck ick im Duden und dann guck ick hier noch. ... ...

Du hast angekreuzt, dass du versuchst, Probleme selbstständig zu lösen.

Da ist mir eingefallen, dass ick als Kind schon immer gerne irgendwohin gefahren bin, und mir hat nie eener gezeigt, wie man 'ne Fahrkarte kauft oder sonst wat. Dann hatt ick 'ne Oma in Frankfurt, und da is ja gleich Polen. Und dann bin ick zu dieser Oma, manchmal 'ne Woche in den Ferien gefahren und wollte da nach Polen. Ick war aber erst dreizehn und dann brauchte man 'nen Kinderausweis. Da bin ick bei uns auf die Polizei gegangen in unserem Dorf da, und hab mir selber 'nen Kinderausweis besorgt und organisiert, wie man mit dem Bus nach Polen kommt. Also ick hab allet immer selbst ... Meine Mutter hat mir nie kochen gezeigt, nie nähen gezeigt und so. Die hat nie mal irgendwie gesagt: „Komm, wir machen mal hier so." Wir hatten 'ne Frau, die bei uns sauber macht, und meine Eltern kamen erst spät abends nach Hause und da war eben keener. ... Also ... hab ick versucht, irgendwat selber zur organisieren und zu machen.

Probleme selbstständig lösen

Du hast angekreuzt, dass du lieber für dich arbeitest, also nicht so gerne mit Vorgesetzten?

Unbedingt, eigentlich! Ick kann ja nicht mal telefonieren, wenn jemand mit im Raum ist. Ick möchte beim Arbeiten absolut meine Ruhe haben. Ick hab ja damals mein Mann eingestellt bei mir, und der musste immer im Tonraum verschwinden, Ton machen, damit ick in Ruhe meine Stückzahl oder wat ick mir vorgenommen hab, machen konnte. Sobald jemand dabei ist, dann werd ick unruhig, total unruhig. Wenn ick für mich in Ruhe allet machen kann, alleine, dann kann ick eigentlich prima arbeiten.

Arbeiten unter Druck

Und wenn dir ein Chef sagt „Machen Sie das!", wie ist das für dich?

Ahh, da werd ick hektisch! Druck! Druck ist für mich nicht gut, unter Druck zu arbeiten ist für mich sehr schlimm. Aber in der Töpferei mit den Behinderten zum Beispiel, da hatt ick ja ooch meinen eigenen Bereich. Da kam ja der Chef alle naselang mal und hat irgendwat gequakt, aber … ick konnte entscheiden, wann wer was macht und wie. Det war och noch wat anderet wie in meiner Töpferei. Da musste ick ja nicht kreativ jetzt, irgendwat …, mir 'ne neue Form ausdenken oder so. Für sowat musste ick meine Ruhe haben. Deswegen wundert mir det jetzt mit der Schauspielerei, det is ja eigentlich 'n Widerspruch, irgendwo.

Warum?
Na ja, da spiel ick ja für andere. Die gucken mir ja dann ständig zu. Früher fand ick's ja schön, wenn mir jemand zugeguckt hat, da wollt ick ja Aufmerksamkeit. Aber jetzt …, naja, es sei denn, es sind Leute die ick gut kenne. Dann kann ick ooch spielen. …

Weil die Gefahr von Kritik nicht zu groß ist, …
M-hm.

… oder weil du selbst schon dein größter Kritiker bist?
Lob und
Selbstkritik

Ja! … Obwohl ick es nich ertragen kann, überhaupt nicht annehmen kann, wenn mich jemand lobt. Kann ick nicht annehmen. Das ist mir unangenehm, total unangenehm! Lieber soll eener sagen: „ … thhh … Was hast 'n du wieder an?" oder so. *kichert* Wenn jemand mir klipp und klar sagt: „Det ist nicht richtig", und ick kann das auch einsehen und nachvollziehen, dann find ick Kritik sogar sehr super. Dann möcht ick das eigentlich ooch, wenn ick mich dadurch verbessern kann. Also lernen tu ick gerne von irgendjemand. …

Du hast gerade das Thema Empathie gestreift. Wie ist das bei dir?
Empathie

Na, mittlerweile sehr, sehr hoch, weil ick ja nun sehr viel durchgemacht hab mit der Depression und mit Kummer und mit Betrinken und allen … Höhen und Tiefen, würd ick bald sagen. Und dass ick Leute verstehen kann, die plötzlich mal keen Geld mehr haben und wat weeß ick. Ick versetz mich, gloob ick, viel zu viel in irgendwat rein. Wenn ick dann mal so Filme sehe, wo so schlimme Szenen sind, det vertrag ick gar nicht, weil ick hab ja ooch ständig Albträume, wo gefoltert wird, und KZ und ick wird verbrannt und … … Jetzt hat sich's so 'n bisschen schon gebessert, aber det war wirklich ständig, dass ick sowat geträumt habe. Und wenn ick dann so 'ne Filme sehe, … da komm ick nich klar, dass die Menschen … Wie kann denn ein anderer Mensch Freude haben, einem anderen Menschen soo weh zu tun?! … Ick steck das nicht weg. Warum kann ick nicht ganz einfach mal genießen, ohne dass so 'n Gedanke kommt „Da verhungert grad eener!"? Kann ich nicht! ... Dann denk ick immer „Is das bei anderen auch so?" Hab ick aber manchmal nich so den Eindruck. Oder die andern reden eben nicht so darüber. Ick meine, klar finden andere Menschen det ooch schlimm, aber ick denk nich, dass die da tagelang von träumen oder nach 'm Jahr noch über irgend'ne Szene sich darüber Gedanken machen, die nicht rausgeht aus 'm Kopf. ...

Kannst du an dem Phänomen der Hochsensibilität auch als etwas Positives sehen, oder ist es eher eine Belastung?

Na, mehr ist die Belastung, aber ... andererseits denk ick dann wieder, mein Sohn hat – immer wieder mein Sohn *kichert* oder meine Tochter. Aber det is komisch, die jungen Leute, die sind schon so weise manchmal! Wat die mir für Weisheiten so sagen. So diese Lockerheit und so –, da hat er mal gesagt: „Na, Mudder!" – weil ick dann manchmal über andere oder irgend 'ne Freundin ..., und die macht det und det und det – „überleg doch mal, möchtest du jetzt mit dem tauschen?" ... Oh, da hab ick erstmal gedacht, „Boah! Nee! Ick möchte gar nicht die Freundin sein, die da jetzt ihren Kuchen bäckt um neun oder so, ick will eigentlich mein Seneca lesen, oder ick will lieber in die Urania gehen, oder ick will eigentlich ..." Na ja, selbst jetzt müde sein und versuchen zu meditieren, oder irgendwie so. Is mir viel zu langweilig, der ihr Leben!

Vor- und Nachteile der Hochsensibilität

Eigentlich kann ick doch dann froh sein. Ick meine, ... ja, ... ick bin zwar so tief unten gewesen, ... na klar bin ick dadurch auch 'n bisschen einsam, ... aber möcht ick tauschen? Nö! Ick hab mich ja nun entschlossen, weiter zu leben, erstmal ... Ick bin jetzt auf dem Weg und vielleicht kommt ja dann doch mal noch irgendwat, so wie „Det is jetzt meine Berufung!" Wo jetzt alle schon immer von der Rente reden „Wenn ich erst in Rente bin, oooahh, da brauch ich nicht mehr! ..."

„Wat is 'n denn, wenn du Rente hast?"

„Ja dann brauch ich nicht mehr arbeiten!"

„Na ja, und denn?"

Mhh, na ja, dann reden se wat se so Reisen oder wat se machen wolln. Aber eigentlich: Wat is'n denn? Und ick denk mir „Mhh, und ick ..., ick fang jetzt erstmal an!" *kichert* Vielleicht hab ich ja dann irgendwat gefunden. ...

Würdest du sagen, dass deine Depressionen etwas mit der Hochsensibilität zu tun haben könnten?

Na ja, weil ich so nervenanfällig bin. Dass einen alles so schnell aus der Bahn wirft. Wenn da 'ne Fliege krabbelt, dann ist das nicht einfach nur so 'n Geräusch, wat mich stört.

Überreizung

Zum Beispiel beim Sport, da haben die so 'ne Musik an und dann kommt Werbung. Da sag ich: „Oohh! Das is ja furchtbar heute die Werbung!" und dann sagen alle anderen: „Det hören wir gar nicht." Ick kann ja nich jedes mal sagen: „Mach det aus!", ick bin ja die Einzige, die det hört. Oder eener sagt mal: „Naja, det stört mich ooch, *aber*...", so dieset *Aber*. Ick könnte dann am liebsten eigentlich aufhören, rausgehen. Det is nich nur so 'ne leichte Sache, „Na ja, et stört mich, muss man jetzt halt mal aushalten." Das is richtig so, wo ick körperlich ganz doll Anspannungen kriege und auch innerlich ganz doll verkrampfe. Ick finde eben, dass det übertrieben ist, diese nervliche Sache. Dass dann, wenn mal was zu laut ist, wirklich *allet* viel zu laut ist. Obwohl ick manchmal auch ganz laut ertragen kann, also das is ganz verschieden, zum Beispiel wenn ick selber mich dazu bewege.

Du hast ja aufgrund deiner Depression auch einige Erfahrung mit der Schulmedizin gemacht. Kannst du sagen, was dir, in Bezug auf die Hochsensibilität, von Seiten der Schulmedizin in der Behandlung gefehlt hat, bzw. was dir geholfen hätte?

Schulmedizin und Hochsensibilität

M-hm, außer die Tabletten, die ja einigen geholfen haben?

Aber dir ja nicht!?

Ja, nee. M-hm. ... Zum Beispiel, also wat mir geholfen hätte ... dieset Energy Dance, wenn se det integriert hätten. Und die haben ja gesagt – was ja vielleicht auch richtig ist – Struktur reinbringen ins Leben! Aber det kann man nicht so ... Die stecken ja allet in eine Schublade, alle Depressiven in eine Schublade. Det geht nicht, bin ick der Meinung. Jemand, der die ganze Nacht unter Beruhigungsmitteln steht, soll morgens um sechs aufstehen und dann da irgend 'ne Gruppentherapie machen oder irgendwelche Vogelhäuschen basteln. Det geht einfach nicht.

Also, erstmal hätte man die vielleicht 'n bisschen ... individueller gestalten sollen, was ja wahrscheinlich nicht geht in so 'ner Klinik. Aber auf jeden Fall die Leute mehr motivieren zu Sport. Und vor allen Dingen mehr motivieren, so Sachen rauszufinden, wat demjenigen jetzt liegt! Nicht alle eene Therapie überhelfen. Alle müssen jetzt malen, oder alle müssen jetzt ... so dieses. Sondern irgendwat den Leuten vermitteln, dass jeder rausfindet, wat einem Spaß macht. Dort war ein großer Raum, da saß da eener, der det leiten sollte, so 'n Psychologe, der hat kein Wort geredet. Und wir sollten selber irgendwat ... und dann haben die sich drüber gestritten, wie det Mittagsessen war und so. Also, da kamen keine Gespräche, die mir irgendwie … im Gegenteil. Und man durfte nicht raus, man musste daran teilnehmen! So dieset … eingesperrt sein … und Sachen machen, die mir … wo man sowieso schon zu nüscht Lust hat und ständig überlegt, sich umzubringen.

Und den Therapeuten, den ick hatte, 's war 'ne Frau, die hatte ick einmal in der Woche für zwanzig Minuten. Und da hab ick ooch gedacht, die hat mich überhaupt nicht verstanden. Das einzige, was sie dann verstanden hatte, war der Tipp mit der Klinik Heiligenfeld. Det hab ick ihr zu verdanken. Also det war wirklich det einzige, ansonsten hat die: „Was haben Sie davon, jetzt hier depressiv zu sein und …?" oder „Über den Sinn des Lebens, darüber kann man nicht nachdenken. … Da soll ich mir mal weiter keine Gedanken machen", und so 'ne Antworten. Det war allet zu oberflächlich, mein ick. … Und einmal wollt ick ooch zu gerne 'ne Körpertherapie … Da musste man drum kämpfen, dass man 'ne Massage gekriegt hat. Da hab ick drei Massagen bekommen. Ick hab noch nie so 'ne schlimme Massage gehabt! Wirklich nicht! Der hat mit einer Hand gemacht, immer zehn Minuten, immer an eener Stelle und nebenbei telefoniert und …. ohhh… Da hab ick gesagt, die will ick nicht haben die Massagen, ick hab noch nie 'ne Massage abgelehnt, aber so …. Det war 'ne Anstalt, det war … ick weeß nich, wat det war. … Ganz komisch.

Hat in deinem Leben das Thema Anpassung irgend eine Rolle gespielt?

Eigentlich pass ick mich ziemlich juut an. Also, wenn wir mit Freunden oder Familien in Urlaub gefahren sind oder so, ick bin immer mitgetrottet. So war et auch leicht, brauchte ick mich nicht entscheiden. Würd ick sagen, bin ick ooch pflegeleicht. Ick versuch immer, dass et dem andern – das is mir wichtig –, dass et dem andern juut geht. Also mir schmeckt keen Essen, wenn's dem andern nicht ooch so 'n bisschen juut geht dabei. Det macht mir keen Spaß, wenn der andere nicht ooch Freude hat daran. Dann steck ick lieber zurück. Aber nicht so wie mit der Klinik, so mit Vorschreibungen machen, Sachen machen, die mir überhaupt nicht liegen. Also ick hätte ja so gerne mal geschlafen und dann sollt ick nach dem Essen, wo jeder normale Mensch voll ist, müde wird am Tag – eigentlich ist doch der Biorhythmus … –, da sollten wir irgendwelche gymnastischen Übungen machen. Det war grauenvoll, wie man sich da quält! Gegen die Müdigkeit ankämpfen muss und dass man da nicht schlafen durfte, wenn man mal det Bedürfnis hatte. Selbst mit Fieber! Da fällt mir die Anpassung schwer, also …

Anpassung

Oder mit Vorgesetzten sich auseinandersetzen, die ungerecht sind zu den Behinderten. Also das fällt mir sehr schwer. Da kommt dann auch der Gerechtigkeitssinn hoch und … Also da kann ick mich nicht auf Teufel komm raus anpassen, wenn's mir total gegen den Strich geht. Wenn für mich innerlich det ‚Nein' da ist, dann isset ooch da, dann mach ick's nicht. Wenn eener sagt: „Trag jetzt rosa!", bloß damit der sich wohl fühlt, ick hasse aber rosa, dann würd ick et nich machen. Na ja juut, aber wenn ick merke, der is jetzt aber sowas von glücklich, dann würd ick ooch mal rosa kurz anzieh'n, … wenn ick denjenigen gut leiden kann, sagen wa mal so.

Anpassen um dazuzugehören – ist das etwas, was du getan hast oder was du kennst?
Ja, na ja klar. In Familien und Freundeskreisen. Um nicht ständig gefragt zu werden, warum denn nicht, und dass et mir nicht juut geht, dass ick Kopfschmerzen hab. Oder um den Kindern nicht zu zeigen, dass ihre Mutter jetzt nicht glücklich ist. Oder wenn die laut sind, da kann ick doch nicht ständig sagen: „Seid leise!", kann ick doch 'm Kind nicht antun! Det wurde mir doch immer in der Kindheit gesagt. Und dann hab ick det ertragen! … Ick wollte nicht bevormunden, also hab ick mich schon angepasst, doch. … Aber wie gesagt, bei Leuten, wo et mir drauf ankam, wo ick det wichtig fand. Wenn ick jemanden nicht leiden kann, det kommt ja och vor, dann is der mir unwichtig und dann pass ick mich och nich an.

Du hast gerade deinen Gerechtigkeitssinn erwähnt. Ist der irgendwie besonders?

Gerechtig-
keitssinn

Ja, det war schon in der Schule so. Da hab ick mich immer für irgendwelche … Leute eingesetzt, bei Lehrern. Obwohl ick eigentlich nicht so dieser ‚Melde-Typ' war, aber wenn jemand ganz ungerecht behandelt wurde, dann hab ick schon was gesagt. Und da bin ick schon angeeckt. Dann hat mich der Lehrer rausgeschmissen oder irgendwie so. Ja ja.

Hast du auf der „falschen" Seite gestanden …?
Nö, eigentlich war et ungerecht, wie er den Schüler da behandelte …, ick weeß jetzt grad keen Beispiel. Ick weeß nur, dass ick mal draußen stand, weil ick irgendeenen in Schutz genommen hab, dass der et nich war und dass ick des gesehen hab. „Dass ich mich da nich einmischen kann, bäbäbä. Raus!" *kichert* Wird nicht diskutiert, hieß et bei uns immer in der Schule. Raus! Also det hat mich dann schon beschäftigt. Det hat mich empört.

Andererseits scheu ick och Konfrontationen. Also ick bin sehr har-   *Konflikte*
moniebedürftig. Meinem Mann gegenüber zum Beispiel hab ick   *meiden*
dann öfter mal so klein beigegeben, weil ick nich wollte, dass wir
uns streiten. Bis zu dem Punkt, wo ick dann gar nicht mehr geredet
hab, da war ick dann bockig, 'ne Woche lang. Dann hat er immer
versucht einzurenken. Aber wenn man richtig miteinander gestritten hat, so 'n richtijet Streitgespräch, da hab ick immer dann den
Kürzeren gezogen. …

Warum ist dir das unangenehm mit ihm streiten?
Wenn ick davon überzeugt bin, ick hab Recht, dann kann ick et
nicht haben, wenn mich eener vom Gegenteil überzeugen will. Und
dann hasse ick so 'n Hin und Her: „Du hast aber …" und wie et immer so in diesen üblichen Streits … „Hab ich aber nicht!" – „Doch,
du hast, und du hast schon immer!" und „Bist wie deine Mutter!"
und … ohhh!! *kichert*

**Wie fühlst du dich dann dabei? Welche Gefühle kommen dann
bei dir hoch?**
Na, Hass richtig! Wut! Uff mich selber meistens sogar noch. Dass
ick nich die überzeugenden Argumente habe. Es gibt so Menschen,
die haben immer so schöne Antworten. Die sind schlagfertig und so.
Mir fallen immer hinterher super Sachen ein, aber hinterher ist zu
spät. Und da ärger ick mich ganz doll drüber. … Und dann möchte ick lieber nicht streiten. Da hab ick Angst vor. Dann überleg ick
schon, ob ick det jetzt anspreche oder nicht anspreche.

**In welchen Situationen kannst du es dir dann leisten, es an-
zusprechen?**
Wenn ick merke, dass det mich krank macht und dass ick ganz fest
der Überzeugung bin, ick hab jetzt recht, und ick müsste das jetzt
demjenigen klar machen. Da muss ick jetzt was ändern sonst …
führt det bei mir zu Unwohlsein, wat ick nich abstellen kann.

Du hast relativ viele Merkmalen der Hochbegabten angekreuzt!?
Ja, ja *kichert*, aber ick könnte mir nicht, überhaupt nicht als hoch-   *Hochbegabung*
begabt, also … …

Wie wäre denn jemand, wenn er hochbegabt wäre?
Für mich ist jemand, der hochbegabt ist, einer, der gut allet aufnehmen kann und sich viel merken kann, der gut reden kann …
ja. Eigentlich jemand – wat ich ooch so beneide –, der sich eben

janz viel merken kann, sich konzentrieren kann, wenn andere reden und so was. Des kann ick überhaupt nich. Ick kann mir ooch
nichts mehr merken, ... muss allet aufschreiben. ...
Ick hab mal so 'n Trance-Trommel-Tanz mitgemacht, da warn die
alle nach zwei Stunden kaputt und ick war gar nicht mehr zu bremsen. Also sowas körperliches, wo man so reingehn kann, da hab
ick plötzlich ..., da würd ick sagen, hab ick so 'ne unheimliche Power drin, plötzlich. Aber nicht was den Intellekt ...

Mit dem „nicht merken" war das denn schon immer so?
Nee. Des is eigentlich, ... na, ick muss dazu sagen, ick bin seit ...
jetzt fast 20 Jahre oder so in janz schön schlimmen depressiven
Phasen jewesen. Und dadurch, bin ick der Meinung, ist des Je-
hirn auch sehr in Mitleidenschaft jezogen worden, da man ja dann
überhaupt nix mehr denkt und für nichts mehr offen ist. ... Wenn
ick meine Kinder nicht jehabt hätte, dann hätt ick heut noch keen
Handy oder würde nich ans Internet ran geh'n, weil ick ja nur mit
mir beschäftigt war, und wie kann ick wieder jesund werden. ... Det
ging jetzt schon sehr viele Jahre so. ... Aber früher, eigentlich, war
ick normal, ick konnt in der Schule oder so mir Texte merken und
alles, also... da war det nich so.

**Was hat sich für dich in deinem Leben dadurch verändert, dass
du jetzt von deiner Hochsensibilität weißt?**
Dass ick weeß, dass et Menschen gibt, denen es ähnlich geht, also
dass ick mich nicht *ganz* so als Außenseiter fühle. Ja, dass ick mich
eben ooch nicht immer ständig schlecht gegenüber diese Freundinnen, die ick da so habe, fühle. ... Wenn die mir manchmal sagen: „Ich bin 'ne ganz Fixe, ich bin ganz schnell." und ick dann sag:
„Und? Biste dadurch jetzt 'n besserer Mensch oder so?" Also, so 'n
bisschen uff's Lustige natürlich, nicht bissig. ... Hätt ick früher nie
gemacht! Ick hatte immer geschluckt und mich über mich geärgert
und nicht über die. ... Dass mir des bewusst ist jetzt.
Und det vielleicht ... ja, in nem positiven Sinne zu sehen, dass man
nicht hochbegabt ist, aber dieses hochsensibel, ... dass et vielleicht
ooch 'ne Besonderheit sein kann. Und dass ick mir dadurch auch so
dieset Spirituelle, oder das mit dem Hände auflegen so 'n bisschen
erklären kann, dass et damit zu tun hat. ... Dass ick mehr daran
glaube, dass et eben Sachen gibt, die man nicht erklären kann und
nicht erklären muss, dass bestimmte Menschen eben bestimmte
Sachen haben. Ja, ick fühl mich dann nicht ganz so einsam. ... ...
Und det, find ick, is schon ganz schön viel wert!

*Unkonzent-
riertheit*

*Von Hochsen-
sibilität wissen
verändert eige-
nes Selbstver-
ständnis*

Ich danke dir für dieses Interview!
Gerne!

Angaben aus dem Interview-Fragebogen zur Person:

Aufgewachsen: bei beiden Eltern, zweites von 2 Kindern

War Bildung zu Hause wichtig? das Wichtigste

Ausbildung: Töpfermeisterin

Beruf: früher selbständig, kreativ; jetzt arbeitslos

Familienstand: geschieden, 2 Kinder, Tochter und Sohn

Einige Merkmale: **Kind:** leicht ablenkbar; ist bemüht alles richtig zu machen; sehr sozial und empathisch; spürt das Desinteresse des Gegenüber; künstlerische Begabung; versucht Probleme selbständig zu lösen

Erwachsene: Shopping strengt mich sehr an; mag keinen Smalltalk; fühle mich isoliert / allein; bin perfektionistisch; handle und entscheide langsam; spüre Stimmungen anderer deutlich; denke über alles nach; arbeite gern im eigenen Tempo

Hochbegabte: drücke mich gerne gewählt aus; suche immer den besten Lösungsweg; gehe den Dingen gerne auf den Grund; mache mir viele Sorgen; kann mich bei Unruhe nicht konzentrieren; oft interessiere ich mich für vieles; verzettle mich auch schon mal

Else, 65 Jahre

Ich hatte mir ein Lebensmotto aufgebaut:
Ich möchte genauso normal sein wie die andern.
Mittlerweile sag ich mir „Nee danke!"

Merkmale
verändern sich

füllt die Merkmalslisten aus
Also, ich habe seit vierzehn, fünfzehn Jahren viel mit Heilpraktik gearbeitet, à la Otto Richter, mit Hologrammen und dies und das und jenes, und ich stelle fest, dass einige von den Dingen, die hier abgefragt sind, die hätten früher auf mich gepasst. Aber mittlerweile kann ich's anders jonglieren.
Zum Beispiel „fühle ich mich verkehrt" – das ist aber eindeutig eine Altersfrage.
Und das andere … „bin leicht ablenkbar" –, ich ließ mich leicht ablenken. Das ist vorbei.

Insofern ist es interessant zu sehen, wodurch verändern sich solche Merkmale? Durch innere Arbeit oder durch alternative Medizinformen oder ähnliches?

Wieder Links-
händerin

Genau! Mhmm … Bei mir ist auch ein großer Faktor gewesen, dass ich mit vierzig Jahren von jetzt auf nanu, ohne Vorwarnung, angefangen habe, mit der linken Hand zu schreiben. Ich bin dadurch in eine Entspannung reingekommen, richtig wohltuende Entspannung. Da ist viel abgebröckelt von der Hektik und von „Ich müsste jetzt eigentlich und ich sollte …"

Grübelei

Da passt auch zum Beispiel das Grübeln. Was haben wir früher für Planspiele gemacht, es war entsetzlich „Wenn der jetzt so reinkommt, in dieser Verfassung und die Augenbraue da hochzieht, dann passiert das und das." Es war furchtbar. Es war furchtbar! Aber es ist Gott sei Dank so weit, dass ich es mir ruhig von jemand anders anhören kann und denken kann „Hat der Sorgen!" Es war furchtbar. Es war eine Vergiftung, dieses Grübeln. Das war ganz schlimm. Ich hab's dann mal Planspiel genannt. Nicht noch mal. Danke!

Umgang mit
Stress

„Halte Stress nicht gut aus" –, habe ich mittlerweile auch anders sehen gelernt, denn wenn ich so hochsensibel bin, muss ich ja eine enorme Menge an Stress abfangen.

Was meinst du mit „abfangen"?
Rauslassen. Und zwar über lange Spaziergänge, über … ja, … Löcher in die Luft starren. Da gibt´s dann irgendwelche Hochleis-

tungspunkte, über die die ganze Stressenergie rausgefahren wird. Zum Beispiel in meinen Arbeitsplatz bei Teckthon habe ich versorgt und gemacht und getan. Und ich frage mich heut noch, wie ich das gemacht habe. Das ist der Stress, den ich umgepolt habe, teilweise, nicht immer.

Zum Beispiel wie mit einem Auto: Man hat ein Auto und das fährt am besten mit, sagen wir mal hundertzehn Stundenkilometer. Dann ist es ausgewogen mit Geschwindigkeit, und Spritverbrauch usw. *Ich* bin mit mindestens hundertfünfzig durch die Gegend gerast. Mindestens, wenn's nicht mehr war. So. Und irgendwann hab ich festgestellt, dass das auf die eigene Substanz geht. Das kostet Reifen, das kostet – jetzt im übertragenen Sinn –, Benzin, und die Aufmerksamkeit ist zu angespannt. Und da wollte ich raus. Das hat sich eben auch mit der Umstellung auf die linke Hand erledigt.

„Ich handle und entscheide mich langsam" –, ja, das ist auch so ein Punkt ..., stimmt. Ich merke mit zunehmendem Alter, dass es mir besser bekommt, weil ich immer mehr Koordinaten hab, die zusammen passen. Wenn man mir aber mit 'ner Pistole kommt und sagt: „Jetzt entscheide dich!" – das geht nicht. *Entscheidungen und Druck*

„Habe oft das Bedürfnis nach Ruhe und Rückzug" –, Ruhe und Rückzug, das muss einfach sein. Ja, das ist ganz groß hier bei mir, da mache ich zwei Kreuzchen dran. Wie Einatmen und Ausatmen. Ich kann draußen agieren und ich möchte auch wieder, bitte schön, meine fünf Minuten für mich haben. Typisches Beispiel: Meine Tochter kommt mit fünfzehn Jahren und *äfft Tonfall nach* „bababab". Ich kann den Ton schon nicht ab. Und da habe ich Gott sei Dank die Idee gehabt: „Paß mal auf, stopp mal. Ich stell jetzt die Eieruhr, fünf Minuten und dann kannst du kommen und mir alles noch mal erzählen. Ich hab jetzt kein Ohr für dich." Ich wusste, ich sag was Falsches, wenn ich jetzt da weitermache. Die guckt mich an wie eine Katze, wenn's donnert, kam nach fünf Minuten wieder und ich hatte die Zeit gehabt, um mich vorzubereiten und zu sagen: „Ja, nun erzähl mal." *Ruhe und Rückzug*

„Perfektionismus" –,... *beide lachen* *Perfektionismus*

Ich merke schon, du hast gar nichts damit zu tun.
Nein, überhaupt nicht. Perfektionismus ... Du hattest erzählt, du konntest auf einen Millimeter sehen, ob ein Bild schief hängt in einer Wohnung. Ich konnte das bis auf einen halben Millimeter sehen.

Dann fiel mir auf, hier ist irgendwas verkehrt, so geht's nicht. Ich könnte jetzt nicht sagen, dass mich das behindert hat. Ich meine allerdings, dass dieser Perfektionismus auch gut war, um mich zu retten. Da hatte ich was, wo ich mich festhalten konnte, da konnte ich mich festbeißen, das war meins. Und wenn da einer vorbei kam *lacht und wedelt*, konnte ich weitermachen.

Den hast du weggewedelt?
Weggewedelt oder weggebissen oder was auch immer. Und ich sehe auch da ein Muster, das von meiner Mutter her kommt, der Perfektionismus. Ich kann meine Eltern da beide wunderbar mit eintüten. Ich weiß, dass die beiden da mit hundert Prozent mit drin sind.

... *„Stimmungen anderer lenken mich von mir ab"* –, ooh, das kenn ich, das kenn ich. Mittlerweile habe ich ein paar Sachen, wo ich weiß, wie ich die wieder einfangen kann, die Stimmung.

Zum Beispiel?
Was hilft

Zum Beispiel, dass ich mich so richtig mal von innen scanne und schaue, wo bin ich denn jetzt. Und in dem Moment bin ich ja schon weg aus der Stimmung. ... Oder was mache ich sonst noch? Also, wenn es dann hart auf hart kommt, dann fahre ich einfach mal mit kaltem Wasser durch die Haare, oder... es gibt so verschiedene Sachen. Mittlerweile ist es so eingewachsen, dass ich kaum sagen kann, was ich da mache. Äh ..., wo ich drauf achte ist die Fußstellung. Wenn ich jetzt zum Beispiel merke, ich werde fusselig, das ist so ein komisches Gefühl, was dann aufsteigt, denke ich „Wo sind die Füße? – ah, runter mit der Aufmerksamkeit. Tief durchatmen und dann horchen: Ist es noch da? Ist es noch da, müssen wir noch was machen." Das sind so mentale Übungen, wo ich mir sage, da ist oben und hier ist unten. Oder einfach auch mal die Knie massieren. Da gibt es so verschiedene Möglichkeiten, wo ich dann Hand an mich lege. Im wahrsten Sinne des Wortes.

Hast du diese Sachen selber entwickelt oder hast du das in Ausbildungen oder Workshops gelernt?
Die meisten hat man alle selbst entwickelt.

Was war der Anlass, das selber zu entwickeln?
Kindheit

Ach! Ach! Stell dir vor, wenn sich meine Eltern was mitzuteilen hatten, dann flogen mitunter auch schon mal Scheren.

Scheren?!
Scheren.

Oh, das ist ja sehr aufbauend. *beide lachen*
Ja. Keiner von den beiden konnte Spaß verstehen. Ich habe heute noch meine Probleme damit. Beide sind sie aus Randgruppen.
Meine Mutter ist von einem Karrieremilitär die älteste Tochter, nie
angekommen, immer unterwegs gewesen. Weil … ja, Papa will
ja was, will was, will was! … Väterlicherseits, Volksdeutscher aus
Ungarn, seit zweihundertfünfzig Jahren nicht angekommen. Immer
noch Volksdeutsche, immer noch Randgruppe in Ungarn. Da hat
auch der Krieg nichts dran geändert. Da haben auch andere Dinge nichts dran geändert.
Fünfundzwanzig Jahre nach dem Krieg sind dann mein Vater und
ich das erste Mal da runter gefahren. Mein Vater war zum ersten
Mal seit dem Krieg bei seinem Elternhaus. Ich lebte damals gerade
in Scheidung von meinem ersten Mann. Und da sind wir gefahren,
und kurz vorher hatten wir bei Berlin einen Wagen gesehen, der
komplett zu Schrott gefahren war. Ich hab das demolierte Auto gesehen und hab das als Omen genommen. Da hab ich zu meinem
Mann gesagt: „Du fährst! Nicht Vater!". Ich hab mich dann auf die
Meditation verlegt. Ich hatte ja auch noch keinen Führerschein. Und
mein Vater war natürlich so, mit zitternden Händen, ist ganz klar.
Man weiß ja nicht, was die da zurückgelassen haben zu Hause.
Und dann kam so langsam raus: So wie ich die Sache betrachte,
sind die allesamt Linkshänder gewesen. Und keiner hat's ausgelebt!
Die ganze Familie ist so, und bestimmte Sachen hab ich ja auch
bei denen gelernt. Also zum Beispiel: „Mach mal manjana. … Wird
schon werden." Und ich stand als Kind daneben „Das kann doch
nicht wahr sein! Diese Verschieberei!" Da hab ich dann den Gegen-
pol übernommen und habe Druck gemacht. Dann war das wieder
zu viel Druck. Ja, bis ich dann gemerkt hab, dass ich die beiden
schön in mir selber hab, dieses Druck machen und dieses „Lass
mich doch bitte in Frieden mit der ganzen Sache". *beide lachen*
So, … lange Rede kurzer Sinn, die Volksdeutschen aus Russland,
die Familie da, – man spricht heute so viel von denjenigen, die von
draußen kommen und nicht rein können –, das haben die zweihundertfünfzig Jahre so gelebt.

*Familien-
geschichte*

*Verinnerlichte
Familien-
strukturen*

**Das heißt, sie haben zweihundertfünfzig Jahre in Ungarn ge-
lebt und haben sich nie integriert oder haben sich nicht integrieren können?**

Oder zum Schluss auch nicht integrieren wollen, was weiß ich, da gibt's genügend Gründe. Und diese beiden finden sich in Berlin wieder mit 'nem Kind auf dem Arm – und das Kind bin ich. Sie haben das Beste draus gemacht für ihre Verhältnisse, sind aber irgendwo nie angekommen. Und deshalb war das auch für mich jetzt interessant, die Hochsensibilität. Wenn die nie angekommen sind, bin ich auch nie angekommen?! Oder bin ich angekommen, war ich schon viel früher da? Und ist es tatsächlich Hochsensibilität? Das ist eine hochinteressante Geschichte, die muss ich mir selber überlegen.

Hast du schon irgendwelche Erkenntnisse dazu, ob es die Vertriebenheit oder die Hochsensibilität ist?
Es ist mehr die Hochsensibilität. Denn ich bin Berlinerin, ich bin mit Leib und Seele hier angekommen, ich fühl mich hier wohl. Ja … Ich hab das später dann aufarbeiten können, als meine Tochter fluchtartig das Haus verlassen hat. Die ist nach Frankreich. Gleiche Situation wie meine Eltern, wieder Außenseiterin, kriegt 'ne Tochter, die ist wieder Außenseiterin, kriegt 'n … *lacht* Wir sind also wieder in der gleichen Rubrik. Und ich stelle fest, dass sie sich aber einlassen können, wo sie sind.

Eine Familiengeschichte ist möglicherweise geheilt?
Hmh … ja, wir sind Nomaden und als solche können wir auch gut damit leben. Und die Kleene ist im Elsaß gut eingewurzelt und meine Tochter ist in der Bretagne gut eingewurzelt. Ja, und was jetzt als nächste Generation kommt, wird sich zeigen, keine Ahnung. Aber wir sind Nomaden von Hause aus. Die Heimatlosigkeit ist, was mich betrifft … „Wo es mir gut geht, da bin ich zu Hause." Und was kriege ich in zweiter Ehe? Einen Mann, der einen ähnlichen Abitursaufsatz geschrieben hat wie ich: „Ubi bene, ibi patria – Wo es mir gut geht, ist meine Heimat." Und er hatte als Thema: „Da wo man dich Freund nennt, da lass dich nieder." Da hab ich gedacht: „Aaahhh … verdächtig! Sehr verdächtig! Gut!" …

Empfindlichkeiten „Licht- und geruchsempfindlich" –, jaa! Licht, geruchs- und berührungsempfindlich bin ich. Manchmal stört mich das sogar sehr, wobei ich das auch als Warnung nehme. Also Gas zum Beispiel, Gas rieche ich. Und manche Putzmittelgase. Wenn das so industrielle Putzmittel sind und die die Mischung ein bisschen zu stark gemacht haben … Ich war neulich mal in einem Raum, da denk ich „Ahhhhh …!", das hat sich richtig auf das ganze Nervensystem gelegt.

„Kann mich bei Unruhe nicht konzentrieren" –, ... wird weniger und weniger. ... Es ist sogar manchmal so, dass ich da erstmal den Maître de plaisir mache, wenn ich merke, die zappeln da alle rum. Ich erleb mich also eher in der anderen Situation, dass ich sage: „So! Jetzt!" ... Oder ich habe, ganz unbewusst, früher dann den Clown gemacht, oder irgendwelche Geschichten gemacht. Zum Beispiel die Situation mit der Schere, das ging hin und her, das Gespräch mit meinen Eltern. Da flogen die Fetzen und ich habe die Erinnerung daran, dass ich bewusst mit dem Kopf die Verzierung des Schreibtisches abgefahren bin. Bis unten auf dem Boden. Natürlich hat's weh getan! Aber die waren endlich mal ruhig. ... Wenn eine bestimmte Stimmung oder Spannung aufgebaut war – die hätte man fast greifen können –, dann flog zum Beispiel ein Kind von der Bank. ... Ja, diese Geschichte mit dem Schreibtisch ist mir wirklich im Kopf geblieben, weil es nicht mehr anders möglich war, die beiden auseinander zu kriegen.

Du bist also hingefallen und dann die Verzierung runtergerutscht?
Ja. Und bei 'ner anderen Gelegenheit habe ich mir fast die Zunge durchgebissen. Und zwar war folgendes: Es war ein Schulausflug, ich war in der Grundschule. Und da hieß es „Ja ... dann machen wir mal 'n Ausflug und nehmt euch mal was zu essen mit". ... Zuhause gab's ziemliches Durcheinander, verschiedene Meinungen und meine Mutter saß auf der Decke auf dem Boden. Aus irgend einem Grund – es kann nur diese Anspannung gewesen sein –, hab ich statt der Decke ein Sofa gesehen. Springe drauf, krieg ein Mordskinnhaken, Zunge ist fast durch! Die Fahrt war für mich gelaufen. Alle kümmerten sich endlich mal wieder um *mich*!
Was zum Beispiel auch Stressabfuhr war: Ich war kurz vor der Linkshänder-Umstellung, also kurz vor vierzig, und da hatte ich bei Teckthon einen Besuch zu betreuen und der Mann, der mich da ansah, der flirtte vor Energie! Das war ein Bild, das überhaupt nicht klar zu kriegen war! Wenn wir hier so mit einander reden, da sind klare Konturen. Aber der – der flirtte! Uuuaaahh. *kichert* Ich bin aus dem Büro raus, ich hatte was zu erledigen in meinem Büro. Bin gelaufen und es war so 'n Wetter wie heute, also Schnee. Donnere auf den Boden! ... Bleib da 'n Moment erstmal sitzen. ... Aber dann war diese flirrende Energie weg ..., die war weg. Also in der Hinsicht bin ich schon ein bisschen unfallverdächtig gewesen. ... Jetzt, wo wir so drüber reden, fällt mir ein: Meine Mutter hatte dauernd damit zu tun, dass sie mir die Stirn kühlen musste. Ich bin

Unfälle als Stressabbau

Auswirkungen fehlender Linkshändigkeit

prinzipiell links gegen alle möglichen Dinge gerannt! … Jetzt weiß
ich auch, warum! Das hatte was mit meinem inneren Gleichgewicht
zu tun. Das innere Gleichgewicht war gestört, weil ich immer nur
mit der rechten Hand was machen musste.

**Du meinst, es ist eine Art zu hoher Energiefluss? Und so ein
Unfall stoppt das erstmal, setzt einen Endpunkt!?**

System-
abschaltung

Ja, der fährt die Energie runter. Denn vorher ich bin meistens ohne Bodenkontakt. Und was ich auch noch in der Zeit hatte war: ich
bin in absolute Starre verfallen, wenn der Stress zu hoch war. Ich
hatte aber keinen, mit dem ich drüber reden konnte. Also ich kann
mich an keinen erinnern, sagen wir mal so. Und ich hab keine Angst
gehabt, mich in dieser Starre hinzulegen. Weil ich wusste, ich bin
hinterher wie frisch gebadet und das tut mir gut.

Das wusstest du als Kind?

Überreizung

Das wusste ich als Kind. Das hab ich gefühlt, ja. Ich konnte mich
hinlegen. Und das war dann noch so bis zur Umstellung auf die
linken Hand. Da kam mal meine Tochter und hat mich angefasst in
dieser Starre. Und dann sag ich: „Du, nimm die Finger weg! Das
tut *mörderisch* weh!" Ich konnte reden! Ich konnte auch den Kopf
bewegen. Nur den Körper musste ich ruhen lassen.
Und wenn mich heute wieder Stress übermannt, wenn der wieder
zu hoch ist, dann merke ich, das ist wie so 'ne bleierne Wand, die
auf mich zu kommt. Ist längst aber was anderes als damals. Es ist
viel leichter und ich merke dann: „Aha! Für mich ist heut' der Tag
zu Ende!" Ich leg mich hin, schlaf mich erstmal aus!

**Das heißt, du brauchst diese Starre nicht mehr, um zur Ruhe
zu kommen?**

Nein.

Was hilft

„*Analysiere und hinterfrage alles bis ins Detail"* –, ja ja. Mittlerweile
bin ich auf manuelle Therapien gekommen, … ist auch schon ein
Prozess von etwa zwanzig Jahren. Manuelle Therapien, wo es mir
um schlichtes Berühren geht. Da komm ich aus dem Kopf raus, und
das brauche ich dringend. Also, ich hab ja so ab 1978 angefangen,
was für meine Psyche zu tun. Und dann hab ich festgestellt, dass
… – es gibt ja wunderbar analysierende Workshops. Hab ich auch
gern gemacht. –, dass ich irgendwann das Gefühl von „Ich bin nicht
satt!" bekommen hab, da fehlt mir was. Ich bin dann zur Körperarbeit gegangen, über Tanz. Allerdings, *nur* Tanzen passte mir dann

auch nicht. Da will der Kopf wieder was. Jetzt hab ich jetzt wieder
so 'ne Balance gefunden. ... Ich kann 'ne Menge Theorie und dann
schaltet aber der Kopf automatisch ab, wenn's zu viel ist. Dann interessiere ich mich eher für die Energien hier im Saal! *beide kichern*

**Hast du denn was gefunden, wo diese Bedürfnisse nach Kör-
per und Analyse gleichermaßen abgedeckt werden?**
Mmmmhhhh ... im gewissen Sinne bin ich auf der Spur. Ich bin auf
der Spur von Feldenkrais. Das liegt mir sehr nahe, weil auch das
Analytische dahinter ist. Das befriedigt im Moment beide Ebenen.
Und sonst, wenn mir zu wenig Analytisches kommt, na ja, dann
gibt's mal 'n Gespräch mit jemanden. *kichert* Aber bitte alles in
Maßen! Ich hab *jahrzehntelang* ... mein Leben darüber definiert,   Empathie
mich in andere reinzufühlen.

Dich in andere hineinzufühlen?!
Jahrzehntelang. Ja, nach der Aufforderung meiner Mutter: „Du
musst doch sehen, dass es mir schlecht geht, dann verhalt dich
doch danach!"

Hast du das gemacht?
Hab ich gemacht. Gut, ich bin damals davon ausgegangen, für mich
ist gesorgt. War also meine leichteste Übung, kann ich verschenken.

Das hab ich nicht verstanden. Du bist wovon ausgegangen ...
Für mich ist gesorgt!

Hattest du das Gefühl schon immer?
Ja! Die Dimension ist mir ..., die hat sich jetzt erst langsam gezeigt.   Höhere
                                                                            Führung
Sozusagen jenseits der elterlichen Fürsorge?
Ja. Ich kann das verschenken, ich kann das machen, und das hab
ich auch gemacht. Das hab ich auch gern gemacht.

Was meinst du mit „kann ich verschenken"?
Die Kraft, mich da einzufühlen in andere! Ist ja auch 'ne Kraft. Mich
da reinzuversetzen, das kann ich verschenken. ... Für mich ist gesorgt. Wobei ich nicht wusste, was das für 'ne Dimension ist. ...

Ohhh! „Nehme alles Gesagte wörtlich" –, ... war in meiner Sozialisie-   Eigensinnig
rung auch brand-notwendig. Weil beide Eltern so gut wie gar keinen
Kontakt zu ihren Gefühlen hatten. Und gefühlsmäßig kam manchmal

'ne ganz andere Botschaft rüber. … *kichert* Da gibt's eine drollige Situation: Da hat meine Mutter mal im Wutausbruch zu mir gesagt „Ja, nu mach doch endlich mal, was man von dir verlangt!" … Dann hab ich's einmal gemacht. Aber die Erfahrung war so schlimm für mich, dass ich's nie wieder gemacht hab. Die waren total von der Rolle, alle beide. Die konnten das überhaupt nicht einsortieren.

Dass du plötzlich was getan hast, was sie von dir verlangt haben?
Ja.

Das heißt, sonst hast du das nicht gemacht?
Nein. … Das hat noch tiefer liegende Gründe, warum ich's nicht gemacht hab. … Ja, mir ist auf dem Weg gestern irgendwohin noch klar geworden, dass man meine Mutter eigentlich um ihr Leben betrogen hat. Und zwar – und dann ist es schön, hochsensibel zu sein, weil man plötzlich Zusammenhänge sieht, wo man sagt: meine Fresse! Die konnte ja nicht anders als so! –, ähm … Vater! Ihr Vater war ein süffisanter Knilch. *beide kichern* Tut man ihm nix Böses damit, er war 'n süffisanter Knilch. So! Er hatte sich ja gerne 'n Sohn gewünscht. Ich meine, der Sohn wär in der Familie baden gegangen. Es gab Gott sei Dank keinen Sohn. Das hat alles meine Mutter geschultert, sie war die Älteste. … Er wollte sie UK stellen, unabkömmlich, im Krieg, damit sie Lehrerin wird.

Damit sie nicht an die Front oder ins Lazarett muss?
Ja. Aber sie ist ins Lazarett! Hat im Lazarett gearbeitet. War auch kein reines Zuckerleben. Und er hat se wieder zurückgeordert. Das ging 'ne Weile hin und her zwischen den beiden. … Der Vater hatte drei Mädchen, und das dritte Mädchen war dauernd krank. … Meine persönliche Vermutung: Sie stammte von einem anderen Mann. Das war so ein Glücksmoment von meiner Oma …! Und die Kleine war natürlich noch sensibler als die andern, die schon einige Brutalitäten gewöhnt waren. Sie war dauernd krank und ihre Mutter hat se immer gepflegt, also meine Oma, und hat se auch bis einundzwanzig gepflegt. Und nun kommt folgende Geschichte: Ich habe mal so Sakral-Tanz gemacht, wunderschön. Wir legen uns hin, schlafen, ich träume: Wir sind zu zweit in Mutters Bauch. … Was ist das? Ich habe bis jetzt diesen Traum zwei mal gehabt in meinem Leben. Und der ist so ernsthaft, dass ich da nicht sagen kann, das ist Spinnerei. Ich komm dann darüber mit anderen Leuten ins Gespräch „Ja", sagt er, „da gibt's 'n Buch dazu! Und da gibt auch Leute, die so was studieren und überprüfen und forschen." …

Komplexes Denken

Familien-geschichte

Ahnen-forschung

Folgende Geschichte habe ich herausgefunden: Mein Großvater
hat drei Töchter, ist ein gewisser jovialer Knilch. Kommt ein junger
Mann, genauso smart wie er. Die beeden verstehen sich sofort.
Und mein zukünftiger Papa ist Hahn im Korb. Er hatte ein sehr in-
niges Verhältnis zur Jüngsten. Habe ich von einer Ecke, die wirklich unangreifbar ist, gehört. Die wollten eigentlich heiraten. Kam
der Opa: „Na, das machen wir doch besser anders. Die Jüngste
heiratet nicht vor der Ältesten!" Die Älteste ist meine Mutter. So,
und nun gibt's möglicherweise zwei Schwangerschaften. … Meine
Mutter, also diejenige, die mich als meine Mutter aufgezogen hat,
und meine Tante. Und … lange Rede kurzer Sinn, ich habe eine
Postkarte von der Tante, zu meinem ersten Geburtstag hat sie mir
gratuliert „Deine Patentante Elvira" .. Irgendwann viel später rede
ich mit meiner Oma über das Thema. „Patentante Elvira? Elvira war
nie deine Patentante! *Ich* war deine Patentante." Hoppla!? Achso!
Und dann gibt's noch die Aussage von meinem Vater. „Ich war immer dafür, dass du am Leben bleibst." … huhhhhh??!! Was ist das?
Nun vermute ich also folgende Konstellation: Es gibt ein Bild, und   *Kuckuckskind*
da ist meine Oma, meine Tante Elvira, der Opa, mein Vater und
meine Mutter drauf. Und die Tante hat so ein komischen hohen
Bauch. So als ob se gerade entbunden hat. … So.
Deswegen bin ich in Hamburg gewesen bei einem kubanischen
Schamanen. Der arbeitet viel mit Tod und Leben und solchen Geschichten und auch … innerem Gefüge, dass man das heilen kann,
wenn irgendwelche Risse sind. Da haben wir 'ne Übung gemacht,
da geht es darum, dass man den Herzbereich und den Sakralbe-
reich verbindet. Und plötzlich hatte ich ganz klare Information, Elvira war meine Mutter! Das heißt, möglicherweise waren da zwei
Kinder, eines musste versorgt werden, das hat man meiner Mutter in die Hände gelegt. Vielleicht war's 'ne Entbindung auf Leben
und Tod, weiß ich ja nicht, die haben ja eisern geschwiegen . …
Auf dem Papier bin ich die Tochter meiner Mutter. Aber was war
wirklich? Und wir beede, wir haben uns nicht verstanden, meine
Mutter und ich.

Hattest du später als Kind noch Kontakt zu dieser Tante Elvira?
Nee! Die starb als ich anderthalb Jahre alt war. Aber das Bild! Wie
'ne Ikone! … Bei uns in der Wohnung.
Und jetzt stell ich mir mal vor – reine Fiktion, aber ich meine, es
sieht sehr nach Wahrheit aus –, dass die älteste Schwester, sprich
meine Mutter, das Kind von ihrer jüngsten, von ihrer Lieblingsschwester aufgezogen hat mit dem Mann, der eigentlich mehr für

die Lieblingsschwester war. Ohhhhh!! *atmet scharf ein* Da gibt's
nur noch ein Wort: Sacrificio!

Was heißt Sacrificio?
Das ist 'ne Opferung. Aber Leute, das Opfer kann ich nicht annehmen! Das ist 'ne Konstellation, die ich meinem Großvater durchaus zutraue, weil der sagt, Papier ist geduldig und da kann alles
mögliche drauf stehen. Und wenn's ihm gedient hat, warum nicht
auch anderen, ne! Und die älteste Tochter musste versorgt sein.
Ganz einfach. Dass die andere darüber vor Gram stirbt ... Meine
Mutter hat meinem Vater immer gesagt: „Du hast meine Schwester umgebracht!" ... ... Abgesehen davon, dass das möglicherweise ein gängiger Spruch aus der damaligen Zeit war, weil man
ja gerne dem andern mal gesagt hat „Du hast dafür gesorgt, dass
...", wer weiß, welches Körnchen Wahrheit drin ist! Aber krumm
ist die Sache auf jeden Fall! Also fange ich natürlich in dieser
Konstellation an, ... *muss* ich alle Antennen auffahren! Und mit
zwanzig wollte dann mein Großvater mich – und damit ist die Geschichte erstmal zu Ende –, mit zwanzig kommt mein Großvater
zu mir und sagt: „Du, ich hätte da 'n passenden Heiratskandida-
ten für dich." ... Als der schon so um die Ecke geschwänzelt kam,
da war mir aarghhh!! „Ja, gucke mal, da ist doch 'n älterer Herr",
– der war knapp achtzig! –, „und der hat doch 'ne Menge Geld,
und der weeß doch nicht wohin damit. ... Und da wärst du doch
versorgt!" So! ... ...

Erst beobach-
ten –
dann handeln

„Beobachte zuerst gern bevor ich handle" –, ja, es war so, wenn ich
– bevor ich vierzig wurde –, in einen Raum, 'ne neue Gruppe komme, mich prinzipiell erstmal in eine Ecke verkrümelt habe und von
da aus geguckt habe, wie weit ich in den Raum reingehen kann.

Auch schon als Kind?
Auch schon als Kind, ja ja!

Unterforderung

„Bei Unterforderung werde ich unruhig oder ziehe mich zurück" –,
nö, da ziehe ich mich nicht zurück. ..., da such ich mir was! *kichert*

**Das heißt, du brauchst immer irgendwas an Herausforderung
oder an Aufgaben?**
Es liegt so viel Zeug rum, was man tun kann. Also, ich bin gern
beschäftigt, das geb ich zu. Der Motor muss brummen. ... So 'n
ganz genüssliches Standschnurren, das gehört dazu, ja. *kichert*

Wenn ich 'ne Weile ich der Ecke sitzen musste, das war furchtbar für mich. Das war gar nicht auszuhalten. ...

„Mache mir viele Sorgen" –, nein, das ist definitiv passé!! Hab ich gemacht.

Aber hast du früher gemacht?
Ja, ja! Sagen wir mal bis vierzig. ... Und zwar ist mir eine Kündi-
gung ins Haus geschneit, und dann ... war ich sozial eigentlich am
Ende. Gesellschaftlich. Ich hatte 'n guten Job gehabt

Im Hier und Jetzt

Also seitdem mir ... ..., wie soll man sagen, Situationen begegnet sind, die, wenn ich von hier nach da denke, nicht mehr zu händeln sind. Zum Beispiel ein Kredit von fünfundzwanzig Jahren. Kannst du abhaken, kannst du nicht mehr händeln. Der aber damals wich-tig war, ... sage ich: „Okay, wat solls! Jetzt bin ich hier, und das wird genossen und damit ist juut!" Dann merke ich auch plötzlich, wie das Geld 'ne andere Bewertung kriegt. Es steht plötzlich wie-der zur Verfügung. Vorher ist es davongelaufen!

Das heiß, du hast dir Sorgen gemacht, zum Beispiel „Wie schaffe ich es, das fünfundzwanzig Jahre abzuzahlen?" und konntest in der Zeit das Geld, das dann zur Verfügung stand, gar nicht genießen?
Überhaupt nicht. Überhaupt nicht. Es war immer die Hälfte wert! Und jetzt ist es doppelt so viel wert. Alles erstaunlich. In dem Grade, in dem ich sage, ich lebe *jetzt*, und ich genieße soweit ich kann und mit all meinen Sinnen, mit all meiner Verantwortung, die ich habe, merke ich jetzt, wie es sich dreht. Zu mir hin! Und vorher war ich am ackern, am machen, am tun.
Ich habe viele schöne interessante Sachen gekauft dafür, aber ich hätte die genauso leicht wieder weggeben können. Es war nicht meins! ... Ja, mit dem Grad der inneren Zufriedenheit merke ich, wie sich das Geld dann auch wieder zu mir wendet. Von diesen Si-tuationen gab's also 'n paar, wo ich gesagt habe: „So, jetzt strecke ich die Waffen. Der Kopf hat jetzt Pause, hier läuft nichts mehr. Was ist jetzt im Moment?" *äfft nach* „Du kannst aber doch nicht bloß im Moment leben!" Ich sag „Ich mu-huss!" *beide kichern* *sagt fröhlich* Und damit fühle ich mich sehr wohl! Ja! Es war 'ne Durststrecke.
Ich setze mich hin und beschäftige mich jetzt mehr mit Leben als mit Sorgen. ... Und das ist eigentlich 'ne Fähigkeit, die ich schon seit langem habe. Das ist so ähnlich wie der Stressabbau über's Schlafen, dass ich dann sage: *pfeift* „Durchzug! Nicht mit mir!"

Dann guck ich raus, die Welt ist schön, hinter mir kann die Bude brennen. *lacht*

Sozial erwünscht verhalten

„Versuche mich sozial erwünscht zu verhalten" –, ist mir Gott sei Dank nie gelungen! Ist mir Gott sei Dank *nie gelungen*.

Aber war dir das nie eine Belastung, nicht sozial erwünscht zu wirken?

Aber wie! Natürlich! Aber natürlich. Da lebte meine Oma noch, da sagte ich zu ihr: „Weißte Oma, es zeichnet sich ab, ich muss da raus aus dem Job!" „Ja, aber Kind, und ahh …" Ja, ich verstehe sie gut! Ich hab dann gesagt: „Pass mal auf, weißt du was passiert? Die tragen mich raus!" Und so kam's dann auch. Zwei Jahre später hab ich den Brief gekriegt.

Ich hatte ja schon die Ahnung, es kommt was auf mich zu! Also hab ich gesagt, dann machen wir's uns erstmal schick. Meinen Mann untern Arm geklemmt, – wir waren noch nicht verheiratet –, sage: „Komm! Wir fahren nach Brasilien!". Da hatte ich noch das Geld, und wollte es auch haben. Kam ich zurück, 1977, 1978, im Dezember, und dann kam die Kündigung! Noch ein halbes Jahr darf ich bleiben und dann darf ich gehn. So 'n Scheiß, halbes Jahr! Das ist wie nicht leben und nicht sterben, das ist wie nicht fallen und nicht fliegen, ooorgh! Das hab ich, soweit ich konnte, dann im Positiven durchgezogen. Hab gesagt „Komm! Jetzt machen wir's schön! Jetzt mach ich's mir schön!" …
Und das ist auch so 'ne Sache: *Ich* habe mich über die Arbeit identifiziert. Was hatte ich denn? Zwei zugelaufene – im besten Sinne! – zugelaufene Eltern. Ich hatte praktisch keinen, der für mich bürgen konnte, also muss es über meine Arbeit gehn. Und den Zahn haben se mir mit dem Rausschmiss gezogen.

Mobbing

Sozial erwünscht verhalten – nee, das kannste abhaken hier. Ja, es gibt gewisse Normen, natürlich. Aber die sind für alle verbindlich. Ein freundliches „Guten Tag" und „Guten Weg", ja! … Aber wo hört dieses ‚sozial erwünscht' auf? Ich kenne diese – neudeutsch sagt man Mobbing – diese Mobbingstrukturen in der eigenen Familie. Nein! Danke! Das ist für mich nicht sozial erwünscht. So dieses „Na ja, du musst doch auch der Meinung sein, dass …" Ich muss überhaupt nicht dieser Meinung sein! Ich versteh das anders. Nein, der Film ist für mich gerissen. Definitiv. Ich habe Mobbing auf der Arbeitsstelle erlebt, ich habe Mobbing in der Familie erlebt. Mehr braucht's eigentlich nicht. Ja? Und als ich dann auf der Arbeit diese Mobbinggeschichte hatte, da hab ich gesagt: „Ah ja, so fühlt sich das also auf der anderen Seite an." …

„Mag klare Regeln" –, … ja, ja, mit klaren Regeln fühl ich mich wohl. Klare Regeln Ich erinner mich da sehr deutlich an eine Auseinandersetzung mit einem Chef bei Teckthon. Der konnte nicht zu Potte kommen mit seinen Anweisungen. Und dann hab ich ihn mal wirklich festgenagelt. Danach waren wir natürlich ein getrenntes Paar, das war klar! Hab den wirklich festgenagelt: „Jetzt sagen Sie mir endlich was ich tun soll!" … *äfft nach* „Ja wenn Sie das nicht wissen!" … Ich sag „Ab sofort werde ich jede Äußerung Ihrerseits als Provokation nehmen!" …, aber da war der Film sowieso schon gerissen, also es kam nicht mehr drauf an. Es war wie: „Ja, gehen wir rechts raus oder links raus?" – „Ist egal. Ham wa nich!!! Ham wa nich, rechts oder links. Sie müssen das schon leider entscheiden. *atmet scharf ein* Ja! Dann irgendwann mache ich den Maître de plaisir, schnappe meine Jacke und marschier einfach irgendwo raus.

Du magst also klare Aussagen?
Doch ja! Wenn's irgendwie geht! *beide lachen*

Klare Regeln auch?
zögernd Jaaa. Ja.

Ja? Es gibt ja Menschen, die fühlen sich nicht wohl, wenn sie das Gefühl haben, sie werden zu sehr festgelegt und möchten lieber selber entscheiden.
Wenn se's denn mal *täten*! … Wenn se's denn mal täten, dann hab ich nichts dagegen, da kann ich es auch aushalten. Nur wenn ich merke, dass das Methode hat …, dann merke ich schon wieder, dass ich irgendwie was tun muss. Ich sag, schlimmstenfalls nehm ich meine Jacke und geh genau woanders raus. … Ich diskutier da auch nicht mehr. Ich hätte früher noch diskutiert. … Nein, nein!

„Ich mag keine Menschenmassen" –, … mhhh … sehr differenziert. Angenehme Nicht so sehr. Kommt drauf an wie es sich anfühlt. Es gibt zum Kontakte Beispiel eine Menschenmasse, da gehe ich gerne hin. Das ist der erste Sonntag im September! Jedes Jahr treffen sich die Hugenotten in Frankreich. Und das ist wunderschön! Das ist wunderbar! Diese Massen mag ich gerne. Die sind jeder für sich und sind alle zusammen. Der eine verkauft was, der andere verkauft nix, der andere ist einfach nur da. Vormittags gibt es Gottesdienst und nachmittags gibt es irgendwelche Lesungen zu den Themen. Das ist einfach schön. Und mittlerweile waren wir auch schon 'ne Clique und dann haben gesagt: „Ahja! Seid ihr auch wieder da!" Dann 'n

kleinen Kaffee getrunken, essen tut jeder für sich. Einfach nur soziale Kontakte, ohne Adresse und so. Kann sein, muss nicht sein,
einfach „Schön, dass du da bist." Das isses!

Merkmale   „Sehr empathisch, mitfühlend" –, jaaaa.

„Refketierend" –, jaaa.
„Kommuniziere gerne intensiv" –, jaaa.

„Bin perfektionistisch" –, jaaa. ...

Ach „Gute Voraussicht" –, was ist da gemeint?

**Zum Beispiel, wenn ich einen Plan entwickle, dann zu er-
kennen, ob dieser Plan funktionieren wird, aufgrund welcher
Komponenten wird er nicht funktionieren, oder wird er nur eine Weile funktionieren und dann können folgende Schwierigkeiten kommen.**

Voraussicht   Ääähm, ja. ... Ich habe im Moment die Situation in meiner Wohnung,
dass ich an den Plänen gescheitert bin! ... ... Wir sind umgezogen
zu einem Termin der für mich falsch war. Damit sind einige Dinge
liegen geblieben und in der Planung versandet. Hab ich gesagt,
na ja dann ist das halt so. Ich segne das ab, und ich schaue, dass
ich selber weiterkomme. Mittlerweile hab ich auch wieder Boden
unter den Füßen, auch durch die Osteopathie und mit den andern
körperorientierten Sachen. Jetzt habe ich wieder positive Arbeits-
anfälle, so dass ich: *pfeift, schnalzt mit der Zunge, winkt mit den
Händen* „Raus, raus!" ...
Ich will damit sagen, ich habe zu Hause das beste Lernbeispiel,
wie man sich mit Plänen einfach erschöpfen kann. Und wenn ich
meinem lieben Gatten sage, er ist genau dafür prädestiniert, müsste ich mir wahrscheinlich alles mögliche anhören, aber keinesfalls
ein *Ja!* *kichert*

Aber du hältst ihn für hochsensibel?

Bei sich bleiben   Ich halte ihn dafür! Natürlich! Weil, er kommt manchmal mit so Re-
aktionen um die Ecke, wo ich sage: „Huch!" Wir kommen am bes-
ten aus, wenn jeder bei sich bleibt. Und das ist für mich auch schon
mal ein Kriterium in die Richtung.

**Wieso ist dieses „Ich komme gut mit dir aus, wenn jeder bei
sich bleibt" ein Kriterium für Hochsensibilität?**

Für mich ja. Und zwar, weil, wenn ich ganz bei mir bin, also jetzt ohne Kontrolle, dann hab ich den meisten Überblick. Dann sehe ich am meisten von mir. Bei mir weiß ich ja, was los ist. Ich drehe nich an irgendwelchen andern Leuten die Schraube fest. Je besser ich in mir drin, also bei mir war, … umso mehr konnte ich wahrnehmen. Das ist paradox, aber das ist so, ja!

„Bin gerne in der Natur" –, ja.   Merkmale

„Multitalentiert" –, mmhhh … *kichert* Himmel und Erde sei gelobt und gepriesen: Jaaaaa!!!

„Arbeite gerne alleine" –, im Prinzip ja. Da kann ich meine ganze Konzentration eingeben. Ja.

„Bin kooperativ" *zustimmend* M-hm!   Kooperativ

Widerspricht sich das nicht mit dem alleine arbeiten?
Nein! Das ist wieder die Sache mit ganz bei sich sein. Kooperativ ist, wie zum Beispiel die Frau, die im Kurs Ausspracheschwierig-keiten hatte und wo ich mich dahinter stelle und sage: „Sie haben hundert Jahre Zeit! Jetzt sagen Sie's mir noch mal." Das ist für mich Kooperation. Und dann funktioniert's auch.

Also unterstützend!?
Unterstützend, vertrauengeben, dass se den richtigen Weg geht. Das ist unabdingbar! So nach dem Motto: „Ich weiß, dass du's kannst!" … Ja, so seh ich's. Insofern gehört das für mich zusammen mit
„Großes Verantwortungsgefühl" –, ist automatisch mit dabei, bei   Verantwor-
der Kooperation.   tungsgefühl

Wieso automatisch?
… Weil …, hhhhmm *seufzt*… ja gute Frage. Also für mich gehört's zusammen, … weil … Da sind zwei, die gehen den gleichen Weg. Und der eine fängt an zu hinken. Der andere schaut, was er als Hilfe bieten kann. Ich meine, manchmal braucht's nicht viel, es braucht bloß ein Wort. Manchmal braucht's auch bloß das Gefühl, dass der andere da ist. Also für mich gehört's zusammen.

Aber was ist die Verantwortung dabei? Verantwortung für was oder wen?

Erstmal für mich selber. Und dadurch auch automatisch für andere. Denn wenn ich jetzt kreuzlahm daher komme und mir damit
gefalle, … hab ich 'ne ganz merkwürdige Verantwortung für mich
übernommen. Oder die andere Mitgefühlsform, wie: „Du musst ja
nur das und das tun und nun gib dir doch mal Mühe und nun mach
doch mal!" ist auch nicht das was ich möchte. Daher meine ich
erstmal Verantwortung für mich übernehmen. Wenn ich was zu
verschenken habe, geb ich's, aber wenn ich nix zu verschenken
habe, kann ich nix geben. Und wenn ich wütend bin, dann bin ich
wütend. Was mach ich dann mit meiner Wut? „Öhh … na ja, vielleicht mal 'n Fenster putzen?!" *kichert* … Dann bin ich bei dem
Tao-Spruch: Klare Aussage gegen klare Aussage. Ja, dann auch
klar zu sagen: „Stop. Nein. Jetzt nicht."

Abgrenzung Wir hatten zum Beispiel meine Enkelin und ihren Zukünftigen bei
uns drei Monate im Haus. *äfft nach* „Kann ich dir helfen?" Ich sag
„Nein. … Hier ist der Staubsauger, heute macht ihr euer Zimmer
sauber." … komme runter – die hatte ihre Räume unten im Souter-
rain – und hör bloß „Buff, baff, und nee und jetzt musst du …" Ich
merk wie mir die Krallen wachsen, gucke um die Ecke und sag:
„Und inwieweit hilft euch das, eine neue Wohnung zu finden??" …
Wo ist meine Grenze, wo ist deine Grenze? Es ist nicht nur die
Geschichte mit der Teetasse, die im fremden Gebiet steht. Es ist
auch die Interaktion. Wo ist die unsichtbare Grenze zwischen uns
beiden? Was will ich da reinfüttern? Was *kann* ich reinfüttern? Was
muss ich reinfüttern? Ich hatte große Schwierigkeiten mit Nein sagen. Oder mit Wünsche ausdrücken. Oder Fragen stellen. *Entsetz-
liche* Schwierigkeiten!! Mal klipp und klar zu sagen: „Stopp, an dieser Grenze ist's jetzt Schluss!. Wenn ihr noch mit mir wollt, dann
überlegt euch was anderes."

Ja …, also für mich gehört das zusammen. … Wobei ich mir nicht
immer im Klaren bin, was beim andern ankommt. Geschweige denn,
was ich wirklich aussende. Das hängt ja mit so vielen Unwägbar-
keiten zusammen, das ist nicht immer zu klären. … …

Ehrlichkeit „Ich bin ehrlich" –, so weit wie möglich, ja.

Schon immer gewesen?
Ja! Brutal ehrlich sogar. Also, in der Hinsicht hab ich immer das Sa-
muraischwert in der Hand: TSCHOMMM!!!! „Aaaahhh, so hättest
du's ja auch nicht sagen müssen!" Ich weiß aber mittlerweile, dass
so 'ne Ehrlichkeit schneller verheilt. … Das hinterlässt keine schwe-

lenden Wunden. 'N klarer Schnitt ist 'n klarer Schnitt und dann ist aber auch okay. Das nagt nicht so. …

„Kann sich in lautem oder unruhigem Umfeld nicht konzentrieren" –, ähhh … wenn mir was am Herzen lag, konnte ich mich eigentlich überall konzentrieren.

Lag dir in der Schule alles am Herzen?
Schule sehr!! Ich war zwar nicht mit allem einverstanden, was die da vor mir gezaubert haben, aber sonst lag mir Schule sehr am Herzen. … Ich meine, es war auch klar warum. Wenn du jetzt die Familie siehst, der einzige ruhige Ort war die Schule! Aber es war immer so und ich bin auch jetzt noch so: Du wirst mich selten mit einem Roman oder mit 'n Thriller oder 'n Krimi oder sonst was sehen. … Mich interessiert mehr Sachliches, Fachliches. Ich bin da immer noch am Wühlen, am Forschen, am Machen und tun. Und das wird auch noch so bleiben. Das ist auch ganz schön so. Auch wenn ich mal zufälligerweise 'n Roman lese, dann interessiert mich mehr die Konstellation der Figuren zueinander und wer warum und was. Es ist für mich eigentlich immer ein Arbeitsbuch. Egal was ich habe, es ist immer ein Arbeitsbuch. …

Schule und Bildung

Das hatten wir vorhin: *„Wirkt irgendwie anders als andere Kinder"* –, jaaaa! Das war schon immer!

Hast du das als Kind eigentlich als unangenehm empfunden?
Muss ich wohl, denn – ich mach 'n Umkehrschluss – ich hatte mir ein Lebensmotto aufgebaut: Ich möchte genauso normal sein wie die andern. Also isses so gewesen. Mittlerweile sag ich mir „Nee danke!"

Anpassung

Was hast du denn damals dafür getan, um so normal zu sein wie die andern?
Ja, eben auch nix Normales, das ist ja das Verrückte!! Ich war in der Grundschule nur Einser-Schüler! In Diktaten war ich übrigens interessanterweise fantastisch. Aufsätze sind mir nicht gelungen.

Wo es um den inneren Fluss ging!?
Eben, den gab's ja nicht. Bei Diktat, war ich immer Eins. Bis mir das irgendwann zu langweilig wurde und ich beschlossen habe, keine Eins mehr zu sein. Irgendein Schriftsteller hat das Gleiche geschrieben. Ich weiß nicht mehr ob das Kästner war oder wer. Und dann hab ich mich systematisch runter gearbeitet. *kichert*

Hochbegabung

Übrigens ein typisches Phänomen von Hochbegabten.
fröhlich Danke! Wär ich gar nicht drauf gekommen! … Ja, da hab
ich mich systematisch runter gearbeitet.

**Das heißt, du hast dein eigenes Niveau auf Durchschnitt run-
tergeschraubt?**
Damit auch mal 'n anderer 'ne Eins hat. Genau.

Du hast Platz gemacht.
Ja. … Danke! Richtig, hab Platz gemacht. Macht richtig „klick" hier.
Schön, ja. … Irgendeiner der Schüler hat gesagt: „Ach, die schon
wieder mit ihrer Eins." Dacht ich: „Das könnt ihr haben. Kein Problem!"

Und wie ging es dir dann damit?
Mir ging's prächtig, für mich war ja gesorgt. Das war dieses andere
Motto. „Für mich ist gesorgt."

Diesen Satz hattest du schon als Kind?

Lebenssatz

Ja! Also, …. ich weiß, vielleicht gibt's ja noch 'n paar Überraschungen in diesem Leben, aber der Satz war immer da „Ich kann verschenken!" Ich kenn das mit solchen Sätzen. Meiner ist erst in der
Pubertät gekommen. …

„*übertrieben eifrig und klug*" –, ja da musste ich mich manchmal
bremsen, sonst hätte ich dauernd die Antworten gehabt. *kichert*

Gerechtigkeits-
sinn

„*Ausgeprägter Gerechtigkeitssinn*" –, … ja. …

**Wie hat sich das als Kind gezeigt, oder wie bist du damit um-
gegangen?**
Der musste warten! Weil in diesem Gestöber, in dem ich war, da war
keine Zeit für Gerechtigkeitssinn. Ich habe praktisch gespeichert,
gespeichert, gespeichert. Bis zu meinem Buch. Das ist auch interessant, das ist einfach so entstanden. Finger auf die Tasten und geschrieben. Und das ist der Gerechtigkeitssinn, der ein bisschen Luft
kriegt, so nach dem Motto: Es ist so und so gewesen, und was ihr mir
da erzählt das ist schön, aber *meine* Wahrnehmung ist 'ne andere.

Das heißt, du hast viel gefühlt, aber hast wenig ausdrücken
***können*, aufgrund der Zeit, in der du aufgewachsen bist!?**
Und der Umgebung. Erste Klasse war 1951. Da kommt ja noch dazu, für mich ganz wichtig, März '45, wo ja alle naselang Feuer vom

Himmel kommt – und die neun Monate Schwangerschaft kannst du da getrost dazu zählen –, … die Angst, die ständig da war. Dann rannten die hier in den Bunker, dann rannten sie da in den Bunker, dann hatten sie hier zu tun, dann hatten sie da zu tun. Und … dann eben auch die Art, wie meine Mutter manchmal verlacht worden ist von meinem Vater. Der hat sich seine Xanthippe selber erzogen, der braucht sich nicht zu beklagen. …

„überleg erst, handle dann“ –, ja, außer in Notsituationen! In Notsituationen bin ich ganz schnell!! Dann geht's Ruck-Zuck! Und das passt dann auch! Mit allem zur Verfügung stehenden Gottvertrauen, dann passt das auch.

Schnelles Handeln in Notsituationen

Du bist die Frau für die Krisen?
kichert Ja, ja, ist ja richtig! Außer wenn das Maß überschritten ist. Wenn ich's dann mit Freundlichkeit versucht hab, und noch mal mit Freundlichkeit … Und dann platzt mir 'n Kragen! *kichert* … Ein Fallbeispiel ist zum Beispiel … ach, ganz harmlose Geschichte: Meine Mutter beim Rundfunk. Die war ja nun da gefürchtet und geachtet und geliebt und was weiß ich. Das war ihr Revier. Und da gab's den einen, der hatte ein Hörspiel geschrieben „Die Hühner“. Und die Hühner, das ist also der Weg der Hühner vom Aufgezogen werden über 'n Schlachthof bis in die Büchse. Und damals gab's noch keine richtige Kopiermaschine, sondern es gab diese Roter-Print-Dinger mit diesen Matrizen. Und es gab eine Kugelkopfmaschine. Und bei dieser Kugelkopfmaschine ist das I schmaler als das N. Und jetzt haste 'n Fehler drin, musste radieren, da musste noch was flicken, usw. Und meine Mutter hat große Sprüche gemacht: „Ja ja, meine Tochter kann das alles, die kann das alles.“ Und ich bin fast gestorben in dieser Geschichte! Zwei Tage haben wir gearbeitet.

Sie musste dieses Skript korrigieren?
Nein, *sie* war außen vor. Sie hatte nur für mich die Trommel geschlagen, dass *ich* das könnte. Ja, und ich bin fast gestorben an dem Ding. Erstmal Skript schreiben und korrigiert wurde es von dem Verfasser. Dann nachher wurde es noch mal korrigiert. Das heißt, du musstest ein Wort finden, das da in etwa reinpasst. Hach, wunderschöne Technik! …

Gewissenhaft arbeiten

„Spricht unter Umständen sehr früh, ausgefeilt und komplex“ –, ja das hat man mir oft vorgeworfen. …

Merkmale

„Hat künstlerische oder wissenschaftliche Begabung" –, das gip-
felte dann in dem Vorwurf „Du kannst dich auf nix konzentrieren!"
… *kichert*

Weil du vielfältig interessiert warst?

Multitalentiert   Ja. … Ja, und da kommt natürlich auch noch die fixe Idee, dass
man doch unbedingt was beenden müsste. Das ist bei mir dann
nicht so unbedingt einfach gewesen, weil ich immer verschiedene
Baustellen zur gleichen Zeit habe! Da werden die Leute verrückt!
Die können das nicht haben. Wenn ich 'n Koffer pack, ist es das
Gleiche! Da steht der Koffer – ach, da drüben das muss ich noch
aufräumen, dann räum ich das auf – dann nehm ich das von da
nach da – dann wieder auf den Koffer – dann geht's dahin … Also,
das ist ein Tanz! Das ist ein richtiger Tanz! Und ich genieße den!
Ich find das einfach schön.

Konntest du diese Art zu sein auch auf deiner Arbeit umsetzen?
Ja. Als ich ja noch diese Kundenbetreuung gemacht habe, ja. Da
gab's dann mal so 'n Fax: „Ach, da brauchste dich nicht kümmern,
ist nicht so eilig." Aber die Kollegen konnten das nicht, die sind daran
verrückt geworden. Die sagten: „Ja, haben sie schon gemacht …?"
Ja, ich sag, das mach ich noch. Das hab ich dann auch erledigt. …

Wahrnehmung   „Spüre Schwingungen und Strahlungen" –, ah ja! Zum Beispiel
die Mikrowelle, ich vertrag sie nicht! Ich krieg danach Fieber! Und
das ist alles andere als schön!

Von der Mikrowelle!?
Ja, und ich muss noch nicht mal wissen, dass das Essen in der
Mikrowelle war.

Wie ist das überhaupt mit deinem körperlichen Empfinden?
Gibt es Bereiche, wo du deutlich feiner wahrnimmst als an-
dere Menschen?

Ernährung   Ja, also die Mikrowelle, ja. … Mittlerweile auch was so Nahrungs-
mittel betrifft. Früher war ich da nicht wählerisch. Wenn's angegam-
melt war, hab ich's auch gegessen, weil ich gesagt hab: „Komm,
jetzt mach keene Bambule!" … Ich trinke gerne diesen türkischen
Tee mit einer Prise Salz. Sonst will er zu schnell wieder raus! Solche Sachen, ja. Oder ich hatte irgendwann angefangen, auch so
mit Vollkornbrot zu essen, weil ich festgestellt habe: Ich esse und
ich habe so 'n nüchternes Gefühl im Bauch. Das reicht nicht!

Nicht gesättigt!?
Nicht gesättigt! … Dann hab ich irgendwann mal 'n Zuckerentzug gemacht, … über Melasse, und das ist mir ganz gut bekommen. Mittlerweile esse ich auch wieder Zucker, aber ich habe jetzt meine Maße gefunden. Mhhh … Fleisch konnte ich schon als Kind nicht. Immer strohig gekaut. *kichert* Aber das hängt eben auch mit der Ebene zusammen. Weil ich ständig in der anderen Ebene war.

Was meinst du mit „Ebene"?
Ich war nicht in der Ebene, wo ich in Ruhe hätte essen können. … Was jetzt nicht heißt, dass es mich anstrengt, sondern es ist einfach 'ne andere Ebene. Zu Hause, wo eh über fast alles Zank und Streit ausbrach, so schnell, dass man gar nicht gucken konnte, da musste ich dauernd auf dem Kiwief sein, und Kiwief verträgt sich nicht mit Fleisch. …
Für mich ist Essen fast wie Medizin. Also Kaffee zum Beispiel ist ganz klar Medizin für mich. Wenn ich innerlich gestockt bin, oder ich das Gefühl habe: „Ah! Jetzt habe ich voll Lust, einen drauf zu machen!", dann nehme ich gerne türkischen Kaffee. Und wenn ich das Gefühl habe, ich hab Kopfweh, dann nehme ich Zitronenscheibe mit Espresso. Wunderbar gegen Kopfweh. Aber irgendwann sagt dann die Leber und der Magen *kopft auf den Tisch* „Duhuu? Nur einen. Es langt!" – „Okay, ihr kriegt auch keinen mehr, ich wollte auch bloß den einen." …

Du hast vorhin mal Freunde erwähnt. Hattest du Freunde in der Schule? Gute Freunde, wenige Freunde, viele Freunde?
Freunde? Nix Freunde.

Freunde

Gar nix?
Nein. Ich bin Einzelkind. … Und ich hatte mal 'ne Freundin, dann wurde die mir madig gemacht. … Freundschaft ist etwas, was mir gefehlt hat die ganze Zeit.

Hat sich das im Erwachsenenalter verändert?
Ja! Es hat sich verändert. Es hat sich so etwa nach vierzig verändert, … als ich anfing, mir keine Sorgen mehr zu machen.
Ich hatte mal bei ein Seminar mitgemacht und das war interessant. Da ging es drum, wir sollten bei geschlossenen Augen einen Partner finden. Und? Ich treff auf 'n Partner, der schon vergeben ist, und der andere wollte nicht, und der dritte … Und irgendwann hab ich gesagt: „Wisst ihr was, ist mir alles viel zu doof hier." Ich setz

Loslassen

mich auf meinen Hosenboden und hab dann gedanklich mit Sand-
schaufeln gespielt und habe meine Sandburgen gemacht. Da fällt
doch einer über mich, der hatte noch niemanden. *beide kichern*
Und das hab ich mir zu Herzen genommen und habe mir gesagt:
„Wenn ich jetzt hinterher renne, verliere ich zu viel Kraft. Mach ich
nicht mehr! Da bin ich egoistisch genug. Ich bleibe jetzt hier sitzen
und wenn einer kommt, wunderbar. Wenn keiner kommt: auch
schön!" So, und irgendwann hat sich's dann reguliert.

Aber als Kind, da war nix mit Freundschaften. Keine Ahnung, was
ich hätte ausplaudern können oder sollen oder müssen. Ich meine,
zum Ausplaudern war ja einiges gegeben. Freundschaften – nein!
Die waren ja alle nicht gut genug, Opa war ja schließlich Landrat! …

Kindheit
ohne Spiele

Ich kannte auch keine Kinderspiele, kenne heute noch keine. Seil-
springen und solche Sachen, war alles Tabu für mich. Auf der Straße spielen durfte ich nicht. Im Sandkasten spielen war nicht. Zu
Hause hatte ich meine Hausaufgaben zu machen.

Tiere

Was ich allerdings hatte, waren Tiere. Hamster. Der eine hat mich
gebissen. Seitdem habe ich ein gestörtes Verhältnis zu Nagetieren.
… Ich hab's mal versucht aufzulösen, aber das arme Tier ist verhungert bei mir. Ich gestehe es! Ich hab's nicht anfassen können.
Ich weiß nicht was dieser Biss ausgelöst hat. Irgendwann wird sich
das lösen, oder auch nicht. Aber Hunde und Katzen. Und das hat
viel aufgefangen. Allein die Gegenwart von diesen Tieren hat viel
aufgefangen. Weil, das wär sonst ein Horrido mit Abschuss geworden. Ich meine, beide Eltern sind an Krebs gestorben. Dann hab
ich gedacht, irgendwas stimmt hier nicht. Wenn die beide an Krebs
sterben, irgendwas stimmt hier nicht. Da geh ich erstmal auf die Suche! Und dann gucken wir mal, was in dem Thema drin ist für mich.

Was meinst du mit „Da geh ich auf die Suche"?

(Schul)-
Medizin und
Gesundheit

Ich will's mal so sagen: Als ich hörte, dass meine Mutter an Krebs
gestorben ist, da hatte ich meine erste Mammografie gemacht.
Und das ist schon mal 'n Ding mit Pfiff, die Mammografie. Also, ich
meine, wenn Männer das mit ihren Hoden machen würden, dann
hätten se längst 'ne andere Maschine erfunden, ja! Das mal unter
uns. Da hab ich gesagt: „Nee, das ist also die falsche Route. Definitiv die falsche Route. Egal was, aber raus hier!" … Ich bin zwar
gehorsam, aber da kündige ich den Gehorsam, da ist Schluss, an
der Stelle ist Schluss.

Bezieht sich das auf die Schulmedizin?
Auch, ja.

Was heißt auch? Worauf noch?

Auf das Familiensystem. Ich bin zwar gehorsam, aber da ist für mich definitiv die Grenze. Und Schulmedizin auch, weil mich hat man mit Schulmedizin ziemlich verwöhnt. Ich habe also 'ne ganze Menge Schulmedizin abgekriegt. Gut, war vielleicht auch nötig, ist mir auch völlig egal. Da gab's so 'ne schöne Zeitschrift „Warum!", die hat mich interessiert. Das ist parallel zu „Psychologie heute" so 'ne Zeitung gewesen, nur ein bisschen mir gemäß, ein bisschen mehr so von der Praxis her. Ja, und der Ausgangspunkt war eine … Kiefer-Stirn-Diffus-Vereiterung. … Und ich sitze da beim Hals-Nasen-Ohren-Arzt, weil mal wieder allet zu war, und lese. Und ich sehe im Buch so Dinge, wo ich denke: „Jaaa, nach dem such ich doch schon die ganze Zeit!" Und dann gibt er mir ein Medikament, der HNO-Mensch. Die erste Nacht war okay, die zweite Nacht schläft mir der linke Arm ein. Komisch. Die dritte Nacht schläft mir Arm *und* Bein ein. Ich aber hin und hab gesagt: „Nee, nee, also das gibt's nicht. Sagen Sie mir mal, was da drin ist in dem Zeug! Ich muss das wissen." Aresnikum Compositum! Sehr schön! Ich sag: „Ich erzähl Ihnen mal was: Ich bin mit reinem Arsen gefüttert worden! Weil ich nicht essen wollte." … 'Ne reine Arsenkur hat man mit mir gemacht! Auf und absteigend! Aufsteigend Arsen alle zwei Stunden eine kleine Dosis, immer stärker werden, bis Maximum erreicht ist, und dann wieder runter. In der Homöopathie stimmt das Mittel ja! Aber nicht pur! Okay, vergiss es, ich hab's überlebt *kichert*
Und mein Körper hat's gewusst, da ist was drin in dem HNO-Zeug! Raus! „Das hilft doch aber andern Leuten!" – „Kann wunderbar sein", sag ich, „aber mit dieser Vorbelastung …!" Und … dann kam ich nach Berlin und wir waren da der erste Kurs in der Schule, die die Heilpraktikerausbildung nach dem Dienst gemacht haben, nach der Abendschule. Ich hab kein Examen gemacht als Heilpraktiker, aber das Wissen an für sich … Und was groß Wunder: meine Oma hat mir das Geld dafür gegeben. Die hat das wirklich alles zurück gehalten, aber da hat sie gesagt: „Kind, da geb ich dir das Geld dafür". Da hat se mir das gezahlt. Und da kam ich irgendwie schon in meine richtige Spur rein. …

Du hast geschrieben, du hast vor zwei, drei Jahren von deiner Hochsensibilität …
Nicht *vor* zwei drei Jahren, sondern *mit* zwei, drei Jahren.

Eigene Hochsensibilität erkennen

Da gab's doch den Begriff noch gar nicht!

Weiß ich! Aber da war ich schon anders als die anderen. Das hab ich schon mitgekriegt.

Anders zu sein war früher immer ein Manko!?
Innere Führung   *zustimmend* M-hm!

Warum hast du es nicht als Manko empfunden?
... Moment. Ich für mich nicht, aber die anderen schon!

Das heißt, du hast gemerkt, dass es die anderen nicht anerkennen, aber für dich konntest du es gut heißen?
Joah. Dreiviertel des Jahres. Natürlich schwappt das mal rüber, die ganze Information von außen, wenn die alle sagen: „Du bist doof." Aber im tiefsten innersten Selbst ... fand ich das in Ordnung. ...

Hattest du innerlich so eine Art Kraft, die dich durchgetragen hat, und die dir immer wieder gesagt hat: „Du bist in Ordnung"!?
zustimmend M-hm!

Von deinen Eltern, so wie du sie beschrieben hast, hättest du das ja nicht erwarten können?
Überhaupt nicht! Da wäre mir Hören und Sehen vergangen. Und das ist mir ja auch manchmal vergangen. Es ist nur einfach ..., ich fühle diesen Satz „Für mich ist gesorgt!" Das war irgendwie so wie: „Das kriegen wir schon noch. Mach mal weiter. Geht schon."

Du musst dir keine Sorgen machen!?
Ja. Das war so ein Grundmotiv. Brauchst dir keine Sorgen machen. War aber keine menschliche Stimme. Das war ein inneres Gefühl. ... ...

Hast du dich jemals gefragt, wo dieses Gefühl herkommt?
Nööö! *lacht* Warum? Nö, war da. Ich halt's dann eher mit keinem präzisen Gottesbegriff, sondern einfach die Kraft ist da und die ist so und so. Und manchmal kam die Hilfe auch in Form von irgendeinem ... unvorhergesehenem, unverhofftem Besuch oder irgendwas. ...

Das bringt mich zum Thema Spiritualität. Ist das etwas, das dich schon dein Leben lang begleitet, oder bist du im Laufe des Erwachsenseins dazu gekommen?
Spiritualität   Mmmmmmhh ... in diesem Thema bin ich die ersten, sagen wir mal fuffzehn Jahre ziemlich unbewusst gelaufen, mit der Ausnah-

me der Konfirmation, da hab ich irgendwie angedockt. Aber mehr mit dem Inhalt als mit den Worten. Wo es dann stärker wurde, das war nachher, als ich in Kontakt kam mit Brasilien und mit den Brasilianern. Ja ja! Das war so richtig erdig! Von meinem Kopf hab ich genug gehabt, das brauchte ich nicht, sondern richtig von unten her.

Wie alt warst du da ungefähr?
Ahmmm … ja, das war alles so um vierzig rum! Da ging's zur Sache! Ja, und Spiritualität … war eigentlich bei uns zu Hause kein Thema, weil es irgendwie da war. Was mein Vater mir so erzählt hat vom Krieg, da er konnte nur anhand von erhöhter Spiritualität den Krieg überlebt haben. … Und meine Mutter hatte vorhersagende Träume.

Wusste Sie das auch?
Joah, das wusste sie. Sie hat das erzählt und dies und das und sie wusste, dass ihre Schwester gestorben ist und so. … Ich hatte das auch. Nur, das blieb irgendwie so im Unverbindlichen.

Wie wichtig ist Spiritualität für dich heute?
Ist die Luft zum atmen. Und dann ist mir auch egal in welchen Hierarchien sich irgendwas befindet. Also womit ich immer kritischer werde in letzter Zeit, ist dieses Gut und Böse, die Bewertungsgeschichte in den religiösen Ebenen. …

Was ist mit Stress? Wie kannst du mit Stress umgehen?
Bin ich schon viel elastischer. Das hab ich erstmal für mich auch abtrainiert mit dem Strammstehen. Es passiert mir jetzt sogar schon, dass ich jemanden sage: „Komm, wir quirlen jetzt mal keine heiße Luft und lassen es einfach mal so wie's ist." … Ich hab immer stramm gestanden. Natürlich. Deswegen war ich ja auch immer so leicht abzulenken. Weil, einer war innerlich ja immer auf dem Kiwief. Der Radar ist ja *immer* gelaufen. Und jetzt kann ich ihn laufen lassen, ich guck nur noch selten auf den Bildschirm. Ich kenn ja den Bildschirm, da muss ich vielleicht ab und zu mal gucken, aber sonst muss nicht mehr auf alles reagieren.

Stress

Es gibt viele Hochsensible, die Schwierigkeiten haben sich abzugrenzen. Was würdest du ihnen mitgeben?
Den inneren Raum erstmal mehr ausbauen. Mehr in sich einziehen. … Das Häuschen, in dem ich wohne, erstmal bewohnen. … Es gibt so 'n kleinen Witz: Ein Mann ist endlich pensioniert wor-

Was hilft

Abgrenzung
in der
Partnerschaft

den und nun weeß er nicht, was er mit der Zeit anfangen soll. Irgendwann war Frauchen einkaufen und dann sagt er: „Schatz, ich hab dir deine Küche aufgeräumt." Sagt sie „Prima. Ich habe gerade deine Bastelkammer zurechtgemacht." So. Und dies ist eigentlich unentwirrbar. Für einen Hochsensiblen sowieso, weil er den Anspruch von jedem sieht, und die Notwendigkeit, und er sieht die Reaktion und er sieht dieses und … *atmet laut* Bild Bild sein lassen! Zurückkommen! Atmen! Erstmal bei sich selber. Zurückkommen. Langsamer werden. Ich werd automatisch schnell, wenn ich von Hause aus schnell bin. Aber dann zurückkommen und sagen: „Aha. Doof gelaufen. Was kann ich jetzt *für mich* tun? Och, ich wollte zum Beispiel eigentlich schon immer mal 'ne Runde spazieren gehen, bei dem schönen Wetter. …" – „Wo gehst du hin?" – „Oh, ich mach mal 'ne Runde spazieren." Ohne zu sagen, ob er mitkommen soll oder nicht. … „Ich komm mit." – „Ja okay, komm mit. Aber *ich* bestimme das Tempo." … Alle Fädchen, die da außen laufen, sind ja alle meine. Vor den eigenen Karren spannen!! Und dann haben wir 'n hübschen Achtspänner *schnalzt mit der Zunge* … …

Andere Geschichte: Als es um die EU-Erweiterung ging: „Ah ja!! Und die Möglichkeiten, und tralala …!" Ich sag: „Entschuldigt mal Leute, haben wir uns eigentlich Gedanken gemacht, *von wo* wir abspringen? … Wo wir eigentlich wirklich stehen?" Aber das ist der Punkt, man versucht *woanders* was zu regeln. Hoppla, hier findet's statt! Hier, hier bei mir!

Voraussicht/
Vorhersehen

Es gibt ja so etwas wie Voraussicht, die den Hochsensiblen nachgesagt wird. Ist dir das vertraut?
Ja.

Wie ist das auf Arbeit bei diesem Thema gewesen? In deinem Beruf … Hast du eigentlich einen bestimmten Beruf gehabt, den du verfolgt hast?
fängt an zu lachen

Oder fünfzig Verschiedene?
Also, ich habe sechzehn Jahre bei Teckthon verbracht und da war das, wie vorhin schon mal gesagt, da hab ich dann immer so 'n Fernschreiben auf den Tisch gekriegt: Ich soll mal den Besuch da abwickeln. Manche hab ich schlicht und ergreifend liegen lassen und die sind auch nicht gekommen! Da hab ich meiner inneren Stimme voll vertraut.

Aber vielleicht sind sie nicht gekommen, weil du sie nicht bearbeitet hast!?

Um so besser! *kichert* Nein, ich weiß es nicht. Aber ich hab da wirklich meiner inneren Stimme vertraut. Und ... auch andere Sachen. Auf Arbeit ist das ja auch manchmal wichtig gewesen. Immer wenn ich meinen Kopf frei hatte von „Hat die schon wieder so 'nen guten Besuch zu betreuen, ich würde den auch gerne mal haben", wenn ich den davon frei war, dann hat das mit der Vorhersicht funktioniert. Wenn ich aber wieder in dem Konkurrenzdings war, dann war nix mit Vorhersicht.

Wo es mit der Vorhersicht geklappt hat, war, als ich der Oma dann sagte „Pass off, ... da ist jetzt irgendwann Schluss, die tragen mich raus." Die haben die ganze Abteilung aufgelöst.

Eine andere Situation: Ich sitze mit einem Gast am Tisch beim Gästekasino, wir sind am Essen. Und neben mir sitzt einer ..., und ich weiß nicht warum, war zerstreut oder keine Ahnung, jedenfalls spreche ihn auf portugiesisch an. Da fällt der förmlich vom Stuhl! Ich weiß nicht, ich sage Entschuldigung, weiß nicht warum. ... Ja! Er *ist* Portugiese!

Du wusstest das nicht?

Nein! Ich wusste es nicht. Es gibt solche kleinen Dinge, ich merk sie mir nicht immer. Vorhersicht war zum Beispiel: ... ich träume davon, dass mein Vater mit 'ner alten weißhaarigen Ratte kämpft und sie platt macht. ... Ich ruf dann an und ich sag: „Was ist denn los?" Er wusste von nix, na ja und dann zieh ich aus dem Postkasten die Todesanzeige von meinem Großvater raus.

Oder ein anderes mal: Wir, also mein damaliger Mannheimer Freund und ich, wir sind in Frankreich unterwegs und ich träume davon, dass mir meine Mutter entgegen kommt – also die, die mich großgezogen hat –, ... gaaanz weich, ganz lebendig. Ich weiß nicht mehr, wie der Traum genau war, aber einfach versöhnlich, einfach schön. Und dann hört der Traum auf. Ich rufe am nächsten Morgen an und sag dann zu meinem Freund: „Du, wir kriegen Nachrichten aus Berlin." Was so viel heißt wie, dass einer gestorben ist. Und so war's dann auch. Sie hatte sich also in einer sehr versöhnlichen Form von mir verabschiedet. Ich bin nämlich nicht mehr beim Krankenbett gewesen, weil ich mir gesagt habe, bevor ich was Falsches sage, geh ich da nicht hin. Soweit muss ich mich in der Kontrolle haben, sonst hat das kein Zweck. Und dann hab ich von meiner Oma gehört, dass sie es gerne gehabt hätte, dass ich gekommen wäre. Sie ist zu mir gekommen! Das war so präsent und das war so schön. ... ...

Hochsensibilität
in der
Partnerschaft

Du hattest anfangs erwähnt, dass dein Partner wohl auch hochsensibel ist?
Ist er auf jeden Fall.

Hast du das Gefühl, die Hochsensibilität bringt spezifische Themen mit in die Partnerschaft?
Ja! Ausbremsen. Einer bremst den andern aus, …… dass also einer immer am Rockzipfel zieht und sagt: „Ich komm nicht mit! Ich komm nicht mit, nimm mich mit!" Und wenn du dann versuchst, zu klären, … haste's mit 'nem ganzen Verhau an Argumenten zu tun. … Weil er seine Hochsensibilität ja nicht sieht. Er sieht dann bloß die vielen tausend Möglichkeiten, … auch in Form von Angst und Sorge. Also, ich werd da ziemlich zugemüllt mit Sorgen und dies und jenes. ……

Abgrenzung
in der
Partnerschaft

Es geht eigentlich darum, dass der zweite Hochsensible, wenn er's nicht merkt, immer bestrebt ist, seine Hochsensibilität zu schützen. Und das ist der Verhau. Der sitzt praktisch hinter diesem Verhau. … Das ist wunderschön am Anfang, und das guckt man sich auch gerne 'ne Weile an. Bloß irgendwann wird's mühsam. Und wenn's anfängt mühsam zu werden, ist das dann der Punkt, wo ich wirklich strikt für mich sorgen muss. *Egal – was – kommt!* … In aller Liebe, in aller Verbindlichkeit, … ich muss für mich sorgen!

Ist das nicht ein bisschen egoistisch?
Dat muss sein! Das muss sein. Also zum Beispiel, … früh aufstehen kann ein Thema sein. Gut, dann hab ich eben zwei Stunden bevor der gemeinsame Tag anfängt! Das wäre eine positive hochsensible Art, damit umzugehen. Negativ wäre's: „Jetzt mach endlich, dass du aufstehst!" Hochsensibel ist dann dieses: „Du, ich hab hier einen Termin und dann und dann geh ich aus dem Haus." … und auch dabei bleiben! Und nich vor lauter Hochsensibilität dann wieder umkippen. Das macht dann zwei verrückt! Und drei, wenn da auch noch Kinder usw. dabei sind. Also … eine gewisse Standfestigkeit trainieren.

Was meinst du damit?

Gesunder
Egoismus

Also mit dem pünktlich rausgehen: Ich will um halb zehn rausgehen – und dann geh ich auch raus. Okay, wir machen's nicht so pünktlich auf die Sekunde, aber dass der oder die andere sieht, dass es mir ernst damit ist, um halb zehn die Wohnung zu verlassen. … Verbindlich bleiben dabei. „Ich mag dich sehr, ich mag dich krumm und schebb, wie du bist – *und* ich gehe um halb zehn!" *klopft auf den Tisch* ... Das sind die Punkte, die man dabei lernen kann. Ich muss bei mir bleiben. Dieser Egoismus *muss sein*. Denn ich atme ein und atme aus. Das tut keiner für mich. Ich esse und ich scheide aus, das tut keiner für mich. Und so viel muss ich mir auch gönnen! Das ist das, womit ich jetzt zur Zeit am besten lebe. Und wenn's dann gegeben ist eines Tages, kann der andere einschwenken.

Noch ein paar kurze Fragen: Du hast ja in deiner Arbeit mit Vorgesetzten oder Chefs zu tun gehabt. Wie ist dein Verhältnis zu ihnen gewesen?
Ich hab unterschiedliche Arbeitsplätze gehabt. ... Am besten ging das bei denen, die selber für sich gesorgt haben.   *Hierarchien*

Also ihrerseits sehr selbstständig denkende und handelnde Kollegen?
Ja. Deswegen sagte ich vorhin ‚falsch verstandene Konkurrenz'. Konkurrenz ist ja nicht auf ein Ziel bezogen, Kon- heißt *mit*. Wir rennen alle die gleiche Strecke. Der eine hat 'n Holzfuß, der andere hat 'n Holzkopp, na ja, und der dritte hat 'n Holzarm, aber wir haben alle die gleiche Strecke! Und mit denen bin ich wunderbar zurecht gekommen. Ob Frau oder Mann, völlig egal. Wenn ich vor mir einen habe, der so und so ist, ... dann merke ich, wie ich mit dem ins Schwingen komme und auch ... mittanze.

Wie ziehst du dich raus, wie grenzt du dich ab?
... Mein A und O ist: Ich mach nicht mehr jeden Mist mit. So! Also   *Klarheit und* ich bleibe verbindlich, das heißt, es wird nie abgebrochen, aber   *Abgrenzung* bestimmte Themen breche ich ab, zum Beispiel: „Du, das vertagen wir mal." Oder ich gehe einfach drüber weg, ich reagiere nicht drauf. Ich hab's gesehen, mitgekriegt, und der andere hat mitgekriegt, dass ich's mitgekriegt habe.
Das heißt, ich hab immer noch den Radar laufen: Ist das vertretbar? Ist das nicht vertretbar? Wenn es nicht vertretbar ist ... Beispiel: Ich bin in einem spirituell sortierten Verein und da war folgende Situation. Wir machen da 'nen richtig schönen eingetragenen Verein draus. ... Ich sage: „Wisst ihr was, gib mir mal deinen Laptop und ich schreib dir das Protokoll gleich da rein." „Kannst du denn das?" Ja, kann ich. Dann habe ich das geschrieben, er hat's ausgedruckt. Dann hab ich gesagt, ich möchte davon 'ne Kopie haben. ... Krieg ich nicht. Ich fordere noch mal, kriege ich immer noch nicht. – Hat mich nicht mehr interessiert diese Ebene, wenn so getrickst wird! „Das könnte ihr selber machen. Ich bin nicht dabei." Also, das ist

ein aktuelles Beispiel gewesen, wo ich sage: „Nee, macht was ihr
wollt. Das ist nicht mehr vertretbar." …

Du ziehst dann sofort deine Konsequenz!?
M-hm, ja. Das ist kein Fordern, das ist einfach nur, … ja mein Gott,
ich bin in dem Moment an der Grenze, da muss ich was machen.
… Aber wenn man mich unter Druck setzt, … dann bin ich geknickt.
Dann mach ich was anderes. …

**Wenn du eigentlich schon immer gewusst hast, dass du so
anders bist, hat dann dieser Begriff *Hochsensibilität* noch etwas in dir ausgelöst?**

Hochsensibilität   Ja. Das hat praktisch die Tiefe und die Schattierung gegeben. Das
sind so Sachen, die jetzt für mich so 'n Aha-Effekt haben. Jetzt ist das
Bild so, dass ich so weiterleben kann und sagen kann: „Wunderbar!"

Hast du eigentlich mal eine Therapie gemacht?

Therapie   Nein! Die hab ich gescheut wie der Teufel das Weihwasser! Und
ich will dir auch sagen warum: Meine Mutter hat mir immer gesagt:
„*Duuu* guckst mir jetzt in die Augen!" Die hat das gut rausgehabt,
mir in die Seele zu schauen und dann irgendwelche Dinge heraus-
zufinden. Danke! Es genügt! Ich brauch keine Analyse mehr. Brauch
ich nicht. Nein, ich hab was anderes gemacht. Umweg. … Ich bin
zur Encounterszene gekommen. … Da bin ich mal zum Seminar
nach Hamburg hinmarschiert, das war Januar 1979, und da gab's
noch nix in Berlin, was mich befriedigt hätte. Dann bin ich also nach
Hamburg gedüdelt. … Und das hieß – ich weiß es nicht genau –, so
„Ich bin okay, du bist okay" Unter vier Augen, Stress pur! Ich weiß,
wann ich anfange zu manipulieren …– mittlerweile hat sich das gut
gelegt, aber damals ging das ratz fatz –, und ich weiß, wann der
andere mich manipuliert. Muss ich nicht haben. Aber bei sechzehn
Leuten ist bestimmt einer dabei, der sagt: „Du bist okay", und das
auch so meint. … Und deswegen hab ich mich auch in die Gruppe
reinbegeben. Außerdem hatte ich ja so wenig Freundschaften und
Bekannte. Also, das war das unterbelichtete Thema überhaupt. …
Therapie habe ich, wenn du so willst …, doch! Ich habe eine gemacht! Ich hab mir da was raus gepickt. Wo ich zur Zeit am liebsten bin, das ist Otto Richter … ‚Menschliches Hologramm'. Das
ist für mich sehr gute Arbeit. Wir kennen uns seit fünfundzwanzig
Jahren, das ist wunderbar. Das mache ich auch nur punktuell, also
nicht fressen, fressen, fressen, sondern „Wieviel kann ich verdau-
en?" Und mehr als drei Wochenenden pro Jahr habe ich in meiner

Hoch-Verdienstzeit nicht gemacht. Weil ich das … nicht gebacken gekriegt hab. Und als ich dann kein Geld mehr hatte, dann hat sich 'ne Pause ja auch erstmal ergeben. Das ist ja auch wichtig, 'ne Pause muss sein.

Ich gehe abschließend noch einmal auf das Thema Hochbegabung ein. Du hast ja bei den Hochbegabten relativ viel angekreuzt!
M-hm. M-hm.   *Hochbegabung*

Würdest du sagen, dass du mit diesem Thema etwas zu tun hast?
Ja. Ist mir nicht neu.

In welchem Zusammenhang hast du davon erfahren?
Also, was ich davon erfahren habe, war Originalton: „Du könntest, wenn du wolltest!". … Mir fliegen manchmal Kenntnisse und Information einfach zu und ich weiß, das muss so und so sein. Das hängt mit der Vorschau zusammen. Ich habe zum Beispiel handwerklich ein paar Sachen gemacht, wo se alle hellauf begeistert waren. Aber bei einmal ist es dann auch genug!

Das heißt, du brauchst Abwechslung!?
Ja. Ja. Einmal ist genug. Oder eben besonders gut Flöte gespielt, oder besonders gut gesungen, oder … Ich lass mich da ungern drauf festnageln. Was gerade dran ist, wird gemacht und was nicht dran ist, … nicht. Also diese paar Sätze, die ich von der Brackmann gelesen hab, … denen stimme ich voll und ganz zu. Und vor allen Dingen ist sie ja auch, soweit ich weiß, diejenige, die die Verbindung hergestellt hat zu den Borderliner. Und das finde ich *ganz wichtig!* … Ähm …, was mir jetzt noch einfällt: Diese hochsensiblen Leute haben auch – es wäre interessant, das mal auf dem Hautwiderstand zu sehen –, eine andere innere Spannung!

Hypothese:
Körper-
spannung bei
Hochsensiblen

Und zwar?
Angespannter!

Hochsensible wären demzufolge angespannter in ihrer Grundhaltung als Nicht-Hochsensible?
Ja! Weil sie ja dauernd … sich entweder oben orientieren, wie so 'n Kreisel oder auch mithören. Wir reden hier zwar miteinander, aber da sieht man den Vogel vorbeifliegen oder da sieht man das Gras wachsen oder …

… oder die Kerze flackern.
Ja genau. Das ist einfach ein anderer Tonus. Und die, die damit
nicht behaftet sind, die haben auch 'nen anderen Tonus. Der Mus-
keltonus könnte ein anderer sein. …

Perfektionismus Angespannt und alles richtig machen wollen, genau und alles be-
folgen und nicht bei hundert Prozent zufrieden, sondern bei hundertfünfzig. Das macht den Unterschied! Was mich jetzt betrifft …
joah, dieses „Du könntest ja, wenn du wolltest!" bezog sich immer
auf was Schönes, wenn ich mal wieder was gemacht hatte … „Ach
ja, mach das doch noch mal für …, mach das doch noch mal …"
Uh, das wurde immer schlechter! Es wurde immer schlechter. … …
… Hochbegabt ist ja …, ich hör ja förmlich schon die ganze Sippe,
die da sagt „Ja, wenn du doch so hochbegabt bist, dann könntest
du doch und so weiter." Diese Auswertbarkeit. Und vor der scheue
ich mich eigentlich. … Ich bin der Meinung, es muss auch Leben
geben, was nur für sich … lebt. Zum Beispiel, wo ich sage, es ist
eine erbrachte Leistung bis heute hierher zu kommen, in dem Alter,
in der guten Verfassung. Das ist 'ne Leistung. … In der Schule haben sie uns den Taugenichts so negativ dargestellt. Ich finde das ist
Quatsch! Das ist nicht wahr! Denn die, die Leistung bringen, leben
ja aufgrund derer, die sie „nicht erbringen". Weil se eben einfach
Leben … gestalten. Auf welchem Ast sitze ich jetzt grad?

**Beziehungsweise eine Analogie wäre: Licht gäbe es nicht oh-
ne Schatten und Schatten nicht ohne Licht. Das heißt, es bedingt auch immer beides.**
Ja, genau.

**Für welche Rolle ich mich entscheide, ist dann für das Ge-
samtbild letztlich möglicherweise egal, nur für mich nicht!?**
M-hm! M-hm! Genau *kichert* Genau!! Huhuhu!!

**Soviel zur Philosophie! Ich danke dir herzlich für dieses In-
terview.**
Ja, gerne, gerne!

Angaben aus dem Interview-Fragebogen zur Person:

Aufgewachsen: bei beiden Eltern, Einzelkind

War Bildung zu Hause wichtig? JA!

Ausbildung: Diplom Übersetzerin

Beruf: selbständig, kreativ / lehrend / IT

Familienstand: verheiratet, 2. Heirat, 1 Kind, Tochter

Einige Merkmale: **Kind:** braucht lange um zu antworten; wirkt „irgendwie anders" als andere Kinder; spürt das Desinteresse des Gegenüber, guter Zugang zur Natur, spricht früh ausgefeilt und komplex **Erwachsene:** mag keinen Smalltalk; perfektionistisch; vertrage Koffein oder Medikamente schlecht; oft Bedürfnis nach Rückzug und Ruhe, fühle mich energetisch durch andere ausgelaugt; sehr empathisch; kann gut zuhören **Hochbegabte:** drücke mich gerne gewählt aus; sehr lärmempfindlich; merke ob jemand authentisch ist; starkes Mitgefühl; bin leicht geistig übererregbar; bei Unterforderung unruhig oder ziehe mich zurück

Robert, 23 Jahre

Freunde: Es gab auch echt 'ne Zeit, wo ich Dauerschwänzer
war und dann noch zwei mal die Woche zur Schule gegangen
bin, um meine Freunde zu besuchen.

Hochsensibilität
erkennen

Ich entdecke echt immer wieder Parallelen zu dem, was gesagt
wird, was hochsensible Menschen ausmacht. Von den Gefühlen
Hochsensibler und der Art zu leben, oder die Problematik in diesem
Leben, die es mit sich bringt.

Welche Parallelen siehst Du denn bei dir?
Diese intensiven Gefühle, aber auch die Aufnahme von anderen
Gefühlen, die um einen herum so sind, dass man die sehr intensiv
spüren kann. Stimmungen in irgendwelchen Runden. Oder auch
die Problematik, dass man das Gefühl hat, irgendwie nicht Fuß
fassen zu können.

Kannst Du das genauer beschreiben?

Abgebrochene
Ausbildung

Ich werd's probieren. Ich habe dazu jetzt auf dem Weg hierher die
ganze Zeit in meinem Tagebuch gelesen, das ich vor acht Jahren
angefangen habe zu schreiben. Da war ich fünfzehn. Ich nenn's
mein „Depri-Buch", wo ich immer nur reinschreibe, wenn es mir
besonders schlecht geht. Fuß fassen, nicht Fuß fassen können,
… na ja, dass ich halt sehr genau weiß, dass es richtig gut wäre,
wenn ich eine Ausbildung abschließe und die Schule richtig gemacht hätte. Dass ich mich auch echt gequält habe, dass ich es
einfach nicht gebacken kriege, obwohl ich mir sehr genau darüber
im Klaren bin, dass es verdammt wichtig ist, damit mein Lebenslauf, beruflicher Werdegang mit mir vonstatten geht. Aber ich hab's
halt nicht geschafft, … immer wieder zurückgefallen, zurückgezogen, abgebrochen …

Was sind diese Schwierigkeiten, warum es dich zum Abbruch
drängt?

Grobe
Umgangsfor-
men erschweren
die Zusam-
menarbeit

Da spielen mehrere Faktoren eine Rolle: Zum Einen, was ich auch
zugeben muss, ist, dass es für mich eine große Rolle spielt, mit
was für Leuten ich da zusammenarbeite. Ich habe gemerkt, wenn
es irgendwelche Chaoten sind, fällt es mir dreifach so schwer, als
auch so schon.

Was heißt Chaoten?

Na ja, Chaoten in Anführungsstriche, halt grobe Menschen *lacht verlegen*, kann man das so sagen? Ich musste mich da auf Arbeit wohlfühlen, und wenn das nicht der Fall war, kam es viel schneller dazu, dass ich mich dann halt zurückgezogen habe, und auch Pausen allein verbracht habe oder so. Wollte nichts mit den Leuten direkt zu tun haben zu müssen. Ging früher noch besser als heute, da habe ich es mehr geschafft, mich da immer wieder hin zu quälen. Auch dieses „Privatleben hat nichts mit Arbeit zu tun" und „Lass den Kram zuhause", ging alles nicht bei mir. Daher bin ich dann nach ca. anderthalb Jahren immer an so einen Punkt gekommen, wo ich nicht mehr wollte, jetzt bei der Ausbildung zum Beispiel.

Wie macht sich dieses „nicht mehr wollen" bemerkbar? Wie spürst du das?

Ich merke es an meinem Hochkommen. Ich will nicht mehr aufstehen morgens. Das ist ja sowieso immer so ein Problem bei mir, morgens aufzustehen. Aber da dann immer intensiver, dass ich dann auch sage: „Hey, ich will da jetzt nicht hin". Ich schaffe es dann schon noch, mich eine Zeitlang hinzuquälen, aber spätestens nach nicht mal zwei Jahren bin ich schon irgendwie raus, vielleicht noch nicht gekündigt, aber auf jeden Fall bin ich nicht mehr anwesend. Es ist ein totaler Zwiespalt, der dann da bei mir stattfindet, weil ich auf der einen Seite sag: „Ey, mach das endlich fertig! Dann hast du's endlich und hast ein bißchen mehr Türen offen, mehr Perspektiven." Und auf der anderen Seite, keine Ahnung warum, aber es ist eine Art Abneigung dagegen, … nein nicht Abneigung, ich schaffe es dann einfach nicht mehr, mich zu motivieren.

So wie ich es mitbekommen habe, geht es ja gar nicht darum, dass du die Tischlerei nicht magst. Inhaltlich ist das ja schon dein Ding.

Ja, es ist total mein Ding. Nur nicht in der Form, nicht unter den Bedingungen. Ich glaube, ich könnte eine super Tischlerausbildung hinlegen, wenn ein bißchen mehr Rücksicht auf den Mensch genommen wird, der da Azubi ist. Wenn das alles individueller, also nicht so festgefahren wäre alles: „Es muss so und so sein und gar nicht anders!" Das es halt ganz normal ist, dass es mal Tage gibt, an denen man vielleicht nicht in der Lage ist, seine acht Stunden zu arbeiten. … Na ja, ach, aber das ist ja alles Traumwelt.

Achtsame Kommunikation

Na, träum mal weiter! Du weißt doch: aus den Träumen entstehen Visionen und aus den Visionen entsteht Realität.

lacht Ja, wollen wir hoffen

Wie müsste für dich ein Ausbildungsalltag aussehen, dass du dich dort wohlfühlst?
Es müsste eine freie Ausbildung sein. Na ja, es ist aber auch schwierig.

Was heißt frei?
Die Ausbildung müsste so sein, dass ich … Ziel ist es ja, dass ich die Ausbildung schaffe. Wie sich jetzt gezeigt hat in der Vergangenheit, geht es so nicht, wie es abverlangt wird. Nicht so festgefahren, dass man … Völlig andere Arbeitszeiten auf jeden Fall.

Ist es nur der organisatorische Rahmen, also eben das frühe Anfangen, acht Stunden, fünf Tage die Woche, was dir Schwierigkeiten bereitet? Oder sind es auch die Menschen?
Na ja, wie gesagt, es beeinflusst mein Hingehen schon, was für Menschen da sind. Wenn da z. B. so wie damals zwei Leute sind – oder eine Person reicht mir schon –, mit der ich irgendwie auskomme, dann bin ich schon echt glücklich.

Soziale Kompetenz

Nee, es sind die Menschen, das Organisatorische und die Meister vor allem. Es ist echt krass, was die einem teilweise da für Meister hinstellen, die Null Sozialkompetenz haben. Fachliche ja, kann gut sein oder ist auch so. Ich hatte ja eine überbetriebliche Ausbildung gemacht, und das sind dann ja Jugendliche, die es auf dem normalen Weg nicht geschafft haben. Dann sollte es zumindest ja so sein, dass da nicht nur ein Tischlermeister steht, sondern der auch eine soziale Kompetenz mitbringt, der das dann schafft, auf die Jugendlichen auch einzugehen. Und das hat echt an allen Stellen gefehlt. Außer meinem letzten Meister, der war da echt gut.

Wie macht sich das Fehlen dieser sozialen Kompetenz bemerkbar? Hast du ein Beispiel?
Ja, das fängt schon an mit morgens Hallo, mit meinem vorletzten Meister. Das war schon extrem. Mit ihm habe ich es auch nur ein halbes Jahr ausgehalten. Ja, man arbeitet ja miteinander zusammen. Diese totale Scheißart, entschuldige bitte, die dann an den Tag gebracht wird teilweise, na, ist halt dieser „Bauarbeiter-Mann", glaube ich auch. In dieser Handwerkerbranche ist es halt immer noch so: „Wir sind Männer. Wir können das!" Und dementsprechend sind die Menschen auch da. Ja, das war bei meinem letzten Meister schon extrem. Ich glaube, das war aber von Grund auf ein

unglücklicher Mensch. Muss viel Scheiße erlebt haben, dass er so geworden ist, wie er ist, glaube ich.

Wenn ich es geschafft habe, morgens noch mit guter Laune aufzukreuzen, spätestens wenn ich meinem Meister dann Hallo gesagt habe, dann kam „Mhhhm grr". Mit so einer Abneigung gegen alles, gegen seine Arbeit, gegen seine Mitmenschen … Aber das war jetzt nur bei ihm so extrem.

Aber dann auch, wenn man eine Frage hatte … Er ist mein Meister! Ich kann ihm doch jederzeit eine Frage stellen. Gezwungenermaßen antwortet er dann, aber dann eben mit einer total ekligen Art. Es ist keine Art, keine zwischenmenschliche Basis, die da teilweise an den Tag gelegt wird. Und das macht mir dann auch immer sehr zu schaffen, wenn es dann zuviel davon ist. Dann gab's auch einfach die Tage, wo ich meine Ohrenschützer aufgesetzt habe und an meiner Werkbank, in meiner eigenen Welt gearbeitet habe.

Ist das so ein unhöfliches Miteinander?
Ja, schon. Vielleicht kommt es mir aber auch nur so vor. Du kennst es vielleicht, dieses Scherzende, aber Grobe … Ich weiß gar nicht, wie ich das beschreiben soll. Ich hatte halt auch oft das Gefühl, dass es nur mir so vorkommt.

Wieso?
Wenn ich mich dann auch mal unter Kollegen ausgetauscht habe, haben die zwar auch gesagt „Ja, ist halt ein A…, aber ist halt so." War kein größeres Problem für sie. Für mich war das schon immer mehr und ich wollte nicht mit solchen Menschen zusammenarbeiten. Wie gesagt, es fällt mir ja so schon schwer genug, da meine 40 Stunden abzubuckeln.

Heißt das, dass Du nicht leistungsfähig bist?
Lacht Nee, würde ich nicht sagen, überhaupt nicht. Zum Thema Leistungsfähigkeit: Ich bin unglaublich „belastbar", oder leistungsfähig, wenn ich mich wohl fühle und dahinter stehe. Sei es jetzt zum Beispiel Wendland, also bei den Demonstrationen und Blockaden, wo man stundenlang morgens bis abends in der Kälte rumrennt. Oder auch wenn ich mit Freunden zusammen mal gearbeitet habe, … Ein Freund von mir macht ab und zu mal so Umzüge, dann ruft er mich an. Was ja dann auch eine schöne Arbeitsatmosphäre ist, mit seinem Freund zusammen arbeiten, gibt's nix Schöneres. Da bin ich dann auch in der Lage, super zu powern, Power ohne Ende aufzubringen. Da sind dann aber auch nicht diese anderen

Belastbarkeit

,Störfaktoren'. Also, nee, leistungsfähig bin ich auf jeden Fall. Nur
halt unter meinen Bedingungen.

**Wie müssen die Menschen denn gestrickt sein, dass Du Dich
mit ihnen wohl fühlst, mit denen gerne zusammenarbeitest?
Was müssen sie für Qualitäten mitbringen?**

Herzens-
Menschen

Das müssen mehr Herzens-Menschen sein. Liebe Menschen, Menschen mit Gefühl, Menschen mit viel Herz, so kann man das beschreiben. … Gute Menschen, die sehen, wie die Welt hier abläuft
… *sucht nach Definition*

**Wie würde sich ein ,guter Mensch' in so einer Arbeits- oder
Ausbildungssituation, wie du sie erlebt hast, verhalten?**
Ausstrahlung! Ich finde, man kann Menschen sehr gut ansehen,
oder so ein Gefühl … ja, was macht ihn aus? … Wenn er halt so
ein bißchen wie ich ist. *lacht*

Wie bist du denn?
Sehr gefühlvoll. Viel zu gefühlvoll! Ach, na ja … vielleicht auch nicht.
Mir geht vieles viel zu sehr ans Herz. Als ich so im Alter von fünfzehn Jahren gemerkt habe, dass erwachsene Menschen nicht das
sind, was ich vermittelt bekommen habe in der Kindheit, nämlich:
Erwachsene wissen, was zu tun ist, sie wissen, was richtig ist und
tun das Richtige …, Faden verloren.

**Kommen wir noch mal zur Hochsensibilität. Ist für dich dieses
Gefühl belastend, anders zu sein, als die anderen?**

Anders sein

Früher mehr als heute. Also ich habe hier heute noch mal in meinen
Tagebüchern gelesen, und da war halt auch, wo ich selbst überrascht war, dass ich selbst geschrieben hatte: „Warum bin ich so
wie ich bin und kann nicht so wie die anderen sein?" Früher habe
ich mich halt noch unheimlich viel angepasst an alles, an meine
Mitschüler, an Situationen. Habe auch Quatsch mitgemacht. Wobei
ich mir echt bis heute noch einbilde, dass selbst in frühesten Zeiten
von ,Scheiße-bauen' mit Freunden, hatte ich immer das Gefühl in
mir „Ey, das ist nicht richtig!" Wirklich, das geht schon ganz ganz
weit zurück. jetzt weiß ich nur nicht, ob das normal ist, oder ob das
andere auch so hatten. Zumindest mit den Leuten, mit denen ich
den Blödsinn gemacht habe, die waren alle sehr glücklich dabei.
lacht Blödsinn-machen macht ja auch Spaß, bis zu einem gewissen Punkt. Na ja, da ist, glaube ich, so ein kleines Gerechtigkeits-
gefühl. Ich hatte das schon wirklich extrem lange.

Das Gerechtigkeitsgefühl hast du extrem?

Ja. Da kann ich echt schnell sauer werden, wenn ich sehe, dass
irgendjemand ungerecht behandelt wird, und auch noch vor meinen Augen. Das ist nicht gut. Damit kann ich auch bis heute noch
nicht allzu gut mit umgehen.

*Gerechtigkeits-
empfinden*

Was heißt denn, damit umgehen?

Zum Beispiel, jetzt beim zweiten Anlauf meiner Ausbildung gibt's ja,
wie immer in irgendeiner Klasse, gibt es dann halt die Personen,
die unbeliebt sind, oder auch Opferrollen einnehmen. Da hatten
wir bei uns einen Mitschüler, der kam auch nicht von hier, der kam
irgendwo anders her, hat man auch gehört, sieht halt anders aus,
ist halt nicht ein „Mann". Und der hatte diese Opferrolle eingenom-
men und wurde viel gehänselt von fast allen Mitschülern, teilweise
von Lehrern, wo ich mir denke „Ey, das ist eure Aufgabe, das zu
unterbinden und nicht noch mitzumachen!"
Das Schöne war, dass wir einen Termin hatten beim Haus Nadelberg. Ist Bestandteil der Ausbildung, einmal während der ganzen
Ausbildung fährt man nach Haus Nadelberg. Da kommt halt so
ein Mensch von dieser Organisation in die Schule und fragt uns
Schüler, worüber wir reden möchten. Dann können wir Themen-
vorschläge machen und ich hatte dann darauf bestanden, dass wir
Mobbing nehmen. Da bin ich auch echt froh, dass ich geschafft
habe, das durchzusetzen, weil ich gesagt habe, das ist Thema
der Klasse und darüber muss gesprochen werden. Dann kam es
zu dem Treffen und wir haben erst mal über die anderen Themen
geredet, und dann am Ende halt über Mobbing. Dann kam zur
Aussprache, was vorher halt nie zur Aussprache kam. Da habe
ich auch gesagt, dass es keine Art ist, mit Menschen umzugehen,
so herablassend zu sein, und auch gesagt, dass es Aufgabe der
Lehrer ist, – mein Lehrer war ja leider mit da, *schmunzelt*, von
daher konnte ich nicht so direkt sagen: „Es ist *Ihre* Aufgabe!", ich
hätte es sagen können, aber das kann ich noch nicht so gut, diese
direkte Konfrontation –, dann wurde halt drüber gesprochen. Dann
wurde es auch besser erstmal. Ich habe einen Klassenwechsel
gemacht und habe mir sagen lassen, dass jetzt aber wieder alles
beim Alten ist. Das ist jetzt ein Beispiel wegen Gerechtigkeit. Ich
kann richtig mit den Menschen dann mitfühlen, nicht unbedingt, weil
ich selbst mal in einer Mobbing-Situation war, sondern das hängt
vielleicht auch mit der Hochsensibilität zusammen, feine Gefühle
aufnehmen zu können.

**Ist dir noch etwas anderes aufgefallen oder ‚hängengeblieben'
an Parallelen mit den Menschen, die du beim Offenen HSP-
Treffen erlebt hast?**

Stimmungen
wahrnehmen

Ja, … das Problem, in der Welt zu funktionieren, so wie es abverlangt wird. Feine Gefühls-Aufnahme, wenn man es so nennen kann.
Stimmungen spüren. Bei der Serie „Twighlight" hat der Jasper die
Gabe, Stimmungen von den Menschen in seiner Umgebung zu
regulieren. Er kann sie ruhig halten, er kann sie hochpushen. Die
Gabe – in kleinem Rahmen – die verspüre ich auch. Auch dieses
„sich selbst sehr gerne in irgendeiner Form unter Druck zu setzen",
manchmal auch weiter als es gut ist, und dann auch an den Punkt
kommen, wo man sich erstmal wieder zurückziehen muss … Habe
ich jetzt irgendwie abgehackt erzählt …?!

**Verstehe ich dich richtig, dass es eine Schwierigkeit bzw. ei-
ne Neigung ist, dass du dich schnell unter Druck setzt? Oder
setzen lässt von außen?**

Von außen weniger. Ich kann mich selbst unglaublichem Druck aus-
setzen. Ich bin sowieso mein „Peiniger", kann man das so nennen?
Ist das das richtige Wort?

Wenn du es so empfindest. Es ist schon ein sehr starkes Wort.

Was die anderen sagen, das kann ich gut von mir fern halten. Aber
ich selbst kann mich da schon ziemlich unter Druck setzen, in allen
Formen. … Ich kann mich motivieren, wenn ich dahinter stehe, oder
halt auch unglaublich fertig machen. Alles, geht alles.

**Ich will ein bißchen auf die Kindheit eingehen. Wie war deine
Kindheit?**

Kindheit

Kindheit ist bei mir ein kleines Problem, weil ich da echt …, ich bin
Meister der Verdrängung. Also wirklich, totale Verdrängung. Ich habe echt wenig, vergleichsweise wenig Kindheitserinnerungen. Es
ist voll viel einfach weg. Aber ein bißchen kriegen wir noch zusammen, bestimmt. *schmunzelt*
Ich hatte echt schon ganz früh das Gefühl für Richtig und Falsch.
Woher das kam? Weiß ich nicht. Wie es ausgesehen hat, ja lässt
sich anhand von ein paar Situationen vielleicht darstellen. … Ich
weiß nicht, wo ich anfangen soll, wie ich …
Gehen wir mal zum Elternhaus, das ist vielleicht ganz gut. Ich hatte schon … Elternhaus, halt mit meinen fünf Geschwistern aufgewachsen, bin mit fünfzehn Jahren ausgezogen. Ich weiß nicht mehr
genau, wie alt ich war, aber ich habe noch genau das Bild im Kopf

davon, wie ich das erste mal von zuhause abhauen wollte. Da war ich echt noch klein, noch unter zehn Jahre. Es war, ich weiß nicht mehr, wie spät, es war auf jeden Fall grad Abenddämmerung, und ich hatte meine Tasche, mein Sporttasche mit ein paar Sachen gepackt und hatte die vorne an die Tür gelegt und bin dann in die Küche, hatte meinen Vater gefragt, ob ich den Müll rausbringen darf. *lacht* Worauf mein Vater, glaube ich, bestimmt sehr verdutzt war, weil keiner von uns kam freiwillig an, und sagte: „Darf ich den Müll rausbringen?" Durfte ich dann auch nicht, somit ist der erste Plan, abzuhauen, in die Hose gegangen.

Warum ich abhauen wollte? Ja, weil ich da nicht mehr bleiben wollte. Es war halt nicht so die Kindheit, die man sich für sein eigenes Kind wünscht. Es ... wurde nicht richtig mit Problemen umgegangen. Probleme wurden nicht in Gesprächen geklärt, egal was das jetzt für Probleme gewesen sind. Sei es „Du sollst jetzt schlafen gehen", man will aber noch nicht schlafen. Es wurde halt viel, – aber nur früher, echt nur früher (!), das hat sich später auch geändert –, mit Schlägen gelöst alles. Und darunter hatten, glaube ich, die ersten drei Kinder, also meine beiden älteren Brüder und ich, noch am meisten zu leiden. Martha, meine kleinere Schwester, hat ein bißchen weniger darunter gelitten. Aber es ist ganz interessant, wo uns das alles hingeführt hat heute, wie wir alle damit so umgehen. Hat uns zu dem gemacht, was wir sind.

Belastende Kindheit

Wenn ein Kind mit zehn Jahren abhauen will, dann ist da schon einiges überhaupt nicht in Ordnung. Was war für dein Empfinden nicht in Ordnung? Was hat dich belastet?
Es waren nicht die Eltern, die ich haben wollte. Es kam vor allem später zum Ausdruck, als ich meinen ersten richtigen Freund kennengelernt habe und dann mal einen richtigen Einblick hatte in eine ganz andere Familie und gesehen habe, wie diese Familie als Familie miteinander umgeht, da wurde dieses Gefühl von wegen Ausbrechen noch mal sehr verstärkt.

Was waren das für Unterschiede?
Auch nicht Idylle unbedingt, aber da gab's halt 'ne Mama und 'nen Papa, die für ihr Kind sorgen. Auf jeden Fall viel harmonischer. Es war ein völlig anderes Miteinander-umgehen, als es bei mir im Elternhaus Sache war. Auch allein schon, dass man sich mit seinen Eltern auch so über seinen Tag unterhalten hat, oder dass die Eltern sich interessiert haben, was denn ihr Kind heute den Tag draußen gemacht hat. Oder an 'nem Samstag sich dann abends

zuhause erstmal zu seinen Eltern ins Wohnzimmer zu setzten, um ein bißchen zu plaudern oder sowas. Das war für mich ein unglaublich schönes Gefühl. Mein Freund wollte dann schon immer viel früher ins eigene Zimmer gehen als ich. Ich habe das echt genossen. Ich habe immer sehr gerne mit Älteren, also sozusagen ‚weisen Menschen' geredet und mir gerne Geschichten angehört. All sowas halt. Ja, das war da echt interessant, mal zu sehen, wie es noch gehen kann.

Heißt das, deine Eltern haben nicht gefragt?
Es war eine ganz andere Situation. Bei uns im Haus waren acht Köpfe, und dort waren drei Köpfe. Ich glaube, da fällt es schon schwer zu vergleichen. Und wenn man nach Hause kam, dann ... ach ... Ja, was mir bei meinen Eltern auf jeden Fall gefehlt hat, war, dass sie uns oder mich – ich weiß nicht, wie das bei meinen anderen Geschwistern so genau war –, war die Liebe zu ihrem Kind. Ich stelle mir vor, wenn man ein eigenes Kind hat, das muss das Schönste auf der Welt sein, und dann will man dem Kind all seine Liebe geben, die man hat und die man aufbringen kann. Ich glaube, das habe ich mir gewünscht, ... oder ich wollte es. Aus Gesprächen mit Mama weiß ich auch, dass zumindest früher, als ich noch ganz klein war und meine kleine Schwester noch nicht da war, da habe ich immer die Nähe zu meiner Mama gesucht. Ich wollte immer bei ihr kuscheln, und wenn ich dann nicht bei ihr war, dann habe ich auch geweint. Ich war sehr fixiert auf Mama. Papa war ja derzeit nicht da, war ja im Gefängnis, die ersten zwei Jahre. Dieses Gefühl war aber später auch noch, dass ich von meinen Eltern geliebt werden wollte. Natürlich haben sie uns geliebt und bereuen, dass sie vieles falsch gemacht haben. ...

Welche Rolle hattest du, für dein Empfinden, in eurer Familie? Wie meinst du das?

Oftmals hat man irgendeine Rolle. Der Älteste hat zum Beispiel oft die Rolle, die Verantwortung für die nachfolgenden Geschwister zu übernehmen, das jüngste Kind die des „Harlekin", also desjenigen, der sich mehr Freiheiten erlauben kann. Oder einer ist der Außenseiter, einer ist der Vermittler, wie auch immer.
Also, wenn, dann war ich auf jeden Fall eine ganze Zeit der Außenseiter. Ich bin so viel es ging immer raus von Zuhause. Das war auch so ..., na ja, ... der Ausgleich zum Elternhaus, dieses ‚Draußen-sein'. Ich bin immer viel draußen gewesen.

Was hast du draußen gesucht?
Gesucht? Ich glaube, gesucht habe ich nicht wirklich was.

Bist du dann ‚geflohen'?
Genau, das ist es halt. Also, oft bin ich schon allein aus dem Grund   *Ausbrechen*
raus gegangen, weil ich einfach nicht da sein wollte. Ich bin dann
alleine in den Wald gegangen. Ich hatte da dann irgendwann mal
meinen ‚Stamm-Strommast', auf den ich dann raufgeklettert bin
und meine Ruhe genossen habe.

Auf einem Strommast? Einen mit Strom drauf?
Ja, genau. *lacht* Da bin ich dann immer ein Stück über die Bäume geklettert und habe da meine Ruhe genossen. Von daher, ich
glaube, eine richtige Rolle hatte ich da nicht. Zumindest keine, die
mir bewusst ist. Ich wollte halt irgendwie weg. Mit fünfzehn war es
dann soweit, … da bin ich ja dann ausgezogen.

**Wie war das eigentlich? Du hattest doch mit zehn Jahren die
Tasche gepackt. Hat es irgendwann geklappt?**
Nee. Ich hab immer probiert draußen zu sein, abends widerwil-
lig nach Hause gegangen. Wenn es ging, viel auch bei Bruno ge-
schlafen, vor allem am Wochenende, wenn es erlaubt wurde. Oder
Bruno bei mir. Das war ja auch das Schöne irgendwie: Wenn Besuch zu Hause war, dann waren wir eine schöne intakte Familie.
Zum Beispiel wenn wir am Sonntag nach der Kirche noch Leute
aus der Kirche bei uns zum Essen hatten, dann …, ich glaube,
keiner konnte sich da vorstellen, konnte ahnen, was da hinter den
Türen wirklich abgeht, weil wir nach außen hin echt eine schöne
Großfamilie waren.
Ich weiß nicht mehr genau, wie alt ich war, Ende dreizehn, Anfang
vierzehn. Da hatte ich dann noch mal eine Ersatzfamilie, so kann
man sie nennen. Aus der Parallelklasse ein Mädchen, ihre Familie. Wie das zustande kam, ist auch ziemlich absurd, eigentlich.
Durch Freunde hab ich die Familie kennengelernt, und es war ein
Mädchen, ein Jahr jünger als ich, glaube ich, und dann noch ein
kleiner Bruder, so neun Jahre. Das wurde meine Ersatzfamilie. Da
hatte ich angefangen auch mit Bruno bei der Familie zu sein. Am
Anfang waren wir halt immer bei ihrer Tochter, also bei dem Mädchen in unserem Alter und haben bei ihr rumgehangen. Die Mutter
war total cool, die hat sich gefreut, wenn ihre Tochter Freunde mit
nach Hause gebracht hat. Da hat es dann auch irgendwann angefangen, dass ich auch Nächte einfach weggeblieben bin.

In Absprache mit deinen Eltern oder ohne?
Dann auch mal ohne. Dann war es soweit, dass ich auch einfach
mal weggeblieben bin. Ja, … und das wurde dann immer krasser
auch mit der family. War ich dann echt eine ganze Zeit, bestimmt
jeden Tag, wenn nicht jeden zweiten Tag, da. Dann war es auch
nach nicht langer Zeit so, dass wir dann im Wohnzimmer waren
bei der Mama, und irgendwann war es dann sogar so, dass ich
nur mit der Mama im Wohnzimmer war und die Tochter dann in
ihrem Zimmer. Das war so meine Ausflucht-Familie, sozusagen.
Und kurze Zeit später bin ich ja dann auch zu dem Jugendamts-
termin, bei dem ich auch geäußert hatte, dass ich raus möchte.
Und noch am selben Tag war dann Auszug von Zuhause. War ja
total überraschend.

Wie war das für dich?

Auszug

Der Auszug? Die erste Nacht war mit einer der schlimmsten Nächte, die ich hatte. Das war da in der Kriseneinrichtung, Notunterkunft
sozusagen. Da kann man dann drei Monate hausen und wird dann
weiter vermittelt in Heim, WG oder halt eigene Wohnung, je nachdem, wie eigenständig man mit seinem Leben umgeht.

Und wieso war das die schlimmste Nacht für dich?
Das hing damit zusammen, dass ich ganz alleine in einem Zimmer
war. Das kannte ich vorher gar nicht. Ich bin ja mit meinem älteren
Bruder und meinem kleineren Bruder in einem Zimmer gewesen.
Ich hatte nie ein eigenes Zimmer. Dass ich dann auf einmal in einem eigenen Zimmer war, was auch noch echt groß war, größer
als das, was wir uns zu dritt geteilt haben … Ich habe die ganze
Nacht geweint und gar nicht schlafen können. Es wurde besser
nachdem ich, zwei Tage später glaube ich sogar, einen Mitbewoh-
ner bekommen habe. Von da an wurde es besser. War auch ein
netter Kerl, Glück gehabt. Ab da ging's dann bergauf und bergab,
in irgendeiner Form.

Womit ging's bergauf und womit ging's bergab?
Bergauf ging es mit meiner Entwicklung. Ich glaube, es war das
Beste, was passieren konnte, jetzt im Nachhinein, dass ich da aus
meinem Elternhaus ausgezogen bin. Zumal ein Jahr später haben sich meine Eltern dann auch getrennt. Und ich glaube, hätte
ich da noch zu Hause gewohnt, das wäre eine Riesenkatastrophe
gewesen für mich. Als damals die neue Beziehung meiner Mutter
von meinem Vater so ‚sanft und mit Gefühl' aufgedeckt wurde, da

war es ja auch schon der totale Einbruch für uns alle. Mehr hätte
ich echt in dieser Familie nicht mehr verkraften können. Da kamen
früher auch schon die ersten Selbstmordgedanken. Gedacht „Warum bin ich überhaupt hier? Warum sollte ich denn nicht gehen können? Hier wartet ja nichts." Das kam auch schon relativ früh, so mit
vierzehn, fünfzehn. Es war auf jeden Fall schon da, als ich meinen
Strommast besucht habe im Wald. Mir dann auch oft gedacht habe, bis direkt nach ganz oben zu klettern und einfach zu springen.

**Das heißt, deine Entwicklung hat sich verbessert. Ging es dir
dann gefühlsmäßig besser?**
Ja, ich war nicht mehr dieser Belastung ausgesetzt, die im Eltern-   Befreiung
haus stattgefunden hat. Ich hatte ein unglaubliches Freiheitsgefühl,
in irgendeiner Form. Viel freier, ich war viel … Ja, es war ein viel
besseres Gefühl. Und auch die Tatsache, dass es okay war, dass
ich ausgezogen war, vom Elternhaus. Ich konnte ja trotzdem noch
hingehen und alle besuchen und so.

Hast du das auch gemacht?
Ja, schon. Am Anfang war es noch ein bißchen schwer, so die Verbindung zwischen Eltern, Geschwistern, aber auch durch den Auszug hat … ist da eine Wendung passiert, die ist echt unglaublich.
Vor allem zu Mama, zu meiner Mama. Erst dann konnten wir wirklich anfangen, einen Draht zueinander aufzubauen. Das war vorher völlig undenkbar. Ich wollte das auch gar nicht. Ich wollte mit
niemanden was zu tun haben, eigentlich. Ich war von meinen Brü-
dern genervt, mit denen ich zusammen gewohnt habe und so. …
War schon echt gut. Und später wurde es dann alles echt besser,
der Kontakt zu den Geschwistern wurde schön. Man war glücklich
mit seinen Geschwistern, mit seinen Eltern. Bei Papa war das alles noch ein bißchen anderes.
Und dann kam eine starke Selbstfindungszeit. Wer bin ich? Die   Selbstfindung
Persönlichkeitsentwicklung. Da habe ich mich auch dem Islam zugewendet und …, halt auf der Suche nach Gott und der Wahrheit,
den Sinn des Lebens. Alles nicht gefunden. *lacht* Das war die
gute Seite, dass der Kontakt auch viel besser wurde, dass es mir
besser ging. Die schlechte Seite war, … oder was heißt schlechte
Seite? Es war halt auch einfach eine Entwicklungszeit, ne! So Dro-   Drogen
gen und so, die man ja dann, … also, hatte ich bei mir in der WG
zumindest, Drogenkontakte halt. War bei mir noch ziemlich harm-
los, weil ich auch immer zu mir selbst gesagt hatte, nie mehr als
Gras rauchen, oder so.

Und, hast du das geschafft?
Nee! *lacht*

Hast du auch anderes ausprobiert?
Ja. Ich trinke ab und zu Alkohol, ich rauche ab und zu auch mal
Gras. Aber dabei belasse ich es dann

**Das heißt, du hast es ausprobiert, aber es hat dich nicht so
gefangen, dass du abhängig geworden bist?**
Nein. Also, ich war immer sehr neugierig in Bezug auf Drogen. Ich
würde auch heute noch unheimlich gerne alles mal ausprobieren.
Hatte ich dieses Jahr, zum ersten mal eine Pusch-Droge ausprobiert. Hab mich nie wirklich getraut, bis jetzt in diesem Jahr dann.
Weil, ich hab zuviel Respekt vor … man hört ja, man kann echt
schnell in irgendwelche Kisten geraten, und hat unheimliche Probleme, da wieder raus zu kommen. Ich bin ja sowieso so ein bißchen
anfällig für Süchte, oder sagen wir mal Drogen. Ich habe früher oft
irgendwie, als ich dann den Kontakt dazu hatte durch WG uns so,
… – ging mit fünfzehn los –, dann halt teilweise, ja, so Probleme
‚weg getrunken‘ und ‚weg gekifft‘. Das war halt die andere Seite,
die man vielleicht nicht unbedingt haben muss … Ich weiß es nicht.

Kiffst und trinkst du es heute auch noch weg?
Nee, nee.

Was machst du heute, wenn du Probleme hast?
Schreiben, ja *lacht*. Schreiben. Habe ich auch damals schon.

Was hilft

Nur damals war ich noch ein viel größeres psychisches Wrack. So
würde ich mich echt von damals bezeichnen. Die Zeit zwischen
fünfzehn bis zwanzig war echt … na, das war halt diese Selbstfindungszeit. Bestimmt noch ein bißchen weiter, … ach, die hört ja
nie auf, … wahrscheinlich.

**Was hat dich denn da rausgeholt, dass du jetzt von dir sagst,
nicht mehr so ein Wrack zu sein?**
Gute Freunde, wirklich sehr gute Freunde. Bruno, ich werde Bruno mein Leben lang dankbar sein, wirklich. Also, hätte ich Bruno
nicht kennengelernt – au weia. Immer auch dieses Gefühl, was mir
gesagt hat, … ich wußte auch immer, wenn ich was falsch mache,
bilde ich mir ein, … aber ich habe halt gesagt: „Nee, das mache
ich jetzt dann halt auch falsch, das ist mir egal." Zu dem Zeitpunkt
hatt ich auch noch meine super Betreuerin. Und später dann, von

siebzehn bis neunzehn noch Therapie, das hat echt noch mal richtig was bewirkt, auf jeden Fall. Es war nicht die richtige Therapie.
Das hat mir mein Therapeut auch schon relativ früh gesagt, dass
ich eigentlich eine andere Therapie machen sollte. Es war eine
Gesprächstherapie, und er meinte, für mich wäre eine Psycho-
analyse wahrscheinlich wesentlich sinnvoller. Weil halt so viel mit
der Kindheit und: Wo kommt das alles her? und so. Und dann hat
er auch ehrlich gesagt: „Das ist nicht ganz mein Gebiet." Aber ich
war halt mit dem Therapeuten sehr glücklich, weil es ein Mensch
mit Herz war. Ja, danach habe ich es zumindest geschafft, meine
Aggressionen runterzuschlucken, also ich wurde viel ruhiger. Früher bin ich sehr oft noch ausgerastet, auch in der Kindheit, in der
Schule oder bei Lehrern.

Wie sah das aus?
Ja, geprügelt mit irgendwelchen anderen. Viel zu oft. Was ich darauf schiebe, dass ich es halt auch von Zuhause so beigebracht be-   *Innere*
kommen habe. Dass ich nicht anders wusste damit umzugehen, als   *Reflektion*
dem zu sagen: „Nein, ich habe recht!" Faust! *lacht* Nee, und wie
gesagt, das konnte ich halt … Als ich gemerkt habe „Ey ich habe
ein Aggressionsproblem!", das war, als ich angefangen habe, auch
auf meine Freunde „loszugehen" … ja, dass ich auch körperliche
Gewalt meinen Freunden gegenüber benutzt habe. Wo wir wieder
bei Bruno wären. Wir waren in irgendeinem Streit, und dann habe ich ihn gehauen, und wir sind dann auseinander, und dann, irgendwie sag ich mal, hat es „klick" gemacht, und ich habe gesagt
„Robert, du kannst nicht so weiter machen. Du kannst nicht, immer
wenn dir was nicht passt, die Leute schlagen. Und vor allem Menschen nicht, die du liebst. Das kannst du nicht machen, das darfst
du nicht." Und da hat dann die Wendung mit meinen Aggressionen
angefangen. Wie gesagt, dann habe ich es erst mal geschafft, alles runterzuschlucken, was auch nicht gesund war. Oder ich hab
später dann halt nur noch gegen Gegenstände meine Wut abgelas-
sen. Gegen Sachen, die dann nicht Aua haben, … denken wir mal.

**Wie war Schule für dich? Wie hast du dich da zurecht gefun-
den? Wie hast du dich dort gefühlt? Was waren markante Punkte für dich in der Schule?**
Ah, da hätte ich jetzt mal meine Zeugnisse mitbringen sollen. *lacht*
Früher gab es ja noch die schönen Notenköpfe, Lehrerbeurteilun-   *Schule*
gen und so. Oh weia, das ist echt …, Vor ein paar Monaten, habe
ich mal wieder da drin gelesen, und es ist echt unglaublich, was da

drin steht teilweise. Schule war schon immer schwer bei mir. Also
meine schulische Laufbahn ist auch die reinste Katastrophe gewesen. War immer für mich schwer gewesen, mich da einzubringen.

... wenn es mich
interessiert ...

Also, meine Unterrichtsteilnahme war sehr gering, es sein denn, es
war etwas, was mich interessiert hat, z. B. der Fahrradschein, ja.
Das ist das, was mir grad so spontan einfällt. Den habe ich dann
auch mit nur einem Fehlerpunkt, der falsch berechnet wurde ...
Der Autofahrer hatte mir Vorfahrt gegeben, weil er gesehen hat:
Fahrprüfung! Oder Sport, mein großes Ass, dass ich immer gut im
Sport war, und dadurch auch immer irgendwie gut Freunde gefunden hatte. Ich war nie ein Außenseiter, oder so. Aber warum war
das mit der Schule so? Ich weiß es nicht, warum das so schwer
für mich war. ... Ich glaube meinen ersten Schwänz-Tag hatte ich
in der ersten Klasse, *lacht* meinen unentschuldigten Schwänz-
tag. Da bin ich mit meinem ältesten Bruder zusammen zur Schule
gegangen, und er meinte dann: „Keine Lust auf Schule!" und ich
habe auch gesagt: „Ja, nöö, auch keine Lust auf Schule!" Dann
haben wir beschlossen, wir gehen unsere Tante besuchen. Haben
wir dann auch gemacht, ja.

Lernen unter
Druck

Ich weiß grad nicht genau, wie ich es in Worten erklären soll, was
... Es fängt ja schon in der Schule an, dieser Leistungsdruck, der
da gefordert wird. Oder auch dieses Notensystem, was wir da haben. Ich glaube nicht, dass ich blöd bin, oder zu blöd bin, um einen guten Schulabschluss hinzulegen. Wo wir wieder beim Punkt
wären, es müsste einiges anders ablaufen.

**Was an diesem Schulsystem oder der Benotung hat dir Schwie-
rigkeiten gemacht?**

Verträumt

Ja, ich kann nicht sagen, warum das so war. Ich war auf jeden Fall
immer sehr verträumt. Ich habe mich immer gerne anderen Sachen
zugewandt, als dem Unterricht zu folgen. Ich habe immer gerne viel
rumgemalt oder so. Womit ich überhaupt nicht klar kam, ist auch
mit diesem „Wir schreiben dann und dann eine Arbeit. Würgt den
Kram in euch rein, und dann wird er abgefragt. und wenn ihr den
nicht schafft, kriegt ihr eine 6!" Es war mir ... zuviel... keine Ahnung. Kann ich echt nicht genau sagen. Warum? Oder *was genau*
mir da zuviel war. Ich weiß nur, dass ich es nicht geschafft habe.

**Welche Momente, oder welche Situationen in der Schule hast
du am liebsten gemocht?**

Interdisziplinä-
res Lernen

Die Woche vor den Ferien!? *lacht* Oder wenn es so 'ne Projekt-
wochen gab. Das war auch immer schön, weil es oft so war, dass,

zumindest auf der Schule, wo ich war, dass wir uns da ein Thema
suchen konnten. Mit dem war ich meistens auch zufrieden. Das
waren immer schöne Tage.

**Woran lag das deiner Meinung nach, dass du im Unterricht
– also nehmen wir mal die ersten vier, fünf Schuljahre –, inhaltlich nicht so mitgekommen bist? Und was hat das mit dir
gemacht?**
Ja, also, … das könnte viele Gründe haben. Zum einen gab es da
kaum Druck in irgendeiner Form von zu Hause. Ich weiß bis heute   *Schul-*
noch nicht, wie ich es geschafft habe, oder wie meine Eltern damit   *verweigerung*
umgegangen sind, dass ich Zeugnissen mit Haufen Fünfern und
Sechsen abgegeben habe. … … Ich habe eine Abneigung gegen
Schule entwickelt. Ich habe später, vor allem als ich meine Ersatzfamilie dann kennengelernt habe, bin ich zuhause jeden Morgen
zwar aus der Tür gegangen, aber in den seltensten Fällen auch in
der Schule angekommen. Ja, weil ich dann zu meiner Ersatzfamilie gegangen bin und dann da mit der Mutter gechillt habe. Ihre eigenen Kinder sind zur Schule.

Sie hat dich nicht dorthin geschickt?
Nöö. Es war auch dann die erste Frau, mit der ich meine erste richtige
Beziehung hatte, ja. Was auch nicht ganz gesund war, glaube ich.

Wieso?
Weil sie meine Mutter hätte sein können. Aber das ist eine andere Geschichte.

**Aber du hast es gemacht, und das hat dir ja auch in der Situ-
ation offensichtlich ein stückweit rausgeholfen aus diesem
Hexenkessel zuhause!?**
Ja, das schon. … Ja, wie gesagt, keine Lust mehr auf Schule gehabt. Es ist glaube ich … „Was hat das mit mir gemacht?" – in der
Form habe ich mich das noch nie gefragt. Es wurde mit der Zeit
auch immer schwieriger, weil schon in frühester Zeit Lücken entstanden sind, weil ich halt verträumt war, oder nicht immer mit gemacht habe. … In der Oberschule hat sich das auch noch mal echt
gezeigt. Ich wurde von der 6. in die 7. versetzt auf die Oberschule
mit einem Zeugnis mit vier Fünfen und sechs Sechsen, glaube ich.
Also, es war katastrophal. War ja auch nicht wirklich zu schaffen,
da dann weiter einen Anschluss zu finden, obwohl ich damals dann
schon ausgezogen war. Dann kam auch noch mal eine Bergauf-

Phase, wo ich zwischendurch Klassenbester war, aber auch nur für eine kurze Zeit. Das war dann für drei bis vier Arbeiten, die ich dann als Klassenbester abgeschlossen habe. Keine Ahnung warum. Ich glaube, vielleicht weil dieser Umschwung da stattgefunden hat, dass ich von Zuhause raus war und dann in der WG.

Da wurde ich dann auch erstmal komplett ausgestattet mit allen Arbeitsmaterialien, Federtasche, Hefter, all der Kram. Vorher hatte ich irgendwie ein Blatt Papier, was ich mir zusammengefaltet habe, in die Jackeninnentasche, ein Kugelschreiber – mehr hatte ich nie mit zur Schule. Früher natürlich, da hatte ich meine Schultasche, meine Arbeitsmaterialien. Aber ich hab's irgendwann einfach nicht mehr mitgenommen. Zwar hatte ich mein Malblatt, um mich zu beschäftigen, ja. Ich hätte eventuell noch eine Klassenarbeit aufschreiben können. Das hat sich dann in der WG geändert. … Ich weiß noch genau, wie meine Betreuerin reagiert hat, als ich irgendeinen Morgen zur Schule losgehen wollte, und sie hat dann gefragt: „Na, willst du denn nicht deine Sachen mitnehmen?" Habe ich gesagt: „Na ja, hab ich doch." Und hab ihr dann mein Blatt und meinen Kugelschreiber gezeigt. *lacht* Ich glaube, wir sind am selben Tag noch zusammen in die Stadt gefahren und haben mich komplett ausgestattet, ja. Von da an hatte ich dann auch wieder Schulmaterialien immer dabei. Kurze Zeit später muss das dann gewesen sein, dass ich diesen Aufschwung mit der Schule hatte. Aber das war auch nur für kurze Zeit. Kurz danach habe ich wieder angefangen zu schwänzen und alles, und wollte auch nicht mehr hingehen. Ja, da war dann auch die Schullaufbahn beendet. Also, 8. Klasse Hauptschule abgegangen, ja. Wie gesagt, Schulzeit katastrophal, die Schullaufbahn. Die Schulzeit an sich war ganz nett.

Gab es in dieser Schulzeit irgendetwas, was zu diesem Frust in der Schule für dich ein Ausgleich gewesen ist?

Freunde

Die Freunde, ja. Es gab auch echt 'ne Zeit, wo ich Dauerschwänzer war, und dann noch zwei mal die Woche zur Schule gegangen bin, um halt da meine Freunde zu besuchen, die ich hatte.

Also, es gab keine Hobbys, irgendwelche Sachen, die du gerne gemacht hast, sondern die Freunde waren der Ausgleich, der dich über Wasser gehalten hat!?

Ja, ja. Da hatte ich echt Glück, dass ich irgendwie immer Freunde hatte. Trotz der ganzen Probleme.

Kommen wir zur Hochsensibilität. Seit wann weißt du davon?

Ich glaube, du hattest mir sogar vor einem Jahr davon erzählt, mich   *Eigene*
drauf angesprochen. Ja, aber ich hab gar nicht weiter da drüber nach-   *Hochsensibilität*
gedacht. Eigentlich jetzt erst wirklich seit dieser Woche. *lacht* Ja.   *erkennen*

Was hat dieses HSP-Treffen für Nachwirkungen in dir hinter-
lassen? Du warst ja das erste mal dabei.
Zwei wichtige Eindrücke: Zum Einen fand ich es echt wunderschön,
mit anderen Herz-Menschen an einem Tisch zu sitzen und, ja ...
Ich hab mir vorher auch wirklich gar keine Gedanken darüber gemacht, auch gewollt so. Von daher war es echt eine schöne Überraschung, dass es so viele waren und dass diese Offenheit trotzdem
so stattgefunden hat. Da muss ja irgendwas im Raum gewesen
sein, dass man sich traut, über so persönliche Dinge dann gleich
reden zu können. Das geht mir zumindest so. Also eine angenehme Stimmung auf jeden Fall. Das war die schöne Seite.
Dann gab es zwischendurch noch eine Stimmungsschwankung,
die ich nicht so schön fand. Das war, als ... wie soll man das darstellen? So zwischendurch, als ... die eine Frau, die sich dann so
überheblich mit ihrer Nachbarin unterhalten hat über diese unan-
genehme Art der Kellnerin. Da ist die Stimmung ja auch gleich auf
die Gruppe irgendwie über..., ... Ja, das war zwischendurch eine
unschöne Stimmung, fand ich. Weil, es kam mir so an, so: „Na ja,
wir sind doch hochsensibel! Achtet uns doch mal. Und seid nicht
so grob." ... Nee, da hat so ne Abgrenzung stattgefunden, so „Wir
sind die und ihr seid die", ja. Das fand ich nicht schön. Aber ansonsten, das ist Wahnsinn.

Gab es inhaltliche Punkte, die hängengeblieben sind?
Ja, als dann die Menschen so von sich erzählt haben, ... ich fand's   *Es gibt noch*
wirklich schön ..., so Sachen, wo man früher echt gedacht hat „Ah,   *andere ...*
ich habe einfach 'ne Schraube locker", oder wie die eine Frau dann
auch ganz gut sagte: „Entweder habe ich 'ne Schraube locker, oder
alle andern haben die Schrauben locker." Und dann zu sehen, die
haben ja die selben Schrauben locker wie ich ... Ja, das war schön
mal zu sehen.

Welche „Schrauben" waren das für dich?
Na, also allein schon dieses Gefühl, das Hochsensible haben, dieses feine Gefühl einfach, ja. Bei mir kann ich's schwer einschätzen,
ob meine Sinne bei Lautstärke ..., bei Helligkeit ist es oft so, dass
... Bei Geruch, ich habe 'ne schlechte Nase, das hängt auch mit
dem Rauchen zusammen, ja, also ich riech nicht viel. Lärm war ich

Lärmempfind-
lichkeit

schon immer ausgesetzt, irgendwie. Also Zuhause, dann in der WG, in der Ausbildung, ja, die Maschinen und Geklopfe und Gehämmer und … Also, so genau kann ich das auch nicht einschätzen. Was ich weiß, ist, dass wenn ich in einer ruhigen Situation bin und wenn dann irgend so eine Tatütata oder irgend so eine Sirene kommt … Und was mich beruhigt hat, ist, wirklich zu sehen, es sind alle irgendwie am Machen, trotz der Problematik, dass es einem schwer fällt, sich in diese Gesellschaft hier zu integrieren. Nicht mal unbedingt

Anpassung,
Überreizung

anpassen, aber halt integrieren. Ja, und diese ähnlichen Problematiken, die da waren, zum Beispiel dass man es so und so lange schafft, und dann erst mal wieder Ruhe braucht, weil man an den Punkt kommt, dass alles zuviel ist, … das auch mal von anderen Menschen gehört zu haben, das war krass, … hatte ich vorher in dem Zusammenhang noch nie, ja.

Du hast vorhin gesagt, dass du eigentlich immer gute Freunde hattest, dass …
Immer Freunde! Gute kamen dann später. *lacht*

Gut! Bei den guten Freunden, gab's da bei Gespräche manchmal so Momente, wo solche Themen, wie sie die HS ausmachen, deutlich geworden sind?
Nicht in Verbindung mit Hochsensibilität, klar. Aber, natürlich, ja. Bruno und ich sind im Prinzip unterschiedlich voneinander aufgewachsen, aber im gleichen Umfeld. Wir hatten beide vorher unsere Freunde, mit denen wir halt Scheiße gebaut haben und den ganzen Kram, ne. Warum ich das erzähle ist, ich hatte ja auch halt das Gefühl „Ey, das sind keine richtigen Freunde", aber alleine sein will ich nicht. Dasselbe hatte Bruno bei sich, und dann kamen wir so aufeinander, und dann hatten wir uns erstmal. Die schönste Beziehung. Da haben wir beide festgestellt, dass wir eigentlich in zwei verfeindeten Gangs waren. Bruno ist in seiner Gang aufgewachsen, und ich bin in meiner aufgewachsen und früher … gab's noch so ein paar Bandenkloppereien. Na ja, da wollten wir beide aber eigentlich auch raus, und haben uns genau zum richtigen Zeitpunkt kennengelernt.
Andere Parallelen? Also, ich merke es vor allem, seitdem ich jetzt von Hochsensibilität gehört habe und auch mal dies oder das aus dem Blickwinkel von Hochsensibilität betrachte. Vor allem bei einem Freund von mir sehe ich das sehr stark, aber er hat es erst bestritten. Hundert pro, er ist hochsensibel, da mache ich mir gar keine Gedanken darum.

Warum?

Tja, viel Herz! *lacht* Ein großes Herz, sehr gefühlvoll, nimmt vieles immer mit … Es nimmt ihn vieles mit. Was ihn eigentlich gar nicht mitnehmen muss.

Wie sieht es mit deiner Vision aus? Wo willst du hin? Was ist dir wichtig, jetzt auch aus dem Blickwinkel der Hochsensibilität? Was ist dir wichtig für dein Leben?

Ja, habe ich noch zu wenig auf mich projiziert, das Thema. Ich glaub, ich brauch auf jeden Fall irgendwas, wo ich mit hundert Prozent hinter stehen kann. Ansonsten macht es keinen Sinn, irgendwie. Ich weiß es nicht genau. In letzter Zeit bin ich total hängengeblieben an dem Gedanken, mich in irgendeiner Form selbstständig zu machen, über meinen Tischlerkram. Daher auch die neue Hobelbank. Dass man vielleicht anfangen kann, zu Hause ein bisschen was zu werkeln. Mit der stillen Hoffnung, dass daraus vielleicht irgendwas wird.

Berufliche Visionen

Auf der anderen Seite würde ich gern… noch viel in die Welt raus, Menschen kennen lernen. Diese Welt einfach auch ändern. Wenn ich daran denke, ist Hobelbank weg und: Welt ändern! *lacht* … Ja vieles. Ja, wünschen würde ich mir halt schon, dass ich es schaffe, in irgend 'ner Form Fuß zu fassen, mir meine Brötchen verdienen kann und auf der anderen Seite aber trotzdem noch Zeit hab, mich mit sozialer Arbeit einzubringen, wenn man das mal so nennen kann. Also anderen Menschen helfen, die Hilfe brauchen, in welcher Form auch immer es stattfinden mag. Da hab ich keine Vorstellung irgendwie. Hauptsache direkt mit Menschen.

Das Thema Kreativität, wie ist das bei dir?

Ich glaub nicht, dass ich 'n Künstler bin. *lacht* … Die Worte sind mir, glaub ich, einfach zu schwer, als dass ich mich da gleichsetze, oder Begabungen oder sowas, also ich weiß nicht. Ist ein sehr feines Gefühl … kreativ, ja, ich denke schon, dass ich ein Stück weit kreativ bin. Vorstellungskraft. Wie genau? Was soll ich da erzählen? …

Kreativität

Wenn wir irgend 'n Werkstück vorgelegt bekommen haben, was wir dann bauen sollten, kam ich sofort mit meinen ganzen Ideen, was man noch alles damit bauen könnte, *kichert* ja, oder verschönern könnte, weil es halt nicht nur vier Bretter sind, die da in der klassischen Verzinkung zusammengesetzt werden. Aber es wurde einem nie viel Spielraum dafür gegeben. Außer mein letzter Meister, der war echt super! Wenn er gesehen hat, dass jemand

es kann, dann ist das auch okay. Da ist er viel individueller auf die
Menschen eingegangen.

**Themenwechsel: Meditierst du eigentlich oder übst du andere
spirituelle Praktiken aus?**

Spiritualität   Hab ich mich bisher noch nicht getraut. Hab auch immer öfter dran
gedacht. Gestern abend erst „Setz dich doch mal hin und meditier'."
Aber den Schritt gewagt hab ich noch nicht. Im kleinen Maß mal,
… aber … Aber noch nicht richtig, nee.

**Das klingt so, als wäre das was, wovor du eine gewisse Scheu
hast!?**
Ja … ich hab halt Angst. Na nicht unbedingt Angst, eher Befürch-
tungen davor, diesen Schritt auch wirklich zu wagen. Mhm …, vielleicht auch, weil wenn Sachen offenbart werden, die verbuddelt
waren, die dann vorkommen oder so was … Weiß auch nicht. Ich
sollte mich einfach mal trauen.

Praktizierte   Ich hab mal ein kleines Selbstprojekt gehabt: kontinuierliche Ehr-
Ehrlichkeit   lichkeit oder so in der Richtung. Immer komplett das sagen, was
so war. Also mit Freunden, das habe ich in meinem Bekannten-
kreis gemacht.

Wie kam das an?
Nicht gut. Ich hab's an der Stelle abgebrochen, als ich 'n Freund
wirklich verletzt hatte, … den ich vorher noch nie verletzt hatte. Weil
ich halt immer gleich das gesagt hab, was ich gedacht hab dann, 'ne!

Was hat ihn daran verletzt, dass du ehrlich warst?
Weil vielleicht 'n Stück Wahrheit dran ist. Und … tja, auf der anderen Seite glaub ich …, naja, ich hab unsere Freundschaft damit
verletzt oder beleidigt in irgend 'ner Form. Hat er, denke ich mal, so
empfunden. Wir waren halt unterwegs, ich weiß nicht wo und wohin und so. Und dann ist Simon, – auch ein guter Freund von mir,
… wirklich guter Freund, man kann sich auf ihn verlassen und alles. Aber trotzdem hält er einen immer so auf Abstand. Er hat mich
auch noch nie seiner Familie vorgestellt oder sowas. Da braucht
er, glaube ich, echt Zeit irgendwie – und aus irgend 'ner Situation
heraus hatte ich dann gesagt, nachdem er irgend was gesagt hat:
„Naja, wir haben ja auch eher 'ne Kumpel-Freundschaft als Freund-
Freundschaft." Und da war er dann total verletzt auf einmal. Also
so … „Was das für 'n Blödsinn sei, den ich da von mir gebe." …

Was für eine Freundschaft war das denn für dich?
Na ja, … nicht so richtig 'ne intensive Freundschaft, aber auch keine Kumpel-Freundschaft. Also wir sind Freunde, auf jeden Fall. Aber eben mit dem Punkt, dass er immer auf Distanz geht. Ich weiß nicht, warum er das macht. Das hat vielleicht auch seine Hintergründe. Also hat es bestimmt. …

Und jeder betrachtet im Leben was anderes. Ich sage immer „Okay, er ist in seinem Film, oder sie ist in ihrem Film. Mein Film ist ein anderer. Dann ist eher die Frage, wie kommen wir zusammen ins Kino?!"
Jahahaha! Die Formulierung muss ich mir merken! Speichern, speichern, speichern! Ah, ja! *lacht* Die fand ich klasse. Du guckst dein Film, ich guck mein Film, wie kommen wir ins selbe Kino!? … …

Wann, würdest du sagen, hat deinen Wunsch nach Spiritualität angefangen?
Ich glaub … das war auch schon relativ früh. …. … Wenn ich es jetzt mal mit dem Buddhismus verbinde, dieses Spirituelle, weil daher hatte mich auch der Buddhismus interessiert. Wann war das … …. sechzehn rum, vielleicht fünfzehn. …

Der Weg zur Spiritualität

Das war offensichtlich eine Schlüsselzeit für dich, …
Auf jeden Fall.

… wo ganz viel passiert ist?
Ganz viel, wirklich. Also was ich da an Entwicklungen und Erfahrungen und alles mögliche gemacht hab.

Und wie ist die Spiritualität dir zugetragen worden? Oder hattest du innerlich das Bedürfnis danach zu suchen?
Intensiviert wurde das eigentliche Gefühl dann noch mal, als ich damals bei Claudia war, der Heilerin. Ich hab vorher selbst schon an so 'ne Geschichten gerne glauben wollen. Dadurch wurde das dann noch mal intensiviert, aber dann auch wieder *pfeift* vergessen, erstmal über Bord, ja. Das Interesse dazu ist echt schon sehr lange da. Also von mir aus den Schritt hatte ich dann nie wirklich gemacht. Das kam dann eher erst später … zu mir. …, durch Reiki und so. Durch Mama, auf jeden Fall, … wurde mir das Ganze ja auch noch so vermittelt. Es hat mich irgendwie die ganze Zeit im Hintergrund begleitet. … M-hm, stimmt. … Immer hochinteressant gewesen. Ich hab auch voll dran geglaubt, dass es bei Mama, dass

es im Reiki wirkt. Weil ich halt damals, als ich noch zuhause war, ja häufig Magenprobleme hatte, und wenn sie mir Reiki gegeben hat, wurde es besser. Von daher schon, es hat mich immer begleitet.

Aber der Grund, warum ich mich dann dem Ganzen nie wirklich zugewendet hab, ist, dass ich ja noch mit Religion beschäftigt war. Am Anfang war's halt Christentum, mit zwölf durften wir dann entscheiden ob wir weiter zur Kirche wollen oder nicht. Hab ich „Nein" gesagt, will ich nicht. Und mit vierzehn dann Islam so 'n bisschen kennengelernt. Im Alter von siebzehn, vielleicht noch bis achtzehn, war ich streng gläubiger Muslime gewesen. Gebetet und Frauen nicht die Hand gegeben und so, also alles was dazu gehört. Aber auch nicht viel später hab ich das alles abgeworfen. War dann erstmal total auf Anti. *kichert* Ja, Anti-Religion. Ja weil, das … war ja dann 'ne Zeit, in der ich Kontakt zu Gott gesucht habe. Aber kam nix zurück. Hab ich mich von Gott, in dem Sinne, im Stich gelassen gefühlt und dann gesagt: „Schön, Gott, selbst wenn's dich gibt, ich geh jetzt einen anderen Weg." Kam alles zu seiner Zeit, wirklich.

Würde für dich ein Leben ohne Spiritualität Sinn machen?
Für mich selbst? Nee, inzwischen nicht mehr. Im Gegenteil. Ich will noch viel mehr darüber erfahren, mehr Wissen darüber aneignen. …

Was ist für dich der Unterschied zwischen Religion und Spiritualität?
Mmmhh ja, … mit der Frage hätte ich rechnen müssen *lacht*
Unterschied
zwischen
Religion und
Spiritualität
… Unterschied? … Für mich hat Spirituelles immer mit irgendwie Yin und Yang, Einklang, alles eins zu tun. Und Religion kann man auch so praktizieren, dass man die Augen zu hat. In der Essenz von Religion ist auf jeden Fall auch viel Spiritualität vorhanden. Mein Cousin, der ist zum Beispiel wirklich der festen Überzeugung – also er ist wirklich religiös –, und er ist der festen Überzeugung, dass das das Wahre ist. Und wenn's so ist, dann ist das so, dann ist es auch richtig, weil er dann mit Herz dahinter steht, und es eigentlich auch 'n besserer Mensch aus einem machen sollte. Was bei ihm auf jeden Fall der Fall ist. Er ist wesentlich genießbarer als früher. *kichert*

Welchen Stellenwert hat Sinnhaftigkeit in deinem Leben?
Einen Sinn?

Ja, hat das Leben, haben die Dinge einen Sinn? Ist es wichtig, dass das, was du lebst und tust, einen Sinn für *dich* hat?

Mhh ... ja. Mal tausend! *lacht* ... Ja also ... das ist es eben auch:
Ich muss irgendwas machen, worin ich 'n Sinn sehe. ... Ansons-   *Sinnhaftigkeit*
ten wird's nur schwer und leidend. Zum Beispiel ... ja, *überlegt*
... dieses, ich probiere irgendwie politisch halt 'n bisschen hier und
da mal was mitzumachen. Das gibt mir auch immer wieder Kraft,
und ich muss es machen. ... ... Macht mir halt 'n bisschen Sorge.
Sagen wir mal, ich mach das jetzt mit Hobelbank und dem Selbstständigen und das klappt vielleicht auch und ich schaffe es, ein
bisschen davon zu leben. Aber dann könnte ich auch irgendwann
wieder sagen: „Huh, bis hier hin und nicht weiter", weil ich dann
wieder zu wenig Sinn in der Aufgabe sehe, einfach nur Holz verarbeiten. Würde mich nicht befriedigen, mein Herz nicht befriedigen.
Dafür will ich viel zu viel für uns.

Uns Menschen?
Ja. Für uns und für die, die noch kommen. Also naja, was heißt für
uns Menschen? Für uns Lebewesen, alles! Es geht halt immer mehr
bergab. ... Ja. ... ... Früher hab ich immer zu mir gesagt, oder zumindest sag ich schon 'ne ganze Weile zu mir: „Entweder ich verlass
Deutschland und fang irgendwo was Neues an, oder ich bleib hier
und änder das Land. Eins von beidem!" ... Bleibt spannend. *lacht*

**Ja! Genau. Vielen Dank für das Interview und dann sag ich
jetzt Tschüß.**
Au revoir!

Angaben aus dem Interview-Fragebogen zur Person:

Aufgewachsen:	bei beiden Eltern, drittes von 6 Kindern, mit 15–18 J. Jugend-WG,
War Bildung zu Hause wichtig?:	nein, nicht so, wie es sein sollte
Ausbildung:	erw. Hauptschulabschluss, Aus-bildung 2 x abgebrochen
Beruf:	keinen
Familienstand:	ledig
Einige Merkmale:	**Kind:** passe mich schnell an; bin be-müht, alles richtig zu machen; sehr still und zurückgezogen; kann mich in lautem und unruhigem Umfeld nicht konzentrieren; kann mich bei einer Sache hoch konzentrieren; versuche Probleme selbstständig zu lösen; brau-

che lange, um zu antworten; neige zu Wutanfällen

Erwachsene: lasse mich leicht ablenken; Aggressivität ist mir unangenehm; bin perfektionistisch; handle und entscheide mich langsam; reiche innere Erlebniswelt; bin sorgfältig; bin gerne in der Natur; alles hat einen Sinn; bin schüchtern; habe oft große Selbstzweifel

Hochbegabte: scheitere auch an alltäglichen Aufgaben; drücke mich gerne gewählt aus; merke, ob jemand authentisch ist; habe ein anderes Lern- und Arbeitstempo; Smalltalk strengt mich an; liebe lange und intensive Gespräche; experimentiere gern; verzettel mich auch schon mal; deute Sozialverhalten vielfältig

Astrid, 43 Jahre

*Oder dass ich manchmal uff 'ner Bank sitze
und merke, das die Bank schwingt. Und eene,
die da mit uff der Bank saß, die hat davon nüscht mitgekriegt.*

**Wie bist du zu diesem Thema Hochsensibilität gekommen?
Wie bist du darauf aufmerksam geworden und wodurch hast
du gemerkt, dass du was damit zu tun hast?**

Dass ich sensibel war, wusste ich schon immer. Das hab ich schon
als Kind immer gemerkt. Also meine Mutter hat immer gesagt: „Sei
doch nicht so empfindlich! Und sei doch nicht immer so … wie 'ne
Mimose" und sowas alles. Da hab ich schon als Kind gemerkt, dass
ich eben sensibel war.

*Eigene
Hochsensibilität
erkennen*

Mit dem Thema Hochsensibilität bin ich erst durch diesen Artikel
drauf gekommen, dass es eben auch sowas wie Hochsensibilität gibt. Da hab ich mir das halt angeschaut und dann auch diesen einen Test da im Internet gemacht, und da ist dann eindeutig
bei rausgekommen, dass es eben hochsensibel ist. Daher hab ich
dann auch den Kontakt zu dir gesucht. Aber mit dieser Sensibilität
hatte ich schon immer …, det hat ick schon mein ganzet Leben …

**Wie hat sich das denn bemerkbar gemacht, wie war das denn
bei dir in der Kindheit?**

Also, ich war immer so 'n bisschen Außenseiter, ich wurde immer
geneckt und geärgert, ich weiß auch nicht warum. Aber nach 'ner
Weile hat sich das immer alles wieder so gegeben. Ich wurde auch
mal ausgestoßen, weil ich … ja, ich hatte 'nen andern verpetzt. Für
mich war das so Art Gerechtigkeitssinn. Ich wusste, dass jemand
die Schularbeiten nicht gemacht hat und als der Lehrer gesagt hat:
„Wer hat se nicht gemacht?" hat se sich halt nicht gemeldet, die
Person. Da hab ick's gesagt, weil ich's halt wusste. Und dafür wurde ich von den Mädchen ausgestoßen. Des war 'ne ganz schön
schlimme Zeit, so zwei Monate lang oder noch länger sogar. Damals war's ja nicht so üblich mit den Jungen Kontakt zu ham, da
stand ich ganz schön alleine da. Ick wollte in der Zeit dann in 'ne
andere Klasse wechseln, wollte aber immer nicht, dass meine Eltern mit der Lehrerin sprechen, weil det bringt ja ooch nüscht. Wird
dann immer nur noch schlimmer.

*Kindheit
Außenseiter*

*Gerechtigkeits-
sinn*

Ja, ansonsten? Ja, weil ick halt immer sehr viel fühlen kann und
meistens immer fühle, was die anderen so nicht fühlen, deswegen
hat mich det schon mein janzet Leben lang …, ja verfolgt nicht,

*Feine
Wahrnehmung*

aber eben begleitet. Ick hab immer … *meistens* versucht, das zu unterdrücken. So als Schwäche, also es wurde mir von außen halt immer so suggeriert, dass et eben nicht so gut ist, wenn man so empfindlich ist. 'N Kumpel hat mich erstmal auf die Idee gebracht, meinte: „Weißte eigentlich was 'ne Mimose überhaupt ist?" Icke: „Nee". Da meinte er: „Das ist eigentlich 'ne ganz schöne Blume." Da hat er mich erstmal auf den Gedanken gebracht, dass 'ne Mimose ja was ist, was ooch schön sein kann. Für mich war det immer so negativ besetzt durch die Sprüche meiner Mutter. Und dann, als ich nach Irland gekommen bin, bin ich mit Reiki in Kontakt gekommen. Da hab ich dann zum erstem mal gemerkt, dass et ja ooch sinnvoll ist, sensibel zu sein und det zu fühlen.

Warum?

Sinn/
Aufgabe hoher
Sensibilität

Naja, weil da kann man eben … diese Sensibilität für sich so ausleben. Da muss man ja fühlen, weil man, wenn man andere behandelt, im Prinzip rauskriegen will oder die Stellen behandeln will, die halt besonders bedürftig sind. Und det kann man ja …, wenn man sensibilisiert ist und recht viel fühlt, kann man das ja richtig gut machen. Und da hab ick auch angefangen die Seite an mir anzunehmen. Nicht immer so runterzuputzen oder wegzukriegen zu wollen.

Wie alt warst du da?

Eigene
Hochsensibilität
annehmen

Mhh… naja da war ick ooch schon zweiunddreißig oder so, oder sogar noch älter. Also fünfunddreißig auf jeden Fall, weil in dem Jahr, wo ick in Irland gelebt hab, bin ick fünfunddreißig geworden. Und da weiß ick, dass ich da in Kontakt mit dieser Energie gekommen bin. Die hat bei mir dann auch vieles verändert in meinem eigenen Körpersystem.

Kannst du beschreiben, was sich verändert hat?

Energie-Selbst-
versorgung

Ähm … na, ich hab auf einmal viel mehr Liebe so für mich gespürt. Wenn ich manchmal irgendwo die Hände aufgelegt hab, da war dann immer diese intensive Wärme und ooch dieset Wohlgefühl. Ich hab dann so für mich gemerkt, dass ich dann keine anderen brauche, um mir diese Energie zu holen, sondern es reicht mir, wenn ich mich irgendwo hinsetze, die Hände auflege und dann kann ich mich selber wieder auftanken, ohne dass ich da jetzt andere Leute mit … in Mitleidenschaft ziehe. Vor allen Dingen, weil die ja ooch nich immer da sind. Da hab ich mich dann eben unabhängiger davon gemacht, sozusagen meine eigene Quelle gesucht für mich und mein Wohlbefinden. Naja, und Reiki hat halt meine Sensibilität noch mehr verstärkt. Am Anfang hab ich gar nicht so viel in meinem Körper gespürt so an Bewegung. Reiki hat das im Laufe der Zeit immer mehr verstärkt. Was aber langsam ... teilweise auch wieder ein bisschen Schwierigkeiten bereitet.

Wieso?

Naja, weil man sich dann nicht mehr immer so wohl fühlt in Situationen, oder auch überreizt wird oder irgendwie merkt, dass man sein Leben, wie et man immer geführt hat, nicht mehr so ... weitermachen kann.

Kannst du Situationen beschreiben, in denen das der Fall ist?

Also, wenn et zu sehr laut ist, det vertrag ick irgendwie nicht mehr. Ick bin sehr geräuschempfindlich. Ick merke auch, wenn ich mich mit jemandem unterhalte und zu viele Geräusche um mich rum sind, dann kann ich mich nicht mehr konzentrieren, dem zuhören, dann schweif ick so ab, oder werd ick abgelenkt. Oder was mir früher auch schon passiert ist – zu DDR-Zeiten ist ja alles noch so einfach gewesen –, und wenn ick so nach der Wende in Kaufhäuser gekommen bin, det hat mich förmlich erschlagen! Am Ende hab ick gar nich hingeguckt, weil ick gar nicht wusste, was soll ick denn jetzt aus dem ganzen Angebot raussuchen. Da stand ich da: „Öh öh, so viele Käsesorten!" oder keene Ahnung. Kann et nich einfach drei Käsesorten geben? Det reicht doch. Da war so ein Überangebot. Da hab ick dann gemerkt, wenn ick jetzt nicht gezielt weiß was ich brauche, dann isset ganz schön viel für mich in so Kaufhäuser zu sein. Große Shopping-Center oder so, da bin ich schnell überfordert.

Heißt das, du warst früher nicht so schnell überfordert in solchen Situationen?

Nee, weil det war zu DDR-Zeiten nicht so. Da hatte man nicht so die Auswahl, war nicht so ein Überangebot und so 'ne Fülle. Da hab ick det gar nicht so erlebt, dass det so schwierig war mit dem Einkaufen. Erst jetzt, wo dieset völlige ... na, Überangebot halt ist, dass von eine Sorte, weeß ick wie viele ... Sachen gibt. Oder von Fleisch, oder auch Käse, Wurst, ist ja egal was. Es gibt einfach unendlich viele Sachen.

Und det ist jetzt, was mir momentan det auch mit der Berufswahl so zu schaffen macht. Man hat die unendlichsten Möglichkeiten! *kichert* Da isset überhaupt nicht einfach, das passende für sich rauszufinden. Weil, wenn 'de det machst, dann kannste det und

Geräusch-empfindlich

Überreizung

Berufswahl

det wieder nicht machen. Also, das ist ganz schwierig, find ick, ...
da so sein Weg zu gehen.

Inwiefern ist Berufswahl im Moment für dich ein Thema?
Naja, es war eigentlich schon immer ein Thema, weil ick bisher
noch nicht ... so ... das für mich gefunden hab, was für mich gepasst hat. Ich meine, Sinn war schon da, aber es passt halt immer
noch nicht alles so richtig.

**Erzählt mir ein bisschen, wie war deine berufliche Entwick-
lung? Und wieso passt es nicht?**
Meine berufliche Entwicklung war, dass ich als Kind Zootechnike-
rin werden wollte ...

*Beruflicher
Werdegang*

Ist das so etwas Ähnliches wie Tierpfleger?
Ja, so was in der Art, genau. Meine Mutter kommt vom Dorf, und
ich bin die ersten zwei Jahre auch im Dorf so 'n bisschen groß geworden. Und dadurch, dass wir halt immer in den Ferien zu meiner Oma wollten, hatte ich 'ne besondere Vorliebe für's Dorf. Da
von meiner Mutters Seite aus alles Bauern waren, hab ich wahrscheinlich irgend 'ne bäuerische Seite auch in mir. Mit den Genen
vererbt, nehm ick mal an. Ick hab ooch für mich so gemerkt, in der
Natur kann ick ooch sehr viel aufnehmen, da kann ick ooch sehr
viel auftanken, da brauch ick jetzt nicht Reiki für. Aber dann ham se
mir damals den Zootechniker ausgeredet, weil man eben auch am
Wochenende arbeiten muss und auch Feiertage. Und mit sechzehn
ist man da noch nicht so gefestigt, dass man da sagt: „Nee, ick will
det trotzdem machen!" Ick war det jedenfalls nicht.
Und dann wusst ick erstmal gar nicht was ich werden wollte. Dann
hab ich das gelernt, was mein Vater war, Facharbeiter für Daten-
verarbeitung. Das hab ick zwei Jahre jemacht und dann konnt ich
da bei ihm im Betrieb auch anfangen. Aber das hat mich irgendwie
nicht so ausgefüllt. Ick hab dann noch ein Studium angestrebt, so
ein Fachschulstudium. ... 1988 hab ich da angefangen in Wismar
zu studieren. War auch sehr schön in Wismar, weil da wurde man
nicht so abgelenkt, da hat man sich dem Studium gewidmet.

Was war das für ein Studium?
Informatik! Also mit EDV, ... ja. Da musste ich mich teilweise auch
ganz schön so auf den Hosenboden setzen, weil mir ist das dann
nicht mehr so einfach zugeflogen wie sonst in der Schule oder in
der Lehre.

Das heißt, in der Schule bist du locker mitgekommen?

Also gute Fächer waren für mich Deutsch. Meine Mutter hat gesagt, ich hab als Kind auch mal Geschichten geschrieben. Ja, aber ich hab 'n bisschen bedauert, dass meine Eltern mich in der Kindheit nicht richtig gefördert haben, nicht wirklich. Meine Schwester, die hatten se gefördert mit Matheclub, die war in Mathe sehr gut, aber mich nicht. Ich bin dann irgendwie mehr oder weniger mitgelaufen sozusagen. Und als ich dann angefangen hab schwächer zu werden in der Schule, mit den Leistungen abzufallen, da hab ich eher Druck gekriegt als dass sie mich mal fragen, warum det so is. Ick hatte für mich irgendwie nie so richtig die Chance, rauszukriegen, wat ick denn kann und so, also so in Gebiete reinzuriechen. Manchmal ist es ja so als Kind, wenn man da was entdeckt, was für einen gut ist, dann kann man ja später beruflich darauf aufbauen. Da musst ick ziemlich viel ausprobieren für mich selber, später als Erwachsene. Das konnte ick als Kind halt nicht so richtig machen. Das Einzige, wo se uns hingebracht haben, was am Anfang Zwang war, nachher dann freiwillig: Schwimmunterricht! Einmal die Woche schwimmen. Aber wenn das immer so auf Zwang ist, dann ist das auch nicht so schön.

Schule

Keine Förderung

Druck bei Leistungsabfall

Hast du in Wismar das Informatikstudium zu Ende gemacht?

Ja ja! Obwohl ich während des Studiums auch schon gemerkt hab, … najaaa … so eigentlich is et auch nicht wirklich meins. Aber ich hab erstmal gedacht: „Machste det auf jeden Fall erstmal zu Ende." Hab ick ooch gemacht, obwohl dann die Wende kam. Aber ich dachte mir, bei dem Gebiet kann det nicht so viel anders sein als im Westen.

Ausbildung

Woran hast du das gemerkt, dass das nicht deins ist?

Ick hab mich da irgendwie nich so wohl gefühlt. Ick kann det immer nich so sagen, weil ick hab nur gemerkt, … mhmm … det war mir zu trocken!? Nee, weeß ick ooch nich so … Ich hatte dann teilweise auch beim Studium Schwierigkeiten mit diesem logischen beim Programmieren.

Nach dem Studium hatte ick erst mal die Schnauze voll vom Lernen und wollt arbeiten. Weil ick gemerkt hab, dass es nicht meins war, wollt ick nich schon wieder wat anderes lernen. Ick wollte jetzt einfach mal arbeiten, mal rauskommen. Und dann war's ja zu der Zeit ooch nich so einfach in dem Bereich Arbeit zu finden, weil ja die Wende war und viele, die schon Berufserfahrung hatten, wurden viel eher genommen, als jemand frisch vom Studium.

Jobs

Dann ging so die Suche los. Über verschiedene ABM-Stellen bin ich dann vorwärts gekommen. Ersma musst ich ja auch mit 'nem völlig neuen System klar kommen. Wobei mir meine Eltern ja auch nicht wirklich helfen konnten, da musste ick irgendwie alleine durch. Die kannten det ja ooch nicht, wie man da mit den Ämtern umgeht und det Janze. Über det Arbeitsamt hab ick dann nochmal 'ne ABM gekriegt bei so 'n Verein, da hab ick 'n Jahr gearbeitet. Det war wieder 'ne lockere Arbeit, war nicht so viel am PC.

Ja, und aufgrund des Vereins hab ick dann natürlich janz viele Leute kennen gelernt, da ja mein Kontakt in Wismar und in Potsdam relativ klein war. Dadurch, dass die Stelle zwar in Potsdam war, aber die meisten Leute aus Berlin kamen, kannte ich dann viele aus Berlin und hab dann den Entschluss gefasst, nach Berlin zu ziehen. Da war ick näher dranne, da war der Weg nicht so weit.

War das nicht ein ziemlicher Schritt für dich, als jemand, die das Land und das Dorf mag?
Zu der Zeit nicht.

Also, das Große, das Laute, das Schnelle der Stadt hat dich gar nicht gestört?
Gar nicht, also zu der Zeit, als ich da angefangen hab, in Berlin zu leben. Da war ick so neunundzwanzig. Nee, det hat mich da irgendwie nicht gestört, zu dem Zeitpunkt noch nich. Sonst hätt ick's ja nich jemacht. Ick hab irgendwie det Jefühl jehabt, ick bin so 'n bisschen vereinsamt und in Berlin sind die ganzen andern. Dann bin ick eben nach Berlin gezogen.

In der Großstadt

Da jab's halt … schöne Treffen, dann ham wir jemeinsam gefrühstückt und sowat allet, wat sich natürlich auch im Laufe der Zeit geändert hat, weil se alle Familie haben … oder eigene Kinder gekriegt haben und so. Da hab ick dann auch gemerkt: „Okay, is jetzt wieder 'ne andere Zeit angebrochen."

Musik und Tanz

Ich hab auch mit neunundzwanzig noch angefangen, ein Instrument zu lernen. Musik war schon immer für mich … Ick hab schon immer sehr gern getanzt, auch sehr gern gesungen. Ick hab angefangen Saxofon zu lernen. Das einzige, wo bei mir jetzt wieder so 'n bisschen der Haken is, is mit Notenlernen. Ich weiß nicht, ist vielleicht auch wieder diese Logik dahinter, oder ich weiß es nicht! Es geht nicht so in meinen Kopf, wie ich's gerne will. Spielen an sich, ja! Aber da spiel ich dann meistens einfach so irgendwas. Ich spiel auch nicht mit anderen zusammen, ich spiel einfach, was mir gerade einfällt, … und die meisten sagen: „Oh, das hört sich ja schön an!" Is mir dann gerade in dem Augenblick so eingefallen und würd ick auch nie wieder so spielen können. Ick spiel halt oft nach Gehör. Mein Gehör ist jetzt nicht so ausgeprägt wie bei manchen, die wat hören und das sofort nachspielen können. Aber ick tüftle mir det schon aus und dann klingt's meistens ähnlich. Dann ist vielleicht noch 'ne eigene Note dabei. *kichert*

Ist Musik etwas gewesen, das du als Kind auch gerne gemacht hättest, wo sie dich aber nicht gefördert haben?

Musik ja. Die haben mich ja zur Musikschule gefahren, und dann ham se gesagt, ich hätte 'nen Klarinettenmund. *lacht* Aber das war ihnen einfach zu weit der Weg zur Musikschule. Dann ham se's nich jemacht. Sonst wär ich jetzt garantiert schon weiter. Wenn ick det bei meiner Schwester seh, bei ihren Kindern, wenn die Musik machen, wie schnell die da Noten können und allet. Und ick steh dann da und … uh! Aber ick hab mir jesagt, wenigstens später als nie, dass man das zumindest einfach mal probiert. Dann merkt man ja, ob das einem liegt oder nich.

Wie ging es dann weiter?

Die Stelle wurde nicht mehr verlängert und ich war wieder arbeitslos, bzw. arbeitsuchend. Ich hab dann so 'ne Fortbildung angefangen, Finanz- und Lohnbuchhaltung. Die hab ich abgebrochen, weil ich in Potsdam 'ne andere Arbeit gekriegt hab, über zwei Jahre. Damit konnt ick dann janz gut leben. Vor allem die Arbeit und das Arbeitsumfeld war jetzt auch nicht so, dass mich das so genervt oder ausgepowert hat, oder Energie gekostet hat. Ick hatte in der Freizeit ooch noch für andere Sachen Energie übrig. Denn ich merke, die Arbeiten, die ich später hatte, die waren dann nicht mehr so easy und so einfach. Die haben dann schon mehr Energie gekostet, so dass in der Freizeit dann nicht mehr soviel übrig war. …

Ach so, genau, als ich dann nach Berlin gezogen bin, hab ick erstmal meine Wohnung modernisiert, hab noch ein Jahr in Potsdam gewohnt, aber ick musste die Wohnung … sozusagen komplett modernisieren. Aber die hat mir so gut vom Anfang an gefallen als ich da rein kam, dacht' ich die nehm ich jetze. Da hab ich die Renovierung in Kauf genommen. Hab ick dann auch janz schön, also anderthalb Jahr damit zugebracht. Nach einem Jahr, als ick dann eben Miete zahlen musste, bin ick erstmal in die Baustelle einjezogen, weil ick noch nich allet jeschafft hatte. Det war für mich auch 'ne Art Herausforderung: „Ja wie schaffste det?" Ich hatte Freunde, die mir jeholfen haben, mein Vater hat mir auch geholfen, meine Familie.

Weitere Jobs

Perfektionismus

*Zur Arbeits-
stelle passen?*

Dann war ick drei Monate in Berlin, hab da jewohnt, und dann hab ick eine neue Arbeit in Berlin bekommen. Da hab ick dann viereinhalb Jahre gearbeitet. Das war dann 'ne Zeit …, naja, wo ich auch 'ne ziemliche Schule so für mich hatte, weil für diese Arbeit war ich den Leuten zu … na wie sagt man? … zu introvertiert, wenn man da in dieser Meldestelle ist. Da war ich halt nicht am Anfang offen genug, um uff alles zu reagieren, was da jetze is, so Telefon und … Publikum, am PC, noch Post und alles. Das war ganz schön viel zu tun so nebenbei. Da hatte ich eben ganz schön Schwierigkeiten, weil ich bin halt nicht so Multitasking, dass man viele Sachen so auf einmal machen kann. Bei den vielen Sachen bin ich halt wieder aus dem Takt gekommen, also das war dann 'n bisschen durcheinander. Aber im Laufe der Zeit musst ich mich erstmal versuchen zu strukturieren, was jetzt da wichtig ist. Wenn jetzt Arzt und Publikum kommt, dann ist das natürlich erstmal wichtig. Kann man nicht Post machen. Musste dann lernen, Prioritäten zu setzen. Aber irgendwie, wahrscheinlich, weeß ick nich, fanden die meine Art jar nicht so schlecht, weil sonst hätten se mich ja jar nich so lange behal-

Sich verändern

ten. Allerdings musst ick noch an mir arbeiten, weil ick eben nicht so offen auf die Menschen zugegangen bin, sondern eher so …, nicht immer guten Tag gesagt hab.

Wie hast du dieses „an dir arbeiten" gemacht?
Naja, … ick weeß det jar nich mehr, det hat sich so entwickelt. Also ick hatte da auch einige Gespräche mit meiner Chefin. Das war für mich ein bisschen schwierig, weil die war so 'n mütterlicher Typ. Ick kannte det nicht von meiner Arbeit bisher, dass da immer so 'n mütterlicher Typ ist, und da musste ich mich teilweise ganz schön bremsen. Weil, sie hat mich zum Beispiel auch mal mit Du angeredet. Konnt ick aber nich bei ihr machen, weil ick hab gemerkt, da komm ich in ganz komische … emotionale Kisten rein, wo ick dann gedacht hab: „Ja, die is nich deine Mutter! Die hat zwar so 'n mütterlichen Typ, aber trotzdem isse ja deine Chefin", dass ick die Distanz dann nicht mehr so wahren konnte. Deshalb hab ich sie dann immer gesiezt, und dann war's für mich erstmal egal, ob sie mich dann geduzt hat oder nicht. Aber ick musste diese Distanz da irgendwie wahren.
Naja, ick weeß ooch nich, wie ick da an mir gearbeitet hab. Hab einfach eben meine Arbeit gemacht, und im Laufe der Zeit, wo man merkt, dass man von andern Anerkennung kriegt, dass man sich dann eben so verändert von sich aus. Ick weeß gar nich, ob ick da so an mir so wirklich jearbeitet hab. Hab mir det immer anjehört,

wat se mir erzählt ham, … naja. … und versucht, dann halt für mich
dat Beste daraus zu machen.
Wenn ich von manchen immer höre: „Du musst jeden Tag lächeln!"
dann ist bei mir irgendwie so 'n Widerstand in mir drinne: „Nee! Ich   *Authentizität*
muss nicht jeden Tag lächeln." Ick sage dann, det is keene richtige
Art, das is ja dann wie so 'n Zwang. Det soll ja ooch nich sein. Ick
hab für mich gemerkt, Veränderungen die kommen ja nich einfach
nur, weil man det von außen eben sagt, sondern da kriegt man von
innen irgendwie so 'n Impuls. Und *dann* isset ooch richtig für einen. Ansonsten isset ja nich richtig, da isset immer nur von außen.

Meinst du, es muss authentisch sein?
Ja… ach stimmt ja! Alles andere fühlt sich für mich sonst nicht
richtig an.

Spürst du auch bei anderen, ob sie authentisch sind oder nicht?
Mhh … manchmal, nicht immer. Ich sehe … halt viel an Gesich-
tern. Dann kriegst du Gefühlsstimmungen mit, wie die sein könnten. Wenn ich nachfrage, ist es oft so, dass es dann auch stimmt.
Und ick hör auch viel auf die Worte, die gesagt werden. Ich bin jemand, der, wenn er jetzt neue Menschen kennen lernt, nicht gleich
von Anfang an sagt, jetzt kennt er den Menschen. Det geht für mich
gar nich, weil der Mensch kann mir am Anfang sonst wat erzählen, und man lernt Menschen erst im Laufe der Zeit kennen, auch
über seine Taten und Handlungen. Und da hab ick für mich schon
festgestellt, sind Worte manchmal genau det Gegenteil von den
Handlungen, so dass man sich eben ooch nicht immer auf Worte
verlassen kann. Man muss den Menschen eine längere Zeit begleiten, um dann mitzukriegen, wat jetzt schief läuft oder so. Ansonsten hab ick mich da teilweise schon richtig in Nesseln gesetzt. Da
sind mir Sachen passiert wo ick dachte: „Oh, oh!"

Zum Beispiel?
Naja, das letzte Beispiel war, … ich bin mit jemand zusammen ge-   *Authentizität*
kommen, in den hatte ich mich jetzt richtig verliebt. Und der war   *in der Liebe*
für mich auch die große Liebe, und er hat am Anfang gesagt, dass
er eben gerne Kinder haben will, so dass ich mir jetzt auch nie so
Gedanken gemacht hatte um Verhütung, weil der Wunsch bei mir
war ja auch da. Und als es dann so weit war, dass ich schwanger
war, dann war dieser Mann uff eemal völlig anders. … Ja, da hab
ich dann erstmal gemerkt, dass der ganz anders getickt hat, dass
der eigentlich gar keine Kinder wollte. Aber eben nur der Frau zu-

liebe, vielleicht um die ins Bett zu kriegen. Ich weiß es halt nicht, was jetzt der Grund war. War ick dann ganz schön enttäuscht so.

Wie bist du damit umgegangen?

Grenzziehung

Ick hab ihn dann einfach noch mal gefragt, wat er jetzt eigentlich will, und als er gesagt hat, wat er will, dann hab ick gesagt: „Nee! Det kann ick aber nich machen." Hab ihm dann meine Grenze gezeigt und gesagt: „Det is jetzt so wie es is. Ick bin ooch nich mehr so jung für 'ne zweete Chance, ick krieg det jetzt und det is meine Entscheidung! Wenn dir det nich passt ..." hab ick immer gesagt „... hättste vorher druff achten müssen. Du kannst ja nich allet haben. Wenn du jetzt genau weeßt, dass du von der Frau keen Kind willst, dann musste selber dafür sorgen, dass auch keens kommt. Und nicht dann der Frau det alles überlassen und dann am Ende *äfft nach* „Ja, aber ich will jetzt nicht und jetzt soll's abgetrieben werden", und so, und nüsch is hier!" Hab ich da richtig für mich gemerkt: Nee! Det is jetzt det, wat ick will und jetzt mach ick ooch mal, wat *ick* will.

Abgrenzung

Weil ick bin jemand, der den anderen ooch viel Raum lässt, aber dann oftmals nicht die Grenzen ziehen kann, so dass für mich dann wieder Raum ist. Weil die werden dann immer größer, und ick werd immer kleiner. ... Det ... is auch 'n ganz schöner Prozess, da immer wieder zu gucken, wo ist denn überhaupt meine Grenze. Manchmal denk ick, ick bin tolerant, aber ... vielleicht hat det gar nix mit Toleranz zu tun, sondern is einfach ..., dass ich gar nicht meine Grenzen kenne oder meine Bedürfnisse kenne und deshalb dann wie übertolerant wirke, dass die anderen dann denken „Och, mit der können se's machen."

Bist du schon dabei, deine Bedürfnisse zu entdecken?

Eigene Bedürfnisse wahrnehmen

Na, ick bin da schon dabei. Sonst würde mir nicht auffallen, dass ich in manchen Berufen eben nich mehr weiter machen kann. ... Ick hab zum Beispiel aufgehört, im Callcenter zu arbeiten, in Irland, nach zehn Monaten. Mein Körper hat mir eindeutig signalisiert – ick hatte eine Sehnenscheidenentzündung von dieser permanenten Maus – wo meine Grenzen sind. Und ick habe bisher immer auf meinen Körper gehört, ... det gibt immer so kleine Hinweise. Ick hab gedacht, ick hör lieber auf diese kleinen Hinweise, bevor dann nachher diese großen dicken fetten kommen, wie Krankheiten oder weeß ick nich.

Stimmungen wahrnehmen

Ick hab dann auch gemerkt, ick hab dann auch gar nicht mehr gerne telefoniert. Det war 'ne Hotline und die haben angerufen, wenn da irgendwas mit dem Kopierer nicht gestimmt hat, so 'ne Service-Hotline. Das war ja noch okay. Obwohl man natürlich auch am Telefon ganz ungewollt …, also ganz gewaltig die Stimme immer mitbekommt, so am Ohr. Ich denke immer: „Das ist ja faszinierend, der Mensch ist gar nicht da und trotzdem nimmst du det immer so auf, die ganze Stimmung." Und ich hab die Leute ja dann ooch wieder beruhigt, weil die brüllen dich da an und so.

Was mich dann da wieder entschädigt hat, war det grüne Land und die Natur selber. Wir haben da auch viel unternommen, Wochenende verreist. Det war dann so 'ne Art Ausgleich und die Entschädigung, wat eben auf Arbeit so war. Nachdem et aber nicht richtig besser wurde, hab ick eben nach zehn Monaten gekündigt. … Det war ein richtig juuet Gefühl für mich, endlich mal *von mir aus* zu kündigen. Ich hatte bisher immer nur befristete Verhältnisse, so dass det sowieso ausgelaufen ist. Und jetzt hatte ick 'n unbefristet und durfte mal 'ne Kündigung schreiben! *freut sich* Ja, ick dacht, ick halt's hier nicht mehr aus, von der Arbeit her. Und siehe da, danach ging's dann auch gleich viel besser. Da hab ick mich erstmal geschont wieder, und regeneriert und so. Hab mir dann auch Massage verpassen lassen da. Bisschen Geld hatt ick noch, um in Irland zu bleiben für drei Monate.

Ick hatte meine Wohnung untervermietet für det eine Jahr, so dass ick jetzt dann wieder zurück nach Berlin gegangen bin. Da hab ick mich dann noch mal ordentlich untersuchen lassen, mit der Hand. Die haben ooch gesagt, det ist einfach Überforderung.

So wie du eben gestrahlt hast, scheint es dir gut getan zu haben, selber die Grenze zu setzen, bzw. selber für deine Bedürfnisse einzutreten?!

Mhm … ja, ick hab det in der Kindheit irgendwie noch nich so richtig gelernt, oder nicht beigebracht gekriegt. So dass man sich det jetzt so nach und nach, wo man jetzt schon so alt ist oder nicht mehr jung ist, sich det selber beibringen muss. Ick merke ja immer, dass det ansonsten nich juut tut.

Wie kann ich mir denn den Umgang Zuhause bei dir in der Kindheit vorstellen?

Kindheit? … … … … Also ich weiß gar nicht mehr, vieles hab ich vielleicht auch verdrängt oder so. …. Na, teilweise bin ich dann halt auch zum Rauchen gewesen, hab mich auch rumgetrieben zeitweilig. Was ich immer gemerkt hab, ich hab mich sehr alleingelassen gefühlt. Meine Eltern waren immer ewig lange arbeiten und ab 'ner

Auftanken in der Natur

Grenzziehung

Kindheit

bestimmten Zeit gab's eben kein Hort mehr. Und dann war ich zu
Hause. ... Das hab ich bei meinem Cousin gesehen, da war dann
immer die Oma noch da. Ich war sozusagen wie so 'n Schlüsselkind. 'Ne zeitlang hab ich dann immer meine Schwester alleine früh
morgens in den Kindergarten gebracht, die is ja anderthalb Jahre
jünger. ... Ich hatte auch schon früh, glaub ich, Verantwortung. Mit
dem Schlüssel, da hat mein Vater extra det Schloss ausgetauscht,
damit ick damit klar komme. Ja also, ich weiß gar nicht. Irgendwie
bin ich immer so ... so nebenbei mitgelaufen.

Ich war auch meinem Vater gegenüber ziemlich rebellisch immer.
Weil, andere hat er unterstützt und für sie gearbeitet, und bei mir
hat er gesagt, ick muss selbstständig sein und mich hat er nich
einmal unterstützt. Wenn ick dann mein eigenen Kopf so durchge-
setzt hatte, dann war ihm det ooch wieder nich recht, ja! Stand ick
dann ooch öfter da: „Ja, wat willste jetzt eigentlich!? Willste jetzt,
dass ich selbstständig bin? Und wenn ich dann selbstständig bin,
dann willste's auch wieder nich'!?" So irgendwie, so durcheinander dann. *kichert

Und dann hab ich mich entschieden „Na, dann geh ich wieder nach
Wismar, die haben da bestimmt auch Themen für mich." Damit war
er ja überhaupt nicht einverstanden: „Ja! Ick hätte dir helfen können!" Ich sage: „Wie hätt'st mir helfen können!? Hast mir noch nie
geholfen!" So. Da bin ich wieder runtergezogen und hab ick mich
eben durchgeboxt. Ich hab zwar dann mit 'ner Drei abgeschlossen,
aber das war für mich okay. Hauptsache ick war endlich weg. Ich
weiß noch, ich hab die janze Woche immer janz viel in Wismar jemacht für die Arbeit, und dann am Wochenende meine Schwester
– zu der Zeit hat sie in Dresden studiert – bin ick zu ihr nach Dresden und hab bisschen relaxt und Kultur genossen, um wieder 'n
bisschen abzuschalten. Und dann am Montag wieder mit neuem
Tatendrang da weiterzumachen. So ging et dann auch.

**Offensichtlich war das so, dass du früher gut irgendetwas ar-
beiten konntest, was dir nicht hundertprozentig lag und dich
dann in den Pausen oder am Wochenende zu regenerieren.
Kannst du das heute auch noch so in der Form?**

Ich hab manchmal das Gefühl, dass es nicht mehr so geht. Weil ich
kämpfe momentan mit 'ner richtigen Müdigkeit. Jetzt weiß ich nich
ob's daran liegt, dass immer so wenig Sonne war die letzte Zeit,
aber ich hab manchmal das Gefühl, als ob irgendwas an mir zieht
und mich völlig erschöpft. Vielleicht ist auch wieder die Arbeit, die
ick jetzt gerade mache, dass die mich so erschöpft. Ick weeß es

Weg von Zuhause

Erschöpfung

nicht. Momentan hab ick nich so det Gefühl, dass ich mich wirklich so regenerieren kann an den Wochenenden. … Nee, momentan irgendwie nich so. Weil sonst würd ick mich nich immer so müde fühlen. … Meine Mutter sagt dann immer, es liegt am Alter oder so.

Deine Mutter sagt das?
Ja! *lacht* Hab gesagt, es kann doch nich allet am Alter liegen, dass man sich nicht mehr so regenerieren kann!
Die Zeit ist irgendwie für mich so …, wat wir jetzt so durchma-chen, also det mit diesem so schnellen Mitgehen, dieset Schnelle Schnelle Schnelle! Det is, wat mich da immer wieder vollkommen überfordert. Und dann dieset tough tough tough sein! Ohhh, ick hab immer wieder Probleme, wenn die alle so tough tough tough sind. „Woah du musst doch mitkommen!" Ick merke immer, äh …, ick kann da nich mitziehen! Det geht nich! Da haben die anderen aber keen Verständnis für sowat. Weil ick gesagt hab: „Nee, ick kann da nich mitziehen!" Wozu auch? Wozu soll ick ständig aktiv sein!? *kichert* Ick brauch auch meine Phasen zwischendurch, … vielleicht brauch ick jetzt mehr die Phasen, wo man mal inne hält!? Ick weeß et nich. Irgendwie hat sich det so 'n bisschen geändert. Zumal ick auch gar nich mehr so … 'ne richtige Vision habe, wie es vielleicht mal anders sein könnte.

Schnell-lebigkeit

Die hast du nicht?
Im Moment nich so richtig, nee. Det einzige, was ich so als Vision habe, wär das bedingungslose Grundeinkommen, dass sich das durchsetzen würde. Weil ich das so als Alternative sehe, um über-haupt mal wieder andere Verhältnisse zu schaffen. Eben so 'ne Art Basis, dass sich die Leute selber auch wieder erholen können. Denn ich seh ja jetzt so viel in meiner Gegend, … wie die Menschen ei-gentlich leiden und det aber selber vielleicht nicht zugeben. So die-ses Mitmenschliche, finde ich, det hat ganz schön nachgelassen, also so untereinander. … Ich weiß nicht, ob's jetzt immer schlim-mer …, also immer stärker wird, aber von Gefühl her …. weeß ick ooch nich, wat man da machen kann.

Vision

Fehlende Mit-menschlichkeit

Woran bemerkst du denn, dass es schlimmer wird?
Naja, dass dieset Materielle und diese Schönheit so im Vordergrund stehen, dass Leute für tausende von Euros unbedingt an ihrem Kör-per noch wat verändern müssen und das nich so hinnehmen, wie et halt Gott gegeben is. Oder so diese ganzen Modelshows, die-se Castings, dass Musik gar nicht mehr der Musik willen gemacht

Materialismus

wird, weil man einfach Freude daran hat, sondern über so 'ne blöden Castings. Das ist doch… das ist doch… weeß ick nich, unnor-
mal oder? Also ick mach Musik, weil et einfach Spaß macht, weil
ick gemerkt hab, Musik läd mich auf.

Auftanken

Hab ick zum ersten Mal gemerkt, als ick letztes Jahr auf Menorca
war, 'ne Freundin zwei Wochen lang da besucht hab. Ick hab mein
Instrument mitjenommen, obwohl ick's erst nich wollte. Aber da hab
ick dann zum ersten mal gemerkt, als ick dort auf diesem Boden
stand und gespielt hab, da ist auf einmal 'ne Energie von hier unten von den Füßen bis hier hoch gegangen, dass allet vibriert hat.
Vom Spielen alleene hab ick mich selber in Schwingung versetzt!
Da hab ick det zum ersten mal erlebt und dachte „Wow, det fühlt
sich ja juut an!" *lacht* Dann haben mir die anderen auch gesagt,
det hat sich so anjehört, als ob du im Fluss warst. Naja, war dann
eben auch im Fluss. Und da hab ick gemerkt, ja, det is auch 'n Leben, des is da ganz ruhig bei ihr. Im Sommer hat se 'n bisschen
mehr Stress, weil da halt mehr Touristen sind, aber als wir im Oktober da waren, waren da menschenleere Stände. Ja, man konnte
sich richtig erholen. An nüscht denken, Arbeit war weit weg und da
hab ick richtig gemerkt, det hat mich uffgebaut so. … …

Passender
Wohnort

Und dann hab ick überlegt und für mich dann so festgestellt, dass
Berlin nicht mehr meine Stadt ist. Aber dann die Energie aufzubringen, die Veränderung einzuleiten, das ist nicht so einfach. Ick verdiene zwar mein Geld, aber es reicht nicht, so dass ich immer noch vom
Jobcenter abhänge. Das heißt, ich muss gucken wat die mir für Wohnungen genehmigen. Das is allet so 'ne Abhängigkeit, so dass man
irgendwie nich so frei entscheiden kann. Und von dem Geld, wat ich
so selber verdiene, naja, da kann ick mir nich so 'ne neue Wohnung
leisten. Momentan ist die Wohnung, die ick habe, eben sehr preis-
wert, aber auch ohne Komfort, also mit Kohleofen und sowat allet.
Ja, und ick merk eben auch so im Laufe der Zeit, dass ich ooch
kälteempfindlicher werde. Die Kälte, die da manchmal so ist, ahhh
… die geht durch Mark und Bein! Det spür ick so im ganzen Körper. … Wo ich jetzt arbeite is das ganze Gegenteil. Ich arbeite in
so 'nem Pflegeheim, das is völlig überheizt da allet, weil die alten
Leute eben ooch öfter frieren.

Arbeitest du da als Pflegerin?
Nee!!! Det hab ick mir schon im Praktikum gemerkt: „Nee!" hab ick
gesagt, det möchte ick nich, als Betreuung. Ich sing mit denen, lese denen wat vor, geh mit denen spazieren. Eigentlich ist die Arbeit
schön, und die is auch sinnvoll. Wat mich da immer so 'n bisschen

mitnimmt, is dieset ... Seelische da zu sehen. Diese Vergänglich-
keit immer wieder zu sehen. Dann sind wieder welche da und man
merkt auch, wie die sich verändern, wie dann teilweise 'ne Kommunikation nicht mehr möglich ist, nur noch über ... angucken oder
... Vor allen Dingen man muss auch sein Kommunikationsverhal-
ten ändern, dass man seine Fragen runterreduzieren muss auf
Ja-/Nein-Fragen, dass die so antworten können. Das ist teilweise
auch ganz schön anstrengend. Oder dass man eben nur noch auf
nonverbaler Ebene kommunizieren kann. Da muss man eben gucken, wenn man da irgendwat macht, sie anfasst oder so, wie sie
darauf reagieren. ...

Ja, da hab ick ooch gemerkt, die Art wie ick mit den Leuten umgehe, ... dass det ooch nich immer juut gesehen wird. Oder belä-
chelt wird, oder manchmal sind die Leute zynisch: „Hach! Musste
anfassen, Händchen halten!" oder so. Ich denke immer: „Mann ey!"
Wenn die sich mal in die Situation begeben würden, in denen die
Alten jetzt sind! Ick stell mir immer vor, ick verlier mein Verstand,
weil det isset ja! Die verlieren den Verstand und wissen nich mehr,
wat wat is. Wat da übrig bleibt, das ist ja nur noch Angst! Und so
geh ick immer davon aus, dass die Leute eben immer ganz ganz
viel Angst haben. Und wenn man ihnen mal die Hand hält, oder sie
einfach anfasst, dass damit irgendwie ein bisschen Sicherheit vermittelt wird. Weil auf meine Worte können se nich mehr reagieren.
Det verstehen sie nich mehr.

Empathie
im Pflegeheim

Und wie reagieren sie auf deinen Körperkontakt?
Och, die lächeln mich an und hören dann teilweise auf, wenn manche: „Hilfe Hilfe!" schreien. Wenn ick denen dann Zuwendung gebe,
mit denen rede und ooch mal die Hand halte oder manchmal ooch
die Schultern massiere, wat ick dann so mache, dann beruhigen
die sich auch wieder und schreien nicht mehr. Oder die eine, die
tanzt dann halt gerne. Allet andere hat se fast vergessen, aber bewegen kann se sich immer noch. Sie kommt immer an, dann mach
ick wat vor und dann tanzt se da mit und freut sich, ja. Mit vielen
Sachen kann man denen halt wat machen, ... des verstehen die
sowieso nich mehr! Ich denke mir immer: Die müssen sich doch
nicht an uns anpassen, sondern wir an sie! Det machen viele nich.

**Du hast vorhin ein Wort genannt, du sagtest „sinnvoll" bei die-
ser Arbeit. Wie ist es denn überhaupt so mit der Sinnhaftigkeit
im Leben? Ist das etwas, was für dich wichtig ist?**
Is schon wichtig.

Sinnhaftigkeit

Wie äußert sich das?

… Naja, … ich weiß nicht. Kann man Sinn mit Gewissen in Einklang bringen oder ist das noch mal was anderes? Ich hab zum
Beispiel auch, als ich von Irland zurück kam und dann ewig keine
Arbeit gefunden hatte, mal wieder daran gedacht, Call-Centertätig-
keit aufzunehmen. Da hab ich natürlich gewusst, dass es in Berlin
genug schwarze Schafe gibt, so dass ich dachte „Nee, da will ick
nicht erst reinfallen." Hab dann 'n Artikel gelesen von so 'ner Call-
Centerakademie, und hab mich dann da beworben. Die haben 'n
Assessment gemacht mit den Leuten und ham dann gesiebt, wen
se da jetzt nehmen. Da hat man eben auch noch mal 'ne Fortbildung gekriegt, also so Verkauf von Sachen. Das hatte ich vorher
auch noch nicht gemacht. Mir war das dann auch schon wichtig,
dass et auch 'ne sinnvolle Arbeit is und nich jetzt einfach irgendwas. Da hab ick dann gemerkt – ich bin dann bei 'ner Firma unter-
gekommen, um Zusatzversicherung zu verkaufen, zum Beispiel
für Zähne oder Brille –, und mir war immer besonders wichtig, die
Leute auch ordentlich zu beraten. Wenn die gesagt haben: „Ja, is
okay", dann mach ich dette. Ist es nich okay, dann mach ich det
nich. Und da hab ick gemerkt, dat die Callcenter-Leute det nicht so
wollten. Man sollte denen nicht mit 'nem Sachverstand kommen,
sondern auf der Beziehungsebene und mit dem Bauchgefühl! …
Ick bin halt nich so richtig … in diese Beziehungsebene reingekommen. Und am Ende hab ick dann gemerkt, viele von den anderen
haben aber ooch Stornierungen gehabt, weil die Bewohner oder die
Leute gemerkt haben: „Ähm, wat war'n det jetzt grade?" Da hat der
Verstand später eingesetzt und die ham später noch storniert. Ich
hab dann gesagt: „Na, davon hab ick dann ooch nüsch jewonnen!"
Lernen durch Ick hab so die Erfahrung gemacht, erst wenn se in 'n Brunnen ge-
Schmerz fallen sind, wenn irgendwat passiert is, dann lernen se erst und
dann machen se's anders. Vorher: „Ah, passiert mir doch nüscht!
Warum soll ich denn da ausrutschen auf'm Kern?!" Ick hab die Er-
fahrung gemacht, die Menschen lernen viel erst durch Schmerzen.
Und manche ooch nich, die machen immer wieder det Selbe. *lacht*

Wie ist das bei dir?

Na ja, … mit Schmerz ist ooch schon verbunden zu lernen. Und
manchmal mach ich halt ooch Fehler, ja. Aber ick denke mir immer: „Na ja, wer weiß wozu det dann juut war, dass ick den Fehler mehrmals machen musste?! Vielleicht hab ick 'ne andere Seite
nich gesehen oder keine Ahnung." …. … Weil, wir sind ja auch nur
soweit, … wie unser jetziges Verständnis is und soweit könn wir

uns auch nur weiter entwickeln. Bei mir is, ick muss immer vieles
verstehen können, sonst hab ick daraus nüscht lernen können, so
dieser Aha-Effekt.
Dann hat 'n Lernprozess eingesetzt und dann könnt' ick ooch manches anders machen. Aber wenn ick et nich verstanden hab, dann
mach ick den Fehler halt immer wieder.
Bei vielen Sachen, die mir so passieren, oder auch Gesprächen,
frag ich mich hinterher, – weil ick merke, det is emotionsgeladen   *Reflektion*
–, wat da jetzt jewesen is, und warum det jetzt uff eenmal dann so
– wie sagt man da? –, so sich hochgespult hat? Da mach ich mir
Gedanken hinterher: „Was war jetzt da der Auslöser?" oder so was.
Weil ick merke, dann is bei mir irgendwie so 'n Knöpfchen gedrückt,
wo ich nicht in meiner Ruhe bin und sagen kann, det is eigentlich
dem andern seins. Sondern ich lass mich da mit rinnziehen. Und
solche Muster hab ich da schon festgestellt. Obwohl et mit mir eigentlich weniger zu tun hat.

**Bedeutet das, du bekommst die Stimmung der andern mit und
lässt dich davon vereinnahmen?**
Ja! Det merk ick ooch bei den Bewohnern. Wenn die so schläfrig
sind, dann könnt ick bald mitschlafen. *lacht* Dann sag ick immer: *Stimmungen*
„Bei dem kalten Wetter muss man einfach schlafen." *kichert*   *anderer*
Ick muss mich da janz schön abgrenzen, aber det gelingt mir ooch   *wahrnehmen/*
nich immer. Vielleicht is det, weil ick schon so lange da arbeite, jetzt   *übernehmen*
fast schon 'n Jahr, oder es gibt noch andere Gründe, keene Ahnung.

**Kennst du das aus deiner Kindheit, dass dich die Stimmung
anderer Menschen sehr vereinnahmt haben?**
… Ick hab se immer schon gespürt, ja. .. Ich weiß nich so richtig
mit Kindheitserinnerungen, wie ich mich da so gefühlt hab. Eher
so, dass ich mich halt so alleene gelassen gefühlt hab. Aber …
die Stimmung, kann ick jetzt gar nich so sagen. Ick weeß nur von
später, dass dann da eben Stimmung waren, die einen schon beeinflusst haben. …

Du hast vorhin mal das Wort Vision verwendet. Hast du Visionen?
Mhhhhhnee … nicht so richtig. Dat einzige, wovon ick manchmal
träume, ist aus der Stadt rauszuziehen. Also, dass ich halt nicht mehr   *Leben*
in der Stadt leben will, sondern da wo meine Eltern zum Beispiel   *in der Natur*
wohnen, in so 'n Reihenhaus. Da kann man schön entspannen. Ick
bin da auch im Sommer immer sehr gerne am Wochenende. Auch
wenn meine Eltern von der Stimmung her nicht mehr so toll drauf

sind. Aber da das draußen in der Natur ist und so, … ist det schon
okay da. Da haste gleich die Sonne vor der Nase, kannst viel öfter
rausgehen, als wenn du in Berlin bist.

Körperwahr-
nehmungen

Ich verkriech mich manchmal in Berlin richtig, weil mir det dann allet zu viel da draußen ist. *kichert* Ich merk manchmal, wenn ich
so bei Konzerten bin, wie ick hinterher immer noch so uffgeregt bin
und sich innerlich so alles bewegt, obwohl die Musik schon längst
vorbei ist. Da merk ick halt, wie ick, wie so mein Körper uff Musik
reagiert, also die Schwingung der Musik. Oder dass ich manchmal
uff 'ner Bank sitze und merke, das die Bank schwingt. Und eene,
die da mit uff der Bank saß, die hat davon nüscht mitgekriegt. Hab'
ick gedacht: „Mensch! Det muss die U-Bahn sein!" Da hab ick die
Schwingung unten von der U-Bahn uff dieser Bank gespürt. Ick weeß
nich, det krieg ich halt bei vielen Sachen mit. Und dadurch, dass
ick jetzt wirklich schon 'ne ganze Weile mache, krieg ick auch viel
viel mehr mit meinem Körper mit. Manchmal, wenn ick wat esse,

Feine
Schwingungen
wahrnehmen

uff eenmal geht et da im Körper los, dass et anfängt zu schwingen.
Dat hab ick bei Schüsslersalzen gemerkt: „Mann, wat is denn det
jetzt hier!?!", so jede Zelle, als ob die Zellen wat aufnehmen. So
kommt mir det halt vor, anders wüsst ick det nich zu beschreiben.
Oder bei Homöopathie, die wirkt natürlich auch ganz schön. Muss
ich ooch immer uffpassen. Ich mag sowieso kaum Tabletten, und
dadurch dass ich Reiki mache, … wenn ick z. B. Kopfschmerzen
hab, ick leg mir immer die Hände uff und nach 'ner Weile is det allet wieder weg.

Heißt das, du verträgst Tabletten nicht?

Na, das sind immer gleich so Hammer-DInger. Also ick hatte mal

Unverträglich-
keit von
Medikamenten

'ne Erkältung verschleppt und dann hab ick's mit den Bronchien
gekriegt und gleich Sinusiltis. Und da jing's mir jar nich juut. Und
dann ham se mir Antibiotika gegeben und uff einmal war allet weg.
Aber ick konnte weder abhusten, noch abschnippen. Da ging gar
nix mehr. Diese Symptome, dass et mir schlecht ging, war weg,
aber ick konnte die Krankheit auch nich wirklich ausliegen oder …,
ja ausleben. Seitdem hatte ich immer wieder so schnell wat mit den
Bronchien gekriegt. Und dann hab ick mal irgendwann gesagt, ick
nehm jetzt keine – zweemal hab ick det jemacht mit Antibiotikum
–, beim dritten mal hab ick abgebrochen, hab gesagt, det bringt
hier überhaupt nüscht. Det hilft ja nich, wenn ich da ständig krank
werde mit den Bronchien, dann helfen die Dinger überhaupt nicht.
Dann hab ick det lieber mit Inhalieren und det allet gemacht. Det
hilft viel mehr! Oder hier die Hände ufflegen, 'ne.

Hast du eigentlich das Gefühl dich anpassen zu müssen?
Manchmal schon. Aber ick merke ja, dass ick mir damit selber scha- *Anpassung*
de. Was eben nicht so einfach ist, wenn man so, wie ick eben, sein
Platz finden will. Das is nich so einfach. Und dadurch, dass die anderen so det spüren, dass ick etwas unsicherer bin, weil ick halt noch
nich so meinen Platz gefunden habe, dann versuchen die natürlich
einen immer auf ihre Seite zu kriegen. Für det und für det und det
musste machen und det is wichtig. Keene Ahnung, ob det wirklich
wichtig is. Und wenn ick: „Wieso is det denn wichtig? Für mich is
det nich so wichtig." – „Jaaa, det is wichtig!" Ja, aber für mich is
det nich wichtig. Da hab ick immer schon von so vielen Seiten irgendwat gehört, das bringt mich dann auch wieder durcheinander.

**Du bringst mich gerade drauf auf das Stichwort „Grübeln".
Bist du jemand, der die Dinge intensiv und lange verarbeitet,
drüber nachdenkt?**
Mhh … ja, würd' ick schon sagen. Manchmal isset ooch Phantasie,
da weeß ick gar nich ob det wirklich stimmt. Ich hab sehr viel Phan- *Grübelei*
tasie. Und manchmal is et so, dass ich mich dann nicht traue nach-
zufragen, ob det dann wirklich so stimmt, und dann bleib ick eben in
meiner Phantasie. Na ja, det is dann ooch nich immer gut, glaub ick.

**Meinst du damit, in deinem inneren hast du eine Empfindung
oder eine Vorstellung und du weißt aber nicht, ob die bei deinem Gegenüber auch so ist?**
Ja. Da ist die Arbeit mit den Bewohnern vielleicht gar nicht so schlecht,
weil da muss ich ja dann nachfragen: „Sind Sie denn traurig?" Das
is wie so 'n Lernprozess. Wenn man das bei den Bewohnern lernt,
kann man das ja auch in seinem privaten Leben anwenden.

**Ich komme mal zum Thema Freunde. Bist du ein Kind gewesen,
das Freunde hatte? Viele, wenige, wichtige, wie war das bei dir?**
Also viele nicht, als Kind jedenfalls nicht. Weniger, aber die hatten
sich dann auch wieder abgewendet. Es kam immer drauf an, was *Freunde*
man so unter Freunde versteht.

Was verstehst du denn darunter?
Freunde sind eigentlich für mich Leute, mit denen man auch über
längere Zeit, also jetzt nicht nur 'n Jahr oder so, sondern länger-
fristig Kontakt hat. Und da muss es nicht immer so sein, dass man
die nun ständig trifft. Manchmal reicht's auch einmal im Jahr, aber

man weiß, man kann sich immer wieder unterhalten. Und da hab ich jetzt eigentlich 'n paar. Bekannte hab ich auch 'ne Menge. …
Aber ich hab irgendwie gemerkt, man kann det immer allet gar nich so pflegen, also immer den Kontakt halten. Bei so vielen Sachen oder Kurse, die ick schon mitjemacht habe, sind ja immer wieder ooch Bekannte hängen geblieben, wo man sich dann noch versteht. Aber allet immer dann zu pflegen, … det schaff ick dann gar nich. Dadurch gehen dann natürlich auch Kontakte verloren. …
Aber ick hab ooch Leute, die kenn ick schon über zehn Jahre. Da hab ick 'ne Menge, die ick schon länger kenne. Mit denen hab ick so einijet miterlebt, … Ja.. …

Hast du auch Freunde, die dich relativ regelmäßig im Alltag begleiten?

Innere
Veränderung
und Freunde

… … Joah, .. kann ick schon sagen. Aber ick merke eben auch, dadurch, dass ick jetzt anfange meine Bedürfnisse zu erkennen, oder auch meine Grenzen zu ziehen, also mehr mich selber zu beachten, merke ick natürlich auch, wie ick mit anderen Menschen öfter mal anecke oder auf Konfrontationskurs gehe. Da muss ick dann manchmal schon überlegen, ob ick dann noch Kontakt will oder ob ick nich mehr will. Weil die dann so 'ne Ansichten haben, wo ick sage, … da kann ich nich mehr mitgehen. Und die mir so richtig ooch nüscht mehr bringen. Ick merk so langsam, dass … ich mich von manchen auch wieder verabschieden muss.

Schweren Herzens?

… Nö, nicht mit schweren Herzen, das ist dann einfach okay. Ick muss mich nicht von Leuten belächeln lassen dafür, dass ick 'ne spirituelle Ansicht habe und andere eben nicht.

Wie äußert sich deine spirituelle Haltung?

Spiritualität

Na dadurch, dass ich Reiki mache, bin ich für einige ja schon spirituell. Ick kenne jemand, der is so 'n typischer Atheist und der glaubt an gar nix. Also der glaubt nicht mal, dass in seinem Körper Energie is, das gäb's gar nicht. Ich hab dann keene Chakren, ich hab keene Energie, ich hab … naja, was hast'n dann? Aber der macht sich damit auch überhaupt keine Gedanken!

Welchen Stellenwert hat Spiritualität in deinem Leben?

… Mmmhh … naja, also für mich, … ich gloob zwar jetzt nich an den Gott da im Himmel, der da über allet wacht oder so. … Det nich, aber ich gloobe schon, dass alles, was hier auf der Erde passiert, die Entwicklung der Menschheit, nach 'nem bestimmten Plan läuft. Dass da 'ne Idee war. Und deshalb denke ich auch, dass alles, was auf der Welt auch gerade passiert, dass et auch seine Ordnung hat, dass et auch so sein muss, um ... um wieder zu 'nem Besseren zu führen. Wie heißt es so oft: Am Anfang is das Chaos und danach wird wieder 'ne gewisse Ordnung hergestellt. Ich denke, dass dieses ganze Durcheinander, was wir haben, schon den Sinn hat, wieder 'ne andere Ordnung irgendwie herzustellen.

Für mich ist Gott nicht 'n Mann oder 'ne Person da oben, sondern die Energie, die im Universum ist. Denn es läuft ja alles nach Naturgesetzen, und die haben ja bestimme Voraussetzungen, Ursachen oder Konstanten, die da sein müssen. So funktioniert auch unser Körper als so ein System. Und Gott ist diese Energie einfach. Und die is in jedem drinne, in Steinen, in Tieren, überall. Denn nichts ist ja einfach fest, sondern is ja noch in Bewegung. Merkt man ja auch immer wieder in der Natur, wie die sich immer wieder fortbewegt so. Und der Mensch, der sich immer nicht bewegt. *kichert*

Ich danke dir für das Interview
Gerne.

Angaben aus dem Interview-Fragebogen zur Person:

Aufgewachsen:	bei beiden Eltern, erstes von 2 Kindern
War Bildung zu Hause wichtig?:	ja
Ausbildung:	Ingenieur für Informatik
Beruf:	Betreuungsassistentin; angestellt, kreativ, sozial
Familienstand:	ledig
Einige Merkmale:	**Kind:** neige zu Wutanfällen; lebe in meiner eigenen Phantasiewelt; nehme Stimmungen und Emotionen anderer auf; habe guten Zugang zur Natur; tue mich schwer mit Entscheidungen; versuche Probleme selbstständig zu lösen
	Erwachsene: leicht ablenkbar; laute Geräusche und grelles Licht stören mich; mag keinen Smalltalk; bin schnell erschöpft; habe wenig Selbstvertrauen; hektische Arbeitsatmo-

sphäre strengt mich an; leide unter Stimmungsschwankungen; denke viel über alles nach; Shopping strengt mich sehr an;

Hochbegabte: suche immer den besten Lösungsweg; mit klaren Regeln fühle ich mich wohl; frage viel; liebe intensive, lange Gespräche; habe Vorliebe für Rätsel- und Wissensspiele; kann mich gut konzentrieren und habe Ausdauer;

Katrin, 45 Jahre

*Wenn ich gesagt kriege „Sei nicht immer so sensibel",
dann möchte ich zurück geben „Sei nicht immer so unsensibel."*

Füllt den Merkmalsbogen aus …

„*Bin sehr still und zurückgezogen*" – das kommt mir bekannt vor. Und irgendwie hab ich jetzt im Nachhinein festgestellt, dass ich bestimmte Dinge mit 'ner Phantasiewelt kompensiert habe – was mir gefehlt hat an Aufmerksamkeit –, indem ich mir eine Person erschaffen hatte, die für mich da war. Fand ich erstmal merkwürdig irgendwie, konnt ich nichts mit anfangen, aber heute weiß ich, dass das eigentlich 'ne gute Lösung war, um zurechtzukommen.

Phantasiewelt

Wir waren vier Kinder, mein Vater war ziemlich häufig unterwegs als Berufskraftfahrer, meine Mutter war alleine mit uns, war dann auch später arbeiten und … Hat mir nicht gereicht an Zuwendung, obwohl sie alles gegeben hat. Hat ihre Hausarbeit nachts gemacht und hat sich für uns Zeit genommen, … aber irgendwie hat's nicht gereicht, weil man diese Aufmerksamkeit ja immer durch vier teilen musste. Ich hab ne Zwillingsschwester. … Joah. Das kommt mir sehr bekannt vor.

Kindheit

Wie hat denn die Außenwelt auf deinen Rückzug reagiert?
Na, war normal, weil ich hatte ja 'ne Zwillingsschwester, die das kompensiert hat. Die war so „Hah! Tata, da bin ich!". Sie ist das komplette Gegenteil. Wir haben zu Hause zusammen ein Zimmer gehabt, meine Schwester und ich. Wir sind zusammen in eine Klasse gegangen und wir haben fast in der selben Bank gesessen. Und das acht Jahre lang. … Da bin ick irgendwie wie so 'n Schatten meiner Schwester gewesen. Weil, sie war viel offener und eben so „Tata! Da bin ich!". … Ja, da fehlte mir immer was. … Oder wenn wir nach Hause kamen aus der Schule, hat sie erzählt, weil sie die Präsentere war. Dann hatt ick eben nüscht mehr zu erzählen, wir hatten ja im Grunde genommen das Selbe erlebt.

*Zwillings-
schwester*

Wärst du auch gerne so „Tata" gewesen?
Mhhh, … nö, ich glaub nicht. Weiß ich nicht. Ich hab viel kompensiert mit Malen. Ich hatte 'nen Hund, oder wir hatten 'nen Hund, der war dann so ziemlich meiner. Mit dem hab ich dann auch oft mein Leid geteilt. *lacht* … Scheinbar ängstlich. Ja, ängstlich, dass die Eltern weg gehen, dass die soziale Komponente wegbricht.

Gab es denn einen Anlass?

.... Ja, war irgendwie immer Ängste „Meine Mutter könnte ster-
Ängste ben!". .... Ja, 'ne Tante war gestorben als ich klein war. Die ist mit
dreiundzwanzig Jahren gestorben. Wo alle so – also, sie hatte 'nen
Herzfehler, und … es hat ja auch keiner mit uns geredet, so über
diesen Zusammenhang, was ist da jetzt wirklich passiert oder so.
Ich war vielleicht fünf oder sechs Jahre alt –, und da wurde immer
nur getuschelt, wenn die Kinder nicht dabei sind, aber man kriegt's
ja trotzdem mit. Und dann hatte ich so 'ne Fragen wie: „Wenn die
Fragen zum Tante jetzt begraben ist …" – das war meine Patentante, irgendwie
Tod hatte ick schon 'n Verhältnis zu ihr –, „… Was macht sie, wenn sie
träumt? Wem erzählt sie das?" oder „Sie friert doch jetzt auf dem
Friedhof", und all diese Fragen. Und damit stand man da, als Kind,
weil det ja ein Tabu-Thema war, durfte man nicht drüber fragen. Hat
mich schon traurig gemacht irgendwie. Da sind vielleicht auch die
Ängste draus erwachsen. „Mutti könnte ja auch irgendwann sterben, und dann bin ich ganz alleine!" Ja, waren viele viele Nächte
lang mit solchen Träumen gefüllt. …

Entscheidungs- „Tut sich schwer mit Entscheidungen" –, das schaff' ich bis heu-
schwierigkeiten te! *lacht*

Was ist das Problem dabei?

Immer eine Möglichkeit zu viel! Jaja. *beide lachen* Und immer
alles soo durchdacht: „Und wenn ich das mache, dann das, dann
das, dann das. Und wenn ich dann das mache, dann das und das
und das." Es wird immer soviel abgewogen, anstatt einfach nur mal
„Ja!" oder „Nein!" zu sagen. Ah! Diese Leichtigkeit wünsche ich mir.
Ich hab mit meiner Schwester so 'n ganz tolles Ritual gefunden:
Also, meine Schwester hat das ja auch mitgekriegt, dass ich mich
immer nicht entscheiden kann. Dann hat sie immer das genommen,
was sie *nicht* wollte, weil sie genau wusste, dass ich nachher mit
ihr tauschen will. Und auf die Art und Weise hat jeder gekriegt was
er wollte! *beide lachen* Meine Schwester war sehr klug.

Würdest du denn von ihr auch sagen, dass sie hochsensibel ist?

Mhhh, nee, würd' ick nich' denken.
Ich hab bei meinen Kindern mal geguckt. Also die auf alle Fälle! Vor
allen Dingen auch mein Sohn. Der ganz bestimmt. …

Mag keine „Mag sich nicht von Fremden anfassen lassen" – ja, ich war auch
Veränderungen mal so 'n Mutti-Kind. Bin auch nie ins Ferienlager gefahren.

Was heißt das?

Na, das war irgendwie wahrscheinlich so 'n, … so 'n bekanntes Umfeld zu Hause, in dem ich mich gut bewegen konnte und mich zurechtgefunden hab. Das war vertraut und … stabil … ja. … Andere Menschen, det is nich so mein Ding. *lacht*

Ist es, dass sie dich nicht interessieren, oder dass es Angst macht?

Andere Menschen verletzen! Das ist ein Satz, der sich bis heute so rausgebildet hat. Andere Menschen verletzen immer nur.

Also, ich bin jetzt dabei meine Autonomie zu erlernen. Jetzt! Und das gelingt mir schon ganz gut. Früher war ich total weit offen, weil ich immer blauäugig auf alle Menschen zuging, und in jedem das sehe, was ich auch in mir sehe. Ich würde immer gucken: „Okay, sind alle fertig? Ja, dann machen wir Feierabend." … Es sind aber nicht alle Menschen so. Ich lerne jetzt erst, da nur für mich zu sorgen. Erstmal für mich zu sorgen, soweit wie meine Aufgaben sind, wie meine Kräfte reichen. Und *dann*, wenn ich noch 'nen Überschuss habe, dann erst zu sagen: „Ja, wo ist noch was mitzuhelfen?" Ick hatte vor drei oder vier Wochen so 'n tolles Beispiel: Da hat mein Kollege gestöhnt, was er alles praktisch noch zu tun hat, und da hab ich gesagt: „Okay, ich hab' meine praktischen Arbeiten fertig, Schreibkram kann ich morgen machen, was kann ich helfen?" In dem Moment sagt er: „Oh, mach mal das und das." Ich übernehme seine Arbeit und als ich wieder reinkomme, seh ick, dass er sich wieder hinsetzt und seine Schreibarbeiten macht. Das war so ein klares Lehrbeispiel für mich. Dann hab ick das zu Hause mit meinem Partner besprochen und da sagt er: „Überleg doch mal, wann würde dein Kollege dir die Hilfe anbieten? Wenn er mit *allem* fertig ist, erst dann!"

Für sich selber sorgen und sagen „Jetzt ich!", da bin ick gerade dabei das mitzukriegen und wie wohl das tut! Wie gut das ist!

Man könnte ja auch sagen, es ist egoistisch!?

Nein. Hat mit egoistisch gar nichts zu tun, weil *ich* hab mir ja im Grunde genommen Stress gemacht. Die anderen machen ja auch nichts weiter wie ihre Arbeit. Jetzt organisiere ich meine hundert Prozent so, dass ich alles schaffe und erst danach mich anbiete und sage: „Jetzt habe ich Kapazitäten, jetzt stell ich die euch zur Verfügung." Aber nicht immer auf meine Kosten. Ich sehe ja, was die anderen derweil machen. Da werden dann private Telefongespräche geführt, da wird ins Internet gegangen, privat geguckt, und und

Gut für sich selbst sorgen

Egoismus oder gesunde Abgrenzung?

und. Und ich steh' da und mach' deren Arbeit. Wo ick dann immer unzufrieden nach Hause gegangen bin und gedacht hab „Spinnen die? Oder sehen die det nicht? Oder wat läuft hier überhaupt?" Ich hab mich über mich geärgert, dass ich nicht zu mir stehen konnte und sagen: „Nö, ich mach doch erst meins."

Wenn du jetzt dein Verhalten änderst, wie ist die Reaktion deiner Kollegen? Bekommen die das mit?
Ja. Die bekommen det sehr wohl mit, und das ist ein großes Wunder! *lacht* Aber das darf's sein. Also, dieser Prozess geht ja bei mir jetzt schon Jahre, ich hab' mich schon vor 'n paar Jahren auf den Weg gemacht. Es ist ja nicht so, dass ich irgendwen verletzen will oder sonst irgendwas. Diese Absicht hab ick nach wie vor nicht. Nur ich grenz mich einfach ab und so 'ne Dinge wie zum Beispiel: „Och, mach du mal, du hast so 'ne schöne Schrift!", … dann einfach zu sagen: „Ich hab jetzt keine Zeit dafür. Wenn du dir Mühe gibst, hast du genauso 'ne schöne Schrift." und die Leute dann einfach stehen lassen. Mit diesen Argumenten, mit denen man dann immer versucht mich zu kaufen, wo ich vielleicht Fähigkeiten habe oder so, möcht' ick nich mehr. Möcht ick allet nicht mehr. Ich möchte nicht mehr benutzt werden! Da grenz ich mich total ab und det tut richtig gut. Das is mal passiert, da kam so 'n *Nein* durch mich durch. Das hab ich nicht gedacht oder gesagt, sondern das war, als ob jemand durch mich durch gesprochen hat und hat „Nein!" ausgesprochen. Dann dacht ich „Hoh!! Hast du det jetzt gesagt!? Oh, jetzt musste ja dazu stehen." Das war das erste Nein, was mir begegnet ist, und das tat so gut! Das war echt schön, ja! Wie gesagt, es ist überhaupt nicht meine Absicht, dass ich auf Kosten der anderen irgendwas mache, sondern ich sorge jetzt einfach für mich, dass ich nicht immer über meine Grenzen gehe. Und *das* tut so gut, für mich endlich einzustehen. …

Wut über eigene Grenzüberschreitungen

Und dann merk ick ooch, dass ganz viel Wut noch in mir ist über all die Dinge, wo ich über meine Grenzen gegangen bin. Wo die anderen irgendwas abgegeben haben und keiner hat's gemacht und ich hab mich dann eben noch zuständig gefühlt, obwohl meine Zeit schon längst vorbei war, oder mir det och niemand bezahlt, oder meine Kinder zu Hause gewartet haben, die wieder zurückstecken mussten. Und jetzt endlich kann ich sehen, handeln und es tut wirklich gut. … Is wirklich 'n Erfolg für mich. …

„Mag keine überraschung und veränderung" – Veränderung mag ich nicht, aber Überraschung mag ich schon. Schöne Überraschung, angenehme Überraschung. *kichert*

Veränderung wäre zum Beispiel?

Na, … ähm, also Veränderung ist: Ich fahr immer den selben Weg zur Arbeit und dann etwas anderes zu tun. Oder es kommt irgendwas in die Quere und dann weiß ich nich. Und immer irgendwo Ängste, Ängste, Ängste. Ich find mich nicht zurecht und keine Ahnung. Ich hab auch erst so vor ein, zwei Jahren angefangen, damit mal aufzuräumen. Bin bewusst andere Wege gefahren, habe bewusst andere Dinge entdeckt und habe einfach mitgekriegt, was mir alles verloren geht, wenn ich nicht – von mir aus beispielsweise andere Produkte kaufe –, andere Wege gehe. Ich hab schon ganz oft gemerkt, dass ich mich jahrelang um etwas betrogen habe, was ich nicht probiert habe. … Also im Moment wächst so dieser Drang, was ich alles noch sehen möchte, probieren möchte, fühlen möchte, und da ist ganz viel noch. Weil eben immer dieses Eingefahrene war, bloß nicht abweichen vom Normalen.

Bewusst Veränderungen ausprobieren

Aber ich denke, das hatte auch was mit dem Funktionieren zu tun. Mit diesen beiden Kindern, die ich hatte – also die sind inzwischen dreiundzwanzig und zweiundzwanzig wird die Kleine jetzt im Januar –, da war ganz viel *muss* und ganz viel *funktionieren*. Ich war auch immer berufstätig, Volltagsjob, und da war nicht viel mit über mich nachdenken oder überhaupt … Das war auch ganz viel mich selber verraten und einfach nur funktionieren. In diesem Hamsterrad sein und machen, machen, machen. Und, ja, man macht eher Abstriche bei sich selber als bei den Kindern. … Tja, da war nie Zeit für Veränderung oder was ausprobieren. Das Bewusstsein war überhaupt nicht da für sich selbst. Das war echt nur funktionieren.

Funktionieren müssen

Wie hat sich das in der damaligen Zeit mit deiner hochsensiblen Veranlagung vertragen?

Gar nicht gut. Gar nicht gut heißt … in meiner Partnerschaft z. B.: Ich bin immer davon ausgegangen, so wie ich mit … mit dem Leben umgehe, … dass andere das auch tun. Und dass die Kinder an erster Stelle steh'n. Heute würde ich auch anders darüber denken. … Also es hat sich so ausgewirkt, dass ich letztendlich immer über meine Kräfte hinaus gewirkt habe. … … … Ich hatte keinerlei Reserven mehr … … …

Überforderung

Ich hatte beispielsweise auch mal so 'n Erlebnis, dass ich die Kinder aus dem Kindergarten abgeholt hab und – da war mein Sohn vielleicht fünf und die Kleine war dann anderthalb Jahre jünger –, mir war schon schlecht irgendwie, und ich bin zu Hause vor's Grundstück gefahren und hab noch zu meinem Sohn gesagt: „Bring Lise mit rein." und … tja … bin irgendwie noch ins Schlafzimmer gekommen und dann bin ich umgefallen. Dann war einfach nichts mehr. Dann war Totenstille, und das sogar für anderthalb Stunden. Völlig raus, völlig weg, nichts gespürt, nichts gesehen, nichts gehört, gar nichts. So sehr an die Grenze gekommen … Und derweil haben die Kinder gespielt, Gott sei Dank! … Also, da denke ich, hatte ich 'ne Riesenhorde Schutzengel. …

Die Zeit mit den Kindern   Ja, aber das ist einfach passiert und … hat mir bis heute auch gebracht, dass ich Verständnis habe für Eltern, die völlig überfordert sind, wo man das auch sieht, dass 'ne Mutter alleine ist mit zwei Kindern. Mein Partner war nicht wirklich 'ne Unterstützung, sondern eher 'ne Belastung. Weil, Kinder standen eben nicht dran in seiner Welt. … … Das war 'ne harte Zeit irgendwie. Und im Nachhinein, … ja, hätte ich sie mir anders gewünscht, weil … ich hätte es einfach mehr genießen wollen mit den Kindern. Einfach *bewusst* meine Kinder groß werden sehen. Aber war nicht. Das war alles dieses Funktionieren.

Natur   Die haben wunderschön gespielt. Lego haben wir unheimlich gerne gespielt, total phantasievoll und toll. Da haben wir manchmal sogar vergessen Mittag zu kochen und das haben wir dann am Nachmittag nachgeholt. Also wirklich toll. Oder rausgehen in die Natur mit den Kindern. Wir hatten bei uns auf dem Feld immer Rehe und da war so 'n helles bei. Das war fast weiß und die wollt ick ihnen immer zeigen. Bin immer von der Autobahn eingeflogen und hab die da stehen seh'n und: „Kinder! Die Rehe sind wieder da! Oh, woll'n wa los? Dann Gummistiefel an und raus!" Und dann haben wir x-mal versucht, uns da anzuschleichen, um das Reh auch mal seh'n zu könn, und all so 'ne Sachen. Also die Kinder sind och wahnsinnig gerne draußen und da ham se wahrscheinlich och ganz viel mitgekriegt von mir, so dieses draußen sein, eins sein, das ist ein wunderschönes Gefühl.

Abgrenzung   Also, ich weiß nicht, ick glaub, ich hab in meinem Leben etliche Verletzungen einstecken müssen, weil ich mich einfach nicht wehren konnte. Weil ich einfach keine Schutzhülle hatte irgendwie. Das ging immer gleich ganz tief rein. Und dann nicht mal … den Mut zu haben, später noch mal drüber zu sprechen. Das blieb alles in mir drin und wurde irgendwo abgelegt. Manchmal kommt's jetzt in Form von Träumen, dass es noch verarbeitet wird. Diese Träume sind inzwischen aber so, dass sie sehr real sind und dass ich sie so oft träumen kann, bis die Lösung so ist, dass ich damit leben kann. Also ist 'ne wunderschöne Sache! … Ja.

Hat dein Körper in irgendeiner Form gestreikt oder gesagt: „So jetzt ist hier Schluss!"?

Na, im Grunde genommen hat der mir jeden Morgen gesagt – also wenn der Wecker geklingelt hatte … –, hat er gesagt: „Ich will nicht aufstehen, lass mich liegen. Mach was du willst, aber geh alleine!" *kichert*. Und es war hart, ich musste mich wirklich jeden Tag zwingen, die Dinge zu tun, die ich tun *muss*, weil manchmal war man einfach so fertig.

Körperliche Erschöpfung

Bei manchen Menschen gibt es dann irgendeine Krankheit, die so massiv ist, dass man eben nicht mehr weiter arbeiten kann.

Hatte ich später dann. Schwindel. Schwindel so schlimm, dass gar nichts mehr ging. Ich war auch zwei Monate zu Hause. Aber da waren die Kinder schon größer, da war'n se beide schon … … mhh, dreizehn und fünfzehn. Ja, und da sind se schon ganz gut zurecht gekommen, na, weil ich dann zur Kur gefahren bin. Die Zeit mussten sie dann alleine irgendwie … Also schon mit Hilfe, Oma wohnte auf dem Grundstück, Partner war dann da und ging alles irgendwie. Ja, aber da hat der Körper auch einfach gesagt: „So, will ich nicht mehr!"

Was mich dazu gebracht hat, in meinem Leben überhaupt etwas zu ändern, war … dieses permanente Gedankenkarussell im Kopf. Die Gedanken kreisen und kreisen und kreisen immer um die selben Themen. Oft waren's auch wie gesagt Verletzungen, Enttäuschungen, und … dieses „Warum tun die Menschen das?". Wenn ich ganz total offen auf die Menschen zugehe, dann kriegt man wieder 'nen Messerstich. Wenn du Glück hast von vorne, du siehst es noch. Wenn du Pech hast von hinten, und du ahnst nicht mal was davon. Das sind so meine Erfahrungen mit Menschen.

Grübelei

Zu Hause, meine Schwester und meine Mutter, die waren immer so 'n totaler Auffang wohl, wo man immer wieder aufgefangen und getragen war – oder mit meinen Kindern – und ganz viel Hilfe da war. Das war schön und das ist ooch bis heute so! … Ja, aber da empfängt man wieder so 'ne Verletzung, und dann diskutiert man nachts im Geiste mit demjenigen darüber, weil man sich's am Tage nicht traut, oder weil man die Dinge eben einfach nicht zurück geben kann. Ich versuchte irgendwie klar zu kommen und diese Diskussionen hörten einfach nicht auf. Und … da waren auch andere Sachen, überhaupt so, über mein Leben nachzudenken und der Kopf, der war richtig heiß schon, aber es kam nichts bei raus! Also wirklich vom Denken, von diesen Denkprozessen richtig heiß gelaufen und ich hatte Kopfschmerzen und hab gedacht „Das will ick allet nicht mehr!"

Was hilft

Und dann hab' ick angefangen – irgendwie hab' ich 'n Buch gefunden über Meditation –, und dann hab' ick angefangen, wirklich bewusst Meditation zu machen. Dadurch bin ick uff mein spirituellen Weg gekommen. Des geht jetzt alles … schnurgrade durch und führt immer mehr zu Veränderungen und immer mehr zu bei sich selber ankommen und sagen: „Ja. Ich bin der wichtigste Mensch in meinem Leben und ich verrate mich einfach nicht mehr."

Eigene
Bedürfnisse
artikulieren

Und das ist eben jetzt einfach so schön, wenn Menschen an mich herantreten mit irgendwelchen Forderungen oder Bemerkungen oder sonst irgendwas, *gleich* zu fragen: „Wie meinste det jetzt?" oder „Ähm, nee. Möcht' ick jetzt nicht. Mach mal alleine!" oder wenn sich die Kollegin Urlaub nimmt mit sämtlichen Feiertagen im Jahr, dann einfach mal zu sagen: „Sag mal, *einen* Feiertag hätt' ich dann ooch ganz gerne in meinem Urlaub!" So 'ne Dinge, die man sich früher *nie* getraut hat anzusprechen, die kann ich eben heute. Und das is … 'n ganz tolles Gefühl, also ganz viel Erleichterung. …

Ja, vorher fällt man auch so sehr in 'ne Opferrolle, immer tiefer immer tiefer. … … Ich stell auch fest, dass dieses …, also einfach meine Bedürfnisse anmelden, dass det überhaupt nicht zu Krieg oder irgendwelchen Auseinandersetzungen führt, sondern sie begreifen einfach „Aha, da ist auch jemand, der Bedürfnisse hat. Genauso wie ich meine habe und wie ich angemeldet habe, ist da jetzt *noch* jemand, der seine auch einfach nur anmeldet." Also das artet nicht in Streit oder sonst irgendwas aus, was auch 'ne total schöne Erfahrung für mich ist. Dass man sich nichts erkämpfen muss und damit jemand anderem was weg nimmt, sondern das ist irgendwie 'n Fluss und … … ja, stößt auch auf offene Ohren. Wie gesagt, sie wundern sich, aber es ist nicht so, dass da 'ne Abwehr kommt oder dass man gemieden wird oder … nee, kann ich gar nicht sagen.

Siehst du einen Zusammenhang zwischen dieser Opferhaltung, von der du gesprochen hast, und Bedürfnissen?

Opferrolle
blockiert
Lebensfluss

Ja, auf alle Fälle! Diese Opferhaltung verhindert, dass ich meine Bedürfnisse … finden kann, weil ich gar nicht nachgucke *in* mir, was brauche *ich* eigentlich? Meinetwegen wenn zum Beispiel im Dienst irgendwas noch zu machen war, hat mein Opfer in mir dann geschrien: „Okay, dann mach ich das eben!" Der Anteil Mutter wollte eigentlich nach Hause zu seinen Kindern und … der Anteil, der endlich für sich Autonomie haben wollte, der hätte ooch am liebsten gesagt: „Nee, det mach ich jetzt nicht. Kann doch 'n anderer, warum immer ich?" –, aber dieset Opfer hat sich da immer vorgedrängelt und hat sich total wohl gefühlt. …

Aber wenn das Opfer sich wohl gefühlt hat, dann ist es doch auch was Schönes?

Nee! Die anderen Anteile sind ja noch da, die sind genauso präsent und die wollen viel mehr. Ich kann heute total merken, wenn dieses Opfer sich wieder meldet, und dann kann ich einfach sagen: „Ja, du hast deine Bedürfnisse, aber wir machen es jetzt anders." Ich fühle mich viel viel wohler damit, weil ich jetzt Entscheidungen treffen kann.

Das kann man als Opfer nicht. Als Opfer … ist man wie willenlos. Man übergibt sich dem, was da gerade läuft, dem Prozess, und wenn man einmal Ja gesagt hat, scheint et auch so, als ob man da nicht so aussteigen kann wie man möchte. … Wenn man aber bei sich selber ankommt, dann ist man erstmalig in der Lage, Entscheidungen zu treffen und zu sagen: „Ja! Möchte ich! Nein, möchte ich nicht!" Und beides gleich laut sagen können. Also, 'n Freund hat mal zu mir gesagt: „So kriegst du nie das große Stück Torte!" *lacht* Obwohl du das willst, nimmst du aber immer und immer und immer wieder Rücksicht! Es macht kein Spaß, wenn sich das so völlig durch's Leben zieht, ich find's nicht angenehm. Und jetzt entdecke ich wirklich auch Spaß an der ganzen Sache, … ja, Dinge zu sagen: „Das möchte ich jetzt" und „Wer möchte das vielleicht noch lieber als ich?", und dann bin ich vielleicht noch bereit darüber zu verhandeln, aber ansonsten bin ich auch gerne mal bereit zu sagen: „Okay, dann nehm ich halt mal das Große! Weil ich das gerne möchte." Fertig.

Also vier Kinder mussten irgendwie funktionieren und da war man eben brav. Brav, angepasst, bloß nicht sagen, was man möchte, sondern … schlucken! Und wenn man das als Kind schon beigebracht kriegt … Ich find, das saß sehr tief in mir. Wie gesagt, ich werde im Dezember sechsundvierzig und fang jetzt an zu sehen, dass es auch anders geht. *kichert* Wenigsten jetzt! Wenigstens jetzt! … …

Was hat dir denn aus diesen alten Strukturen, aus dieser alten Opferhaltung herausgeholfen?

Meditation. Da bin ich in einen Reiki-Kurs gerutscht, obwohl der voll war. Es gab 'nen Anruf kurz bevor der anfing. – Also, ich denke auch inzwischen, dass es irgendwie Fügung ist, die da abläuft, ja. – Und dieser Reiki-Kurs hat viel gebracht. Da hab ich mir selber dann ganz viel Reiki gegeben und habe auch gemerkt, wie da wirklich 'ne Veränderung stattfindet. Wirklich immer mehr bei sich selber ankommen.

Für mich war das, durch die Meditation stiller zu werden und mehr zum Beobachter zu werden. Dadurch, dass da 'n innerer Abstand ist,

Was hilft

hat man auch Handlungsmöglichkeit. Also man kann sagen: „Möchte ich, möchte ich nicht", als wenn man dann gar nicht die Zeit hat, handeln zu können „Du musst jetzt eine Entscheidung treffen!" und dann kann ich mich wieder nicht entscheiden und treff die verkehrte. Durch diese Meditation den Kopf ruhiger zu bekommen und …, ich glaub, das führt auch noch mehr zu Klarheit, also wirkliche Klarheit, Dinge mit den Augen zu sehen, Dinge mit dem Herzen zu sehen. Und das tut mir unheimlich gut. Die Veränderungen sind inzwischen so weit, dass mich im Dienst der Klatsch und Tratsch überhaupt nicht mehr interessiert, und wenn die Leute sich über's Wetter unterhalten … Es ist inzwischen so, dass die dann immer sagen „Nun sag doch auch mal was dazu!" Aber es interessiert mich nicht, es interessiert mich nicht. Für mich gibt's kein schlechtes Wetter, sondern ich kann mit jedem was anfangen. Viele Sachen sind unwichtiger geworden, wenn der Kopf stiller wird. Die braucht man einfach nicht mehr. Oder sich über die Kollegen aufregen und dies und das – muss ick allet nicht mehr haben. …

Ich hab richtig festgestellt, dass unter den Kollegen, gerade unter den Frauen, ein Handel mit Informationen läuft. Praktisch, wenn man merkt, da sind irgendwo Spannungen, dann fängt dieser Handel an. Eine Kollegin ist besonders so. Wenn sie merkt, da sind Spannungen, dann kommt sie und bietet mir Informationen an. Und die möchte ich jetzt nicht mehr. Tut mir leid! Mir tut's eigentlich nicht leid, sondern ich kann dankend ablehnen und sagen: „Nee, brauch ich nicht." …

An so einer Schnittstelle gäbe es ja auch noch die Möglichkeit des Mobbing!?
Na, ähm … nee, das findet nicht statt. … Wir sind gerade so im Prozess: Ich habe der Kollegin, mit dieser einen Kollegin zum Beispiel, fünfzehn Jahre lang zusammen an einer Werkbank gesessen und gearbeitet. Das ist ein Raum von vielleicht anderthalb, zwei Metern. Da ham wir fünfzehn Jahre lang jeden Tag beide dran gesessen und viele von den Arbeitsmaterialien, die da drin stehen, hatten wir nur einmal, so dass man auch immer gucken musste, was macht die andere grad und „Reich mir mal" und „Gib mir mal". Das hat super funktioniert, bis ich angefangen habe, mich zu verändern. … Zum Anfang hab ich immer noch von diesen Dingen erzählt, die ich so mache, also irgendwie die Welt hinter der Welt, dass alles energetisch und feinstofflich ist und so weiter. Da konnte sie mir dann nicht mehr folgen, das hat sie auch ganz klar formuliert. Das war so 'n Stück, wo wir uns dann auseinanderdividiert haben. Und jetzt

Innerlich zur Ruhe kommen

Kommunikationsstrukturen auf Arbeit

ist da eher … Traurigkeit und Unverständnis, weil wir auch nicht
so wirklich drüber reden können. … Sie denkt manchmal, dass es
auch persönlich was mir ihr zu tun hat, aber es hat einfach nur mit
mir und meiner Entwicklung zu tun, und dass ich bestimmte Dinge
nicht mehr möchte, wie diesen Klatsch und Tratsch. … Ich bin dann
auch räumlich ausgezogen ins Nachbarlabor. Ist zwar alles offen mit
einem Gang und wir benutzen nach wie vor sämtliche Materialien
zusammen, aber irgendwie … es hat 'ne Trennung stattgefunden.
Und ich glaube, da wir nie richtig offen darüber geredet haben, weil
sich alles emotional aufgeladen hat, … ja, … ist es ein freundliches
Meiden. … Aber ich weiß es im Moment auch nicht besser.

Belastet dich das?
Manchmal schon … ja. Aber ich möchte auch nicht mehr zurück.
Also, … im Grunde genommen, wenn man sich auf den Weg be-
gibt, gibt es nur Geschenke, immerzu nur Geschenke. Ich hab ja
versucht, mit meinen Kollegen über die Themen zu reden, die mich
jetzt interessieren, die Bücher, die Kurse usw. Und … beim Reiki bin
ich zum Beispiel bis zum Reiki-Meister gegangen … Ja, hab viele andere Sachen noch gemacht, Kinesiologie und weiß ich nicht.
Ich weiß, dass det funktioniert, das ist meine innerste, tiefste Wahrheit. Und … wenn ich die anderen daran teilhaben lassen wollte, an
dem was ich grade tue, hab ich aber ganz schnell gemerkt, dass da
keine Resonanz kommt. Ich hab's dann gelassen, was dazu führt,
dass ich mich in die Gespräche, die sie führen, nicht einklinke, weil   *Smalltalk*
Wetter, Bildzeitung und auch andere Dinge sind nicht mehr meine
Welt, und die Dinge, die mich interessieren, die interessieren sie
aber nicht. Da ist dann wenig … Schnittstelle. Außer beim Essen,
aber das war dann auch immer mehr schweigend.
Irgendwann hab ich dann gedacht „Was machst du hier eigentlich?" und … war auch ein bisschen verzweifelt. Diese Tiefen kommen auch auf diesem Weg immer mal. Dann hab ich gesagt: „Ich
wünsch mir mein altes Leben zurück." – und dann hatt' ich mal für
einen Tag mein altes Leben!

Wie geht das denn?
Das ist einfach passiert! … Ich hab darum gebeten und ich hab's
bekommen! Dann war da wieder dieses Denken im Kopf, was ich
nicht abstellen konnte, diese Selbstgespräche mit den anderen, und
… Es war einfach nur belastend und ich hab gesagt: „Nee! Hier
möchte ich nie wieder zurück!" Und jetzt lebe ich mit dem, was sich   *Im Moment*
jetzt öffnet und … – wie gesagt, meine Absicht ist nach wie vor, nicht   *leben*

jemand zu verletzen –, … aber ich nehme mir einfach das Recht, mich abzugrenzen. Und wer meine Grenzen überschreitet dem sage ich: „Hey, du überschreitest hier und jetzt meine Grenzen." Und das ist schön, wirklich schön, bin ich sehr dankbar dafür. … …

Detaillierte Wahrnehmung und Erinnerung

Und dann mit sensibel und nicht-sensibel, das ist so witzig. Manchmal hab ich eben doch 'ne Aussprache versucht oder Dinge einzubringen, und dann kommt von dieser speziellen Kollegin zum Beispiel immer: „Sei nicht immer so empfindlich!" und „Bei dir bleibt alles immer hängen! Du weißt auch noch die Sachen von vor fünfzehn Jahren." Ja, die weiß ich noch! Die weiß ich noch mit sämtlichen Gefühlen, die dazu gehörten, die Situationen, den Text, also was gesprochen wurde usw. Es ist alles da und abrufbar und es ist auch mit diesem Gefühl noch versehen. Und wenn's für mich eine Verletzung war, ist die halt einfach noch da! Und das fand ich schwer, weil andere Menschen sagen da: „Och, hinten rüber, vergessen." Ich kann das nicht, sondern … da gibt's ein riesengroßes Fass, wo immer was rein tropft, und rein tropft und rein tropft und … Ich denke, dass ich mit diesem Verhalten *jetzt* erst so weit bin, wo ich's gar nicht erst rein tropfen lasse, sondern sage „Hey, hier ist 'ne Grenze!" und das gleich wieder rausschmeiße. Dass ich dieses Fass nicht mehr füllen muss.

Umgang mit Empfind samkeit

Aber bisher ist eben alles da und das ist in so einer Genauigkeit abgespeichert, das ist unglaublich! Genauso wie eben auch die Träume ablaufen. Total real, als ob ich ein zweites Leben habe in dem Moment. Also ich erlebe es wirklich. Das ist unglaublich. Und dann diese Sprüche: „Sei nicht immer so empfindlich." Aber was soll ich tun? Wo soll ich hin damit, wenn's einfach da ist? Die Kollegin ist so unempfindlich, dass es ihr nichts ausmacht. Sie schmeißt das hinten rüber und dann ist det wirklich nicht mehr da. Ich bin eben so gestrickt, wie ich eben gestrickt bin und es ist einfach noch da. Also, es ist schwierig.

Was machst *du* damit?
Ja, … ja, beispielsweise die Geschichte mit den Träumen, da hab ich das Gefühl, dass das wie so 'n Abarbeiten ist …, dass ich die Situation jetzt so anpassen kann, wie ich auch damit leben könnte. Und das scheint irgendwie von dem andern was zu löschen. … Das scheint sich irgendwie zu reinigen, dieses Fass, in dem alles liegt.

Kannst du das Alte vielleicht mehr loslassen?
Ja. Irgendwie sowat. …. Als ob der Fokus auf's *Jetzt* gerichtet ist und ist alles nicht mehr so wichtig ist. … …

Merkst du dir dafür andere Sachen gut?

Ja, unheimlich. Ich bin ein absolut akribisch arbeitender Mensch. Al- *Gewissenhaft*
so, wir müssen immer ganz viele Sachen in der Zellkultur bearbeiten.
Das sind sechsundneunzig Wellplatten, da hat's immer sechsundneunzig kleine Löcher drin, in denen Zellen wachsen und die werden
dann wieder umgesetzt in die Nächstgrößere und in die Nächstgrößere, und da ist unheimlich viel sich zu merken. Die Zellen sind alle
in 'nem unterschiedlichen Zustand und man darf keine vergessen.
Also die ersten hat man schon konserviert, dann sitzen die letzten
immer noch in diesen kleinen Näpfchen, die müssen dann immer
noch umgesetzt und gepflegt werden, inzwischen kommt schon wieder die nächste Fusion, wo *alles* komplett von vorne anfängt, aber
die muss ich noch päppeln, und … Da bin ich unwahrscheinlich akribisch, habe meine Schemata, arbeite danach und habe in den fünfzehn Jahren einen einzigen Wurm verloren. Also das ist schon …
Es ist auch so, dass meine Chefin die Papiere nach oben bringt und
sagt: „Heften *Sie* sie mal ab. Dann wissen wir wenigstens, wo sie
sind." Und all so 'ne Sachen. Oder Farben, Farben interessieren
mich sehr, Zahlen, gerade Zahlen, Zahlen haben Farben, jedenfalls
von eins bis zehn die Zahlen, manche höhere Zahlen auch noch. …

**Das heißt, du siehst oder fühlst innerlich, dass Zahlen Far-
ben haben?**

Ich seh das! Ich seh es. Es ist auch zum Beispiel … *lacht* Ich war
mit meinem Partner mal in Wismar und da haben wir unser Auto *Wahrnehmung*
abgestellt und sind einfach in die Stadt gelaufen. Und dann hab ich
immer in die Fenster, wo man so vorbei ging, rein geguckt, und als
wir zurück gekommen sind, war unser Auto weg. Und jetzt ging's
darum, wo haben wir das eigentlich abgestellt? Jeder hat sich auf
den anderen verlassen, keiner hat sich's gemerkt. Und dann sind
wir noch mal durch die ganze Stadt gegangen und ich hab immer
gesagt: „Hier warn wa schon mal! Hier ist der Hibiskus, der Wasser
braucht", weil die Blätter schon 'n bisschen hingen. „Hier warn wa
schon mal, da steht 'ne große Weinrebe" oder irgend sowas. Und
auf die Art und Weise sind wir den ganzen Weg noch mal abgegangen und sind wirklich an unserem Auto angekommen.
Das sind Sachen, die ich mir merke! Ich merk mir keine Straßen-
schilder, auch keine Kilometer, sondern: Muss solange geradeaus
fahren, bis da 'ne Scheune kommt, die völlig von Wein zurankt
ist. Das sind für mich Orientierungspunkte.
Oder, ja, ich kann so berührt sein von der Natur draußen, da ist
wirklich dieses Eins-sein. Ich kann mich auf 'ne Wiese setzen, hab

in das Abendlicht geguckt, hab 'ne Meditation gemacht und als
ich die beendet habe und losgegangen bin, da waren hinter mir
lauter Rehe. Die sind aus dem Wald gekommen, und … also fast
zum Anfassen nahe. Und … da kann ich sein, da kann ich einfach
loslassen und sein, und fühl mich wohl und es unglaublich schön.

Ruhebedürfnis Ja, und … seit März in diesem Jahr habe ich kürzer gearbeitet, für
sechs Stunden. Das war auch 'ne Entscheidung … Da hab ich dann
beschlossen, wirklich für mich zu sorgen und bin auf sechs Stunden
gegangen. Das war wirklich toll. Also nach Hause zu kommen, zu
schlafen, wenn ich schlafen wollte und einfach nichts zu tun, wenn
ich nichts tun wollte. Die Kinder sind beide zum Studium, Partner
wohnt in seiner Wohnung, und wir sehen uns, wenn wir uns sehn
wolln. „Ich muss nichts tun!" – dieser Satz ist so … befreiend im
Moment für mich, das ist unglaublich. Weil ich wahrscheinlich vorher immer in diesem Hamsterrad war „Ich muss noch, ich muss
noch, ich muss noch!"

Perfektionismus Ich hab mir auch immer so 'ne Unzufriedenheit gebastelt, wahrscheinlich durch diesen Perfektionismus. Es sollte immer alles … perfekt
sein. Ich konnte auch nicht mittendrin einfach mal aufhören, sondern
ich mach nur schnell das und nur noch schnell das. Und irgendwann
hat meine Mutter dann zu mir gesagt „Das Pensum, was du dir auf-
lädst, das kann man nicht mal in 48 Stunden schaffen." Und demzufolge bin ich auch immer unzufrieden mit mir ins Bett gegangen.
Dann kam seitens meines Mannes, der sich, wie gesagt, einzig und
allein um sich gekümmert hat und noch wie so 'n drittes Kind war
… Die Kinder haben ihr Spielzeug schon alleine aufgeräumt oder
haben eben gehört, wenn ich dann gesagt hab: „Komm, wir wollen
jetzt essen" …, und dieser Mann war einfach …, da hatt ick immer
noch hinterher zu räumen und zu machen und zu tun, konnt mich
uff nüscht verlassen und det war eher 'ne Belastung als 'ne Hilfe. Da
war immer „Ich muss noch, ich muss noch." Immer gehetzt und ge-
peitscht. … Ja, und jetzt hab ick so richtig bewusst dieses „Ich muss
nichts tun!" und das ist unglaublich schön! Tut mir unheimlich gut.
Ich habe meine beiden Kinder im Grunde genommen alleine groß

Wertschätzung gezogen und hatte nie ein lobendes Wort für mich selbst! Sondern
andere Leute haben dann gesagt „Wat du da geleistet hast ist ja
doll!" Und jetzt fang ich an – also, das kann ich vielleicht seit vierzehn Tagen –, dass ich sage: „Hurra! Ich bin ein Held! Ich habe
das und das gemacht!" *lacht* … Konnt ick früher überhaupt nicht,
… is verrückt. Also, so die Selbstwahrnehmung ist irgendwie gar
nicht …, ich glaub, die hat nicht richtig funktioniert.

Vielleicht durfte sie auch gar nicht funktionieren?

Ja, ich denke auch, is abgewöhnt, sonst … Ja …, genau, da hätte man schon früher gesagt: „Hamsterrad? Will ich nicht!" Da wird's dann irgendwann …

Gefährlich?

Genau! … Ja. …

„*Erlebtes tiefer verarbeiten*" …, alles geht so tief rein! Das ist unglaublich. Und da ist eben auch dieser Speicher, der dafür existiert. Diese Erinnerungen, die sind so klar. Meine Schwester sagt zum Beispiel immer: „Woran du dich erinnerst …!", auch meine Mutter sagt immer: „Woran du dich erinnerst, das *kann* gar nicht sein! So ein kleines Kind *kann* sich daran nicht erinnern." Aber ich kann dir genau sagen, wie die Möbel standen, welche Gardine an welchem Fenster hing und was auch immer. Oder wo wir hingefahren sind, was wir gesehen haben und …, es existiert, es ist da. Doch, das ist möglich.

Tiefe Verarbeitung

Würdest du denn sagen, dass du eine behütete Kindheit hattest, auch wenn du das Gefühl hattest, immer ein bisschen zu wenig bekommen zu haben?

Ja. Ja. … Also wie gesagt, unsere Mutter hat sich mit uns hingesetzt und hat mit uns gespielt, … und hat ihren Haushalt wirklich abends gemacht, wenn wir schon im Bett gelegen haben. Wahrscheinlich ooch bis an ihre Belastungsgrenze, und wahrscheinlich haben wir det so übernommen. Doch, denke auf alle Fälle! Mein Vater, wenn der da war, der hat auch viel Zeit mit uns verbracht … Doch, im Rahmen dieses Möglichen eben, mit vier Kindern, war das wirklich …, war echt toll. Kann mich nicht erinnern, dass irgendwo was gefehlt hat oder … dass irgendwas abgeschlagen wurde, oder … Nee. … Und der Witz ist auch, ich war so 'n Kuschelkind. Immer auf Mutti's Schoß. Da war ich schon ziemlich groß, da war das immer noch unbedingt Bedürfnis und … und trotzdem hat's irgendwie nicht gereicht. Ich weiß nicht, ob, weil man vielleicht sensibler ist, dass man mehr gebraucht hätte …

Kindheit

Weißt du denn, was nicht gereicht hat?

Nee, weiß ich nicht genau! Vor allem damals, also als Kind habe ich mir jemanden erschaffen, der dann jeden Abend an meinem Bett saß und sich so zusagen um mich gekümmert hat, also Zuwendung, Aufmerksamkeit, glaube ich. … … … Aber wie gesagt, ich erinnere mich an so viele Situationen, wo meine Mutter sich mit uns hinge-

Bedürfnis nach Geborgenheit

setzt hat und Puppendoktor gespielt hat und wir haben geknetet, wir
haben gemalt, sie hat uns Kakao gekocht, wir haben … drin gesessen. Abends beim Fertigmachen für's Bett, haben wir immer Lieder
gesungen. Also ich kenne so ziemlich alle Volkslieder auswendig und
… mit meinen Kindern haben wir Abendlieder gesungen. Ich kann
'ne Stunde lang Abendlieder singen! *kichert* Und meine Mutter hat
sich wahnsinnig viel Zeit für uns genommen. War schon schön. … …

Wahrnehmung Ich hab auch mal gesagt, … dieses Erlebte …, dass man alles immer
so tief erlebt, so tief verarbeiten, dass ich mir das weg wünschen
würde. Dann hab ich aber festgestellt, … dass ich es dann da draußen auch nicht mehr erleben würde. Also … diese Winterlandschaft
fasziniert mich so, dass ich einfach da stehe und nur noch staune
und drin aufgehe und wirklich weiß: Alles ist eins! Das ist wirklich
unglaublich schön. Oder Schneeglitzer, oder wenn wir durch den
Wald gehen. … Die Leute, die mit mir durch den Wald gehen, die
sagen immer: „Was du alles siehst!" Aber für mich ist das Normalität. Wo ich denke „Sehn die det sonst nicht?" Das sind die kleinsten
Käfer, das sind die kleinsten Blümchen, das sind Spinnweben die
ein irres Muster werfen, oder das sind verdrehte Bäume, wo Licht
durch den Stamm fällt, oder … weiß ich nicht.

Bewusst-Sein Draußen, wenn man mit dem Kanu fährt, auf 'n See raus paddelt
und dann den Finger eintaucht ins Wasser und die Wellen laufen
aus, dann zu wissen: Alles was ich aussende, oder alles was ich tue,
sendet 'ne Nachricht in das Leben aus. Und dann irgendwann zu
sehen: Aha, die Wellen kommen an. Auch zu wissen: Alles kommt
zu mir zurück. Und so 'ne klaren Erkenntnisse kommen mir dann
einfach. Oder wenn ich Schneeflocken fallen sehe, dann … war
so 'ne ganz klare Erkenntnis: Es gibt keine Zeit! Sondern es gibt
wirklich immer nur *Jetzt*. Dieses *Jetzt*, nur dieser Moment. Und es
gibt auch keine Zeit, um diesen Moment zu genießen, sondern es
ist nur dieser Moment. Und der hat keine Zeit, keine Ausdehnung.
Und so 'ne Sachen. Wenn ich dieses Erleben nicht mehr hätte, hätte
ich auch das nicht. Und das möchte ich auf keinen Fall hergeben.
… Und dann denke ich „Gut, damit kann ich lernen zu leben", und
irgendwie funktioniert's ja auch jetzt mit diesem Abgrenzen immer
viel besser. So dass ich die Dinge gar nicht mehr so tief erleben
muss, also was ich eben als Verletzung bezeichnet habe.

**Wenn du dich mehr abgrenzt, verändert das die Tiefe deiner
Empfindungen?**

Abgrenzung Nein! Es ist nur ein anderer Umgang, es ist ein bewussterer Umgang damit. Es kommen schneller Erkenntnisse, Klarheiten usw.

Ich kann schneller sehen „Will ich. Will ich nicht." Ich kann schneller handeln und ich kann einfach auch zumachen. Wir hatten zum Beispiel 'ne Schulung. Zu uns kam wieder 'ne Inspektion aus Amerika und die sind sehr unangenehm diese Leute. Da wird dann immer so 'n bisschen Panik gemacht. ... Dann war eben 'ne Schulung, wo ich dachte, die geht um sachliche Dinge, aber nein, es wurde noch mal darauf rumgeritten: „Und ihr wisst ja wie die sind ..." usw. Da hab ich gemerkt, wie mir das überhaupt nicht gut tat, dieses Negative und dieses alles runter ziehen. Dann habe ich einen Tag 'n Reiki-Schutzmäntelchen um mich rumgelegt und hab gemerkt, wie's mir viel besser geht.

Also, dann in *dem* Moment zu begreifen und zu handeln, das heißt nicht, dass ich's nicht genauso tief wahrnehme. Aber ich habe eine Möglichkeit gefunden, mich zu schützen. Ich *muss* es nicht mehr über mich ergehen lassen, sondern ich kann handeln. Das ist jetzt der Unterschied. ...

„*Versuchen Probleme selbstständig zu lösen*" –, ja, das mach ich auch immer. Das wird auch schon viel leichter, ... zu fragen. ... Hier brauch ich Hilfe, oder wie auch immer ... ...

Probleme selbstständig lösen

Wie war das als Kind?
... ... Muss ich erst mal überlegen, was sind Probleme ... als Kind ... ... Ich glaube irgendwie, da hat es angefangen mit diesem „Alles irgendwie runter schlucken müssen" und irgendwie alleine klar kommen müssen und ... und alleine den Weg finden. Alleine, alleine, alleine. Ich glaube das hat da schon angefangen.

Gab es keinen Zusammenhalt mit deiner Schwester, so nach dem Motto „Wir sind Zwillinge, wir machen das zusammen!"?
Mhhh nee, also wir waren eben zu sehr verschieden und wir waren zu dicht aufeinander. ... Als wir klein waren, ging das noch alles irgendwie, ... da war auch kein Konkurrenzdenken oder irgendwas. Aber später dann, als man anfing, sich selber so zu reflektieren, in den oberen Schulklassen, so achte Klasse, neunte Klasse, da gab's dann schon ... In der achte Klasse ging's darum zu entscheiden, also aus jeder Klasse durfte einer zum Abitur gehen. Bei uns hätten se aber 'ne Ausnahme gemacht, also ich hätte auch gehen können. Meine Schwester und ich hätten beide gehen könne, aber da war für mich der Moment, wo ich gesagt hab: „Will ich nicht mehr. Ich will mein eigenes Leben haben. ... Wenn ich nach Hause komme, möchte *ich* erzählen, was ich erlebt hab'. Und meine eigenen

Ausbildung

Freunde und mein eigenes… Leben." … Ja, vielleicht auch meine
eigenen Probleme lösen. …

Du hast dann nicht studiert, sondern eine Ausbildung gemacht?
Ich hab erst 'ne Berufsausbildung gemacht und hab 'n Jahr gear-
beitet und hab dann noch mal 'ne Ausbildung gemacht, Veterinär-
Ingenieur, also FH.

Gerechtigkeits-
sinn

„Hat einen ausgeprägten Gerechtigkeitssinn" –, lächelt mich hier
noch so an. Aber den hab ick total. Den hab ick bis heute. …

Wie äußert sich das?
Na, beispielsweise in Geschenken bei meinen Kindern. Wenn ich
irgendwas mache, dann muss es immer gleich gerecht sein. Ich
bin zum Beispiel auf Arbeit diejenige, die die Wochenenddienste
einteilt. Wir müssen am Wochenende immer arbeiten und da muss
es immer total gerecht zugehen. Also nach jedem Quartal wird Bi-
lanz gezogen, wer war wie oft dran, und … ja, all so 'ne Sachen,
dass alle die gleiche Belastung haben, weil keiner macht's gerne.
Und warum soll nur einer weniger müssen als der andere, und
weiß nicht. Doch. …

Hattest du als Kind auch schon diesen Gerechtigkeitssinn?
Ähm, na, weiß ich nicht. Wenn Süßigkeiten ausgeteilt wurden oder
so. Dann gab's Ostereier und nicht etwa nicht einfach hinstellen
und jeder darf sich welche nehmen, sondern dann wurde exakt
geteilt. Also, ich war immer der Teiler. Es hat aber auch was damit
zu tun, mit diesem … mit diesen Mengen, mit diesen Farben. Weil,
die Ostereier hab ich dann wirklich: Jeder ein Oranges, jeder ein
Grünes, jeder ein Gelbes, und dann hab ich so Stapel gemacht für
jeden und mir hat das auch einfach Spaß gemacht, dieser Vorgang
des Teilens. Ich hab dann vier gleich große Häufchen gemacht. …

Wie war das mit dem Gerechtigkeitssinn in der Schule?
Ja auch. Also da war immer, wenn irgendwer ungerecht behandelt
wurde oder so, das ging mir schon ziemlich nahe. Und da hab ich
auch des Öfteren was gesagt. Da hatte ich auch den Mut die Dinge anzusprechen und zu sagen: „Nö, det war der überhaupt nicht."
oder „Nö, det is jetzt nicht gerecht." … Es waren ooch viele Situationen, wo man dann einfach abgefertigt wurde: „Ich hab jetzt 'ne
Entscheidung getroffen und dann ist das so. Und ihr müsst jetzt
spuren." Ick hab mich dann immer abgewürgt gefühlt und unge-

recht behandelt und … ja. Hatt ick zu tun mit. Zu Hause hab ich's dann geklärt. Wenn da nicht weiterzukommen war, wenn eben gesagt wurde: „Jetzt ist Schluss, jetzt wird's gemacht!", dann war eben Schluss, dann musste man das eben so akzeptieren. Aber dann hab ick mich zu Hause trotzdem noch drüber aufgeregt und habe versucht … wenigstens von irgendwem zu hören: „Ja, das war jetzt richtig gedacht, aber es wurde eben anders entschieden." Irgendwie 'ne Bestätigung gesucht dafür. …

Hattest du sonst in der Schulzeit das Gefühl anders zu sein, aus dem Rahmen zu fallen?
… Naja, ich hab' beispielsweise viele Witze nicht verstanden. Also wenn's immer darum ging, jemandem weh zu tun oder mit Absicht zu ärgern oder sonst irgendwas, war nicht mein Ding, da konnt' ich dann nicht mit. Oder … auch den anderen dann schon immer sagen: „Das darf man nicht und das darf man nicht", also zum Beispiel irgendwas abreißen oder kaputt machen oder Bäumen einfach die Rinde zerkloppen oder irgendwat. … Das hat mir dann als Kind schon weh getan. Hab ich schon anders hingeguckt. …

*Empfind-
samkeit in
der Schule*

Bist du dafür von den Mitschülern komisch angeguckt worden?
Ja ja, in den höheren Klassen war ich dann der alternative Latzhosen-Futzi. Bin ich nicht drum rum gekommen. Ick durfte schon in der siebenen Klasse an der Arbeitsgemeinschaft Mikrobiologie dran teilnehmen, die ja eigentlich nur für die Großen waren. Weil mich det so interessiert hat, wat hinter der Welt is und diese kleinen Organismen und und und. … Ja, das war schon anders. … … Oder eben auch dieset sich zurückziehen, also diese Menschen meiden. Ich hatte Freunde, zweifelsohne, wir haben auch wunderbare Dinge zusammen gemacht, aber das war ein bestimmter Kreis. Ein bestimmter fester Personenkreis und da drin konnt ich mich gut bewegen. …
Ja, hinterfragt immer. Ich musste immer alles genau wissen. Und noch mal nachgefragt und noch mal nachgefragt, alles erklärt kriegen und begreifen. Und immer, wenn ich erst das Gefühl hab, ich hab's verstanden, dann kann ich's irgendwo ablegen in mir. Dann gibt's dafür ein Schubfach, was beschriftet werden kann und da kann es dann rein. Und wenn ich's nicht verstanden hab, dann kann ich's nicht ablegen. Also ist es immer noch präsent und arbeitet solange, bis es abgelegt werden kann. Und das war als Kind schon so „Warum ist das so? Warum dies, warum das?" Also ich glaube „Warum, warum, warum", da war ich ein Spezialkind für.

Fragt viel

*Komplexe
Verarbeitung*

Sicherheit

Oder auch im Kindergarten zum Beispiel, ... immer bei meiner Mutter sein wollen. Meine Mutter hatte in der Kindergrippe gearbeitet und der Kindergarten war nebenan. Die Räume waren durch 'nen Durchgang verbunden und ich hab ganz oft mein Taschentuch vergessen, versteckt, zu Hause gelassen, *bewusst* zu Hause gelassen, um dann heulend: „Ich hab kein Taschentuch, ich muss mal rüber zu Mutti mir 'n Taschentuch holen." Da musst ich bestimmt am Tag drei, vier mal rüber zu Mutti und dann war die Welt wieder in Ordnung. ... Ja, nicht weg wollen von ihr. Das war Sicherheit, war so ein stabiler Punkt in meinem Leben und selbst, wenn meine Schwester mit dabei war, war nicht det selbe. Meine Schwester ist ooch in Ferienlager gefahren und sonst wohin, aber das war nie mein Ding. Zu Hause, Mutti.

Und dann hab ich irgendwann mal verrückterweise festgestellt, als wir – da war ich zehnte Klasse, glaube ich, da sind wir das letzte Mal mit meinen Eltern in Urlaub gefahren –, und da hab ich festgestellt, dass ich Sehnsucht nach zu Hause hab. Obwohl meine Eltern mit waren! Also, war ein ganz merkwürdiget Gefühl. Ick wollte nach Hause. Aber wat ich zu Hause wollte, kann ich nicht mal sagen.

Bist du viel gereist?

Nee eben nicht. Ich hab erst angefangen, da waren meine Kinder ..., der Sohn war glaub' ich neun ... vielleicht auch zehn oder elf ..., mit nem neuen Partner. Da sind wir das erste Mal nach Schweden gefahren, überhaupt raus und das war toll. Da wollte ich das erste mal *nicht* nach Hause. Ansonsten wollte ich nach drei Tagen immer schon wieder nach Hause. Weiß nicht warum, aber vielleicht ist es dieset Gewohnte. ... Ja, seitdem bin ich auch 'n Fan von raus, nach Norden in die Berge. Mit meiner Tochter wandern fünf Stunden am Stück, ohne dass man großartig sprechen muss. Geht wunderbar. Ohne dass man irgendjemand begegnet, nur einfach diese Vielfalt an Natur und ... Wind auf der Haut und ... einfach schön. ... Ja das hab ich erst als Erwachsener kennen gelernt, Reisen.

Mag keine Veränderungen

Kinderglück

Als Kind hatte ich ein wunderschönes Erlebnis. Da waren wir bei einer Tante in 'nem ganz kleinen Dorf, das sind wirklich sieben Häuser und sieben Scheunen. Und die Tante hatte selber vier Kinder, die waren alle schon erwachsen und raus aus dem Haus. Und der eine Sohn wohnte unten im Dorf – musste man 'nen kleinen Berg runter und da war so 'n langes Bauernhaus irgendwie –, und dieser Sohn wohnte da mit seiner Frau und sechs Kindern. Und die sechs Kinder waren so ... na, irgendwo passten wir da rein in dieses Alter. Das waren vierzehn Tage oder drei Wochen, die waren det Schönste, was ich je in meinem Leben erlebt hab.

Das war nämlich: Früh losgehen, wenn man aufgewacht ist, die Sonne oder der Hahn einen geweckt hat, Kittelschürzchen über und raus. Es hat keiner gefragt, ob ich was gegessen hab, es hat keiner gefragt, ob ich mir die Zähne geputzt hab, es hat keiner gefragt, wo ich hingehe, wann ich wieder komme, noch sonst irgendwas. Raus, runter zu den Kindern, und einer war garantiert schon wach oder schon im Gange. Und dann mit diesen Kindern raus, in die Scheune geklettert, ganz oben rauf und sich ins Heu fallen lassen, oder in den Pferdestall. Dann haben wir uns ein Pferd angespannt und sind mit'm Wagen nach Freienhausen gefahren, det war det nächste Dorf paar Kilometer weiter, und sind Baden gegangen in irgend so 'nem Tümpel. Oder … haben uns aufs Förderband gesetzt und sind in die Strohmiete rein gefahren. … Ich hab mit 'ner Sense gesenst und hab mir ins Bein gehauen. Na ja, dann wurde irgendwo 'n Pflaster aufgetrieben oder irgendwat und …

Ich hab ganz viel Erfahrungen machen dürfen und *niemand* hat gefragt, wo ich war, niemand hat mich belehrt, niemand hat gesagt: „Das tut man nicht, das macht man nicht". Wir waren einfach wild, von früh bis zum späten Abend. Wir sind zerkratzt, zerschunden und zerlumpt nach Hause gekommen, es hat wieder keiner gefragt. Die Tante hat sich gefreut, dass wir da waren. Ich kann mich erinnern, manchmal war es schon dunkel und es lief der Schwarze Kanal, also dieset Bild vom Karl-Eduard von Schnitzler, dann weiß ich, der kam ja immer um zehn oder so, glaub ich. Jedenfalls muss et spät gewesen sein. Also, ick war … vielleicht zehn Jahre oder so. Det war so herrlich, und man konnte da einfach auch nicht verschütt geh'n. Rund rum um dieset Dorf, da war eine Landstraße, die war ein bisschen asphaltiert, und ansonsten goldene Kornfelder einmal rund rum. Und Tiere ohne Ende: Pferde, Ziegen, Hühner … Eier durften wir einsammeln und weiß ich nicht was.

Das war für mich das Schönste, was ich je erlebt hab, da erzähl ich heute noch von. Von diesem Wildsein dürfen, dieses Freisein dürfen, raus rennen, kein muss, kein nichts. Das war so herrlich. Und wenn wir was wollten, es war immer was da. In der Küche standen immer riesengroße Teller mit sooo großem Streuselkuchen, den man kaum in Mund gekriegt hat. Und … 'n Kasten Brause stand immer im Schuppen …, nee, im Stall. Die hatten ja 'n Stall, noch richtig mit Hühner, … mit Kühen und Schweinen und Pferden. Und dazwischen, da hab ich mich total wohl gefühlt, mit diesen Kindern … Und du konntest einfach frei entscheiden. Also das war für mich unglaublich schön.

Freiheit

Was bedeutet das, wenn du sagst „Da zehre ich heute noch von"?

Ohne
Anpassung

Ich kann dieses Gefühl immer wieder abrufen. Und das ist auch, wenn im Sommer draußen die Kornfelder diesen Geruch haben, dann erinner ich mich wieder daran, jeden Tag. Das ist einfach … dieses Gefühl von Freiheit. Ich muss nichts! Ich muss nichts! Ich brauch mich nicht verbiegen.

Und irgendwie war das so, als ob alle Anteile in mir befriedigt waren. Es ging mir so gut, es fehlte nichts, gar nichts …, und komischerweise auch keine Zuwendung! Es war 'ne andere Art irgendwie, ich weiß es nicht. Es war unglaublich schön. Und dieses „Ich kann auch was. Ich kann zu mir stehn." Auch dieses „Ich kann dies, ich trau mir das zu und das trau ich mir nicht zu." … eigene Entscheidungen treffen.

Wir haben uns 'ne alte Holztür in den Teich geschmissen und sind da drauf los gefahren. Und irgendwann sind wir untergegangen und sind im Schlamm gesteckt bis zu den Knien und sind da kaum raus gekommen. Aber es hat einen Mordsspaß gemacht. … Ja es war einfach von früh bis spät glücklich sein. Es war unglaublich. … Ja, und mich heute immer wieder daran erinnern heißt, dieses Gefühl immer noch mal anzurufen. Diese endlose Freiheit.

Freiheit
durch sich
entscheiden

Und danach bin ich auf der Suche. Ich glaube, die Freiheit kommt so ein Stück weit, wenn man lernt, Entscheidungen zu treffen, zu sagen: „Will ich, will ich nicht", und bei den Dingen, die nicht zu mir passen, die nicht für mich sind, zu sagen: „Nein, danke. Mach ich nicht. Möcht ich nicht." Und diesen Mut zu haben, auf was anderes zu warten, und auch diese *Gewissheit* zu haben, dass da was kommt, was für mich vorgesehen ist, was zu mir passt, was mich noch weiter bringt auf meinem Weg zu mir selber. … Ja, insofern is det immer noch relevant, dieset Gefühl. …

Zu den eigenen
Werten stehen

Ich hab auch auf Arbeit gemerkt, bestimmte Dinge müssen einfach nur angesprochen werden, meinem Chef jetzt zum Beispiel zu sagen: „Wir müssen auch ab und an Mäuse töten und verarbeiten und ich will das alles nicht mehr, weil ich genau weiß, über die Kinesiologie es geht auch anders." Über diese Maus werden Zellkulturen hergestellt, die bestimmte Antikörper produzieren. Diese Antikörper wiederum benutzt man, beispielsweise in der Wurstherstellung, um die Wurstmasse zu untersuchen, sind da Salmonellen drin oder nicht. Aber man könnte sich genauso gut an diesen Wurstkessel stellen, könnte mit 'nem Pendel oder was auch immer, über Kinesiologie abfragen, sind da Salmonellen drin, ja oder nein. Und man würde hundert Pro eine Antwort kriegen, die absolut richtig und real ist.

Auf die Keimzahlen genau könnte man dat abfragen. Und wenn ich
das weiß, dann kann ich keine Mäuse mehr quälen, indem ich sie
immunisiere, töte, usw. Dieser Weg ist für mich nicht mehr gehbar.
Da tun sich auch Welten auf, wo ich einfach mit klar kommen muss,
und auch jetzt den Mut gefunden hab zu meinem Chef zu gehen
und zu sagen: „Möcht ich nicht mehr. Mach ich nicht mehr." Und
dann saß er da, hat mir zugehört und … zum Schluss kam heraus:
Naja, dann muss man 'n andern Weg finden. Letztendlich sagte er:
„Sagen Sie mir, wo Sie einsteigen können, ab wo Ihnen det nüscht
mehr ausmacht" und dann hab ick gesagt: „Okay, ab hier kann ich
die Zellen übernehmen", weil's dann einfach nur noch Zellen sind
und damit kann ich arbeiten. Aber mit den Tieren möcht ich nüscht
mehr zu tun haben. Jetzt macht er das mit der anderen Kollegin
zusammen und die Kollegin hat gefragt, warum ick det nicht mehr
mache, ob det wat mit ihr zu tun hat. Nein, hat's nicht, is einfach
meine Entscheidung.
Det is so 'n Moment, wo ich einfach darauf höre, was in mir is, wo
ich mich einfach nicht mehr verbiege. Und dieset „Ah, na ja, die
zwei Mäuse, die mach ich dann schon …", aber es ist jedes mal
über irgend 'ne Grenze in mir rüber gehen, wo ich genau weiß, die
darf ich nicht mehr überschreiten. Oder die *möchte* ich nicht mehr
überschreiten, das geht einfach nicht mehr. Wenn man da sitzt und
dann wird einem richtig körperlich schlecht, weil man genau weiß,
es geht anders … …
Und *dann* zu merken, ich muss meine Bedürfnisse nur anmelden.
Es gibt immer jemand, der da drauf hört und reagiert. Und wenn
es so kommen sollte, dass da keiner drauf reagiert, dann muss ich
eben gehen und 'n andern Weg finden und sagen: „Gut, dann kann
ich eben nicht mehr bleiben, wenn's keine Möglichkeit für mich gibt."
… Da sind wir wieder bei Vertrauen und dabei zu sagen: „Ja, dann
wird was kommen, was für mich richtig ist!" … Es gibt auch immer
wieder Menschen, die mir sagen: „Nee! Geht gar nicht!" Ja, dann
einfach zu sagen: „Okay, … ihr habt 'ne andere Meinung, aber das
ändert nichts an meiner Einstellung zu den Dingen." …
Das Gefühl kann keiner mehr rückgängig machen, keiner mehr
kaputt machen.

Hat das für dich was mit Religiosität zu tun?

Nee … Einstein hat da mal wat Wunderschönes gesagt, also: Er   *Spiritualität*
muss anerkennen, bei all den physikalischen Forschungen und ma-
thematischen Berechnungen, die er angestellt hat, dass es offensichtlich eine größere Kraft gibt, die alles lenkt, leitet und intelligent

zusammenfügt. Und wenn er diese Kraft anerkennt, und dann sagen muss, er ist religiös, dann ist er eben religiös. Die Kraft gibt es für ihn, aber es hat eigentlich nichts mit Religion zu tun. Und diese Kraft kann man Universum, Schöpfer, Gott, was auch immer nennen. Aber ich denke, es hat nichts mit Religion zu tun. ...

Welchen Stellenwert hat Spiritualität für dich in deinem Leben?
Ähm, hat auch jemand wunderbar gesagt, Ken Wilber: „Jede Spiritualität, die nicht im Alltag endet, ist eine Pseudospiritualität." Und ich finde damit hat er den Nagel auf den Kopf getroffen.
Es wird irgendwie zu 'ner inneren Haltung. Es gibt Menschen in meinem Umfeld, die immer sagen: „Ja, du weißt schon so viel und du kannst das so gut erklären", und dann guck ich zurück und sehe aber nichts hinter mir. „Ich hab doch noch gar nichts gemacht, ich hab keine Ausbildung gemacht, nichts." Aber ich habe mich jetzt schon fünf Jahre mit Reiki ..., und *habe* viele Dinge gemacht. Und sie werden immer mehr mein Leben. Sie werden immer ... realer, diese Dinge. Es ist nichts, was ich irgendwo aus so 'nem Schrein nehme und sage: „Das ist mein Schatz!", sondern ich selber verändere mich. Ich seh die Welt anders, ich gehe anders mit Menschen um. ... Das Spirituelle wird irgendwann so sehr das eigene Leben, dass man es einfach macht und nicht mehr bewusst wahrnimmt. Insofern kommt's eigentlich ständig vor. Und sei's die Einstellung beim Essen, ... dass man da ... sagt: „Ja, danke dass es da ist." Oder sich überhaupt mal bewusst macht in welchem Land wir leben, ... dass wir schon so viele Jahre Frieden haben, dass wir die Zeit haben, uns mit uns selber zu beschäftigten, dass dass dass alle ... möglichen ... Dinge. ... ...

Was, glaubst du, hat Hochsensibilität mit Spiritualität zu tun?
... ... Mhhh, vielleicht die Geschichte mit dem Fragen, dass dieses Fragen irgendwie ... Also 'ne Fühligkeit, eine gewisse Hellfühligkeit ist da. Dinge fühlen zu können. „Da gibt's noch mehr dahinter" oder „Das ist jetzt nicht die ganze Wahrheit, die ich hier bekomme." Oder so dieses ständig auf der Suche sein nach „Nee, hier is' noch irgendwas, da gibt's noch mehr!", das is es. Der Motor, der einen antreibt oder der einem ermöglicht, das überhaupt aufnehmen zu können, Bücher zu lesen, die ... die ich vor Jahren auch nicht hätte lesen können, wo der Inhalt mir verschlossen geblieben wäre. Und ... ja, ich glaube diese Sensibilität macht einen eben sensibel für all diese Dinge. Anders hingucken zu wollen, tiefer hingucken zu wollen, mehr wissen zu wollen. Dieser tiefste innere Wunsch,

Spiritualität und Hochsensibilität

diese große Einheit leben zu können, also dass es wirklich allen
Menschen gut geht. Dieset Harmoniebedürfnis usw. … …

**Aber hochsensibel ist man ja vom ersten Tag an, d.h.
du hättest, rein theoretisch, auch schon früher solche Bücher lesen
können!?**
Aber ich glaube, da ist diese Konditionierung. Wenn Kinder Eltern
haben, die sich auch damit beschäftigen und für die normal ist, dass
man diese Dinge sieht, macht, tut, fühlt, usw. …, dann haben die
Kinder 'ne ganz andere Chance. Dann fangen die auch viel früher
an, weil's einfach schon von Kindesbeinen an zu ihrer Normalität
gehört, dass sie sich auf ihre Intuition verlassen. …
Bei mir war eher dieser Tenor „funktionieren-müssen", erst mal alles
wegpacken, zum Beispiel auch die Sensibilität mit der Haut.
Wenn mir jemand dreimal über die selbe Hautstelle streicht, dann
tut mir dat schon weh. Dann kam immer so „Hab dich nicht so, sei
nicht so empfindlich!" Meine Mutter musste funktionieren, wie vier
mussten funktionieren, da war kein Raum für diese Dinge. Dann
wurde eben auch drüber genölt: „Komm, jetzt mach mal" oder
„Träum nicht!" und … …
Ich glaube, das liegt einfach daran, dass man die Dinge erstmal abgewöhnt
bekommt und sich dann wieder auf den Weg macht und
danach sucht. Wie gesagt, ich hab Bücher gelesen von Leuten, die
ganz liebevoll von ihren Eltern schreiben: „Meine Mutter war schon
immer, und meine Mutter hat mich da eingeführt in diese Dinge,
usw." Aber wenn die Mutter es nicht macht, dann muss man eben
später zusehen, wo man's herkriegt.

Konditionierung hemmt oder fördert Hochsensibilität

**Würdest du sagen, dass die Veranlagung der Hochsensibilität
erst zur „Blüte" gereichen kann, wenn ich ein bestimmtes
Bewusstsein in mir entwickelt habe?**
Würd ich schon denken. Also … ja …, wenn man diese Hochsensibilität
als Geschenk betrachtet, was ich durchaus tun würde.
Jetzt lerne ich ja bewusst damit umzugehen, also ich lerne
bewusst mit *mir* umzugehen, demzufolge auch mit dieser Hochsensibilität.
Und das wird immer mehr zum Geschenk. Ansonsten
bleibt's eben dabei, dass man sich als Opfer fühlt: Man hat diese
tiefen Empfindungen, man lässt immer rein, man kann sich nicht
wehren, man ist hilflos, man wird immer an die Wand gedrückt,
man wird übersehen, man wird … *seufzt* weiß ich nicht, all diese
Dinge. Weil man zu sensibel ist, um sich zu wehren und zu
sagen: „Hey! Hier bin ich!" …

Bewusstsein und Hochsensibilität

Doch, ich denke es hat unheimlich viel mit der persönlichen Ent-
wicklung zu tun, inwieweit da wirklich was Schönes draus wird.
Kann sonst auch sehr zur Last werden. ... Ja, ist, glaube ich, der
Schlüssel dafür.

**Inwieweit hängt die Art der Kinderstube mit Hochsensibilität
zusammen?**

*Prägung und
Hochsensibilität*

Ich denk schon ... dass das 'ne große Rolle spielt, wie man da als
Kind wahrgenommen wird und wie man sein darf, oder ob man
sein darf. Und wie sehr man sich selber auch reflektieren kann, ...
ja, es hängt sehr viel damit zusammen, glaub ich. Ich krieg das ja
erst jetzt mit, ... bei diesen hochsensiblen Vorträgen beispielsweise, dass da Menschen so weit mit kollabiert sind, dass sie wirklich therapiebedürftig sind, weil sie nie das Gefühl hatten, dass sie
richtig waren. Ich glaube, die Kurve habe ich immer gerade noch
kriegen dürfen. Es gab auch diese Sachen „Ach, nu sei nicht so
empfindlich", gab's sicherlich auch. Aber nicht generell, überhaupt
nicht. Sondern ich wurde schon so wahrgenommen und man hat
mich gefördert in den Dingen, die ich gemacht habe. ...

*Hochbegabung
und
Sensibilität*

**Themenwechsel: Die Überlegung, inwieweit die Hochbegabung
ein Teil der Hochsensibilität oder Hochsensitivität ist, bewegt
sich noch im Bereich des Spekulativen. Aber ich finde es interessant, das auch im Rahmen des Interviews aufzugreifen, weil
ich denke, dass der Begriff der Hochbegabung zu eng katego-
risiert wird. Das heißt, Menschen, die sehr wohl darunter fallen
würden, fallen gar nicht auf oder fallen eben durch das Raster.**
Ich denke auch, dass, wenn du's selber nicht weißt, geht's sowieso schon mal unter, dass es diese Hochsensibilität und auch diese
Begabung gibt. Und ich sehe ja auch, dass dieses komplexe Denken im Arbeitsleben durchzusetzen eher 'n Kampf ist. Oft ist es gar
nicht gewünscht! Und da braucht man bestimmte Arbeitsstellen, wo's
wirklich erwünscht ist und gefördert wird, so wie du gesagt hast, Pro-
jektplanung oder sonst was. Wenn ich das zum Beispiel bei meinen
Kollegen sehe, die erkennen es ja gar nicht, dass ich schon zwei
Tage weiter sehe. Die nehmen's überhaupt nicht wahr und mehr,
als es zu sagen, kann ich ja nicht! Wie soll ich das durchsetzen?
Und da geht von diesen Fähigkeiten einfach schon ganz viel unter.

**Du hast sehr viele Merkmale auf der Seite der Hochbegabung
angekreuzt. Ist das ein Thema, mit dem du schon einmal in
Kontakt gekommen bist?**

Nö, det hab ich jetzt auch überhaupt nicht unterschieden!
Ich selber bin auch überhaupt nicht drauf gekommen, sondern …
ich habe einen Artikel gelesen, der hat mir sehr gut gefallen. Und da   *Hochsensibilität*
war auch schon immer „Ja, ich! Ich! Ich! Kenn ich, kenn ich, kenn   *als Gabe*
ich!" Und daraufhin hat mein Partner … das rausgesucht und wir
waren zu diesem Vortrag. … Diese Hochbegabung … Er hat immer
gesagt „Du bist das", aber ich wusste nicht, was er meint!
Hochbegabung – hab ich jetzt nach irgend 'nem besonderen Talent
in mir gesucht. Aber dass diese Sensibilität einfach diese Hochbegabung ist, war mir nicht klar. Und das ist es einfach, das merk ich
immer mehr.
Je bewusster ich werde, umso besser kann ich mit dieser Gabe
Hochsensibilität umgehen. Es ist eine Gabe, eine Begabung und
sogar eine ziemlich gute, intensive Hochbegabung. … Ich denke,
jetzt ist es dran, wirklich diese Fähigkeiten auszubauen. Sie wirklich als *Fähigkeiten* zu nutzen und zum Beispiel die Intuition zu
fördern und dann zu gucken, was mach ich damit. Es gibt immer
mehr Menschen, die den Kontakt suchen, die gerne mit einem zusammen sind. … Es ist sogar schon so …, dass Menschen kommen und um Rat fragen, weil sie … das Gefühl haben, dass man
sich da reinversetzen kann in ihre Lage, und weil ich selber schon
wahrscheinlich so viele Dinge erlebt habe und das meine eigene
Erfahrung ist. … Ja, mein Umfeld verändert sich dadurch, dass ich
mich verändere. Ansonsten habe ich mich damit nicht beschäftigt.

**Was würdest du einem Hochsensiblen mitgeben für den Um-
gang mit Nicht-Hochsensiblen? Und andersrum, was würdest
du Nicht-Hochsensiblen empfehlen für den Umgang mit Hochsensiblen?**
Ich glaube, dieser eine Schlüsselsatz, der mir da so einfällt, wenn   *Verständnis*
ich gesagt kriege: „Sei nicht immer so sensibel", dann möchte ich   *und Akzeptanz*
zurück geben „Sei nicht immer so unsensibel."   *füreinander*
Einfach Verständnis auf beiden Seiten, dass der andere so gestrickt
ist, wie er gestrickt ist und nicht anders kann. Dass es einfach um
Akzeptanz geht, um nichts anderes. Das würde ich mir wünschen.
Den andern genauso sein lassen können und sagen: „Er ist auch
so, wie er ist. Er ist halt nicht sensibler. Er kann es nicht sehen, er
kann es nicht fühlen, es beeinträchtigt ihn nicht, aber mich! Also
muss ich für mich sorgen und ihn aber so lassen."
Und das würd ich mir umgedreht genauso wünschen. Dass er es
sich eingesteht und sagt: „Gut, ich kann es jetzt nicht fühlen, aber
wenn sie's so wahrnimmt und es sie belastet und stört, dann muss

man eben 'n Weg finden." „Oder wenn sie schon die Lösung sehen kann, wie's in zwei Tagen aussieht, okay, dann lass es uns probieren. Und wenn man's dann drei, vier mal gemacht hat und sieht, es führt zum Erfolg: Gut!" Ja, mehr Verständnis.

Was kreuzt du denn noch an?

Energieverlust

kichert Alles! Mhhh, beispielsweise, *„fühle mich energetisch durch andere ausgelaugt"* Ja, ich fühle mich energetisch manchmal durch andere ausgelaugt. Es war früher so, dass, als ich mich noch nicht abgrenzen konnte, dass meine Körpertemperatur richtig runter gefahren ist, also wirklich wie so 'n Eisschrank, wirklich leer. Meine Batterien waren leer und die anderen haben sich wohl gefühlt und denen ging's immer besser. Auch ein Partner nachher zum Schluss, das war so …, wenn der mir gegenüber stand … also, fand richtig so ein Energieaustausch statt. Da war det sogar so, dass ich gewichtsmäßig immer schon weniger wurde. Nur für diesen Moment.

Woran hast du das gemerkt?

Ha, an 'ner Waage. Wirklich! Das ging immer so bis zu drei Kilo. Also, wenn er da war, dann ging er wieder völlig aufgeladen. Wir haben dann so 'n Tag miteinander verbracht, und … am nächsten Morgen war ich eben so kalt wie 'n Eisklumpen … also richtig runter gefahren. An Gewicht fehlten drei Kilo …

Von heut' auf morgen? Drei Kilo?

Von heut' auf morgen. Ja. War definitiv so, und das ist mehrfach passiert. …

Shopping strengt an

„Shopping" strengt mich sehr an, ja. Manchmal hab' ich Lust dazu, aber dann nach kurzer Zeit, halbe Stunde, ist mir denn alles schon zu viel. Zu viel, zu laut. Also ich freu mich an den Farben, die ich sehe. Aber die Dinge, die hinter diesen Farben sind … … Ja, ich frag mich immer, wozu das alles. Oder wenn ich Preise sehe von irgendwelchen Dingen, wo ich dann immer denke „So viel kostet doch schon die Verpackung! Wer hat jetzt draufgezahlt?" Weil, irgendjemand hat's ja bezahlt! Alleine der Transport würde schon so und so viel kosten. Und da frag ich mich, wer glaubt hier, irgendwo 'n Schnäppchen zu machen und das nicht irgendwo bezahlen zu müssen, letztendlich. …

Was du gerade beschrieben hast, bringt mich auf den Begriff der Voraussicht. Nicht im Sinne von Hellfühligkeit, sondern im

Sinne von: Ich sehe nicht nur die nächsten zwei Schritte, sondern ich sehe fünf, eine ganze Kette, Folge.
Ja! Ja. Ja. Genau das. Das sind auch Sachen, die mir auf Arbeit auf die Füße fallen, beispielsweise wenn's irgend 'n Problem zu lösen gibt. Wir reden darüber, das und das liegt an, und dann mach ich mir Gedanken darüber. Dann finde ich eine Lösung und sage: „Lass es uns so und so machen". Ich hab dann wirklich schon dieses Endprodukt fertig im Kopf, also ich kann's mir definitiv vorstellen. Und jeder Weg dahin, das kann ich mir auch alles genau vorstellen, bis zu dem Punkt wo die Lösung da ist. Die anderen können's sich offensichtlich nicht vorstellen, geh'n auch nicht darauf ein, und dann lassen wir zwei Tage vergehen, dann kommen sie plötzlich mit ihrer Lösung, die letztendlich genau das ist, was ich vor zwei Tagen gesagt hab. Ja, das ist genauso wie, weiß ich nicht, wenn ich sage: „Ich möchte einen Raum renovieren." Dann hab ich 'ne konkrete Vorstellung, wie die Farbe aussieht, wie die Tapete aussieht, wie das wirkt und wie die Möbel hingestellt werden. Ich krieg dann fertige Bilder davon. Aber ich hab inzwischen begriffen, dass die das wirklich nicht sehen … so weit.

Voraussicht

Oder dass sie mehr Zeit brauchen, um dahin zu kommen?
Genau. Dass sie die zwei Tage brauchen und nach den zwei Tagen wird's dann Realität. Dann kommen sie mit ihrem Ergebnis, präsentieren das Freude strahlend und ich denke „Leute, det hab ick euch vor zwei Tagen jesagt."

„Medikamente, Koffein" – … Vertrag' ich nicht gut. … Kaffee mag ich gar nicht, also der Duft unheimlich schön. Wenn's morgens nach Kaffee durftet, ahh! Steh ich total gerne auf. Aber trinken … *beide kichern* Schmeckt nicht!

Empfindlichkeit bei Medikamenten, Kaffee

Und Medikamenten, welche Erfahrungen hast du da gemacht?
Naja, also 'ne Spritze vom Zahnarzt bringt mich schon fast zur Vollnarkose. Hatten wir schon mehrfach so ein Erlebnis, wo ich dann abgeholt werden musste, weil ich's nicht hingekriegt hab. Sagte dann noch zur Zahnärztin: „Ach, is ja nicht so schlimm, weil ich bin ja mit dem Auto …", wo sie dann sagte: „Nee, auf keinen Fall!" Hat se meinen Mann angerufen, musste er mich abholen. Ist zwei mal passiert.

Hast du Erfahrungen mit homöopathischen Medikamenten?
Ja, total wirksam. Also auch dolle Erlebnisse. Mein erstes homöopathisches Medikament, da bin ich nach Hause gekommen und ha-

Homöopathie u. Energieheilung

be … Also, ich hatte vorher aber noch so 'ne andere Therapie bei 'n Therapeuten, der arbeitet auch mit Energie, mit weiß ich nicht was. Der guckt immer, dass er die Energiebahnen frei macht und die Blockaden löst, alles wieder ins fließen bringt und hat aber auch schon total verschiedene Methoden aneinander gereiht. Und gleichzeitig koppelt er das auch an Fragen: Was steckt hinter dem? Was ist da für ein Thema hinter? Was war heute für ein Erlebnis? Wenn man ankommt und völlig steifen Hals hat und den Kopf nicht mehr drehen kann, dann sagt er: „Was ist heute passiert? Was war als letztes?" usw. Er stellt da Zusammenhänge her und so.

Jedenfalls diese Art der Behandlung, dazu noch dieses homöopathische Mittel und ich bin nach Hause gekommen … Ich hab's kaum noch geschafft bis nach Hause. Ging mir so elend! … Mein Körper hat sich auch noch gemeldet und gesagt, er schafft det allet nicht mehr. Also mir war der Rücken, als ob er durchbricht. Ganz schlimm. … Ja, dann kam alles, was ich je an Krankheiten hatte, immer so für fünf Minuten, aber richtig heftig! Ich hab in dieser Nacht durchlebt 'ne Angina für fünf Minuten, wahnsinnig Rückenschmerzen *kichert*, dass de gedacht hast, das schaffste hier nicht mehr.

Ja, … so gegen Morgen war ich durch damit mit allem, die Nacht war völlig im Eimer. *Aber* – ich konnte früh morgens arbeiten gehen! Es war nicht so, dass es mich völlig weg gehauen hat, sondern … der Körper hat unheimlich gearbeitet, oder was auch immer, und ich war arbeitsfähig und konnte den Tag normal leben.

Unterstützung von „oben"?

Ich hab immer das Gefühl, das ist wie so 'n Handel: Ich fange langsam an, für mich einzustehen, etwas für mich zu tun, damit ich zu der vollständigen Gesundheit wieder zurück komme. Und dafür schenkt mir … der Körper … sozusagen, trotzdem meine Dinge machen zu können. Ich kann's jetzt nicht besser beschreiben, aber es ist auf alle Fälle …, als ob sich da jemand mit mir freut. Da wacht endlich jemand auf. Und den unterstützen wir jetzt dabei. Sie tut das, was sie tun muss, was nötig ist, und wir geben ihr von der anderen Seite die Unterstützung. Wer auch immer: Wir, Universum, die göttlichen Kräfte, was auch immer, keine Ahnung.

Und das ist sehr sehr schön, sich da drin aufgefangen, aufgehoben zu fühlen. Das nächste homöopathische Mittel, was dann kam, da hatte ich dann nachts 'n Traum, auch so real: Von sämtlichen Häusern, die in der Umgebung standen, waren die Dächer runter geflogen, die Zäune waren kaputt, die lagen alle auf der Straße. Also, es war wie ein Orkan der drüber gefegt hatte. Und so sind auch *in mir* Prozesse passiert, wie ein Orkan. Also völlig … völlige

Veränderung irgendwie. Alte Sachen endlich loslassen können und
… War schon enorm, ja.

Du hast vorhin gesagt, mit deinem Rücken hat sich dein Kör-
per gemeldet. Meintest du, dass er ein Signal gesetzt hat, als
es zu viel war?
M-hm. Genau. Absolut. Aber so stark …, das hab ich gar nicht mehr
realisiert, dass nichts mehr ging. Meistens traf's mich abends oder
am Wochenende und ich hab mich dann immer irgendwie mit Tabletten vollgestopft und bin dann doch zur Arbeit gegangen. Ich hab
nie für mich gesorgt, hab nie gesagt: „Halt, ich erkenne jetzt deine
Signale an." … Ja, eigentlich, der Körper hat sehr deutlich mit mir
gesprochen, aber ich konnte ihn nicht verstehen.

Körpersignale
verstehen

Das heißt, für dich war es noch nicht Signal genug, deine Si-
tuation zu verändern!?
Nein, nein. Ich hab's nicht begriffen, sondern ich hab dann geschimpft:
„Oh, der scheiß Rücken …" und weiß ich nicht was. Würd ich heute
nie wieder tun. Heute ist das so, dass wenn ick anfange mich zu ver-
spannen, dass ich sofort überlege „Was denk' ich?" Weil, dann komm
ich drauf, dass ich in den Sachen anderer Leute unterwegs bin, wo ich
sage „Nimm dich da raus. PAL-Felder. Geht dich alles gar nichts an."

Peilfelder?
Pal! P-A-L. Also es stammt nicht von mir, hat 'ne Heilerin gesagt:
Probleme anderer Leute – PAL-Felder. Und die sagt immer: „Was
willst du mit dem geistigen Eigentum anderer?" Fand ich sehr treffend! … Ja. Heute kann ich drauf hören. Ich glaube, dass sich die
Seele oder wer auch immer so 'n Panzer zugelegt hat, um die ganze Situation zu überstehen. Diese ganzen Anforderung überhaupt
abarbeiten zu können. … Vielleicht war da keine andere Lösung,
sonst hätte der Körper, oder wer auch immer, eine andere Lösung
gefunden, oder vielleicht musste ich erst durch dieset tiefe Tal, keine Ahnung. Das war wie 'n Panzer rund rum. So dass meine Wahrnehmung auch völlig gestört war. …
Ich hab' ne wunderbare Physiotherapeutin kennen gelernt und die
hat auch osteopathisch gearbeitet. Wenn die zum Beispiel gesagt
hat: „Spann se mal den Kopf ganz wenig nach rechts." Dann hab
ich losgelegt, also hab bestimmt so zehn Zentimeter Fläche … also
Strecke zurück gelegt, weil ich überhaupt nicht mehr einschätzen
konnte, was 'ne sanfte Bewegung ist und was nicht. Also, das war
wie in 'nem Panzer zu leben, vielleicht auch um die Dinge von au-

Schutzpanzer

Was hilft

ßen nicht mehr so ran zu lassen. Und gleichzeitig aber auch, um 'ne gewisse Stabilität zu haben, um das alles schaffen zu können, was dann auf mich eingeströmt ist. …
Und da bin ich wieder viel, viel feiner geworden mit kleinen Übungen, also wirklich nur kleine Bewegungen. Wenn ich merke, ich verspann mich, denk ich nach …, oder gucke, was denk ich grad und reagiere drauf. Oder, wenn ich müde bin, bin ich müde und dann geh ich ins Bett! Da wird nicht noch 'n Film zu Ende geguckt oder „Ich muss noch schnell dieses Schreiben beantworten" oder oder. Nee! Dann ist Schluss. Dann geht's eben morgen weiter. Diese Kleinstbedürfnisse auch zu erfüllen. Wenn ich Durst habe, dann steh ich eben auf in meinem Labor und geh runter und trinke! So auf diese einfachen Sachen zu hören. Früher hätte man gesagt: „Och, naja, später, später." Der Körper war nie wichtig, und man selber war nie wichtig. Das hat sich richtig grundlegend verändert. …

Hat dir das somit auch zu einer emotionalen und körperlichen größeren Stabilität verholfen!?
Unbedingt. Ja. War echt 'n schöner Prozess. … Und ich bin noch längst nicht am Ziel! *kichert*

umgang mit Auseinandersetzungen

„Konflikte nehmen mich sehr mit" – ja. Wobei, wie gesagt, wenn man Abgrenzung lernt, dann kriegt es 'nen andern Rahmen. …
Ich lerne gerade Auseinandersetzungen, was auch sehr schön ist. Das heißt wirklich, dass es um die Sache geht, dass man unterscheiden kann, es gibt 'ne emotionale Ebene, es gibt 'ne sachliche Ebene – es gibt da noch mehr, aber diese beiden Sachen sind schon mal wichtig, – dass die Dinge trennt. … Für mich ist es auch so wichtig, dass es kein Sieger geben muss. Für mich geht es niemals um's Siegen oder so. …
Spiele beispielsweise: Ich kann mit meiner Tochter heute noch Memory-Spiele spielen, wir können da stundenlang sitzen. Und es geht *niemals* darum, dass jemand gewinnt, sondern wir genießen einfach dieses Spiel. … Ich hab bei den Aborigines auch gelesen, dass die so 'ne Spiele niemals spielen. Also die bringen ihren Kindern diese Erfahrung, ein Verlierer zu sein, nicht bei! Und was machen wir?: Erst erklären wir den Kindern, dass sie 'n Verlierer sind und dann fangen wir an, sie zu trösten! Das ist doch so hirnrissig! für meine Begriffe. Und das erleb ich in Auseinandersetzungen auch. Es geht nicht darum, dass jemand Recht hat oder Sieger ist. Sondern es geht für beide darum, dass beide sich ausgedrückt haben und jeder für den andern vielleicht Verständnis aufbringen kann. Dass

eben manchmal auch 'ne Situation stehen bleiben muss, weil man sagt: „Kann ich jetzt nicht wirklich nachfühlen, hab ick selber noch nie erlebt. Aber wenn du's sagst, kann ich's akzeptieren, dann is es so", so auf dieser Ebene eher, wenn man nicht mitfühlen kann. Aber dann mindestens sagt: „Ja, es gibt eben andere Dinge im Leben, die kenn ich nicht, die hab ich nie erfahren, aber ich kann darüber nicht urteilen, und wenn der andere es eben so empfindet, ist es eben so." … …

Was ist mit Aggressivität?
Ist mir unangenehm, selbst auch meine eigene. Also Aggressivität ist da in mir noch, Wut, über diese vielen Male, wo ich mich selber verraten habe, wo ich nicht zu mir gestanden habe, meine Bedürfnisse übergangen habe usw. Das nivelliert sich aber auch langsam, … wo jetzt immer andere Handlungsmöglichkeiten kommen. Und das Leben bietet so wunderbare Sachen, wo man üben kann. Es ist ganz toll … *beide kichern*

… wenn man's denn als Übungsfelder …
… betrachtet, ja genau. …

„Mag kein Smalltalk" – ja das ist … ahh!!

„Fühle mich verkehrt" – nee, inzwischen nicht mehr. Doch! Schon …   *Anders sein*
Doch! … Nee, eigentlich nicht mehr, weil … Nee, verkehrt nicht! Ich fühle mich anders, aber ich weiß, dass es nicht verkehrt ist. Ich habe diese tiefste innere Erkenntnis: Es ist nicht verkehrt! … Inzwischen … nein … nein. Nein, ich fühle mich nicht mehr verkehrt. Mein Selbstvertrauen verändert sich, da passiert 'ne ganze Menge. Ich hab auch keine großen Selbstzweifel mehr. … Auf diesem Weg, den ich jetzt gehe, ja, gibt es immer mal Täler, wo man sagt: „Was mach ich hier überhaupt?" und „Wäre es nicht einfacher, dieses normale Leben zu führen, wo man nicht hinterfragt, macht und tut?" Aber … dann kommt man eben auch wieder raus aus diesen Tälern, die wahrscheinlich immer und überall da sind. Dann hat man wieder den Überblick über alles und sagt: „Ja. Das ist genau mein Weg und den will ich weiter geh'n." Diese Sicherheit, die da auftritt, das is … unwahrscheinlich schön. Und dann gibt's ja auch Menschen, die einen begleiten und unterstützen und … Doch da schließt sich dann wieder der Kreis. …

Ja, „Stress" – halt ich nicht gut aus. … *kichert* Ah, beispielsweise   *Umgang*
selbst Filme … Da gibt's dann natürlich auch wieder Verfolgungs-   *mit Stress*

jagden und weiß ich nicht was, für die andern Zuschauer, die mehr darauf spezialisiert sind.

Aber ich sitz dann immer so in meinem Sessel und ... so ... *macht Bewegungen und lacht* ... gehe richtig mit, weil ick dat nicht aushalten kann! Is mir zu stressig. Jetzt haben wir den Film auf DVD gesehen, da konnten wir dann weiterspulen zu den wichtigen Dingen des Films, so wie ich den sehe.

... Ja, Stress ist nicht gut für mich. Ich kann manchmal, wenn andere total im Stress sind, kann ich auch total runter fahren, bei mir bleiben und kann der Ruhepol sein. Geht auch.

Heißt das, in Krisensituationen oder Notsituationen bist du der rettende Anker?

Kann sein, is möglich, ja! Is durchaus möglich, ja. Aber is wahrscheinlich so, wie man gerade getroffen wird. Wenn man noch nicht die Zeit hatte, sich abzuschotten, zuzumachen ... Beispielsweise als diese Audits waren mit den Amerikanern, ... da waren meine Kollegin und ich, wir waren wirklich fertig, weil die waren unmöglich diese Leute! Sowat hab ich noch nicht erlebt! „Hier!" – *klopft auf den Tisch* – „Kommste mal her!" und alles in Englisch und wirklich Katastrophe ... War'n wir beide total im Stress und ich hab total gemerkt, dass es mir überhaupt nicht gut tut. Dann hab ich mit meiner Reiki-Lehrerin gesprochen und die hat gesagt: „Mach einfach das Verfahren der Disassoziation." Hab ich dann gemacht, bewusst abgegrenzt diesen Teil, da der ja nun so ängstlich war, bei Seite gesetzt und dann konnt ich plötzlich normal funktionieren, und war für sie ooch 'n Ruhepol. Also, is durchaus möglich. ...

Mit den Kindern und Beruf früher, das ist ja auch Stress gewesen, weil das, so wie du es beschrieben hast, eine ständige Überforderung war. Da hat's aber „funktioniert"?

Es hat funktioniert und ich hab's nicht als Stress wahrgenommen, sondern so als: „Ja, die Kinder sind jetzt eben klein, die brauchen die Aufmerksamkeit. Ja, ich muss arbeiten gehen." Und ich hab da nicht wirklich aussteigen können und mal drauf gucken können und wirklich sehen, was da passiert. Ich war so involviert, dass ich ... Teil des Stresses war. Der, der ihn gemacht hat, der der ihn gelebt hat, der der ihn abbekommen hat, der der ihn vielleicht auch manchmal nicht wollte, aber ich war's immer. ...

Wie ist das überhaupt mit der Anpassung? Ist das ein Thema in deinem Leben?

Ja! Unbedingt! Ich war total angepasst. Selbst bis dahin, dass ich
mich nie getraut hab – obwohl alles in mir Nein geschrien hat – ich   *Anpassung*
hab mich nie getraut, *Nein* zu sagen. Obwohl ich genau wusste,
dass es nicht richtig ist. War total angepasst. ... Das schlimmste
Beispiel ist meine Hochzeit. Als ich „Ja" sagen sollte, wusste ich genau, dass das der größte Fehler in meinem Leben ist, den ich tue.

Und??
Ich hab's getan!

Du hast „Ja" gesagt?
Ich hab „Ja" gesagt.

Und war das dein größter Fehler?
Ja. Na, sag ich jetzt so! Also, nee. ... Für meine Entwicklung war
es nötig und das Leben macht ja nichts umsonst, das kann ich heute sagen. Aber so, wie ich meine Ehe erlebt hab: Albtraum! ... Ich
denk, so 'ne Erfahrung muss niemand machen, um zu lernen. Aber
offensichtlich musst ick's, sonst wär's mir nicht passiert. Aber über
die Brücke kann ich noch nicht so freihändig, offenen Herzens gehen. Die wünscht ich mir noch weg. ...
Ja, angepasst, ooch, ja, war ganz viel Anpassung. Obwohl innen
schon immer was geschrien hat „Mach's nich'!" ..., vielleicht war
deswegen auch dieser Konflikt so groß in mir immer. Weil ich wusste
immer, dass ich das nicht will, aber ich wusste nicht, wie ich's ausdrücken kann, wie ich's raus bringen kann, dass ich des nich will.
Oder nicht den Mut gehabt, es zu tun, oder irgendwie war da immer
'ne Begrenzung. Und das hat mich traurig gemacht auch. Dieses
sich immer handlungsunfähig fühlen: Ich möchte doch – aber! Oder
ich möchte nicht, und sich nicht zu trauen, dass ich möchte oder
dass ich nicht möchte. Und ... ja, det lähmt irgendwie. ...

„*Ich handle und entscheide langsam*" – nee, ich bin total schnell!
Schnell und trotzdem aber präzise. Und wenn ein Mensch total   *Entscheidungs-*
langsam ist ... bringt es mich auf die Palme! *beide kichern* Aber   *fähigkeit*
total! Ich entscheide auch nicht langsam, sondern ich entscheide
mich schnell, *wenn* ich mich dann endlich entscheiden kann. Also
... ich kann ganz schnelle Entscheidungen treffen, aber es ist auch
manchmal möglich, dass ich überhaupt nicht zu Potte komme. Und
wenn ich dann aber 'ne Entscheidung treffe, dann is es ooch wieder so 'n ... „Ok! Jetzt!" ... ...

Perfektionismus   „Bin perfektionistisch" – ... hundert Prozent, könnte man dahinter schreiben!

Schreib's doch dahinter *beide lachen* **... Ist das ein Segen oder ein Fluch?**
Mmmmmhhhhh... sowohl als auch? *überlegt ... kichert* Sowohl als auch! ... Weil, perfektionistisch im Sinne von: Wenn man ganz viel Kinderwäsche aufzuhängen hat und man det Bedürfnis hat, erst alle weißen Klammern, dann alle roten Klammern, dann alle Blauen zu nehmen, dann könnte es schon zum Fluch werden. Weil, man hat ja eigentlich nicht die Zeit. *Aber* man kann auch nicht über seinen Schatten springen und die Sachen bunt zusammen klammern, geht auch nicht. ...
Ein Segen war's zum Beispiel bei meiner Arbeit, die ich durchgeführt hab, weil dieses Perfektionistisch hieß eben, immer nach 'nem bestimmten Schema, also konnt ich's ooch rückwärts zurück verfolgen „Das haste so und so und so", weil, ich hab es *immer* so gemacht. ... Perfektionistisch ist auch erst ..., ja, ist auch schön, wenn man erst losgeht, wenn die Lösung perfekt ist, dann kann man in Ruhe mit 'nem guten Gefühl gehen. Perfektionismus ist aber auch 'n Fluch, wenn man nicht so weit kann, wie man eigentlich möchte, weil die finanziellen Mittel begrenzt sind, weil weil weil. Ja, also sowohl als auch. Is wieder dieset Ambivalente. Man kann's nutzen und sich drüber freuen, man kann aber auch sagen: „Heute zum Beispiel hänge ich die Wäsche auf mit Klammern wie sie kommen." Ich kann bestimmte Dinge schon so richtig bewusst loslassen. Darüber freue ich mich.
Is witzig, dass überhaupt jemand so darüber nachdenkt *beide kichern* ... „Klammern? Wieso, haben die Farben?" *kichern*

Ich nehme immer Holzklammern. ... Die haben ja nur eine Farbe. Aber hängst du deine Wäsche auch draußen auf?

Na, wenn ich nicht zu faul bin, schon ... mal ...
beide lachen

Bei Nicht-Hochsensiblen ist es wohl so, dass sie es eher vertragen, wenn sie etwas nicht so wahnsinnig toll finden, oder nicht den absoluten Sinn des Lebens drin erkennen. Da haben sie eine größere Toleranz. Wie ist das bei dir? Wie breit ist der Grat der Dinge, die du gerne machst und die du nicht gerne machst?

Der Grat wird immer schmaler, immer immer schmaler. Geht im-   Die Komfortzone
mer weniger. Beispielsweise: ich komm von 'nem Reiki-Kurs und
bin noch drin in dieser ganz wunderschönen Energie dort. Und …
komm nach Hause und meine Mutter hatte Besuch und hat gefragt,
ob ich dann auch noch rüber komme. Es war 'ne Cousine von ihr
und weiß ich nicht was. Und diese Frau saß da und *äfft nach*:
„Hach! Ist das nicht schrecklich! Und wenn du an den Wurststand
gehst, da gibt's soo viel Wurst zu kaufen! Man weiß ja gaaar nicht
was man zuerst und zuletzt essen soll!" Nur so ein Gejammere!
Mein Gott, wenn se Wurst essen will, soll se doch froh sein, dass
es so viel gibt und se sich wat aussuchen kann! Also det war mir
allet …, det ging mir sowat von … Ich konnt's nicht aushalten, ich
bin gegangen!!
Also da … bin ich dann ooch rigoros und sage: „Tu ich mir nicht
mehr an!" Oder auch so 'ne hohlen Sachen, wie du gesagt hast,
hier mit Smalltalk. Kann ich mal machen, aber muss dann auch
Schluss sein. Und es ist auch mit dieser Sinnfindung so. Es muss
immer alles auch 'n Sinn haben … Es is schwierig Dinge zu tun, wo
ich selber den Sinn dahinter nicht erkennen kann. …
Früher war das so, da war Familientreffen, da musste man mit und   Eigene
… *seufzt* dann hat man irgendwie versucht die Zeit zu überste-   Bedürfnisse
hen. Hab mich auch nicht wohl gefühlt dabei, aber ich hab überhaupt nicht in Erwägung gezogen, dass ich da nicht hin müsste,
wenn ich mich einfach mal auf mich besinne und sage: „Nee, *will*
ich nicht! Mach ich nicht! Fahr ich einfach nicht mit!"
Da sind meine Kinder so 'ne Augenöffner gewesen! Beispielsweise
haben die dann auch zu diesen Familientreffen gesagt: „Nee! Tun
wir uns nicht an." Sie wollen nicht zwischen diesen alten Tanten
sitzen und sich die ganzen Krankheiten anhören, machen se nicht.
Und ich hab dann gedacht „Ja, wie hast du dich denn früher gefühlt?" Wollt ick ooch nich. Aber ich wurde überhaupt nicht gefragt,
ob ich will oder nicht. Bei meinen Kindern kann ich locker sagen:
„Ja, bleibt zu Hause. Macht euch 'n schönen Tag."
Die haben mir die Augen für geöffnet für dieses „Was will ich eigentlich? Wer bin ich?". Und auch mein Partner, mit dem ich im Moment
zusammen bin, der is auch so toll. Von ihm kommt dann immer diese Frage: „Was brauchst du jetzt?" Wenn ich beispielsweise Sachen äußere, wo ich unzufrieden bin oder irgendwas, dann guckt
er mich ganz groß an und sagt: „Was brauchst du jetzt?" Det is für
mich det Signal, erstmal in mich rein zu horchen „Was brauch ich
überhaupt? Was regt mich überhaupt auf? Was ist überhaupt los?",
und seitdem er das 'n paar mal mit mir gemacht hat, ist das auch

zur Gewohnheit für mich geworden, erstmal so 'n Systemcheck zu machen: Was passiert hier überhaupt? Dass man bestimmte Dinge nicht auf die anderen projiziert, sondern erstmal bei sich guckt und da findet man dann ja auch …

Entscheidungs-
freiheit

Ick glaube, Entscheidungen werden für mich immer wichtiger. Also zu sehen, dass mir das Leben Möglichkeiten bietet und ich Entscheidungen treffen kann. Und auch *aufgefordert* bin, Entscheidungen zu treffen! Und dann auch mit den Konsequenzen zu leben und auch zu sagen „Okay, heut früh habe diese Entscheidung getroffen und heute Nachmittag ist 'ne völlig andere Situation, da treff ich eine andere." Mir das einfach zu gestatten, aber auch allen anderen, dass die sich auch umentscheiden können. Auch meinen Kindern. Als sie zum Studium losgetrabt sind, habe ich ooch gesagt: „Macht das, ihr habt's euch ausgesucht, aber wenn ihr nach 'nem halben Jahr feststellt, das ist es nicht, dann einfach Handeln." Wer weiß schon so genau, ob er das nun wirklich 'n Leben lang machen will!? …

Reizüber-
flutung

„*Fühle mich von Reizen überflutet*" – ja! Da sagt der Körper einfach: Ausschalten! Als ob der Stecker rausgezogen wird und dann is Schluss. Ich komm manchmal nach Hause und dann muss ich einfach schlafen. Wat anderes hilft da einfach nicht mehr. Bis jetzt ist das immer noch so, dass … es immer zum Crash kommt. Ich hab dieses Maß einfach noch nicht raus. Obwohl das auch besser wird, dass ich einfach sagen kann: „Ich muss jetzt hier raus, ich muss jetzt damit aufhören. Das strengt mich zu sehr an", oder ich werde müde oder so. Meistens ist es aber immer noch so, dass … ich das noch irgendwie aushalte. Und dann komm' ich nach Hause und dann ist einfach Schluss! Dann schaff ich's noch bis in mein Bett, wumm! Ruhe! Nach 'ner halben Stunde geht dann alles wieder. Is wie resetten, dann fährt der Computer langsam wieder hoch.

Was würdest du machen, wenn du in einer solchen Situation eigentlich noch mit deinem Partner verabredet bist?
Mit meinem Partner würd ick einfach sagen: „Du, ich kann nicht mehr." Ja. Der akzeptiert das auch, weil er selber so gestrickt ist, ja. … …

Das heißt, du setzt an dieser Stelle genau das um, was du vorhin erzählt hast: Wenn die Situation sich geändert hat, dann entscheide ich mich auch wieder anders?
Ja! …

„Beobachte gerne zuerst bevor ich handle" – ja. Kommt mir auch bekannt vor. ...

War das auch so als Kind?

Ja, immer erst sehr vorsichtig gucken. Und dann brauchte ich als Kind immer 'ne Bezugsperson. Egal wo ich hingekommen bin, in 'ner Schule, ... ich brauchte immer 'ne Bezugsperson. Und wenn die da war, dann konnt ich anfangen der Sache zu vertrauen. Aber die musste erstmal her. Und wenn da keine war, ging nicht.

Bezugsperson

Was hast du dann gemacht?

seufzt Na, beispielsweise bin ich nicht ins Ferienlager gefahren, oder dies nicht oder das nicht. ... Habe das irgendwie versucht zu überstehen, aber es war ein ..., also ich konnte mich auf nichts einlassen.

Beispielsweise auch im Kindergarten: Da gab es eine Erzieherin die war für mich 'ne Bezugsperson. Das war 'ne ganz alte, die Nachmittags immer den Spätdienst gemacht hat. Und die mochten die anderen wiederum nicht. Für mich war die aber so zum Ankuscheln. Ansonsten den Tag bis dahin hab ich einfach nur immer überstanden ... Überstanden! Ich konnte ihn nicht leben, ich konnte ihn nicht genießen, ich konnte nicht spielen, ich konnte gar nichts, ich musste einfach nur mal überleben irgendwie, bis zum Nachmittag. Und das äußerte sich so, wie wenn man als Erwachsener so 'ne Prüfungsangst hat oder sowas. So 'n Knoten im Bauch, und ... und Unruhe, und weiß ich nicht. So habe ich viele Tage verbracht, wenn keine Bezugsperson da war. ... Ja, und als Lehrer ..., also in der Schule war's ja dann der Klassenlehrer letztendlich, da musste man auch erstmal mit Abstand gucken, wer ist das überhaupt und kann man sich dem nähern oder nicht, und wie läuft das? Und wenn das Eis dann gebrochen war, dann ging's gut. ... Oder eben auch früh die Schulstunden überstehen können, weil nachmittags 'ne Hordnerin da war, auf die man sich gefreut hat. Und so hab ich mir meine Tage eingerichtet. ...

„Bei Unterforderung bin ich unruhig oder ziehe mich zurück" – Unterforderung ist auch ganz schlimm.

Unterforderung

Wieso? Was passiert da?

Naja, ... Sinnhaftigkeit muss immer da sein und wenn ich unterfordert bin, dann kommt so 'ne Unausgeglichenheit, dann fühl ich mich überhaupt nicht mehr wohl, nicht gefordert, nicht gefördert,

passt nicht! Irgendwie … als ob man ständig unter seinen Möglichkeiten bleibt, fühlt sich nicht gut an. … Unzufriedenheit. … Sinnlos,
die Zeit sinnlos verbracht zu haben. Was nicht heißt, dass ich nicht
auch einfach mal nichts tun kann oder, wie ich jetzt eben immer sage: „Ich – muß – nichts – tun!" Das ist für mich keine Sinnlosigkeit,
überhaupt nicht! Sondern die Zeit kann ich bewusst genießen, es
ist wie ein Ausgleich zu der Zeit, als ich in diesem Hamsterrad war.

Selbstständig
arbeiten
Im Dienst, wenn mir mein Chef immer sagen würde „Du machst jetzt
das", dann arbeite ich die Arbeit ab und kriege dann die nächste,
dann arbeite ich det wieder ab. Aber det kann ich nicht! Ich brauch
'n Projekt, und 'n Projekt fängt hier an und hört da auf und det pla-
ne ich mir alleine durch: Was brauch ich dazu? Wie lange wird det
dauern? Wat kommt bei raus? Wie muss ich die Dokumentation
strukturieren? und und und. Dann ist es für mich 'n Projekt und
dann kann ich damit leben.

Unterforderung ist für mich, wenn ich nur auf Zuruf …, det sind so
abgeschlossene Dinge, wo man nicht viel verkehrt dran machen
kann. Da fühl ich mich völlig unterfordert und dann krieg ich richtig
Probleme. Werd auch unleidlich, fühl mich nicht gebraucht, weiß
nicht, alles mögliche. Tut mir nicht gut. …

Anpassung
„*Versuche mich „sozial erwünscht" zu verhalten*" – ja, ich habe mich
lange Zeit sozial erwünscht verhalten. Aber es hört auch immer
mehr auf. Also is schon sehr Richtung Nein.

Wie hast du das denn getan?
Ähhm … wie hab ich das getan? … Na immer diese Erwartung
erfüllt, wenn beispielsweise die Leute an mich rangetreten sind,
und sei's Glückwunschkarten für irgendwen zu schreiben. Bei uns
ist das so, dass dann Geld eingesammelt wird und dann wurde irgendwas gekauft, was derjenige sich gewünscht hatte. Dann wurde aber noch 'ne schöne Karte geschrieben. „Schreib du mal die
Karte!" Und das ist dieset … ja, obwohl ick weder Zeit hatte noch
sonst irgendwat, ich hab se sogar mit nach Hause genommen und
hab se noch zwischendurch irgendwann gemacht und … Das nenn
ich zum Beispiel sozial erwünscht. Die anderen haben's von mir
erwartet, also hab ich's gemacht. Erwartung erfüllt …, tja. … … …

Komplexe
Verarbeitung
„*Meine Gefühle und Impulse sind recht stark*" – ja, meine Gefühle
und Impulse sind sehr stark, sie sind sehr sehr stark. Das ist dieses „tiefer empfinden", dass alles wirklich gleich immer so … so
vielfältig abgespeichert wird. Der Satz bleibt nicht nur hängen, son-

dern der Satz bleibt hängen mit dem Regen, der dazu fiel, mit dem Gefühl, was er dazu auf der Haut gemacht hat, mit … ich weiß es nicht, das Ganze … also das ist nicht 'ne Datei von 5 kb sondern det wärn dann immer 2 MB, die da abgespeichert werden.

Das war die Erläuterung für die moderne Kultur!?
M-hm! Ja! *beide kichern* … …

Wie wird eigentlich Kontakt für dich, wenn die andere Person nicht authentisch ist?
Mag ich nicht mehr. Möchte ich zumachen, also ich möchte mich dem nicht öffnen. Ich merke ja, ob jemand authentisch ist. … Also, ich hab ja Leute um mich rum, meine Lehrer zum Beispiel, und in deren Anwesenheit – die sind total authentisch – und in deren Anwesenheit bin ich es automatisch auch. Da gibt's kein Verbiegen mehr, da ist alles plötzlich Wahrheit und Klarheit und es ist unglaublich schön.

Authentizität

Wenn jemand nicht authentisch ist, dann … dann wird ein Spiel gespielt, von dem man nicht weiß, wie's lang geht. Du weißt nicht, was will der jetzt von dir, was macht der jetzt. … … Das ist so subtil irgendwie. Wenn der ein Spiel spielt, kann das jeden Moment umschlagen. Es gibt da ganz viele Nuancen, weil das ja für den nur ein Spiel ist. Der ist ja nicht authentisch, sondern er macht irgendwas, vielleicht aus alten Mustern heraus, aus Zwängen heraus, aus aus aus… Es ist einfach nicht echt. Und bei den anderen, beispielsweise wenn ich mit meinen Lehrern zusammen bin, … du kannst denjenigen völlig für bare Münze nehmen. Wenn der mir was sagt, dann ist es so. Und das kann man bei den anderen Leuten überhaupt nicht. Das macht in mir innen schon auch … Ablehnung. Ich weiß, dass die Leute nicht anders können. Es gibt zum Beispiel auch 'ne Kollegin, die bemüht sich sehr, aber ich weiß, dass sie einfach so gestrickt ist. Sie hat beispielsweise Angst, Fehler zu machen. Darum reagiert sie immer so und so. Das kann ich alles schon vorhersehen. Also sie ist für mich vorhersehbar und darum kann ich damit dann auch umgehen, wenn sie nicht authentisch ist. Aber das ist 'n Prozess, der ist eben auch schon fünfzehn Jahre alt.
Auf alle Fälle ist Authentizität durchaus zu spüren. Das ist auch was, was ich von meinen Kindern gelernt hab. Die können das schon von ganz klein auf.

Was haben deine Kinder gemacht, wenn sie auf einen Lehrer getroffen sind, der nicht authentisch wahr?

Fehlende Authentizität bei Lehrern

Also, mein Sohn, der hatte auch seine Schwierigkeiten damit, und der hat auch darunter gelitten. Meine Tochter ist eher so, die hat es aushalten können irgendwie, oder die ist dann eher auf die Schiene Mitgefühl umgestiegen. Mein Sohn ist aber so: „Der muss doch aber! Ich bin's doch auch!", und hat das erwartet und eingefordert und hatte wirklich seine Schwierigkeiten. Als er zum Bund gekommen ist, hat er zwei Tage richtig mit sich kämpfen müssen, da zu bleiben, weil er einfach gesehen hat, wat det für Deppen sind, die da vor ihm stehen und die ihm da versuchen wollen, die Welt zu erklären. ... Ein Kampf, ein richtiger innerer Kampf, den er da mit sich ausgemacht hat. Und dann hat er gesagt: „Okay, er geht jetzt auf Beobachterposten", und hat das Ganze dann aus der Beobachterperspektive gesehen und hat einfach seinen Horizont erweitert. Aber es macht persönlich was mit ihm, also er ... leidet darunter und versucht aber 'n Weg zu finden, damit klar zu kommen. ... ...

Wahrnehmung

„*Nehme zu viele Details wahr*" – auf alle Fälle. ... Ist beim Autofahren z. B. auch, wenn ich mit meiner Familie unterwegs bin, oder mit meiner Schwester, die fährt nicht gerne Auto, also fahre ich immer. Und dann ich immer, derjenige der fährt und eigentlich auf die Straße gucken soll: „Guck mal, da is'n Fuchs, guck mal da is'n Adler, guck mal da ist dies und das ..." „Was du alles siehst!"

Und offensichtlich dann auch immer naturbezogene Dinge?
Auf alle Fälle, ja.

Du siehst dann also nicht ein besonderes Schild am Straßenrand oder sowas?
Nein! Nein, nein! Weil auf 'm Feld ein Baum steht, der aussieht wie Kaspar David Friedrich. „An der nächsten Kreuzung musste raus." – keine Ahnung wo ich bin! Also ich nehm das Schild dann wahr, weil ich's wahrnehmen muss, aber es interessiert mich nicht wirklich. Diese Naturdinge, wo ich sage: „Hinter dem großen Hügelfeld ..." oder so 'ne Naturbeschreibungen. ... Ja, ich glaube feine Unterschiede nehme ich auch sehr wahr, Temperaturunterschiede oder was auch immer, all diese Dinge.

Innere Erlebniswelt

Mmmhh „*Reiche innere Erlebniswelt*" – oh oh! Ganz doll!

Was heißt „Oh, oh"?
Naja, diese inneren Bilder sehen, innere Geschichten haben, oder ... Hab meinen Kindern immer selbstgemachte Geschichten er-

zählt. Oder beispielsweise in meinem Königreich Hangow zu leben. Das ist für mich wirklich wie so 'n Rückzugsort. Ich hab' da meine Natur und mein Eichenbaum. Wobei ich „mein" schon immer sein lassen will, weil sonst hab ich Verantwortung dafür ... *kichert* Da ist Harmonie für mich.

Im September zum Beispiel letztes Jahr hab ich noch so 'n wunderschönes Ding gemacht. Es wurde Herbst und es war so zusagen der letzte Tag, wo noch richtig schöne Sonne war und da gab's schon Pfefferkuchen zu kaufen. Und da hab ich mir 'n Pfefferkuchen gekauft und hab mich mit diesem Pfefferkuchen unter meinen Eichenbaum gesetzt und da guckt man – hinter sich hat man den Wald und vor sich is ein riesengroßes Feld – und da sieht man dann die Sonne untergehen. Und dieses Abendlicht ist ja dann so schön orange im September, und diesen Pfefferkuchen dabei zu essen, det war so ... weil's mal so ungewöhnlich war. Das tut man ja ooch nicht. Ich hab's trotzdem getan und es war so ein Genuss! Und so lustig und so schön. Und das ist für mich 'ne reiche Welt. Das sind ja keine Dinge, die ich mit anderen teile, sondern die ich erlebe, in mir, mit mir. ...

„Arbeite gerne im eigenen Tempo" – ja.

Eigenes
Arbeitstempo

Wie war das als Kind? War das da auch schon so, dass du da im eigenen Tempo gearbeitet hast?
Mhh... ja! Also beim Zeichenunterricht zum Beispiel, fällt's mir auf, weil ich da nicht fertig geworden bin. Also da hätte ich noch gerne mehr gemacht, noch mehr Details und weiß ich nicht was. Aber die Stunde war eben rum und man musste einpacken. Oder Dinge, die mir Spaß gemacht haben, hätte ich eben gerne noch mehr gemacht, aber ging nicht. Matheaufgaben, da hab ich dann – die andern waren noch nicht fertig –, da hab ich dann immer noch mehr gemacht. Also mein eigenes Tempo war mir schon irgendwo ... Also wenn dann jemand gesagt hätte: „Nee, du darfst jetzt nicht mehr machen, sechs Aufgaben und nicht mehr", dann wär ich wahrscheinlich schon wieder unterfordert gewesen.

Bist du tendenziell eher schneller als die anderen gewesen?
M-hm!

Für manche ist das ja ein Problem, dass sie länger brauchen, weil sie zum Beispiel mehr Details oder mehr Lösungswege sehen.
Das war im Zeichenunterricht. Also meine Bilder waren auch immer viel voller. Wenn's hieß 'ne Vase malen, dann haben die anderen

'ne Vase gemalt, meinetwegen in weiß mit 'ner leichten Schattierung vielleicht, aber meistens auch nicht mal das. Und ich hab dann
'ne Vase mit Muster gemalt, das war dann 'ne chinesische Vase.
Und bis ich dann mit meinem Muster fertig war, das hat natürlich
länger gedauert als Vase und Hintergrund. So 'ne Sachen eben. ...

Lerne gerne,
wenn ...

„*Lerne gerne"* – ... Die Dinge, die mich interessieren, die Dinge hinter der Welt, also die spirituellen Dinge jetzt, die lern ich sehr gerne.
Da ist mir auch nichts zu viel und zu umständlich, aber ... jetzt auf
Arbeit mich in die neuen Dinge alle reinfinden, war mir nicht angenehm. Hätte ich lieber gerne mein Projekt weitergemacht.

Beruf/
Berufung

Ist es so, dass sich deine Interessensinhalte geändert haben?
Sind dabei, sich zu ändern, auf alle Fälle. Ich möchte durchaus gerne mal wirklich Beruf und Berufung als eins ausleben. Diese Trennung, die da statt findet zwischen einem normalen Arbeitstag, der
acht Stunden dauert, wo ich Dinge tue, die gar nicht meine sind ...,
das sind acht Stunden Lebenszeit. Und ich möchte das nicht mehr
trennen müssen, oder in „Arbeitszeit" und „Freizeit" denken. ... Ich
möchte früh aufstehn und sagen, das wird 'n schöner Tag und ich
möchte den gestalten. Ich bin gerne bereit, ‚Leistung' zu bringen oder
mich einzubringen oder wie auch immer, aber es soll sinnvoll sein.
Ich hab auch 'n Problem mit diesem ... großen Ganzen, was meine
Arbeit betrifft, also Zelllinien zu züchten, die bestimmte Antikörper
produzieren, die wiederum als Diagnostikum für Salmonellen eingesetzt werden. Wenn die Menschen nicht so endlos viel Fleisch essen
würden, würden diese Art von Salmonellen gar nicht vorkommen.
Wenn die Menschen sich dessen bewusst wären ... Und deswegen
empfinde ich meine Arbeit mehr oder weniger als sinnlos. Was so
nicht richtig ist, das ist jetzt ganz krass ausgedrückt aber irgendwie ...

**Siehst du die Zusammenhänge sozusagen auf einer höheren
Ebene, auf einer Metaebene?**
Ja, ja. Aber ich bin jetzt halt in diesem Leben, an diesem Platz, an
diesem Punkt, und da versuchen mich immer meine Lehrer noch
zu halten, weil ansonsten würde man einfach sagen: „Ist sinnlos,
will ich nicht mehr." Aber ich habe zwei Kinder, die ich beim Studium unterstütze und und und. Und das hat auch was damit zu tun,
mit beiden Beinen im Leben zu bleiben.

Aber deine Berufung ist es nicht, was du tust?
Nein, nein.

Ahnst du wo deine Berufung liegt? Oder weißt du es schon?

Witzigerweise wird mir gesagt, irgendwie auch Menschen anzuleiten. Und in meiner Familie gab es aus der väterlichen Seite Lehrer, Lehrer, Lehrer. ... Also, meine Reiki-Lehrerin braucht immer Unterstützung, wenn sie so 'n Kurs gibt, weil, während die Einweihung statt findet, übt man ja schon mal mit den Leuten. Und dieses Üben mach ich dann immer und ... Ich kann das auch, ich kann das richtig gut. Ich kann auch Qi Gong Übungen anleiten, das klappt wunderbar. Und die Menschen machen das total gerne und gehen da richtig tief rein. ...

Ich hab auch mal so 'n Erlebnis gehabt auf Arbeit, da war Zeit und dann haben die anderen gesagt: „Oh, wat machen wir denn jetzt?", und da hab ich einfach spontan vorgeschlagen 'ne Meditation. „Ah ja, lass uns 'ne Meditation machen." Dann haben wir 'ne Meditation gemacht und die waren alle begeistert davon. Da denk ich, hab ich Fähigkeiten, aber inwieweit die jetzt wirklich zum Tragen kommen weiß ich nicht. ...

Das ist also noch ausbaufähig?

Wie gesagt, ich hab ja da noch nie irgend 'n Kurs belegt oder sonst irgendwas. Irgendwie ist es in meinem Leben auch dran, Methoden zu lernen. Ich lerne alles Mögliche kennen, und immer wieder und immer wieder, und das Ganze fügt sich zu einem immer größeren Bild. Es ist, als ob immer 'n Puzzlestein dazu kommt. Und das scheint mein Weg zu sein, diese Puzzlesteine zu sammeln. Ich hab keine Ahnung, wo's hinführt und gucke einfach, lass mich da drauf ein. ...

Gibt es noch irgendwas, was du gerne noch sagen möchtest?

Ich find es ganz toll, was du tust. Also ja, deine Arbeit schätz ich sehr sehr wert und hat mir unheimlich viel gebracht, mit mir selber umzugehen, hat mir unheimlich viel gebracht, mit meinen Kindern umzugehen. Ja, so 'ne richtige Zeit des Loslassens. Und zu wissen: „Ja, ich bin richtig! Ja, es ist in Ordnung auch einfach diese Fähigkeit zu genießen." Ich bin wirklich sehr sehr dankbar für, dass du diesen tollen Artikel geschrieben hast. Ja. ... Und ich seh ja, dass andere Menschen viel größere Probleme haben und ich da noch 'n Waisenknabe bin, der mit allem wunderbar durch's Leben gekommen ist bis jetzt. ... Find ich sehr schön.

Ich danke dir für das Interview!

Bitte, gerne *beide lachen*

Angaben aus dem Interview-Fragebogen zur Person:

Aufgewachsen: bei beiden Eltern, zweites von 4
                                   Kindern (Zwilling)
War Bildung zu Hause wichtig?: ja
Ausbildung: Fachhochschule
Beruf: angestellt, forschend
Familienstand: geschieden, Partnerschaft, 2 Kin-
                                   der
Einige Merkmale: **Kind:** lebe in meiner eigenen Phan-
                                   tasiewelt; tue mich schwer mit Ent-
                                   scheidungen; bin bemüht alles richtig
                                   zu machen; denke mehr über Ereig-
                                   nisse nach; stelle viele Fragen; guten
                                   Zugang zur Natur; versuche Probleme
                                   selbständig zu lösen; mag mich nicht
                                   von Fremden anfassen lassen
                                   Erwachsene: habe Probleme mit Leh-
                                   rern/Hierarchien; mag keinen Small-
                                   talk; halte Stress nicht gut aus; fühle
                                   mich energetisch durch andere aus-
                                   gelaugt; bin perfektionistisch; reflek-
                                   tiere gerne tief; habe ein hohes Ver-
                                   antwortungsgefühl; arbeite intensiv
                                   und konzentriert
                                   Hochbegabte: habe Vorliebe für Rät-
                                   sel- und Wissensspiele; alltägliche
                                   Erledigungen strengen mich an; fra-
                                   ge viel; komplexe Aufgaben beleben
                                   und befriedigen mich; beobachte zu-
                                   erst bevor ich handle; suche immer
                                   den besten Lösungsweg; drücke mich
                                   gerne gewählt aus

Hochsensibilität

Über die Sinneswahrnehmungen Hören, Riechen, Sehen, Schme-
cken und Tasten ist es uns Menschen möglich, sowohl äußere Informationen der Umwelt als auch innere Reize aufzunehmen. Normalerweise sind wir Menschen tagtäglich mit einer Flut von Reizen konfrontiert. Damit es hierbei nicht zu einer Reiz-Überflutung
kommt, gibt es im Gehirn Filter, die die eingehenden Signale nach
Wichtigkeit sortieren. Was wichtig ist, wird ins System aufgenommen, was unwichtig ist, bleibt draußen, das heißt, es wird nicht
wahrgenommen.

Bei hochsensiblen Menschen ist das neuronale System reiz*offener*, d. h. es werden deutlich mehr Reize und Stimulationen aufgenommen. Dies ist keine Fehlfunktion oder Störung, sondern ein
Temperamentsmerkmal unter vielen. Die vermehrte Reizwahrneh-
mung und -aufnahme geschieht zu großen Teilen unbewusst und
mit allen Sinnesorganen. Georg Parlow führt in seinem Buch „zartbesaitet" weiter aus:

*„Hochempfindliche Menschen nehmen nicht nur über die
Sinne Informationen auf. Ihr gesamtes Innenleben wird von
ihnen viel reichhaltiger und differenzierter erlebt."*[2]

Zusätzlich verarbeitet und nutzt das Gehirn diese Informationsviel-
falt intensiver. Man kann also sagen, das Nervensystem fährt bei
Hochsensiblen dauerhaft auf Hochtouren. Die Auswirkungen einer
solchen Veranlagung sind tiefgreifend und betreffen sämtliche Le-
bensbereiche – vom ersten bis zum letzten Lebenstag. Der kratzige
Pullover kann folglich genauso belastend sein wie das Quietschen
der Straßenbahnräder oder der Ärger über den Kollegen. Aber auch
positive Reize wie z. B. Freude über ein Geschenk, Verliebtheit oder
eine bestandene Klausur können ebenso zu einer Übererregung
führen wie negative Reize.

Hochsensibilität ist weder Krankheit noch Störung, sondern eine
neurologische Besonderheit. Sie lässt sich auch nicht ‚abstellen'
oder mit Techniken verringern. Um als hochsensibler Mensch ein
befriedigendes und harmonisches Leben führen zu können, ist zu
allererst das Wissen um die eigene Hochsensibilität von grundle-
gender Bedeutung! Nur so kann ein Betroffener die individuellen

---

2   Zitat: Parlow, „Zartbesaitet", S. 24

Lebensbedingungen an die eigene Veranlagung anpassen und von den großen Gaben der Hochsensibilität profitieren. So kann es helfen, Entspannungsübungen zu praktizieren, um die innere Reizflut zu beruhigen. Es könnte aber auch ein Umzug hilfreich sein, wenn die eigene Wohnung an einer lauten, unruhigen Straße liegt. Was im Einzelfall hilft, ist immer abhängig von der konkreten Lebenssituation und dem individuellen Wesen des hochsensiblen Menschen. Sind die Rahmenbedingungen nicht stimmig, oder der Hochsensible passt sich über Gebühr an unpassende Lebensumstände an, können Belastungen in körperlichen oder psychischen Bereichen in unterschiedlicher Ausprägungen die Folge sein.

Zur Veranschaulichung gebe ich Ihnen einen Vergleich. Stellen Sie sich bitte folgendes vor: Sie und Ihr Nachbar gehen in verschiedenen Geschäften Essen einkaufen. Sie kommen unabhängig voneinander wieder nach Hause und stellen fest: Der Nachbar hat eine Tüte, Sie haben fünf Tüten eingekauft!

Die nach Hause gebrachten Tüten entsprechen in unserer kleinen Geschichte dem Teil der genetischen Veranlagung, der für eine *erhöhte Wahrnehmung* und *Aufnahme* von Informationen sorgt. Allerdings – und hier hinkt mein Vergleich ein wenig – werden, wie bereits erwähnt, sowohl innere als auch äußere Reize deutlich intensiver wahrgenommen.

Sie packen also Ihre Tüten aus, ebenso wie Ihr Nachbar. Interessant wird es nun bei folgenden zwei Aufgaben:
a) Sie und Ihr Nachbar haben beide jeweils nur fünf Minuten Zeit, alles auszupacken und in die entsprechenden Schränke zu räumen.
b) Sie und Ihr Nachbar sollen ein möglichst umfangreiches und vielfältiges Menü aus den eingekauften Waren herstellen. Zeit spielt keine Rolle.

Aus beiden Aufgaben ergeben sich für Sie und Ihren Nachbarn ganz unterschiedliche Möglichkeiten und Herausforderungen.
Bei Aufgabe A wird Ihr Nachbar sicherlich weniger in Zeitnot geraten als Sie, da die fünf Minuten völlig ausreichend sind, seine Einkaufstüte auszupacken und wegzuräumen. Dadurch, dass Sie in der gleichen Zeit fünf Tüten auszupacken haben, geraten Sie höchstwahrscheinlich unter Stress. Die Folgen sind Zeitdruck, Unwohlsein, Hektik, Flüchtigkeitsfehler, Unsicherheit, Unzufriedenheit u. v. m.

Bei Aufgabe B sieht die Sache anders aus: Mit dem Inhalt von fünf Tüten haben Sie eindeutig die größere Auswahl in der Gestaltung Ihres Menüs. Zeit spielt in diesem Falle ja keine Rolle, sondern nur der Einsatz und Gebrauch der vorhandenen Mittel und Waren. Ein Wermutstropfen bei dieser Aufgabe könnte für Sie allerdings die Qual der Wahl sein …
Aufgabe B entspricht jener Seite der Hochsensibilität, bei der die Vielfalt der aufgenommenen Informationen zu mannigfaltigen Möglichkeiten im Empfinden und Handeln führen kann.

Mannigfaltige Möglichkeiten im Empfinden und Handeln

Die beiden oben geschilderten Aufgaben umreißen in höchst vereinfachter Form die *Auswirkungen* und *Möglichkeiten* der Hochsensibilität. Daraus ergeben sich zwei spannende Fragen: Welche spezifischen Fähigkeiten und Ressourcen erwachsen aus der Hochsensibilität? Und mit welchen spezifischen Schwierigkeiten haben hochsensible Menschen aufgrund dieser Veranlagung in ihrem Leben zu tun? Die Interviews werden einige Antworten auf diese Fragen liefern.

Entdeckung der Hochsensibilität

Anfang der 1990er Jahre wurde die amerikanische Psychotherapeutin und klinische Psychologin Elaine Aron durch eigene Betroffenheit auf diese Thematik aufmerksam. Sie begann zu forschen und hinterfragte dabei auch Verhaltensweisen, die in der klinischen Psychologie als Störungsmuster bekannt sind: Introversion, extreme Scheu, Ängste, Depression u.a.
Hinter all diesen Störungen entdeckte sie häufig einen gemeinsamen Nenner: ungewöhnlich hohe *Sensitivität* in Verbindung mit gründlicher und tiefer geistiger Verarbeitung der wahrgenommenen Reize.

„Was bei den meisten Menschen zu einem mittleren Erregungsniveau führt, bewirkt bei HSP eine hochgradige Erregung des Nervensystems. (…) Dies wurde erstmals von dem russischen Physiologen Iwan Pawlow Anfang des 20. Jahrhunderts thematisiert. Er war davon überzeugt, dass der grundlegendste, vererbbare Unterschied zwischen Menschen darin besteht, wie schnell bei einem Einzelnen diese Schwelle erreicht wird, und dass das Nervensystem derjenigen, die sie schnell erreichen, ganz anders funktioniert.“[3]

---

3   Zitat: Aron, „Sind Sie hochsensibel?", S. 31

Aus dem frühen 20. Jahrhundert findet sich weitere Literatur zu
diesem Thema, wenn auch sehr spärlich. So schreibt der Psychologe Eduard Schweingruber bereits 1934 in seinem Buch „Der
sensible Mensch":

> *„Wenn wir also in diesen Zeilen vom sensibeln Menschen
> sprechen, so meinen wir – noch ganz allgemein und unge-
> nau gesagt – jene Eigenart der körperlichen, mehr aber noch
> der seelischen Konstitution, die ohne eine bestimmte Krank-
> heit zu sein, doch das Individuum deutlich abgrenzt von den
> Trägern einer vitalstarken, kompakten Widerstandsfähigkeit
> und Erlebens- und Tatfähigkeit."*[4]

Andrea Brackmann fasst diese spezielle Form der Sensibilität m. E.
sehr treffend, zusammen:

> *„Mehr wahrnehmen – mehr fühlen – mehr denken".*[5]

Hochsensibilität erkennen

Aron schätzt, dass ca. 15–20 % aller Menschen hochsensibel veranlagt sind, Frauen und Männer gleichermaßen.
Hochsensibilität ist einem Mensch jedoch nicht anzusehen und,
was gerade für viele Betroffene sehr fatal ist, sie wissen oftmals
selbst nicht, dass sie hochsensibel sind. Das kann zu großen Problemen im Leben führen, da sich ein Hochsensibler bemüht, so zu
sein wie alle anderen. Er versucht sich anzupassen, mit allen Mit-
teln. Dies ist zutiefst menschlich, führt aber meist dazu, dass die
eigene Wesensart und die individuellen Fähigkeiten verkümmern.
Der Hochsensible merkt, dass seine Bemühungen, sich anzupassen nicht wirklich fruchten, dass er immer noch nicht wirklich von
Anpassung anderen akzeptiert ist – und passt sich noch mehr an. Ein Teufels-
und Selbstak- kreis beginnt – üblicherweise schon im frühen Kindesalter – der
zeptanz äußerst belastende Auswirkungen auf Körper, Geist und Seele hat.

---

4   Zitat: Schweingruber, „Der sensible Mensch", S. 17,
     Schweingruber erklärt eingangs, dass der Begriff „Sensibilität" in seinem Buch
     stets als Hypersensibilität zu verstehen ist. Hypersensibilität beschreibt die glei-
     chen Inhalte wie der moderne Begriff Hochsensibilität.
5   Zitat: Brackmann, „Ganz normal hochbegabt", S. 21

Merkmale

Wie kann ich Hochsensibilität erkennen?
Ungleiches Empfinden von Reizen lässt sich zunächst am Verhalten identifizieren:

„In der gleichen Situation und bei ein und demselben Reiz ist das Erregungsniveau des Nervensystems individuell unterschiedlich."[6]

Es gibt typische Merkmale des Empfindens und Verhaltens, die einen hochsensiblen Hintergrund vermuten lassen. Darauf bauen die bislang veröffentlichen Tests auf, die in Form von Fragebögen ebendiese Merkmale abfragen (siehe Linkliste auf S. 299).

Sehr typische Merkmale sind zum Beispiel: Schnelle Erschöpfung, leichte Ablenkbarkeit, hohe Kreativität, Komplexität im Denken und Handeln, schnelle Überreizung in lauten und unruhigen Umgebungen, aber auch in emotional belastenden Situationen wie z. B. einem Streit. Daher vermeiden viele Hochsensible Auseinandersetzungen und neigen zu Harmonie. Small Talk ist für viele von ihnen sehr unangenehm und anstrengend, so dass sie sich ihm tunlichst entziehen. Das kann besonders in beruflichen Situationen rasch zu sozialen Konflikten führen, worauf ein hochsensibler Mensch dann unter Umständen mit Rückzug, Krankheit oder im Extremfall auch mit Kündigung reagiert.
Medikamente oder Kaffee sind für manche nicht verträglich, weil das Nervensystem mit den starken Reizen überfordert ist. Licht, Lärm und Gerüche sind ebenfalls schwierige Themen. Einen Luftzug, der für den einen Menschen eine angenehme Erfrischung ist, empfindet ein hochsensibler Mensch unter Umständen als krankmachende Belastung. Detailgenauigkeit, Perfektionismus und vermeintliche Schüchternheit können weitere Merkmale einer hochsensiblen Veranlagung sein.
Vermeintliche Schüchternheit sage ich, weil das Verhalten von Hochsensiblen an dieser Stelle oft fehlinterpretiert wird. Viele Hochsensible beobachten zunächst erst – besonders in neuen Situationen – bevor sie handeln. Gerade Kinder begeben sich in einer neuen Situation wie z. B. in einer neuen Klasse, einer neuen Freizeitgruppe, beim ersten Termin nach den Ferien usw. nicht als erstes in

---

6   Zitat: Aron, „Sind Sie hochsensibel?", S. 30

den Raum zu den anderen Kindern, sondern stehen abwartend am Rand oder spielen still im Hintergrund und beobachten aus den Augenwinkeln die Situation. Sie brauchen zur Verarbeitung der neuen Reize etwas Zeit. Wenn für sie alles in Ordnung ist, bringen sie sich ein und spielen mit. Ein solches Verhalten kann im ersten Moment schnell als Schüchternheit missverstanden werden.

Gewissenhaftigkeit, Verantwortungsgefühl, Arbeitsfreude

Ein Hochsensibler ist meist sehr gewissenhaft, verantwortungsvoll und arbeitet gerne und intensiv. Wenn er in seinem Tun allerdings keinen Sinn erkennen kann, hat er große Schwierigkeiten, diese Tätigkeit oder Aufgabe umzusetzen. Dies kann auch zu Problemen mit Vorgesetzten oder Hierarchien führen, da es durchaus Hochsensible gibt, die im Notfall sogar ihren Job aufgeben würden, als dauerhaft eine Aufgabe zu erfüllen, von der sie wissen, dass sie nicht funktionieren wird oder ihren inneren Werten nicht entspricht. Hier werden zwei weitere Merkmale deutlich: die Voraussicht und Ehrlichkeit. Da die Kombination dieser beiden Gaben seitens Kollegen und Vorgesetzten leider oft auf Abwehr stößt, ist für viele Hochsensible nicht selten der Gang in die Selbstständigkeit eine langfristige Lösung.

Ohne Sinn – kein Handeln, Vorraussicht und Ehrlichkeit, der Gang in die Selbstständigkeit als Lösung

Ich schließe diese Merkmalsauflistung an dieser Stelle, denn ich denke, durch die Aussagen der Protagonisten in diesem Buch wird sie weitaus besser verdeutlicht und ergänzt, als dies jede weitere abstrakte Erklärung leisten könnte.

HSP/HSS

Die Einschätzung einer Hochsensibilität *nur* anhand dieser Merkmale ist allerdings mit großer Vorsicht zu genießen, denn *wie* sich eine Hochsensibilität bei einem Menschen zeigt, kann zuweilen sehr unterschiedlich sein.

Zur Hochsensibilität kann sich in manchen Fällen noch ein weiteres Temperamentsmerkmal hinzugesellen: Der **H**igh**S**ensation**S**eeker

Hochsensibilität kombinierbar mit Abenteuerlust

(HSS, dt.: **H**och**S**ensations-**S**ucher/Abenteurer). Diese Veranlagung zeichnet sich dadurch aus, dass diese Menschen Abwechslung mögen, an Neuem interessiert sind und gerne auch ein – überschaubares – Risiko eingehen. Kurz: sie suchen nach starken Gefühlsstimulationen. Dies sind Merkmale, die wir von den meisten Menschen kennen und die in unserer westlichen Kultur sehr geschätzt werden. Trägt ein Mensch allerdings *beide* Veranlagungen zugleich in sich, zeigt sich die Hochsensibilität in anderer Form:

- Der HSP/HSS lässt sich gerne auf einer Party blicken, aber nach einer halben Stunde ist ihm alles zu viel und er will nach Hause.
- Er ist neugierig und wissensdurstig, aber ‚übersieht' dabei völlig, dass er schon längst nicht mehr wirklich aufnahmefähig ist.
- Der Ausflug in die Natur ist wunderbar, nur das Rumsitzen am Seeufer ist ihm viel zu langweilig.

Das Zusammenspiel von HSP und HSS ist in etwa so, wie das Autofahren mit einem Fuß auf dem Gas und dem anderen Fuß auf der Bremse. Beide Seiten buhlen um Aufmerksamkeit – jedoch in verschiedene Richtungen.

Wiederstreit der Bedürfnisse

„Deswegen fühlen sich HSP/HSS-Personen wie zwei Personen in einer ständigen Diskussion. Und der HSS-Teil gewinnt oft, weil, zumindest in unserer Kultur, die Kombination von Neugier, Wettstreit und Risikofreudigkeit mehr bewundert werden als die Eigenschaften, die HSP ausmachen. Daher fühlt sich der HSP Teil oft machtloser und wird oft vom HSS-Teil beherrscht." [7]

Für die Betroffenen ist dieser Widerstreit der Bedürfnisse eine große Herausforderung, die sie nicht selten an ihre Belastungsgrenzen führt. Um nicht immer wieder in eine starke Überreizung oder Erschöpfung zu kommen, ist es daher für einen HSP/HSS noch wichtiger, einen achtsamen Umgang mit den eigenen Bedürfnissen und vor allem den eigenen Grenzen zu pflegen, als dies ein rein hochsensibler Mensch schon tun sollte.

Hochsensibilität und Hochbegabung

Die Frankfurter Psychologin Andrea Brackmann arbeitet seit vielen Jahren mit hochbegabten Kindern und Erwachsenen und schreibt in ihrem Buch „Jenseits der Norm – hochbegabt und hochsensibel":

„Alles deutet darauf hin, dass hochbegabte Kinder in Situationen, die für die Mehrheit der Kinder ein Vergnügen oder zumindest eine Selbstverständlichkeit darstellen, von Reizen förmlich überflutet werden. Dies scheint neben dem intellek-

---

7   Zitat: Aron, webseite: http://www.hsperson.com/pages/1May06.htm´zu

tuellen auch für den sensorischen (also die Sinneswahrneh-
mung betreffenden) und den emotionalen Bereich zu gelten.[8]

Genau diese Reizempfindlichkeit in den sensorischen und emotionalen Bereichen legt Aron der Hochsensibilität zugrunde. Anhand
der Vermutung von Brackmann, dass das Nervensystem bei Hochbegabten mehr Reize aufnimmt, stellt sich meines Erachtens die
Frage: „Was hat Hochsensibilität mit Hochbegabung zu tun? Haben
sie etwas gemein?" oder anders gefragt: „Impliziert Hochsensibilität
möglicherweise Hochbegabung?"

Brackmann dazu: *„Meines Erachtens handelt es sich jedoch*
auch bei Sinnesreizen und emotionalen Reizen um Infor-
mationen für das Nervensystem. Es ist daher nur schlüssig
anzunehmen, dass Hochbegabte Reize aller Art intensiver
und komplexer verarbeiten.[9]

Die Merkmale, die Brackmann dazu darlegt, lesen sich wie die
Ausführungen über Hochsensibilität von Aron und anderen. Diese
Überschneidung hat mich neugierig gemacht und war der Grund,
warum ich den Aspekt der Hochbegabung in meine Merkmalslisten
integriert habe. Leider gibt es zu diesem Fragekomplex noch keine hinreichenden Studien oder Untersuchungen. Solange es diese
noch nicht gibt, stützen wir uns auf Beobachtungen.

Hochsensible oft
auch hochbegabt

Hochsensibilität und Psyche

Auch zu der Frage, wie psychische Belastungen oder Traumati-
sierungen und Hochsensibilität zusammenspielen, gibt es kaum
Forschungen. Ein traumatisierter Mensch kann zuweilen ähnlich
sensible Wesenszüge entwickeln, die jedoch nicht aus der Hochsensibilität herrühren. In einem solchen Fall halte ich eine fundier-
te Hochsensiblen-Beratung in Zusammenarbeit mit einer entsprechenden psychotherapeutischen Behandlung für sehr sinnvoll, um
beiden Themenfeldern gerecht zu werden.

Auch ein
Trauma macht
sensibel

Oftmals erlebt ein Mensch, der seine eigene Hochsensibilität entdeckt, große Erleichterung. Viele bislang offene Fragen finden Ant-

---

8   Zitat: Brackmann, „Jenseits der Norm", S. 37
9   Zitat: Brackmann, „Jenseits der Norm", S. 38

worten, viele bislang unerklärliche Verhaltensweisen erschließen sich auf einmal. Nach Kenntnis der eigenen Hochsensibilität kann sich der Wunsch nach Veränderungen der eigenen Lebenssituation einstellen, denn durch den jahrelangen Versuch, sich an die normalsensiblen 85 % der Mitmenschen anzupassen, eignet man sich als Hochsensibler mitunter auch unpassende Verhaltensweisen oder Lebensentwürfe an:

- Ich bin eigentlich Künstlerin, habe aber immer zu hören bekommen: „Lerne was Anständiges!",
- Ich lebe mit einem Partner, der nicht wirklich zu mir passt, denn ich habe bislang gedacht: „Wenn ich mich nur ordentlich anstrenge, wird es schon gut mit uns werden!";
- Ich habe die falschen Freunde: „Sie verstehen mich zwar nicht wirklich, aber immerhin habe ich überhaupt ein paar Freunde."

Um das eigene Leben nach dieser Selbsterkenntnis optimal an der eigenen Veranlagung auszurichten, ist in manchen Fällen daher eine ‚Korrektur' nötig, bei der professionelle Unterstützung hilfreich sein kann – denn die meist jahrzehntelange Anpassung hinterlässt Spuren.

Korrekturen im Lebensstil werden erforderlich

> *„Wie das optimale Spektrum aussieht, ist individuell sehr unterschiedlich – aber um langfristig zu funktionieren, muss es Lebensgenuss und Erfüllung bringen, andererseits Überstimulation und negativen Stress sehr gering halten."[10]*

Interessant ist, dass viele Hochsensible, die von ihrer Veranlagung erfahren und sich daraufhin auf ihren Weg hin zu einem authentischen Leben begeben, sehr schnell zu positiven Ergebnissen kommen. Dies beschreibt Aron in ihrem neuesten Buch „Psychotherapie and the Highly Sensitiv Person" – eine Erfahrung, die ich aus meinen Beratungen ebenfalls bestätigen kann.

Selbsterkenntnis ist heilsam

Wenn allein schon die Kenntnis der eigenen Veranlagung und die anschließenden Veränderungen im Lebensumfeld so rasch zu tiefgreifenden Verbesserungen im Leben eines Hochsensiblen führen können, scheint es äußerst wichtig zu sein, die hochsensiblen Qualitäten auszuleben, Sie scheinen einen Sinn, eine Aufgabe im Leben der betroffenen Person bzw. der Menschen überhaupt zu haben.

---

10   Zitat: Parlow, „zart besaitet"; S. 110

Hochsensibilität und Gesellschaft

Hochsensibilität ist keine Störung oder Krankheit, sondern eine Veranlagung, die ganz bestimmte Qualitäten und Fähigkeiten mit sich bringt. Menschen mit solchen Befähigungen können spezifische Aufgaben übernehmen, sowohl im kleinen privaten wie auch im gesellschaftlichen Rahmen. In den vorindustriellen Zeiten, in denen Arbeitsplätze noch nicht so stark Rationalisierungen und Effektivierungen ausgesetzt waren, wurden Hochsensible zum Beispiel Heiler, Berater, Seelsorger, Lehrer, Forscher, Schriftsteller, Erfinder usw. Auch heute finden wir sie natürlich in diesen Berufsgruppen, allerdings werden es immer weniger, weil der Stress und Druck so mancher Ausbildung und Arbeitsstelle inzwischen derart hoch ist, dass es für Hochsensible kaum mehr möglich ist, eine solche Situation unbeschadet zu überstehen.

Ein Hochsensibler kann hervorragend in selbstbestimmten, geregelten oder freien Zusammenhängen arbeiten. Jedoch bei Druck und Stress versiegt die Motivation und Kreativität rapide, es entwickeln sich Unzufriedenheit und Selbstzweifel. Der Hochsensible meidet die entsprechenden Situationen zunehmend, obwohl er möglicherweise genau dort seine Profession hat.

Wie Hochsensible diese Entwicklung erleben und mit ihr umgehen wird in den Interviews deutlich.

Was aber bedeutet es für eine Gesellschaft, wenn ihr das derart spezialisierte Potenzial abhandenkommt? Es ist anzunehmen, dass ihr irgendwann das erforderliche Korrektiv gegen den Kult des Stärkeren und Schnelleren fehlen wird. Es fehlen ihr die Menschen, die mit Leichtigkeit auf der Basis ihrer inneren Fähigkeiten nachhaltige Prozesse entwerfen und überblicken können. In Politik und Wirtschaft wären diese Menschen wertvolle Berater, die wirklich tragfähige und effizient funktionierende Konzepte erarbeiten können. Richtig eingesetzt könnten Hochsensible bares Geld einsparen, da sie Fehlplanungen und Fehlentwicklungen frühzeitig erkennen und meist genügend Potenzial haben, die erforderlichen innovativen Lösungen dazu zu entwickeln.

Hochsensible Fähigkeiten richtig nutzen

Einer solchen Gesellschaft fehlen auch die Menschen, die frühzeitig und effektiv für das harmonische Miteinander sorgen. Da Hochsensible oftmals ein sehr feines Gespür für (Un)-Gerechtigkeiten und Authentizität haben, sind sie häufig dafür prädestiniert, hier klärend zu helfen.

Einer Gesellschaft ohne hochsensible Fachkräfte in zentralen Positionen fehlen die Entscheider, die eine sensible Wahrnehmung für das Wohl des Menschen und der Natur zugleich haben. Hochsensible besitzen meist einen starken Zugang zur Natur und sehen ihr eigenes Handeln häufig im Zusammenspiel mit den Ressourcen der Natur und den Bedürfnissen anderer Menschen.

Hochsensibilität aus gesellschaftlichen Prozessen und Zusammenhängen auszuschließen, und sei es dadurch, dass sich Lebensbedingungen derart verschärfen, dass Hochsensible sich nicht mehr integrieren können, führt also letztlich zu einer ärmeren und verrohten Gesellschaft. Hochsensible Menschen sind mit ihren Fähigkeiten zu bedachten und achtsamen Entscheidungen und harmonisierenden Veränderungsimpulsen ein notwendiger Bestandteil einer gesunden Gesellschaft. Hochsensible Menschen sind ebenfalls ein bedeutungsvoller Teil eines harmonischen Ganzen, wie auch das Wasser für die Pflanzen oder der Wind für die Bestäubung wichtig ist. Fehlt ein Element in dem Zusammenspiel, kümmert die Pflanze dahin oder wächst überhaupt nicht. Fehlen die Hochsensiblen im gesellschaftlichen Gefüge, verkümmert die Gesellschaft. Hochsensible sind keine ‚besseren' Menschen. Sie sind einfach nur ein bißchen anders – und darin liegt ihre Aufgabe!

Ich hoffe und wünsche mir, dass dieses Buch einen kleinen Beitrag dazu leisten kann, mehr Verständnis für einander zu entwickeln und unsere Lebensweise wieder so zu gestalten, dass nicht nur die Starken und Schnellen, sondern auch die Zarten und Sensiblen Platz und Aufgaben in unserem Miteinander haben.

Danke!

Von der Idee bis zum tatsächlichen Buch sind es viele Schritte – und viele Menschen, die mich auf diesem Weg in ganz unterschiedlicher Weise begleitet und unterstützt haben.

Zuerst möchte ich mich bei Euch mutigen Hochsensiblen bedanken, die Ihr Euch für die Interviews zur Verfügung gestellt habt. Ohne Euch gäbe es dieses Buch nicht. Es haben zwar nicht alle hier einen Platz gefunden, aber für die Auseinandersetzung mit dem Thema war jedes einzelne Interview wertvoll und hat meinen hochsensiblen Horizont erweitert.

Dir, liebe Inés, gilt größter Dank, weil Du genau im richtigen Augenblick „Ja!" gesagt hast! Nämlich in dem Moment, als ich verzweifelt nach jemanden suchte, der die Interviews für mich transkribierte. Ich hätte es mit meinem Zwei-Finger-Such-System bis heute nicht bewerkstelligt. Deine schnelle, effiziente und sehr strukturierte Form der Notierung hat mich sehr beeindruckt, unterstützt und darin motiviert, am Ball zu bleiben.

Jedes Buch erhält durch die kleinen, unscheinbaren Helferinnen und Helfer der Korrektur seinen letzten Schliff. Bea, Kathrin und Anne, habt von Herzen Dank für Eure kritischen Augen, Euren scharfen Verstand und Eure Zähigkeit, wenn ich im gemeinsamen Gespräch mit Worten um Inhalte gerungen habe.
Dir, liebe Bea, gilt besonderer Dank, da Du die alltäglichen Unbill eines Schreiberlings mit solchem Großmut und Respekt über Dich hast ergehen lassen, die Entbehrungen der letzten Wochen schweigend hingenommen und mich gleichzeitig mit kleinen Gaben des Überlebens versorgt hast.

Mein abschließender Dank gilt all jenen Hochsensiblen, die in Berlin zu den Offenen Treffen, den Vorträgen und Beratungen gekommen sind, mir ihre Fragen und Probleme geschildert haben und mir dadurch immer wieder signalisierten, dass die Idee des Buches sinnvoll ist, um das Phänomen der Hochsensibilität weiter in die Öffentlichkeit zu tragen.

Ich danke Euch von Herzen für Euer Engagement und Da-Sein und wünsche uns Hochsensiblen, dass unsere Wesensart immer mehr den Stellenwert erhält, der ihr gebührt.

Cordula

Hier finden Sie noch weitere interessante Bücher und Links zum Thema Hochsensibilität

Literaturliste

Aron, Elaine N.: „Hochsensibilität in der Liebe: Wie Ihre Empfindsamkeit die Partnerschaft bereichern kann"; Moderne Verlagsges.

Aron, Elaine N.: „Das hochsensible Kind – Wie Sie auf die besonderen Schwächen und Bedürfnisse Ihres Kindes eingehen"; MVG Verlag bei Redline

Marletta-Hart, Susan: „Leben mit Hochsensibilität – Herausforderung und Gabe"; Kamphausen Verlag

Marletta-Hart, Susan: „Achtsam leben mit Hochsensibilität" (Buch + CD); Kamphausen Verlag

Nebel, Jutta: „Wenn du zu viel fühlst: Wie Hochsensible den Alltag meistern"; Schirner Verlag

Trappmann-Korr, Birgit: „Hochsensitiv: Einfach anders und trotzdem ganz normal – Leben zwischen Hochbegabung und Reizüberflutung"; Vak-Verlag

Schorr, Brigitte: „Hochsensibilität: Empfindsamkeit leben und verstehen"; Scm Hänssler Verlag

Skarics, Marianne: „Sensibel kompetent – Zart besaitet und erfolgreich im Beruf"; Festland Verlag, Wien

u. v. m.

Linkliste

www.sensibel-beraten.de: Webseite von Cordula Roemer – Beratung, Vorträge, Seminare, Weiterbildungen; mit Blog

www.zartbesaitet.net: Webseite von Georg Parlow, (A), HSP-Test online, weiterführende Links

www.hochsensibel.org: Webseite von Michael Jack, IFHS, wissenschaftliche Informationen und weiterführende Links

http://institut-rheinberg.de/: Webseite von Birgit Trappmann-Korr

http://www.ifhs.ch/Home.htm: Institut für Hochsensibilität (CH), Brigitte Schorr

www.hsperson.com/: Webseite von Elaine Aron (USA)

www.treffpunkt-hochsensibilität.de/index.php?nxu=11590502nx46300: Forum für Hochsensible

u. v. m.

Quellenverzeichnis

Aron, Elaine N.: „Sind Sie hochsensibel? Wie Sie Ihre Empfindsamkeit erkennen, verstehen und nutzen"; Moderne Verlagsges. Mvg; Auflage: 1 (1. September 2005) Erstveröffentlichung: 1996

Aron, Elaine N.: „Psychotherapie and the Highly Sensitive Person"; Routledge, Chapman & Hall (USA) (6. Juli 2010)

Aron, Elaine N.: „Personality and Temperament: The Highly Sensitive Person Who Is Also A High Sensation Seeker"; Mai 2006; Artikel auf: http://www.hsperson. com/pages/1May06.htm

Brackmann, Andrea: „Jenseits der Norm – hochbegabt und hoch sensibel?"; Klett-Cotta; 4. Auflage Dezember 2007

Brackmann, Andrea: „Ganz normal hochbegabt – Leben als hochbegabter Erwachsener"; Klett-Cotta; 2. Auflage August 2007

Parlow, Georg: „zart besaitet"; Festland Verlag, Wien (A); 2. Auflage 2003

Schweingruber, Eduard: „Der sensible Mensch – psychologische Ratschläge zu seiner Lebensführung"; Kindler Verlag; 1969

Kontaktdaten

Cordula Roemer – sensibel beraten

Telefon: 033 38/91 39 98
Mobil: 01 73/627 00 20

www.sensibel-beraten.de
info@sensibel-beraten.de